国学大师

汤用彤评传

赵建永 著

长江出版传媒
湖北人民出版社

图书在版编目（CIP）数据

汤用彤评传 / 赵建永著. — 武汉：湖北人民出版社，
2024.7

ISBN 978-7-216-10776-1

Ⅰ.①汤… Ⅱ.①赵… Ⅲ.①汤用彤（1893-1964）
—评传 Ⅳ.①K825.4

中国国家版本馆CIP数据核字（2023）第255218号

责任编辑：朱小丹
封面设计：董　昀
责任校对：范承勇
责任印制：蔡　琦

出版发行：湖北人民出版社		**地址**：武汉市雄楚大道268号	
印刷：湖北新华印务有限公司		**邮编**：430070	
开本：787毫米×1092毫米　1/16		**印张**：24.75	
字数：357千字		**插页**：3	
版次：2024年7月第1版		**印次**：2024年7月第1次印刷	
书号：ISBN 978-7-216-10776-1		**定价**：88.00元	

本社网址：http://www.hbpp.com.cn
本社旗舰店：http://hbrmcbs.tmall.com
读者服务部电话：027-87679656
投诉举报电话：027-87679757
（图书如出现印装质量问题，由本社负责调换）

总　序

郭齐勇

　　"国学"是颇有争议的复杂概念。在清末以前，古人不必使用这一概念。在国势日颓、民族危亡之时，流亡在日本的志士仁人开始使用这一名词，表述中国古代的学术文化。章太炎说："夫国学者，国家所以成立之源泉也。吾闻处竞争之世，徒恃国学固不足以立国矣。而吾未闻国学不兴而国能自立者也。吾闻有国亡而国学不亡者矣，而吾未闻国学先亡而国仍立者也。故今日国学之无人兴起，即将影响于国家之存灭，是不亦视前世为尤岌岌乎？"①

　　邓实说："国学者何？一国所有之学也……有其国者有其学。学也者，学其一国之学以为国用，而自治其一国者也。国学者，与有国而俱来，因乎地理，根之民性，而不可须臾离也。君子生是国，则通是学，知爱其国，无不知爱其学也。"② 也就是说，国学不仅仅是学问或学术的概念，而且还是民族性与民族魂的概念。国学的内核主要指国家民族历史文化的根本精神价值。

　　梁启超积极引进西学，然而对于国人鄙薄自己的民族文化传统却心怀忧虑。他说："吾不患外国学术思想之不输入，吾惟患本国学术思想之不发明……凡一国之立于天地，必有其所以立之特质。欲自善其国

---

　　①　章太炎：《国学讲习会序》，原载《民报》第 7 号。转引自汤志钧《导读》，《国学概论》（章太炎讲演、曹聚仁整理、汤志钧导读），上海：上海古籍出版社 1997 年版，第 6 页。

　　②　邓实：《国学讲习记》，原载《国粹学报》第 19 期。转引自汤志钧《导读》，《国学概论》（章太炎讲演、曹聚仁整理、汤志钧导读），上海：上海古籍出版社 1997 年版，第 7 页。

者，不可不于此特质焉，淬厉之而增长之……不然，脱崇拜古人之奴隶性，而复生出一种崇拜外人、蔑视本族之奴隶性，吾惧其得不偿失也。"① 也就是说，我们一定要把握自家文化的真精神、主体性与特质，并加以锻造、锤炼，不能从盲目崇拜古人转向盲目崇拜洋人，以为自己的文化传统都是糟粕、中国百事不如人。

文化的差异不仅有时代性的差异，也有民族性的差异。在一定意义上，我们又可以说，"国学"即是中国的古典学，它以古代中国的语言文字、终极信仰、学术思想和民俗文化为中心。按传统图书与学术之分类有经、史、子、集四部，或义理、考据、辞章、经世之学的诸路向。

其实，国学是开放的，包含了历朝历代消化吸收了的外来各种文化。我们不能把国学狭隘化。第一，国学不只是汉民族的学术文化，它还包含了历史上各少数民族的语言、文字、学术文化及其与汉民族的交流史。第二，国学不只是上层精英传统，还包括小传统，如民间民俗文化，各时段各地域各民族的传说、音乐、歌舞、技艺、建筑、服饰、礼仪、风俗、宗族、契约、行会、民间组织等，有如今天的某些物质与非物质文化遗产。第三，国学还包括历史上中外地域文明的交融，如外域文明的传入，西域学、佛学及其中国化，西学东渐与中学西传的内容与历史过程等，都属于国学的范围。

必须明了，国学、经史子集等，并不是汉民族的专利，其中包含、汇聚了中华各民族的智慧与文化，是各民族共同创造、共同拥有的文化精神资源，正所谓"一体多元""和而不同"。古今很多少数民族文化也以汉语言文字为媒介。

前面我们说过，在国学的多层面中，最高的层面还是国魂，即中华民族的主要精神的方面，那是中国人之所以为中国人、中国文化之所以为中国文化的根本特质处。国学是生命的学问，儒、释、道三教是具有

① 梁启超：《论中国学术思想变迁之大势》，原载 1902 年 3 月 10 日《新民丛报》第 3 期，又载胡道静主编《国学大师论国学》（上），上海：东方出版中心 1998 年版，第 23 页。

精神性的人文主义，肯定世界的神圣性。三教认为人性的最高体现，就是达到人生的最高境界，是天人合一，希望与自然保持和谐。对宇宙的敬畏感来自我们回应最终实在的渴望，而最终实在为我们的生活指示了方向并赋予意义。我们的存在受惠于天地万物，为了报答这一份恩惠，我们必须加强自我修养，以便在存在的奇迹中完全实现人性，达到天、地、人三才同德。学习国学更重要的是把握中华人文精神与价值理念，了解中华民族与中华文化融会的过程，及其可大可久的所以然，堂堂正正地做一个中国人。

其实，提倡国学与拥抱、吸纳包括西学在内的外域文化并不矛盾。陈寅恪说："一方面吸收输入外来之学说，一方面不忘本来民族之地位。"① 任何民族的现代化都不可能是无本无根的现代化。对于自家传统文化的价值理念、生存智慧、治国方略，我们体认得越深，发掘得越深，我们拥有的价值资源越丰厚，就越能吸纳外来文化的精华，越能学得西方等外来文化之真，这才能真正使中西或中外文化的精华在现时代的要求下相融合，构建新的中华文明。

湖北的国学传统源远流长，历史上涌现了一批学养深厚的国学大师。他们为中华文化的发展做出了卓越的贡献，也成为国学发展不同阶段的典型代表。宋至清末，全国的大学者大多到过湖北，湖北学人在全国也享有盛誉。明清以来湖北理学与经学的特点是有独创性、开放性，倡导实学。湖北自古就有儒家重教兴学的深厚传统，清末张之洞督鄂期间尤重视文教，开放教育，对湖北文人与文化有深刻的影响。

湖北地区水陆交通方便，资讯较发达，在清末以来呈现出古今中外思想文化碰撞交流的状态，这就促使当地的或旅鄂的一些有思想的文化人批判、离异传统，而后又从高层次回归传统。现代多数鄂籍或来鄂的学人有一个共同特点，即既开放，又有根柢，多数人最终融会中西文化，强调中国文化的根源性，创造性地弘扬、发展中国文化的优长，经

---

① 引自冯友兰《中国哲学史》下册附录的陈寅恪《审查报告三》，北京：中华书局1961年版，第4页。

世致用。

湖北省国学研究会是本省从事国学研究的专家学者及爱好者自愿组成的全省性、学术性、非营利性的学术文化类社团组织，旨在研究、传承、推广国学，以冀绍继和发扬中华优秀传统文化。

为了全面而精要地展示湖北国学史丰富多彩的画卷，为了纪念先贤不凡的人生与独特的学术造诣，也为了扩大湖北国学的影响，本会2014年2月甫一成立，就确立了编撰一套较高水准的"湖北国学大师评传丛书"的计划。本计划拟先从近现代开始，行有余力再由近及远地全面涉及湖北籍的，或者在湖北曾长期居留、工作并产生重要学术影响的国学专家。

本丛书拟以每位国学大师为一本专书的传主，采取人生传记与思想阐论相结合的形式，一方面纵向追溯其人生经历与学问成长过程，一方面横向揭示其思想与学术之体要。每一本专著力求做到学术原创与通俗表达的完满统一。

经学会同仁研究，并请教了前辈专家，我们确立了本套丛书第一辑的传主为：王葆心（1867—1944）、熊十力（1885—1968）、黄侃（1886—1935）、钱基博（1887—1957）、刘永济（1887—1966）、刘赜（1891—1978）、汤用彤（1893—1964）、徐复观（1903—1982）。以上八位大家的学问专长与路向各不相同，有的偏重经学，有的偏重小学（文字、音韵、训诂），有的偏重方志学，有的偏重哲学、佛学或思想史，有的偏重古代诗词，但都是中国学问。他们的旧学基础很好，功底很深。由于他们都生活在新旧交替的时代，其中一些学者有很好的西学背景，做到学贯中西，或在一定程度上借鉴了西方学术的理论或方法。这也是晚清、民国以来国学的特点。

湖北地区素来教育与学术资源丰厚，人才济济。有一大批长期从事中华传统文化研究并卓有成绩的专家学者，其中不乏在全国乃至国际学术界享有盛誉之人。这是本丛书计划得以拟定与高水平完成的基本保障。

本丛书的作者也以湖北学人为主，当然也不限于此。为保证质量，我们在全国范围内物色了学有专攻的有实力的专家。作者们十分投入，克服了重重困难，为读者奉献了智慧与心力。我们诚挚地感谢各位作者集文字、思想、学术于一途的努力。

在当前国人文化自觉意识日增与国学复兴的背景之下，推出这套丛书可以将湖北国学系统地展现出来，增进人们对于国学本身，尤其是湖北国学的了解；可以使大师们的思想与学术结合其鲜活具体的人生真切地呈现出来，培育人们对大师人格与学问的景仰以及对国学的热爱；另外，这套丛书亦将代表湖北国学研究会和湖北国学界，为全国范围内正在兴起的国学热做出正能量的贡献。

本会会长韩忠学先生极为关心丛书工作，亲自指导，确定编写主旨，筹措资金，联络出版单位，敦促写作计划的完成。丛书主编之一的王玉德教授为确立传主名单、物色作者、落实写作计划做了大量的工作，并亲自撰著了一书。王巧生博士为制定体例、联络作者做了一定的工作。

我们要特别感谢湖北人民出版社的领导与各位编辑为本丛书所做的贡献。

是为序。

丙申年初夏于武昌珞珈山麓

序

　　赵建永博士在尽可能搜齐全部相关资料的积累上，历经十余载终于著成《汤用彤评传》。本书是关于用彤先生最为详实完整的一部传记，细节考辨，颇见功力，文笔谨严，堪称佳作。如，先生在家塾、顺天学堂、清华学校、哈佛大学、东南大学、内学院、南开大学、中央大学、西南联大、中央研究院、伯克利大学、北京大学的详细始末，其中不少内容系首次梳理公布于世。这部评传纵横捭阖，文风朴实，叙事性、可读性强，又充满反思，富有学术性、思想性。

　　全书围绕先生的治学和治校经历展开，以"事不避难，义不逃责"之精神贯穿一生，以个人折射时代，可谓 20 世纪学术文化史的一个缩影。在书中，历史画卷徐徐展开，叙述了上世纪学林的种种传奇。先生的师友和门生也熠熠生辉，白璧德、兰曼、欧阳渐、太虚、梁漱溟、吴宓、吴芳吉、陈寅恪、熊十力、钱穆、蒙文通、胡适、傅斯年、冯友兰、郑天挺、马寅初、向达、季羡林、冯契等学者皆在其中。先生主导创立学衡派，团结了大批精英，开一代宗风。他培育出众多学术传人，并代代相承，共同支撑起现代中国的学术界。全书不仅反映出当时知识分子的形神风骨，也生动记述了一些鲜为人知的逸闻趣事。

　　由于用彤先生不喜记录自己的心路历程，也很少谈起往事，并且前人关于先生行状的介绍都很简略，故而他去世虽仅 40 余年，但很多行迹却已模糊不清，众说纷纭。作者在全面掌握一手资料的基础上，结合调查访问等方法，从学术史视角挖掘以往被遮蔽或遗忘的历史细节，重新考证先生毕生治学经历和主要事迹，订正了诸多误记，使历史原貌更加清晰准确地呈现出来。经过这番考察，先生的学行历程和学术分期已经基本得以厘清。希冀能为学人研讨先生的为人、为学和为师提供便利，也希望这一具体的个案有助于了解一代宗师的成长道路和探索杰出人才的培养机制。

是为序。

汤一介

2013 年 11 月

目　　录

第一章　家学渊源——门风世德 ……………………………… 1

　　第一节　诗书传家 ……………………………………… 1

　　第二节　幼承庭训 ……………………………………… 3

　　第三节　家风传承 ……………………………………… 10

第二章　学堂教育——《学衡》缘起 ………………………… 18

　　第一节　顺天学堂 ……………………………………… 18

　　第二节　清华立志 ……………………………………… 24

第三章　留学美国——杰出楷模 ……………………………… 51

　　第一节　汉姆林再显才华 ……………………………… 51

　　第二节　位列"哈佛三杰" ……………………………… 55

　　第三节　哈佛三年 ……………………………………… 65

第四章　国故新知——探求真理 ……………………………… 84

　　第一节　东南大学时期 ………………………………… 84

　　第二节　南开大学时期 ………………………………… 91

　　第三节　中央大学时期 ………………………………… 97

第五章　学术巅峰——圆融东西 ……………………………… 101

　　第一节　抗战前老北大 ………………………………… 101

　　第二节　西南联大九年 ………………………………… 114

第六章　复校北归——竭忠尽智 ……………………………… 146

　　第一节　北大复员聚精英 ……………………………… 146

　　第二节　执教加州伯克利 ……………………………… 166

　　第三节　兼职中央研究院 ……………………………… 169

第七章　主校北大——新旧更替 …………………………………… 178

　第一节　临危受命主持校务 …………………………………… 179

　第二节　围城中的历史抉择 …………………………………… 182

　第三节　长校期间的新北大 …………………………………… 189

第八章　旧邦新命——晚年宏愿 …………………………………… 202

　第一节　开国愿景 …………………………………………… 202

　第二节　暮年忧患 …………………………………………… 226

　第三节　病后新篇 …………………………………………… 231

第九章　薪火相传——继往开来 …………………………………… 244

　第一节　教泽广布培英才 …………………………………… 244

　第二节　授之以业传以道 …………………………………… 246

　第三节　启迪智慧育冯契 …………………………………… 250

　第四节　破格提拔季羡林 …………………………………… 261

　第五节　教子有方传家学 …………………………………… 264

结　语 ………………………………………………………………… 269

附录一　汤用彤年谱简编 …………………………………………… 272

附录二　汤用彤未刊稿简目 ………………………………………… 339

附录三　汤用彤研究参考文献 ……………………………………… 348

后　记 ………………………………………………………………… 380

第一章　家学渊源——门风世德

汤用彤（1893.8.2—1964.5.1），字锡予，是享有国际盛誉的佛教史家、哲学史家、教育家和国学大师，也是 20 世纪中国学术界涌现出的一批学贯东西、会通古今的大师级思想家的代表之一。他原籍是湖北省黄州府黄梅县孔垅镇汤大墩，光绪十九年阴历六月二十一日出生于甘肃省渭源县。同年出生的中国杰出人物还有毛泽东、梁漱溟、张申府、顾颉刚、洪煨莲、范文澜、郭绍虞等。汤门乃书香世家，名士辈出，家学渊源深厚。《汤氏宗谱》载其为商汤后裔，与"中国的莎翁"汤显祖同宗。

第一节　诗书传家

黄梅县坐落在长江北岸，对面是庐山佳胜。黄梅汤氏原居江西永丰，是当地名门望族，到了明朝中期迁至湖北黄梅县孔垅镇东厢。汤用彤的高祖父汤正谊，字广运，是当地乡绅，一生都在黄梅勤勤恳恳地教书。他学问深厚，善于因材施教，所以人称"引轩公"。汤思永撰《莘夫赠公墓表》说："正谊，儒士，积学未遇，覃恩赏给八品顶戴。"《汤氏宗谱·儒林志》中谓其"积学未遇，垂老呼唔占哔，循循善诱。子副举人镇东，受庭训，堂弟经魁思永、恩贡项元，省文学生徐朗，皆出门下"。引轩公虽未得功名，但以其"积学功深""为文鸿博"，而终赐八品顶戴。

汤用彤的曾祖父汤镇东，号晓峰，《汤氏宗谱》载其"恩赐副举人，貤封奉政大夫。生三子，公序居长，幼岐嶷，读书目数行下，见者咸以国器目之"。他受学于引轩公，据同邑解元黄经塾《引轩公碑文》谓：

"塾与敬亭（正谊公侄）、晓峰同庚，髫年相交，二君受业引轩世伯老先生。世伯平日以小学教人，善于引蒙，故自号引轩。要之，弱冠壮岁皆在引进之中。敬亭佩兄训登贤书，晓峰佩父训入黉序，非所谓成人有德者乎？塾以时聆世伯绪论道德，发为文章，言有根柢，亦足引瀹性灵。……惜晓峰兄积学功深，屡试优等，频膺房荐，未得早夺乡魁，令世伯一获见修德之报耳。"又同邑经魁李炳黉《晓峰公碑文》："孔垅，邑之名镇也，多硕士。吾祖伊村公有友三人焉，曰解元黄经塾、经魁汤思永及晓峰公也。公弱冠游庠，声名籍甚，屡试辄冠其曹，为文鸿博，稟经酌雅，膏沃光晔，推倒一时，而顾数奇不偶，列优等第十一次，不作上舍，乡闱屡膺房荐，终以额满见遗。"

　　汤用彤的祖父汤立贤，字谦吉，号莘夫。虽只做到相当于知县师爷的职位，但却非常注重钻研学问与力行事功。据《莘夫赠公墓表》谓，由于"晓峰公馆谷所入，恒不能供食"，于是他"年十六遂慨然弃举子业，偕佣奴杂作，每负担行。行垄亩间，必挟一册自随，且行且读，人以之比朱翁子云"。咸丰初"乱起粤西"，波及黄梅等地。他组织乡团协助湖广总督胡林翼（文忠公），运粮馈饷，故以军功得出监生，保以县丞候补。因孔垅地势低下，十岁九淹，他于是创议修筑湖堤，得县官赞许而委任之。十年之间，"履荆棘，践蛇虺，口授指画心计，暴烈日中，汗如釜蒸"，"罔敢少休"。堤工告成后，乡人三十年不知水患。他"好读书，尤喜《左传》，年七十余，背诵不遗一字。遇事敢为，治家严而有法，以故乡之人、族之人咸畏敬之，称祭酒焉。……其子霖成进士官知县功得封"。当时清廷颁发的制诰云："奉天承运皇帝制曰……奖尔汤立贤乃同知衔甘肃碾伯县知县汤霖之父，提躬淳厚，垂训端严。业可开先，式谷乃宣猷之本；泽堪启后，贻谋裕作牧之方。兹以覃恩赠尔为奉政大夫，锡之诰命。"从《汤氏宗谱》等记载中可以看出，黄梅汤氏家族自始即为"诗书之家"，并多以读书、教书为业，这直到今天仍影响着汤家子女们的人生道路。

第二节　幼承庭训

一、为官清正

汤用彤的父亲汤霖，字雨三，号崇道，晚年号颐园老人，生于清道光三十年（1850），卒于民国元年（1912）。在诸多有关汤霖的生平介绍中，往往误将其名号写成"字崇道，号雨三"。根据先贤名与字之义相应的原则，应是字"雨三"。其自号"崇道"，当为表达他对文化传统之道的推崇。

《汤氏宗谱·学绩志》中说："（霖）同治十一年（1872）洪宗师科试，取入县学一名。光绪元年（1875）王宗师科试考取一等三名，补廪梁宗师科，考取一等第二名，高宗师科试，取一等第三名，张宗师科试，均考取一等第一名。光绪乙亥（1875）、己卯（1879）、戊子（1888）科三膺房荐。己丑（1889）恩科中试举人，庚寅（1890）恩科会试，联捷进士，官知县。晚号颐园老人，两次丁艰，家居授徒，成材甚众，殁后，门人私谥元贞先生。"①

光绪十六年（1890），汤霖参加光绪庚寅科②殿试，登进士三甲127名，与廖平、文廷式、夏曾佑③同科。本科为清德宗亲政恩科，其中不

---

① 汤一介：《我们三代人》，北京：中国大百科全书出版社2016年版，第5—6页。

② 《黄梅县志》上记载汤霖于光绪十五年中进士，因此汤用彤各种传记也多误为1889年，现据国子监进士题名碑改正。孔庙现在仍可见到该碑，由于年久风化，字迹也模糊不清。汤一介先生为汤家留下了一张进士碑拓片，还较为清晰。

③ 夏曾佑（1863—1924），字遂卿，号碎佛，笔名别士，浙江杭州人，诗人、历史学家。中进士后，官礼部主事、泗州知州，充两江总督文案。曾与梁启超、谭嗣同交往密切，一起研讨"新学"，参加维新活动。1896年，与汪康年、梁启超等人在上海创办《时务报》，宣传"变法图存"。1897年，在天津与严复等创办《国闻报》，宣传新学和变法。他精通今文经学、佛学、乾嘉考据学和诗文，还注意学习外国史地和自然知识。他用章节体编著《最新中国学》《中国历史教科书》，后者重版时改名《中国古代史》，是近代尝试用进化论研究中国史的首部著作。民国时，历任教育部普通教育司司长、京师图书馆馆长。

少人成为推动维新变法运动的骨干。汤霖对新学的了解和思想的开明多与同他们的交往有关。同年五月，经吏部掣签，分发各省以知县即用。

汤霖遂于当年赴任甘肃省凉州府平番（今庄浪县）知县。他历任渭源、碾伯、宁翔等县知县，加同知衔①，为官清正，泽被乡里，道德学问修养很高。光绪十九年（1893）至光绪二十三年（1897）间，汤霖任兰州府渭源县知县。汤用彤即出生在渭源县衙，并随父在此生活。汤霖是位有抱负和作为的清官，刚一上任就对当地民俗风情进行认真调研，狠除陋习。《渭源风土调查录》谓其"名士风流，政尚平恕"，"民感其化，尽除险诈之风"，"在任善政甚多，邑人以汤青天呼之"，深得当地百姓的敬爱。他离任时万民送行，赠以"万民伞"。

汤霖治理渭源政绩颇多，有三件事尤为突出。

一是制止了媳妇服毒自杀以讹夫家的恶习。《渭源风土调查录》载："往年，邑中妇女与夫家人稍忤目，即服鸦片自尽，母家讼之，夫产随尽。霖查悉此弊，凡遇妇女服毒图尽，不但不予追究，反坐其父母以不善教导之咎。从此闺中私语，谓'汤官恶作剧，服毒不但无益，反累父母'。此弊遂革。"②

二是刹住了恶婆婆虐待童养媳的陋习。《渭源风土调查录》载："又乡妇人凌虐童媳，牛马不若。霖每微服访查姓名，即以虐媳术施于姑，严惩数人，惨毒风息。"③

三是重视对士子的教导。《创修渭源县志·职官志》对其评价道："下车观风课士，讲授文学，因以士执师生礼，而官民之风变焉。迨后

---

① 明清时期同知为知府的副职，正五品，因事而设，每府设一二人，无定员。同知负责分掌地方政军民等事务，同知办事衙署称"厅"。清朝的地方机构是省、府（相当于现在的地市级）、县三级。康熙后，一些派驻在外分管某一事务的同知，逐渐成为主持当地政务的实际长官。

②③ 文廷美纂，高光寿编：《渭源县风土调查录》，民国十六年（1927）铅印本，甘肃省图书馆馆藏，第31页。

文明日进，先生使然。"① 他在县学、书院亲自讲授诗文，极大地推动了渭源文风的盛行，为渭源培养了一大批人才。如渭源县试第一的秀才张锡鹏（字翔九），1949 年后终身任甘肃省文史馆馆员，享寿八十六岁；渭源耆宿裴建准，曾任河州镇守使，为陇上书画名家，也是汤霖的门生。

汤霖平日谨遵家训，养成了勤政清廉的官风。据《莘夫赠公墓表》记载，他的母亲徐太夫人"性严肃，寡言笑，居家俭朴，事舅姑以孝，御下以恕。勖儿子居官以清、以慎、以勤"②。当时朝廷之制诰亦谓："徐氏乃同知衔甘肃碾伯县知县汤霖之母，淑慎其仪，柔嘉维则，宣训词于朝夕，不忘育子之勤。"③ 对此汤一介先生认为："很可能是由于曾祖父母对祖父要求甚严，故祖父为官不敢不清廉也。"④

汤霖 1894 年从渭源回故乡黄梅守孝三年，汤用彤跟随父亲同行。《汤氏宗谱》收有汤霖《复湖北巡抚曾中丞书》一通，信中说："窃某承之渭源，渥蒙培植，感恩知己，刻未能忘。月前接阅邸抄，欣悉宪台荣拜抚鄂之命，谨具手版申贺，乃蒙温谕下询，庄诵再三，殷拳恳挚，以为职系楚人，于楚中民情利弊，与夫官绅贤否，必能确有见闻，嘱密为申覆。仰见明公不弃，刍荛迩言，必察至意。伏思职庸腐书生耳，家世缥缃，距省窵远，为诸生时授徒讲学，课耕力田，从未干预外事。庚寅通籍来甘候铨，甲午丁艰回籍守制，在家授徒课子。"⑤

汤霖在故乡守孝期满后，又于 1896 年带汤用彤返回渭源任知县。1898 年，汤霖去职后，曾来到兰州住在西湖会馆课读士子，汤用彤学于父亲所设之教馆。

汤霖在甘肃任职期间，革故鼎新，移风易俗，振兴教育，繁荣文化，政绩突出，留下很好的口碑。他不但是治理有方的官员，也是学识渊博的学者，更是人格高尚的君子。他教化一方，不但影响了西北的文

① 陈鸿宝纂修：《创修渭源县志》，《甘肃府县志辑》第 14 册，南京：凤凰出版社、上海：上海书店、成都：巴蜀书社 2009 年版，第 240 页。

②③④ 汤一介：《我们三代人》，北京：中国大百科全书出版社 2016 年版，第 11 页。

⑤ 同上书，第 19 页。

化教育，而且造就了他的后辈儿孙，培养出了不少杰出人才。

二、兴办新学

1905 年 9 月 2 日，直隶总督袁世凯、盛京将军赵尔巽、湖广总督张之洞、两江总督周馥、两广总督岑春煊和湖南巡抚端方等一批高官联名上奏：国家危迫情形，一刻千金，"欲补救时艰，必自推广学校始；而欲推广学校，必自先停科举始"。强烈请求"雷厉风行"，"停罢科举"。当天，慈禧太后便以光绪帝名义昭告天下，自丙午（1906）年始，"所有乡、会试一律停止"，从此宣告了科举制度的终结。由于科举并非只是单一的考试制度，它还是延续了一千多年的人事制度和教育制度，所以一时天下哗然。

有鉴于此，御史陈曾佑于 1905 年 9 月呈递《奏请变通学堂毕业奖励出身事宜折》，具陈八股之弊、新学之利，为新学鼓与呼："盖国家所以广立学堂者，大旨有四：一教成人格，教育普及，则人人知人伦道德，而风俗纯；一教成国民，教育普及，则人人有政治思想，而国本强；一寓通国皆兵之意，小学普及，则军人资格已具，而征兵之令可行；一寓富民足国之意，实业普及，则民多才艺，而谋生之途较广。此四者，兴学之大旨也。是故兴学非尽求官也。国家最利之事，在人人皆知求学，国家最不利之事，在人人皆思作官。人人皆知求学，则各谋其本业，而天下以安；人人皆思作官，则各忘本分，而侥幸奔竞之风作矣。"他还针对《奏定各学堂奖励章程》"学堂与仕进混合""所学非所用"的弊病，提出学生毕业只发文凭，不授实官。[1] 此折交由政务处和管学大臣详议。汤霖的办学理念与此折主旨极为契合。汤用彤后来对求学与做官的观点和态度可以溯源于此。

这种开始重视"国民"教育的思想也体现在清廷颁布的教育宗旨之

---

[1] 陈曾佑：《奏请变通学堂毕业奖励出身事宜折》，《光绪政要》卷 31。陈曾佑（约 1870—1920），湖北黄州蕲水人，工诗，《虞渊集》《晚晴簃诗汇》收其诗作。1889 年己丑科进士，次年入翰林，选庶吉士，授编修。1910 年，他在兰州筹办图书馆，于 1916 年 5 月正式开馆，定名为"甘肃公立图书馆"，即今甘肃省图书馆前身。

中。1906 年 3 月 25 日，学部奏请宣示教育宗旨折中，开始把学制分成专门和普通两种，指出"普通尤为各国所注重"，因为"普通云者，不在造就少数之人才，而在造就多数之国民"，并强调"今中国振兴国务，固宜注重普通之学，令全国之民无人不学"。由此可见，从以人才为当今"急务"到开始注重"国民"的教育是这个时期清政府教育观的一大转变。"国民"教育观的出现，扩大了教育的对象，是使传统教化向近代社会教育转变的一个重要思想基础。

陈曾佑后来转任甘肃学政、提学使，大力推行学堂教育。1906 年 3 月，汤霖与志同道合的故友陈曾佑等在兰州创办起甘肃优级师范学堂。该学堂规定修业期限为预科三年，本科二年。入学资格是贡生、生员、监生，由各府、州、县选送，名额为一百二十人。学堂监督为陈曾佑，教务长为甘肃人张林焱（翰林出身，曾官任翰林院检讨），庶务长为汤霖和山东人郁华（举人）。教员有张焱（授历史）、郁华（授算学、图画、地理）、王泽闿（授理化）、李兴勇（授博物）、邵登凯（授算学）、邓宗（授教育、伦理、心理、英文）、谭其茳（授伦理、日文）、金常（授法制、理财）、文琳（旗人，授体操）等。① 该学堂培养出了一批优秀学子，如西北史地学家张维②、教育家杨汉公等。

汤霖的学生江宁吴廷燮为《颐园老人生日宴游图》的题词中有"公茂志道，劬学毋缓……九夏师资，群伦效则"之语。汤霖弟子陈时隽 1930 年在对《颐园老人生日宴游图》题识中回忆说："师孜孜弗倦，日举中外学术治术源流变迁，与夫古君子隐居行义、进退不失其正之故，指海阐明，纤悉至尽。"可见他当时对"新学"颇为留心，也有认识，

----

① 刘尊贤：《清末甘肃优级师范学堂》，《甘肃文史资料选辑》第 17 辑，兰州：甘肃人民出版社 1984 年版。1913 年 3 月，甘肃优级师范改为甘肃省立师范学校，9 月，由西北教育家邓宗出任校长。1914 年，甘肃省立师范学校更名为甘肃省立第一师范学校，杨汉公曾任校长。

② 张维（1889—1950），字维之，号鸿汀，甘肃临洮人。13 岁州试为诸生，复入甘肃优级师范学堂，毕业后，考取己酉科甘肃拔贡第三名，复试列二等第五名，授学部书记官。在甘肃长期从事文化教育及文史学术研究工作。他任甘肃省图书馆馆长时，购置图书万余册，并为编印藏书目录。

并持开放态度。他不仅办过新式学堂，而且送汤用彬、汤用彤兄弟进入新式学堂，这说明他看到了时世迁流之趋势。汤霖回北京后继续传道授业，弟子成材甚众。

汤用彤有一兄四姐，他排行最幼。长兄汤用彬（1876—1951），字冠愚，号颇公，晚号大林山人。他年长汤用彤 17 岁，自幼聪慧过人，很早就以诗文雄阔、学问渊深而誉驰乡校。1902 年，应顺天乡试，被录入京师大学堂译学馆主学俄文，毕业奖举人出身，随后升入国立分科大学，毕业授文学士。因赶上清朝末年改革教育制度，汤用彬也没有得到考取进士的机会。他毕业后从事军政活动，历任兵部车驾司主事、陆军部主事、湖北省参议会秘书长、湖南都督府秘书长、交通部参事、第一届和第二届众议院议员、执政府机要秘书、善后会议专门委员、国史馆协修、国务院国史编纂处处长等职。他名重其时，与社会名流文坛耆宿诗书唱和，过从甚密，被誉为"京都八大山人"之一，也是一位书法家。他常以"大林山人"为笔名，为喻血轮的《新京报》等报刊撰写清末民初文坛回忆录，著有《香梦影》（民国初年刊）、《新谭往杂著》（10种）、《河翔览古诗辑》（8 卷）、《燕尘拾遗》、《新学名迹考》、《北洋军志》、《史记发微》、《旧都文物略》（合著）等。此外，还有其他诗文稿存世待梓。汤用彬在抗战中留北京，曾任伪北京市府主任秘书，后在大后方子女的压力下辞去伪职，闲居北平，靠变卖家产度日。1946 年底，他回归故里，编修《黄梅县志》，解放初病逝。可见，汤用彬虽常年做官，但仍不失为一文学造诣较为深厚之文人。《汤氏宗谱》中《学绩志》和《仕宦志》载其行迹。

三、客陇印象

汤用彤在 1914 年发表的《惜庐笔记》中回顾自己在大西北的生活环境时说：

> 余昔客陇者十余年，其地山川，别饶佳趣，人民恺悌无华，胸无机杼。今追维往事，亦多可记者。省治兰州，北带黄河，四面皆

山，联舟为浮梁，北达白塔寺（明内监刘城建）之下，南对望河楼（在旧督署后）。原名镇远桥，齐世武所谓"天下第一桥"是也。合巨舟二十四，贯以铁索草绠，架以木梁，棚以木板，围以橹盾。两岸铁柱凡四，用支绳绠。桥长约百二十丈，冬季撤之，积冰厚逾数尺，轮蹄安济，以舟楫渡者无有。惟土人有以牛皮制囊，欲渡者卧囊中，驾囊者灌以气而束其口，踞其上浮游而过。事虽险，顾罔或有失，亦奇制也。

　　陕西邠州周太王旧居，其属明祖山麓。有水帘洞。玲珑可观，穴口泉泻如帘。岩石上刻石像甚夥，大小不一。明张金有《度水帘洞歌》摹画神似。像之最大者在大佛寺，旧名应福寺，又名庆寿寺。依山为洞，洞门高三丈，洞内坐像高八丈五尺，两旁侍者亦高五六丈。座后出泉，上有层楼，楼亦高十余丈。洞内石上勒曰"唐贞观二年十一月十三日鄂国公尉迟敬德造"，然弗能详也。凉州至山丹道中，山岩上亦凿有佛像一，立而不坐，高六丈。宁夏城北，有卧佛，长亦数丈。相传西天四佛竞走，三佛力先□，一遂止于山丹，一坐于邠州，一卧于宁夏。其一最捷足，直至□□某府，始疲而立于其处，今其地亦有大佛像一云。①

值得注意的是，除了黄梅的佛教文化之外，西北佛教对汤用彤也颇有影响。他后来在《汉魏两晋南北朝佛教史》里，对自己亲历的凉州等地作为佛教早期传播重镇的历史变迁，进行了详细考察。

兰州大学张书城教授撰文《与汤用彤先生认渭源同乡旧事》，记述了他中华人民共和国成立前夕就读于北京大学哲学系时，与汤用彤的交往。当汤用彤得知张书城是渭源人时，深有感触地说："甘肃那个地方太好了！渭源那个地方太好了！那个地方的人太好了……"在与张书城的交谈中，汤用彤连连询问了很多话题：甘肃教育怎么样？兰州大学怎么样？西北师院怎么样？渭源县城还是那么小吗？首阳山和五竹寺办了保国民学校（初小）没有？县城里有没有中学？北平有几个渭源来的

---

① 汤用彤：《惜庐笔记》，《益智》第 2 卷第 3 期（1914 年）。

大学生？文庙对门的杨家（杨家与汤家世交，杨筱霞与汤用彤为孩提时伙伴）怎么样了？一连串问不完的话题反映了汤用彤对渭源的深刻印象和深厚感情。汤用彤还答应到兰州和渭源去讲学，到渭源看一看养育自己的故地。遗憾的是，由于时值战乱，通行非常困难，最终他没能实现这一愿望。汤一介、乐黛云夫妇和张书城素以乡兄乡弟相称，他们再三保证，要到甘肃、到渭源讲学，实现父亲未尽的愿望。

第三节　家风传承

家风是世代累积传承形成的影响家庭成员德行的一种价值观念。家风传承蕴含着传统的文化精髓，彰显着民族的精神风貌，维系着个人、家族和社会的协同发展，可以说是精神信仰建设的支柱力量。从汤霖、汤用彤到汤一介先生一门祖孙三代的家风传承，就典型体现出近现代中国的文化精神及其变迁之迹。

一、家训主旨

汤霖是其家风承上启下的重要人物。他在光绪"亲政"之初，与文廷式等维新骨干为同科进士，后因支持变法而被贬。罢官后，他开馆授学，并创办新式学堂，弟子成材甚众。1911 年 6 月 13 日，汤用彤、汤用彬兄弟与父亲门生 20 余人于北京万牲园（今北京动物园）为汤霖庆贺 61 岁寿辰，当时汤霖门人、固原画家吴本钧[①]绘有长卷《颐园老人生日宴游图》纪此盛况。汤霖于当月 25 日为该图所题跋文，共 500 余字，字字珠玑，凝铸了汤氏家训门风的精神内核，可以说是他留下的最有思想价值之遗产。

鉴于汤霖的诗文大多散佚，《颐园老人生日宴游图》题跋以往基本

---

① 吴本钧，字羹梅，清代固原州（今宁夏固原）人。光绪二十三年（1897）拔贡生，后中举人，任法部主事，加员外郎衔。少有才名，经籍淹通，书法秀逸，得唐代书法家褚遂良风致。

上是节选发表，且现行有关汤用彤和汤一介先生家学渊源的著述，对它多是辗转引用而生错讹。今据汤府家藏原件，分段标点，全录于下：

> 右图为门人固原吴本钧所绘。盖余生于道光庚戌年，至今年辛亥，岁星之周复逾一岁。门人之宦京者、怂儿辈，将于余生日置酒为寿。余力尼之，陈生时隽谓余："先生恒言京师危巢不可居，行将归隐，嗣后安能如长安辐辏，尝集处耶？京师旧三贝子花园，今改农事试验场，于先生生日为长日之游，湔俗繁缛之仪文，留师友追陪之佳话，不亦可乎？"余无以却之，乃于六月十三日为游园会。游既毕，吴生追作此图。

> 余维人生世间，如白驹过隙。寿之修短，夫何足言。但受中生而为人，又首四民而为士，有所责不可逃也，有所事不可废也。余自念六十年来，始则困于举业，终乃劳于吏事。盖自胜衣以后，迄无一息之安。诸生创为此游，将以娱乐我乎？余又内惭，穷年矻矻，学不足以成名，宦不足以立业，虽愈中寿，宁足欣乎？虽然，事不避难，义不逃责，素位而行，随适而安，固吾人立身行己之大要也。时势迁流，今后变幻不可测。要当静以应之，徐以俟之；毋戚戚于功名，毋孜孜于逸乐。然则兹游也，既可收旧学商量之益，兼留为他日请念之券。抑余身离国都前，所愿诏示诸生者，盖尽于此。

> 是役从游者，固原吴本钧，印江陈时隽，南昌黄云冕，湖口刘太梅，乐安秦锡铭，蕲州童德禧，黟县舒孝光、舒龙章，德化徐安石，同里石山侗、邢骐，外甥赵一鹤，婿项彦端，外孙邢文源、又源，及儿子用彬、用彤，孙一清，孙女一贞等都二十余人。
>
> 宣统三年六月廿五日颐园老人汤霖记

《颐园老人生日宴游图》题跋全文按内容可分为三部分，先介绍游园祝寿缘起，再自述平生志业及其对时局变迁的认识和态度，最后记录同游人员。这篇跋文高度概括了汤霖融合儒道精义的为人为学大要，足能透显出他做人处世之宗旨，亦为汤氏家风奠定了基调。

"事不避难，义不逃责"为全篇文眼，是汤氏三代学人终生奉行的座右铭，亦可谓中国传统知识分子的风骨。"事不避难"最早出自《国语·鲁语》载春秋时期鲁国大夫臧文仲所言"居官者当事不避难"，意谓行事应不畏惧艰难险阻。该典故亦见于《后汉书》：东汉永初四年（110），因西羌叛乱数年，朝廷压力大，大将军邓骘提出放弃凉州，大臣虞诩坚决反对道："志不求易，事不避难，臣之职也。""事不避难"与"义不逃责"联用，将勇于担当、开拓奋进的精神风貌展现尽致。

"事不避难，义不逃责"是一种做人处事的基本原则和价值选择，强调面对困难的事情，只要合乎道义，就不要害怕、逃避，而要当仁不让地担负起责任来。"素位而行，随适而安"则是一种大道至简的修身方法和人生态度，指安心于当下所处的地位，过简约自然的生活，随遇而安，并努力做好自身应当做的事情，而不羡慕分外之事。处在这种道法自然的生命状态下，就可以达到无欲则刚的境界，从而各得其所，无所羁绊，无所不适，无所不安。于己如是，则攻坚克难，人生充实；于家如是，则生活精彩，兴旺发达；于国如是，则民族自豪，历史生辉。经汤霖传下来的这种家风，表现了"士"之担当与儒家气概，深刻影响了汤用彤一生，也同样影响着汤一介先生的立身行事。

汤用彤为人与为学一直以汤霖"事不避难，义不逃责"的遗训为准绳。国史研究中，难度最大的是印度佛教传入后的中国化过程。汤用彤不畏艰辛，苦心孤诣，锲而不舍，十五年如一日著就《汉魏两晋南北朝佛教史》，解决了佛教与中国文化关系的历史难题。他视中国学术不仅是纸上学问，更是一种人生的践履功夫和修为境界，将"事不避难，义不逃责"贯彻于工作和生活中。抗战胜利后，北大面临复校北归的艰难处境，校长胡适远在美国，代校长傅斯年忙于重庆事务。汤用彤虽然想一心治学，不愿卷入行政事务，而且健康状况堪忧，但他还是毅然承担起北大复校的重任。中华人民共和国成立前夕，胡适南下。汤用彤仍秉持家训，出面主持校务，坚守岗位，保护学校，迎接解放，领导北大度过了新旧交替的过渡时期，为新北大的开辟呕心沥血。他晚年虽长期卧病，但仍笔耕不辍。去世前不久，他写下"虽将迟暮供多病，还必涓埃答圣民"，以表达其暮年心志。

汤用彤的生命气象与风骨，同样显现在汤一介先生身上。汤一介先生身处中国社会剧烈变化、新旧交错而传统文化飘零如絮的转型时代。作为中国文化的传道者和"守夜人"，他展示出传统"士"人的气质：谦逊好学、心忧天下而弘道不懈。改革开放后，汤一介先生创办中国文化书院，引领了当时的"文化热"。他在耄耋之年出任《儒藏》总编纂，以"事不避难，义不逃责"的使命感承担起这一规模超过《四库全书》的"盛世工程"，并常以此家训与后学共勉。

汤一介先生屡称自己"学不如父"。就纯学术而言，汤用彤所著诸书精细臻极，后人难望项背。但一代人有一代人之学术，境遇不同，条件迥异，难以简单比观。汤用彤"为学术而学术"，使他远离了当时世俗社会文化所关注的问题。与汤用彤相比，汤一介先生更加关注现实的社会。对此景海峰教授指出："这不是一个简单的个人喜好的问题，甚至不是一个个人选择的问题，而是整个的时代环境和大氛围使然，是时代的差别造就了个人学术道路的不同。20世纪三四十年代可以做到'为学术而学术'，可以出用彤先生那样的学术成果，但1949年后，'洗心革面'的知识分子不可能再走那样的路了。……汤一介先生不是不想'为学术而学术'，做出像他父亲那样的成绩；也不是要像现在这样去关注社会，对现实的文化问题投入巨大精力。而是特定的时代造就了客观的环境，提出了对知识人的具体要求和特殊使命。处在拨乱反正、改革开放、民族复兴的大时代，汤一介先生顺应历史潮流，尽其所能，为当代的中国文化建设殚精竭虑、贡献力量，已经做到了他个人的极致。正所谓'事不避难，义不逃责'，践行祖训，蔚为大成矣。"[1] 汤一介先生80多年的生命历程，正是这一祖训的生动写照。他用一生演绎了"事不避难，义不逃责"的门风祖训，且加以发扬光大，诚可谓"承百代之流而会乎当今之变"。

汤一介先生生前主编完成的九卷本《中国儒学史》，是迄今为止资料最翔实、内容最丰富、体系最完备的儒学通史，荣获第三届中国出版政府奖。他发起并主持的十卷本《中国经学史》、五卷本《儒释道三教

---

[1]　景海峰：《一代人有一代人之学术》，《深圳特区报》2011年3月15日第D1版。

关系史》和《儒学与马克思主义》等研究课题，皆在有序进行中。这些都充分体现了他所具有的文化自觉和学术担当精神，以及对中国文化复兴所做的艰苦努力。

汤一介先生鞠躬尽瘁、死而后已的奉献精神，源自"事不避难，义不逃责"的祖训。汤一介先生暮年心境与乃父一样，只要身体许可，他就总想做些力所能及的事，并认为这是自己义不容辞的职责。他临终前还说："只要我活着一天，我就愿为《儒藏》工程尽力。"

二、家国情怀

"以天下为己任"的汤霖在《颐园老人生日宴游图》题跋中流露出他对时局的深刻洞察和忧患意识。此后不久，1911 年 10 月 10 日武昌起义爆发，次年民国建立，清廷倾覆。世事的发展正如他所预见的"时势迁流，今后变幻不可测"。此前一年，汤霖在《与连方伯书》中也说："京师尘俗，时局奇变。抉伍胥之目，不可以五稔；化苌弘之血，奚待于三祀。投老穷居，不与人事，宁可自投浊流乎！"[1] 这说明他已深知清廷危局无可挽救，就像他时常吟诵的《桃花扇·哀江南》中所说"眼看他起朱楼，眼看他宴宾客，眼看他楼塌了"的情形。他期望子弟"静以应之，徐以俟之"，"毋戚戚于功名，毋孜孜于逸乐"，意为在当时复杂环境下，应静观变局，审时度势再决定出处；既不要急于追逐功名利禄，也不要沉迷于逸乐而消磨意志，当以进德修业为务。

汤霖是典型的中国传统"士"人，希望为国为民立德立功立言，因此其跋中说"有所责不可逃也，有所事不可废也"。他虽并不在意"寿之修短"，但仍以未能立言建业为憾。汤用彤曾对汤一介先生说："祖父（汤霖）对仕途并无多大兴趣，而对学问颇有所求，对'汉易'有点研究，而无时间著述，深以为憾。这是因为他要为家庭糊口，而劳于吏事。"[2] 在汤一介先生心目中，祖父是一位淡泊于功名利禄且不甚喜游乐的读书人，因此在他与弟子、子孙游园时，仍谆谆教诲诸随者"毋戚

---

① 汤霖：《与连方伯书》，《汤氏宗谱》，藏湖北黄梅汤用彤纪念馆。
② 汤一介：《我们三代人》，北京：中国大百科全书出版社 2016 年版，第 147 页。

戚于功名，毋孜孜于逸乐"。汤用彤在这点上颇受父亲之影响。除了这卷《颐园老人生日宴游图》之外，汤一介先生再没找到任何一件祖父留下来的东西，而汤用彤为什么珍藏此图，又把它传给了长子，正是因为汤用彤参加了这次游园，而且深深记住了父亲的告诫。①

汤霖在跋中对同游者说，希望通过这次聚会，"收旧学商量之益，兼留为他日请念之券"。可见，汤霖无意于"功名"，但很留意"中外学术治术的源流变迁兴失"。汤一介先生认为："这也许是祖父为什么要把我伯父汤用彬和我父亲都送入新式学堂，而希望他们在'学问'上有所成就之原因。但我祖父却不希望他们从政……希望他们都能在'学问'上有成，以补其'学不足以成名'之憾。"② 确实，在"学问"之道上，汤用彤和汤一介先生都未辜负汤霖的期望。

三、世纪之约

汤霖在这次游园后，就南归故里。此前他致友人书中已见其归心之切："某久宦无成，斡思归老。会适所愿，得遂初服，至慰至慰"，"家有薄田五十，扶桑三百。采菊东篱，则南山在前③；送客虎溪，则佳宾时过。拟于明仲初秋言归旧里，绝拘束之种种，返合疏之噩噩。"④ 他回到黄梅后作了一副对联：

> 双寿一百廿二年，挑灯课子，含饴弄孙，且喜磊落英多，家庆

---

① 汤一介：《我们三代人》，北京：中国大百科全书出版社 2016 年版，第 13 页。

② 同上书，第 147 页。汤一介先生还认为："据我所知，父亲和伯父汤用彬虽无什么表面上的矛盾与冲突，但他们的关系并不密切，或者是由于我父亲认为我伯父没有按照祖父的意愿在'学问'上下功夫，而对做官颇有兴趣，而在感情上有着隔膜。"

③ 典出陶渊明《归园田居》。汤霖对古诗文的热爱，也熏陶了汤用彤，他常教儿女背诵诗词和古文。受父亲影响，汤用彤也喜欢陶渊明的诗。汤一介先生少时便对陶渊明喜爱有加，此后，陶渊明诗文一直是他的最爱。每当读到"纵浪大化中，不喜亦不惧。应尽便须尽，无复独多虑"，他总会感慨："这是何等超越的境界！"《五柳先生传》之"好读书，不求甚解；每有会意，便欣然忘食"，亦被汤一介先生奉为自己的读书观。

④ 汤霖：《与连方伯书》，《汤氏宗谱》，藏湖北黄梅汤用彤纪念馆。

国恩膺厚福；

　　同行十万八千里，揽辔登车，束装倚马，相与殷勤慰藉，海阔
天空快状游。①

　　汤霖年逾花甲，始得返乡。虽然从甘肃到京城再回故里黄梅旅途遥
远，车马劳顿，但一家人一路海阔天空，游悠而行，相与慰藉，可谓难
得之"厚福"。可惜他归乡未久，于 1912 年病逝，享年 62 岁。这种叶
落归根的思乡情怀，也由其后人传承下来。汤用彤时常回乡探亲，晚年
行动不便时，依然关心家乡的古迹保护和文化发展。汤一介先生虽然没
有机会回乡，但他在填写自己的籍贯时，总是工工整整地写上"湖北省
黄梅县"，并资助留在黄梅乡村的汤用彬后人上大学。这无疑源于他对
汤氏家族的浓浓深情和对家风祖训的念念不忘。

　　汤用彤在回忆父亲时说："先父雨三公教人，虽谆谆于立身行己之
大端，而启发愚蒙，则常述前言往行以相告诫。彤稍长，寄心于玄远之
学，居恒爱读内典，顾亦颇喜疏寻往古思想之脉络，宗派之变迁。"②
跋中汤霖明确说其"立身行己之大要"，即"事不避难，义不逃责，素
位而行，随适而安"。汤霖弟子陈时隽在对该跋的题识中，言其师尝以
"古君子隐居行义、进退不失其正之故，指诲阐明"。可见，汤用彤之所
以走上学衡派"昌明国粹，融化新知"的新人文主义道路，与其家庭教
育背景是密不可分的，他对历史文化的认识和为人处世都深受其家风
之影响。

　　汤霖去世后不久，汤用彤兄弟请人把《颐园老人生日宴游图》制成
卷轴，并传之儿孙。这无疑是极好的亲情见证与家风熏陶。汤用彤兄弟
先后请樊增祥、欧阳竟无、柳诒徵、王正基等师友题诗其上，书法、辞
意俱佳。1930 年，欧阳竟无题诗于该图："吾岂昔人吾犹昔，此心息息
画工师。何妨幻住重留幻，楼阁如今尽孝思。"落款"宜黄欧阳渐"。柳

_____

① 汤霖：《六十双寿自祝联》，《汤氏宗谱》，藏湖北黄梅汤用彤纪念馆。
② 汤用彤：《汉魏两晋南北朝佛教史·跋》，《汤用彤全集》第 1 卷，石家庄：河北
人民出版社 2000 年版，第 655 页。

诒徵题诗云："禁苑褒官寿，兰陵最老师。壶觞逢胜日，花石尚清时。把卷今何世，传家幸有儿。匡山精舍在，经训足畚菑。"落款"庚午春二月敬题，颐园世丈生日燕游图，即希颇公、锡予两兄订可。镇江柳诒徵"。诗末所盖印章小篆文曰"祖述尧舜"，体现了他们共同的儒学思想与生命追求。

该图由汤一介先生保藏下来，以寄追远之思，并请启功、欧阳中石、范曾等名家续题其上。2012 年，汤一介先生出资十万元，请荣宝斋将原件复制三份，分赠亲属和家乡的汤用彤纪念馆。2014 年 8 月 3 日，中央电视台《新闻联播》把汤一介先生作为"践行社会主义核心价值观"的学者典型，就其传承家风、弘扬国学做了专题报道，并着重展示了《颐园老人生日宴游图》及汤霖所题跋文。此前因汤先生病重住院，不便烦劳他翻找家藏原件，新闻特写镜头中所出现的《颐园老人生日宴游图》和题跋，即是荣宝斋的精仿品。

自汤霖提出"事不避难，义不逃责"，于吏事尽责，于学问尽心；至汤用彤尽瘁于治学，然于民族大义，从未丝毫退却；及至汤一介先生，虽多坎坷，亦终生勤勉为学，为新时期民族文化发展寻觅哲理支撑。先贤言："铁肩担道义，辣手著文章。"汤门三代，诗礼传家，国事亦家愿，家事融国中，此即是矣！

第二章　学堂教育——《学衡》缘起

第一节　顺天学堂

一、首善中学

1908 年，汤用彤随父亲来到北京。他在 1915 年发表《谈助》于《清华周刊》第 53 期，提到初来京城时的见闻："北京警政未兴以前，游民充斥，盗贼横行，时有掳人勒赎之事，命案常不得主名。盖前清八旗，类坐食口粮，每日携鸟臂雁，征逐郊市，未受教育，亦无职司，故恒流入匪党。余初到京之日，尚闻有一家七口，夜全为盗杀，人不知也。阅日，犬由窦中将人头出，邻右始知而鸣之官，然卒未得其究竟也。又某年有孝廉某入都就试，一日乘过市，忽有仆人急呼之为姑少爷，某惊问之。仆言某为其家主妇之婿，数年前与其妻反目外出，今始得，力请言归。某亟言其误，仆谓其伪，劝之益亟。市人见之，亦以某乃不愿归，亦助仆。某初坚持，继闻其妇美，思一见而去。仆随至一宅，一老媪一少妇出迎，俱道相思，急设筵席使入座。某见妇美，不思去，留焉。妇力劝之饮，俄顷玉山颓，醒则已全身受缚。押至行刑处就戮，某心知其故，而中毒不能言，惟垂泪耳。时监斩官某，见其不类狱犯，又神色异常，就问之。某只以手作势，求笔墨，与之，乃书其冤甚悉，遂见释。然法庭不敢索真犯，以案与某王公有关系也。盖王公之子弟犯杀人罪者，谳定，王公恒诱人于狱中互易之，执法者虽知之，然摄于王公势力，不敢言。世情险戏，如是如是。"汤用彤平素关心社会世情的习惯和小心谨慎的性格，盖由此耳闻目睹而养成。

1908 年，汤用彤就学于北京顺天高等学堂，接受新式教育，除了上国文课外，还学习英文和数、理、化各科。汤用彤在戊班，梁漱溟在丙班，张申府在丁班，李继侗与郑天挺在庚班，一个年级为一班。① 他尝与梁漱溟共读印度哲学之书与佛教典籍。稍早考入顺天学堂的梁漱溟，当时名梁焕鼎，其回忆录中多次提及汤用彤等昔日中学同窗，他1942 年在《我的自学小史》中记述了该校的一般情况：

> 我于十四岁那一年（1906 年）的夏天，考入"顺天中学堂"（地址在地安门外兵将局）。此虽不是北京最先成立的一间中学，却是与那最先成立的"五城中学堂"为兄弟者。"五城"指北京的城市；"顺天"指顺天府（京兆）。福建人陈璧，先为五城御史，创五城中学；后为顺天府尹，又设顺天中学。两个学堂的洋文总教习，同由王邵廉先生（天津人，与伍光建同留学英国海军）担任。汉文教习以福建人居多，例如五城以林纾（琴南）为主，我们则以一位跛腿陈先生（忘其名）为主。
>
> 当时以初设学校，学科程度无一定标准。许多小学比今日中学程度还高，而那时的中学与大学似亦颇难分别。我的同班同学竟有年纪长我近一倍者——我十四岁，他二十七岁。有好多同学虽与我们年纪小的同班受课，其实可以为我们的老师而有余。他们诗赋、古文词、四六骈体文，都作得很好；进而讲求到"选学"（《昭明文选》）。不过因为求出路（贡生、举人、进士）非经过学堂不可；有的机会凑巧得入大学，有的不巧就入中学了。
>
> 今日学术界知名之士，如张申府（崧年）、汤用彤（锡予）各位，皆是我的老同学。论年级，他们尚稍后于我；论年龄，则我们三人皆相同。我在我那班级上是年龄最小的。
>
> 当时学堂里读书，大半集中于英算两门。学生的精力和时间，

---

① 郑天挺在自传里曾提到这些同学。冯尔康、郑克晟编：《郑天挺学记》，北京：三联书店 1991 年版，第 44、372 页。

都用在这上边。年长诸同学，很感觉费力；但我于此，亦曾实行过自学。①

顺天高等学堂前身是戊戌维新时期就开始筹设的顺天府中学堂。1898年9月19日，管学大臣、吏部尚书孙家鼐和顺天府尹胡燏棻上呈《奏设顺天府中学堂折》，奏称："拟请将金台书院改为顺天府中学堂——就所属二十四州县，调取学中廪增附生年十六岁以上、二十四岁以下才识通达、志趣远大者。大县挑选三名，小县挑选二名，来京扃门课以时务策论，分别甲乙，以定去留，以四十名为额。金台书院向有外省士子肄业，并另设南额二十名，一律考取。"1901年10月30日，顺天府尹陈璧与时署礼部尚书、顺天府兼尹徐会沣奏请："谨遵前旨，拟将兵将局抄产官房，拨给顺天府，作为首善中学堂。"

1902年8月15日，管学大臣张百熙起草的《钦定中学堂章程》，由国家正式颁布。陈璧、徐会沣筹商落实顺天中学堂规划时，曾拟设建于安定门内朗家胡同前八旗"经正书院"旧址。因"宗室觉罗八旗中学堂"（今北京一中）抢先开办于此，只得再次奏准以"地安门外兵将局拨给官房"开办。由此在金台书院、顺天府学等基础上终于建立顺天中学堂，成为其时国内最高水准的模范中学。而其前身顺天府学肇始于明洪武元年（1368）由报恩寺改成的大兴县学。永乐元年（1403）设立顺天府，该校成为府衙的直属学校，定名为府学，并沿用了五百多年。

1903年9月11日，慈禧发布上谕"赏给顺天（中）学堂及京师工艺局《图书集成》各一部"。又《北京名校录》载，顺天中学堂"开学那天，慈禧太后曾派人送过一个御赐书柜"。1904年1月13日，《奏定中学堂章程》开始颁行，改革教育。顺天府学的东半部改为"顺天府高

---

① 梁漱溟：《我的自学小史》，《梁漱溟全集》第2卷，济南：山东人民出版社1990年版，第676—677页。1911年10月10日，辛亥革命爆发后的冬天，梁漱溟从顺天中学毕业后抛下升学机会，加入京津同盟会。次年2月12日，溥仪退位后，梁漱溟到《民国报》当编辑和记者。

等小学堂"，成为我国历史上最早的近代小学。因顺天中学堂与五城中学堂都是按照《钦定中学堂章程》开办的，而且都是"专以准备升入北洋高等学堂为目的"，故照行四年旧制而不是改行五年新制。1906年7月2日，学部对顺天中学堂监督陆长俊关于"援照八旗成案改为高等学堂"的请求做出批复："请将顺天中学堂改为（顺天）高等学堂之处尚近迁就，应毋庸议。"

1907年4月5日，经以尚书衔兼管顺天府府尹事务的陆润庠、府尹袁树勋奏请，学部终于同意将"顺天中学堂"升格为"顺天高等学堂"。顺天学堂办学资金充裕。在金台书院原先每年3500两白银经费的基础上，又增拨8500两，作为学堂经费。学堂每年招收的学生定额为60人，以本地为主，并从全国各地选拔优秀生源。为让学生能专心读书，不收学费，还按月发给膏火银（即灯油费，指求学费用）养家。学堂初办就聘中、西文教习各两人，分别传授学生"经史及一切经世之学"和"西国语言文字及艺政算学各书"[1]。

顺天高等学堂在抗战前称为河北高中，后来演变成为河北师范大学。[2] 顺天学堂原址今在北京东城区地安门东大街的府学胡同小学。[3] 2001年，府学胡同小学重修了孔庙等古建筑，恢复了顺天学堂的原状，占地21000平方米，成为北京首次出现的文物式小学。现今的府学小学，庙学合一，完整地保留了庙（大成殿）、堂（明伦堂）、阁（奎星

---

[1]　朱有瓛主编：《中国近代学制史料》第1辑下册，上海：华东师范大学出版社1983年版，第754—755页。

[2]　河北师范大学起源于1903年创建于北京的顺天府学堂和1906年创建于天津的北洋女师范学堂。1996年6月，原河北师范大学与河北师范学院、河北教育学院、河北职业技术师范学院合并，组建成新的河北师范大学，是我国较早建立、目前规模较大的高等师范院校之一。校友中有老一辈革命家邓颖超、刘清扬、郭隆真、杨秀峰、康士恩、荣高棠等，有学界名人中科院院士严陆光、郝柏林等，也有许绍发、蔡振华等一批体育界精英。

[3]　府学胡同小学由京师公立第十八小学校、北平市立府学胡同小学、北京市三区中心小学演变而来。

阁)、祠(文天祥祠)四位一体的传统文化建筑,加上现代化的教育设施,传统与现代相融合的校园文化构成了"活"的教育博物馆。这使我们现在仿佛能身临汤用彤等前辈大师当年在此处就读时的场景。

二、顺天到清华

关于汤用彤在顺天高等学堂的起止时间,学界说法不一。综合汤用彤自述及其同学、弟子以及《清华大学史料选编》等文献记载,当以1908年至1911年之间在顺天高等学堂最为确切。汤用彤于解放初的一篇讲话稿说自己"从前清光绪年间(1875—1908)就到北京上学"①。这表明汤用彤至迟在光绪末年即1908年就已入学。而汤用彤在哈佛大学硕士学位的申请表②中填写的日期为1909年。如何看待这种自相矛盾的现象?我们从学堂对入学年龄的限制中或可得到解答。

当时顺天府从所属的24个州县推荐考录16岁至24岁的廪、增、附生。汤用彤1908年时15岁,尚差一岁,由此不难理解其填成1909年的缘故。郑天挺、任继愈都说汤用彤是1908年入学。郑天挺是汤用彤当年的校友,任继愈则长期做汤用彤的助手,汤用彤晚年曾委托他为自己撰写墓志铭,故他们的说法自有依据。因此,汤用彤1908年入顺天高等学堂的说法较为可信。

汤用彤在哈佛大学硕士学位的申请表中还把自己的生日填成1897年3月1日(实为1893年),也是出于某种原因,不应简单看作笔误。清末由外务部、学部联名奏准的"遣派游美学生办法大纲",计划分两格考选学生入肄业馆学习。第一格学生要求年龄20岁。第二格学生要求年龄不超过15岁,每年计划录取200名。1910年7月,学务处在录取第二批留美学生70人的同时,为游美肄业馆招收备取第一格学生

---

① 该手稿未刊,本书写作时存北京大学燕南园。

② 由林伟博士于哈佛大学图书馆查找提供,档案号:Student Folder,Harvard University Archives,UAV 161.201.10 Box 105。

143 人。游美肄业馆在 1911 年 1 月改名为清华学堂，并将原先的初等科改名中等科。1911 年 2 月，又通过考试，录取了第二格学生 141 人。其中正取 116 人，备取 25 人。汤用彤属于这批 116 名正取的第二格学生，并于 3 月 19 日入学。从这里可以看出，汤用彤也唯有将生日少写四年才得以符合不超过 15 岁的录取规定。

　　这种现象在当时较为普遍。吴雨僧时年已 17 岁，为隐瞒年龄以符合招考章程关于入学不能超过 15 岁年龄的规定而改名为"宓"。① 胡适在 1934 年 3 月 27 日的日记中对他榜上有名的 1910 年"庚子赔款留学美国学生榜"评论说："当时规定留学生年龄不得超过 20 岁，所以榜上诸人所报年岁往往有以多报少的。"② 汤用彤 1917 年考取官费留美时已 24 岁，而将生年写为 1897 年，正好符合章程对年龄的规定。

　　上述情况表明档案的某些记载与实际情况可能不符。汤用彤还在硕士学位申请表中把自己的出生地填成湖北，而事实上，他原籍是湖北，出生地为甘肃。这或许是湖北省会武昌因辛亥革命首义成功而闻名世界，远较偏僻的甘肃知名度高的缘故，也表明了他把自己作为湖北人的认同感。由于种种原因，档案可能会有些差错，所以我们在使用档案材料时应抱有一定的警惕，应尽量将它与其他史料互相印证使用。尽管档案文献难免有误，但对哈佛大学汤用彤档案进行发掘整理和考证，在某些程度上仍足以改写现代学术史的许多问题。

---

　　① 吴宓（1894—1978），陕西泾阳人，字雨僧、玉衡，笔名余生，西洋文学家、诗人，著有《吴宓诗集》《文学与人生》《吴宓日记》等。1921 年，吴宓回国，受聘东南大学，讲授"英国文学史""中西诗之比较"等课程，开我国比较文学教研之先河。1926 年 3 月，吴宓改任清华大学西洋文学系教授，三次代理系主任，并成为清华国学院主要创办人。这期间，他参考哈佛经验，制订了适合我国情况的培养目标：博雅之士。他使无著作、无文凭的陈寅恪，与梁启超、王国维、赵元任一起，被聘为清华大学国学院四大导师。他的受业弟子多成名学者，如钱锺书、杨绛、季羡林、曹禺、张骏祥、李健吾等。
　　② 胡适：《日记（1931—1937）》，《胡适全集》第 32 卷，合肥：安徽教育出版社 2003 年版，第 337 页。

第二节　清华立志

代表五四新文化运动另一潮流的学衡派思想的缘起，可追溯到汤用彤、吴宓等人在清华学校对平生志业的规划，特别是他们创建的天人学会。此时，汤用彤已立志于学术研究，虽终日接受洋化教育，然其"寄心于玄远之学，居恒爱读内典"①。我们后面会看到，这种观念事实上一直支配着汤用彤终生的学术生涯。关于汤用彤等人创办天人学会对于《学衡》的意义，迄今尚无专题探讨。笔者遂留心辑佚有关史料而成此节，以供治现代学术思想史者考。

一、创办天人学会

1909 年 7 月，游美学务处在北京成立，同时筹备附设肄业馆，让各地考选来的学生在此学习留学相关知识。1911 年 3 月，汤用彤与吴宓分别从北京顺天学堂、西安宏道学堂考入刚成立的清华学堂②中等科。两人性情虽异而志趣相近，很快结为契友。就二人品性而言，吴宓躁急多虑而热心公益，汤用彤则沉潜坚毅而志在自修，他们在性格抱负方面恰好是相反相成。然而在对各自心目中道德文章的追求方式，两人却又是殊途同归的。他们心系国家之兴废存亡，极其注重道德品性的修养，常互相督促，一起切磋文章道义，畅谈人生。

张伯苓时任清华教务长兼南开中学堂监督，他常在清华食堂发表演说，给同学们留下了"和蔼明通"的印象。③ 这是汤用彤与张伯苓的最早接触。1912 年 5 月，清华学堂重新开学，11 月改名清华学校。在

---

① 汤用彤：《汉魏两晋南北朝佛教史·跋》，《汤用彤全集》第 1 卷，石家庄：河北人民出版社 2000 年版，第 655 页。

② 该校为八年制留美预备学校，其学制、教材、师资多采自美国，毕业生可直接进入美国各大学三年级。

③ 吴宓：《吴宓日记》第 1 册，北京：三联书店 1998 年版，第 124、127 页。

有关传记中，常误作汤用彤辛亥革命后进入清华学校，这是有违历史事实的。

自入学的当年至 1913 年，清华学校把国文较好、爱读国学书籍的学生选出七八人，特开一班，研习国文典籍，派学问渊博、深具资格名望的国学家姚茫父、饶麓樵诸先生来讲授。此特别班的学生，有汤用彤、吴宓、刘朴、闻一多，还有高等科何传骃等人，他们互相督促、切磋、共同勤读。① 汤用彤虽只比吴宓年长一岁，但在学问、人情各方面都更为成熟稳健，因而成为吴宓当时最钦敬的知音。

1915 年 9 月 17 日，吴宓在日记中评论汤用彤："喜愠不轻触发，德量汪汪，风概类黄叔度。而于事之本原，理之秘奥，独得深窥。交久益醇，令人心醉，故最能投机。"② 黄叔度名宪，东汉名士道德风度之楷模。《后汉书》本传说："颍川荀淑至慎阳，遇宪于逆旅，时年十四，淑竦然异之，揖与语，移日不能去。谓宪曰：'子，吾之师表也。'既而前至袁闳所，未及劳问，逆曰：'子国有颜子，宁识之乎？'闳曰：'见吾叔度邪？'"汉末"海内所师"的名士荀淑，邂逅少年黄叔度，竟日言谈不舍离去，尊为"师表"，与颜回相提并论。这在"声名成毁，决于片言"的汉末非同寻常。袁闳之答，更见叔度德操已为乡党公认。再者，同郡戴良才高倨傲，而见宪未尝不正容，及归，罔然若有所失。曰："良不见叔度，不自以为不及；既睹其人，则瞻之在前，忽焉在后，固难得而测矣。"夸口"独步天下，谁与为偶"的戴良，见到叔度却"未尝不正容"，至怅然若失，竟用颜回赞美孔子语称赏叔度。《世说新语》开篇，周子居常云："吾时月不见黄叔度，则鄙吝之心已复生矣。"《世说》《后汉书》同载，陈蕃位至三公，临朝而叹："叔度若在，吾不敢先佩印绶矣。"郭林宗至汝南，造袁奉高，车不停轨，鸾不辍轭；诣

---

① 吴宓 1970 年 3 月 30 日交代稿，转引自吴学昭《吴宓与汤用彤》，汤一介编《国故新知：中国传统文化的再诠释——汤用彤先生诞辰百周年纪念论文集》，北京：北京大学出版社 1993 年版，第 22 页。

② 吴宓：《吴宓日记》第 1 册，北京：三联书店 1998 年版，第 495 页。

黄叔度，乃弥日信宿。人问其故，林宗曰："叔度汪汪，如万顷之陂，澄之不清，扰之不浊，其器深广，难测量也。"汉末太学精神领袖郭林宗流连忘归的感觉概与荀淑、戴良一样，如置身深不可测的强磁场，其品题成为典故"叔度汪汪"。叔度倾倒众生的人格魅力，现存材料基本为侧面描写，可谓神龙见首不见尾。其风度神韵只可意会，不可言传。范晔在其传后议云："黄宪言论风旨，无所传闻，然士君子见之者，靡不服深远，去玼吝。将以道周性全，无德而称乎？余曾祖穆侯以为宪隤然其处顺，渊乎其似道，浅深莫臻其分，清浊未议其方。若及门于孔氏，其殆庶乎！"以叔度名节，求仕本易。官府对其多所招致，然叔度不为所动，箪食瓢饮，不改其乐。故其卒时，舆论号曰"征君"。他披褐怀玉，甘居贫贱，创造了汉末乱世一道德神话，在时人心中品位极高，后世嘉其懿德者亦不为寡。如唐黄滔《祭崔补阙道融文》称："多君于士元廊庙，待我以叔度陂湖。""叔度陂湖"成为赞美人格雅量的一种象征。吴宓以黄叔度比喻汤用彤当年气象风度，可谓深得其神韵。

吴宓三次作诗赠汤用彤，充分表现了他们的友谊和以天下为怀的使命感。1913 年，吴宓的七言律诗《示锡予》云："风霜廿载感时迁，憔悴潘郎发白先。心冷不为尘世热，泪多思向古人涟。茫茫苦海尝忧乐，滚滚横流笑蚁膻。醉舞哀歌咸底事，沧桑砥柱励他年。"[1] 今由此诗我们可遥想起汤用彤当年忧国忧民，伤今吊古，年方二十已华发早生的情状。特立独行的他追踪先贤，以出世之心行入世之事，力图唤醒醉生梦死的众生，并与吴宓立志发愿，以延续文化命脉相互共勉。

1915 年，吴宓赠汤用彤以诗《偶成示锡予》两首，其一为："少年心久藏忧患，一蟹生涯想旧春。亲狱无缘哭北阙，国仇有誓指东邻。十洲芳草归斐刘，千载灵光总劫尘。天意讵随人事改，晦霾醒醉怅何因。"其二为："柱国人材公漫诩，魑魅入鉴敢辞形。铅华肤御同颦笑，邱壑

---

[1] 吴宓：《吴宓诗集》，北京：商务印书馆 2004 年版，第 39 页。

胸藏别渭泾。巢燕居鸠仍愦愦，卧薪尝胆尽惺惺。激随我逊卿谋贵，常度温涵有至馨。"①

1916 年初，在汤用彤回黄梅探亲前夕，吴宓赠诗《送锡予归省》三首，其一："皇皇何所事，风雪苦奔波。堂上亲情切，斑衣孝思多。江山舒秀色，文字遣愁魔。劳我无端感，十年客梦过。"其二："毋为伤短别，已有岁寒盟。远举图鹏奋，深心耻鹜争。结庐云水好，励志箪瓢清。沧海行暌隔，悬怜怅望情。"其三："一卷青灯泪，斑斓着墨痕。嘱君慎取择，与世共临存。古艳名山闷，斯文吾道尊。平生铅椠业，敢复怨时繁。"② 从这些诗中我们可以感受到，身处那个动乱飘摇年代的汤用彤、吴宓等爱国学人心忧天下、上下求索的动人情怀。

吴宓在诗中注释说："《青灯泪传奇》，锡予乡人蒋公作，闻名有年矣。"③《吴宓诗话》还有"蒋酉泉青灯泪"的条目，文中言其好友汤用彤最喜欢同邑蒋酉泉的《青灯泪传奇》，于是推荐给他。1916 年 2 月，汤用彤发表《谈助》于《清华周刊》第 65 期，着重指出："吾乡蒋酉泉先生所著《青灯泪传奇》，仅词曲中未显著之一种耳，亦仅吾乡人士得而知之，得而读之，得而赉之。然先生作是书时，一腔情怀，正与蒲松龄著《聊斋志异》时同。盖先生亦以孝廉终身，一生潦倒，虽写美人薄命，然寓意实在名士怀才不遇。其曲未出，隐隐言及之，与蒲氏论叶生一文，同一激昂慷慨。使先生而飞黄腾达，则自无此可贵之文章。信乎立言之难，而为三不朽（之一）也。《青灯泪》歌遣一出，不落前人窠臼，文最善，吾家人类相能背诵其一部。"④ 该文借此阐述其文学观，认为：

> 无道德者不能工文章，无道德之文章，或可期于典雅，而终为

---

① 吴学昭：《吴宓与汤用彤》，汤一介编《国故新知：中国传统文化的再诠释——汤用彤先生诞辰百周年纪念论文集》，北京：北京大学出版社 1993 年版，第 24 页。

② 同上书，第 24—25 页。

③ 同上书，第 25 页。

④ 汤用彤：《谈助》，《汤用彤全集》第 5 卷，石家庄：河北人民出版社 2000 年版，第 47 页。

靡靡之音；无卓识者不能工文章，无识力之文章，或可眩其华丽，而难免堆砌之讥；无怀抱郁积者不能工文章，无怀抱郁积之文章，虽可敷衍成篇，然乏缠绵恺恻之致。诗穷而后工，非诗之能穷力，实穷而后工也。天然之物，非有天与之爵禄，非有天赋之智识，非有天生之情性，不能得之。①

吴宓对汤用彤此说甚为赞同，也将之作为自己的创作指针，并在其《吴宓诗集》中特作转载。

汤用彤与吴宓为阐发其人生道德理想，在 1912 年暑假合著长篇章回体小说——《崆峒片羽录》。据《吴宓日记》载：8 月 4 日，"晚，及汤君用彤议著一长篇章回体小说，议决明日着手编辑"②；8 月 5 日，"与汤君议著小说事，定名为《崆峒片羽录》，全书三十回，因先拟定前十五回之内容。午后余为缘起首回，汤君则为第一回，未成而一日已尽矣"③；8 月 6 日，"上午，余缘起首回告成。汤君之第一回至晚亦竣。每回十页，以后作法皆由余等二人共拟大纲，然后由汤君著笔编述，然后余为之润词。于是数日来，遂纯以此为二人之事业云"④；8 月 7 日，"是日为《崆峒片羽录》第二回，成"⑤；8 月 8 日，"为《崆峒片羽录》第三回，几于成矣"⑥。

全书拟撰 30 回，只完成了缘起回及前 3 回（3 万余字）。《崆峒片羽录》楔子为吴宓撰作，略仿韩愈《毛颖传》，借对于书写工具毛笔的议论，以说明著作小说之原理及方法。以下则由他们共拟大纲，再由汤用彤执笔，吴宓润色。全书大旨在写汤用彤与吴宓二人之经历，及对于人生道德之感想。书中主人公为黄毅兄弟及其妹黄英，皆为理想化人

①　汤用彤：《谈助》，《汤用彤全集》第 5 卷，石家庄：河北人民出版社 2000 年版，第 47 页。

②③　吴宓：《吴宓日记》第 1 册，北京：三联书店 1998 年版，第 255 页。

④　同上书，第 255—256 页。

⑤⑥　同上书，第 256 页。

物。此稿从未刊布，吴宓于 1923 年 10 月从南京鼓楼北二条巷搬家到保泰街的过程中被家人遗失，为此吴宓常深感痛心与遗憾，他 1926 年 12 月在自己的小说《如是我闻》跋中说："每一念及，极为痛恨。盖少年心境，创作始基，终无由得见。其损失岂仅千金而已哉。"①

《崆峒片羽录》现仅残存部分回目：第一回"小学子味理解谈经，侠男儿拯溺独贾勇"；第二回"乌水黔山初浮宦海，黄笏白简终误鹏程"；第四回"燃春灯老制军淘情，捷秋闱小书生感遇"。其余回目均佚。吴宓在西南联大时曾谈及，小说中主人公的籍贯是贵州修文，因为他与汤用彤觉得修文两个字非常好。而王阳明在流放中悟道的龙场驿，就在修文县。这部小说充分反映了汤用彤与吴宓早年共同的道德救世理想。

随后，汤用彤与吴宓不满足于创作小说来阐发人生感想，进而组织学会，联合志同道合之友，共同推行其理想事业。时值袁世凯称帝前夕，国家前途茫茫。在此严峻形势下，汤用彤等人仍能专心向学，这是因为他们以传承民族文化为己任。在他们看来，即使国可亡，但民族文化精神却不可亡。国运飘摇之际，学人更应悉心呵护民族文化的一线命脉并加以光大。1914 年 4 月 6 日夜，汤用彤与吴宓讨论起国亡时"吾辈将何作"的沉重话题。吴宓说："上则杀身成仁，轰轰烈烈为节义死，下则削发空门遁迹山林，以诗味禅理了此余生。如是而已。"汤用彤则谓：

> 国亡之后不必死，而有二事可为：其小者，则以武力图恢复；其大者，则肆力学问，以绝大之魄力，用我国五千年之精神文明，创出一种极有势力之新宗教或新学说，使中国之形式虽亡，而中国

---

① 转引自吴学昭《吴宓与汤用彤》，汤一介编《国故新知：中国传统文化的再诠释——汤用彤先生诞辰百周年纪念论文集》，北京：北京大学出版社 1993 年版，第 23 页。

之精神、之灵魂永久长存宇宙，则中国不幸后之大幸也。①

此言令吴宓深为叹服汤用彤的超凡魄力，感到自己的境界还须提升，并预为修养浩然之勇气，以欲图死节于亡国之后。从中可见他们那时已就如何以道义救世，弘传国魂，并创造普适性新文化等问题进行了探讨，意见甚为相合。

在"二十一条"签订后，汤用彤愤于国耻，联合吴宓、黄华诸友，于1915年冬，在清华组织起"天人学会"。会名为汤用彤所定，吴宓的解释甚为符合他们的共识：

> 天者天理，人者人情。此四字，实为古今学术、政教之本，亦吾人之方针所向。至以人力挽回天运，以天道启悟人生，乃会众之责任也。②

该会用意在于"欲得若干性情、德智、学术、事功之朋友，相助相慰，谊若兄弟，以共行其所志"③。吴宓在回忆自己思想形成缘由时说："昔在清华，立天人学会，陈义甚高，取友殊严，希望甚大。初立之时，人少而极和洽，互为莫逆。"他尝发表演说："天人兄弟，当取诚信相孚，识见高卓。无论其中何人，将来如何遭遇，处危疑之际，蒙诟负谤，纵举国举世，咸谓此人为奸为罪，证据确凿，不庸迟疑，而我天人中余人，到此地步，必仍信得过此人之别有深心，中实清白，仍然协赞不衰。天人之交情，必须至如此之深。物色会员，亦必信其与众能如此，乃敢介绍。"④ 学会创办者的满腔热忱和济世宏愿，正如吴宓所述："方

---

① 吴宓：《吴宓日记》第1册，北京：三联书店1998年版，第331页。

② 吴宓1916年4月3日《致吴芳吉书》，见吴宓：《空轩诗话》，吕效祖编《吴宓诗及其诗话》，西安：陕西人民出版社1992年版，第211页。

③ 吴宓：《空轩诗话》，吕效祖编《吴宓诗及其诗话》，西安：陕西人民出版社1992年版，第210页。

④ 吴宓：《吴宓日记》第2册，北京：三联书店1998年版，第114页。

其创立伊始，理想甚高，情感甚真，志气甚盛。"①

天人学会对入会会员选择很严格，前后有吴芳吉、张广舆、汪缉斋、曾昭抡、王正基、曹理卿等30余人。冯友兰于1915年入北京大学文科中国哲学门后不久，经好友张广舆介绍后欣然递交志愿书而入会。② 从天人学会制定的会章、会簿、介绍书和志愿书来看，虽有似美国大学的兄弟会，但该会理论的系统性和组织的严密性、纪律性使其已具备了党派的一些性质，汤用彤与冯友兰等人在学会组织的各项活动中建立了兄弟般的情谊。

从天人学会的宗旨和汤用彤、吴宓的日常研讨中都可看到《学衡》主旋律"昌明国粹，融化新知"反复出现。该会要旨，除共事牺牲，益国益群外，还欲"融合新旧，撷精立极，造成一种学说，以影响社会，改良群治。又欲以我辈为起点，造成一种光明磊落、仁慈侠骨之品格。必期道德与事功合一，公义与私情并重，为世俗表率，而蔚成一时之风尚"③。

《天人学会会章》规定会员必须遵守的原则有五："（一）行事必本乎道德；（二）人之价值，以良心之厚薄定之；（三）谋生糊口以外，须为国家、社会尽力，处处作实益及真是之牺牲；（四）持躬涉世，不计毁誉、成败、利害，惟以吾心之真是非为权衡；（五）扶正人心，为改良群治之根本。险诈、圆滑、奔竞、浮华、残刻、偏私，皆今日恶习之最甚者，务宜摧抑净尽。"立会宗旨有七："现时之宗旨：（一）敦友谊；（二）励道德；（三）练才识；（四）谋公益。终极之宗旨：（一）造成淳美之风俗，使社会人人知尚气节、廉耻；（二）造成平正通实之学说，折衷新旧，发挥固有之文明，以学术、道理，运用凡百事项；（三）普

---

① 吴宓：《空轩诗话》，吕效祖编《吴宓诗及其诗话》，西安：陕西人民出版社1992年版，第211—212页。

② 蔡仲德：《冯友兰先生年谱初编》，《三松堂全集》附录，郑州：河南人民出版社2001年版，第27页。

③ 吴宓：《空轩诗话》，吕效祖编《吴宓诗及其诗话》，西安：陕西人民出版社1992年版，第210—211页。

及社会教育，使人人晓然于一己之天职及行事之正谊。"成员义务有四：
"（一）会员当求为有益于世之人，故先期一己有任事之才具，宜各就其
地位及性之所近，殚精学业，练习治事，异途同归，以道德、良心为指
针；（二）会员当相互切磋，勿隐勿忌，相互扶助，必敬必诚；（三）会
员当恪守本会会章及其他规约，躬行实践，并汲引同志，导人于善。又
在必需时，量力筹集会费。"①

把汤用彤稍前发表的《道德为立国之本议》《理学谵言》诸文与
《天人学会会章》进行对比就会发现，后者系前文的延续、提炼和具体
化，并且在文风和内容上，两者极为契合，因此会章很可能是出自他的
手笔，至少可视作汤用彤与学会创办者的共同作品。后来学衡派的主
张，在《天人学会会章》中都可寻到端倪，初步显露了学衡派文化运思
的理念，即以砥砺道德人格为起点，发扬传统，融汇中西，进而改良社
会。这虽然没有完全上升到后来学衡派的理论高度，但实际上已在践行
着"昌明国粹，融化新知"的学衡宗旨，并为他们日后共事《学衡》奠
定了思想基础。

二、筹办学术杂志

汤用彤与吴宓落实文化救国理想的具体措施是创办弘扬天人学会
宗旨的刊物。早在 1914 年 3 月 13 日，吴宓就对汤用彤谈志向谓：

> 拟联络同志诸人，开一学社，造成一种学说，专以提倡道德、
> 扶持社会为旨呼号。有济则为日本之福泽谕吉、美之佛兰克林；即
> 不济者，使国亡种衰以后，世界史上尚得留一纪念，谓神州古国当
> 其末季、风雨如晦之中，尚有此三数人者，期期于道义文章，则尚
> 为不幸中之小幸耳。至进行之法，则发刊杂志多种，并设印刷厂，

---

① 吴宓：《空轩诗话》，吕效祖编《吴宓诗及其诗话》，西安：陕西人民出版社1992 年
版，第 211 页。

取中国古书全体校印一过，并取外国佳书尽数翻译，期成学术文章之大观，而于国家精神之前途，亦不无小补；而尤要之事则社友均当实行完全之道德，期为世之修学者、营业者树一模范，使知躬行道德未尽无用，且终致最后之成功，或者道可光明、俗可变易，则区区百年之志也。①

1915 年 2 月 24 日，他们又谈到献身中国文化要从办杂志入手："他日行事，拟以印刷杂志业，为入手之举。而后造成一是学说，发挥国有文明，沟通东西事理，以熔铸风俗、改进道德、引导社会。虽成功不敢期，窃愿常自勉也。"② 乐黛云教授据此推断，这就是后来《学衡》杂志所标举的"昌明国粹，融化新知"的最早提法，可见创办《学衡》杂志的理想早有酝酿。③

笔者找到以下史料，亦可佐证，并进一步深入理解乐黛云教授之说。汤用彤先后担任清华《益智》《清华周刊》两大杂志的总编辑，为日后《学衡》办刊积累了丰富经验。1916 年，吴宓《送锡予归省》诗云"嘱君慎取择，与世共临存……平生铅椠业，敢复怨时繁"，从中可见他们对价值观的探索，以及吴宓拟选择报业作为留学专业和一生志业的愿想。他们心中的"报业救国"理想非以赢利为目的，而是秉持公正、引导公众、启蒙救亡。

汤用彤在留美前夕致函吴芳吉，赞成他到东京留学的计划，但极力反对他去学艺术，力劝其改习新闻专业：

美术固可陶养性情，究非民生大计切时之务。至于以美感代宗教，则虽有其说而实属空谈，世界各国俱无发达到此程度者。至日

① 吴宓：《吴宓日记》第 1 册，北京：三联书店 1998 年版，第 312 页。
② 同上书，第 410 页。原文用此重点符。
③ 乐黛云：《汤用彤与〈学衡〉杂志》，《汤用彤学记》，北京：三联书店 2011 年版，第 146、147 页。

本可成行，能学新闻业最妙。以此事近于文学，又不蹈空言，日后如有天人杂志出现，则请足下为之，尤驾轻就熟也。①

此处所言"天人杂志"即天人学会拟创办的会刊。汤用彤抵美后继续向吴芳吉强调报业对国民性改造的重要作用："夫觇国运者，恒视其报纸。"② 后来，吴芳吉虽然留学日本计划没能成行，但其创办《湘君》杂志，使之成为《学衡》辅翼，他自己也成为《学衡》杂志重要撰稿人，与吴宓并号"二吴生"，开一派文学新风。汤用彤则成为《学衡》的"灵魂和核心"，开辟了中西文化研究的新局面。他终生保持日常翻阅报刊的习惯，一直关注着国情民生。

吴宓留学哈佛时曾任"国防会"机关报《民心》周刊驻美编辑长，负责该报在美国的征稿、发行，异常忙累。汤用彤竭诚相助，曾与吴宓长谈至深夜，大意是说：这次办报机会极佳，吴宓虽勤劳尽职，然主办者"学识缺乏，虽具热诚，而办报之条理全无。此间收得之稿，恶劣不堪，仅资敷衍，实为左计。是宜设法联络友朋中高明之士，一鼓作气，自定办法。文稿慎为选择，严格收取。立意必求高，而每篇文字，必具精采，专由美国集稿寄回中国……如是则报出可以动人，而实达救国益群之初志"③ 吴宓深以为然，可惜不久接到该报停办的通知而未及实施，然而他们的办刊志向却痴情不改，愈挫愈奋。

清华天人学会主体是汤用彤所在丙辰级的同学，毕业后大部分会员赴美，相互间联系减少，而低年级同学由于缺乏初创时的激情和梦想，入会条件放宽，终使学会逐渐涣散消失。汤用彤 1917 年毕业留校任教一年后留学美国四年。冯友兰于 1919 年赴美留学，通过天人学会

---

① 吴芳吉：《吴芳吉集·日记 1918 年 9 月 15 日》，成都：巴蜀书社 1994 年版，第 1303 页。

② 吴芳吉：《吴芳吉集·日记 1918 年 10 月 29 日》，成都：巴蜀书社 1994 年版，第 1275 页。

③ 吴宓：《吴宓日记》第 2 册，北京：三联书店 1998 年版，第 97 页。

印的通讯资料继续维系他们当初复兴中国文化的共同理想。冯友兰与汤用彤在 20 年代仍常有来往。1920 年 1 月 3 日，冯友兰在哥伦比亚大学自记收到汤用彤从哈佛大学的来信。6 日，他复函汤用彤和曹理卿等天人学会盟友。① 尽管留学美国后，吴宓与冯友兰已逐渐产生隔阂，但汤用彤对待冯友兰依然一如既往，这在《吴宓日记》中也有体现。

受天人学会崇高理想的深刻影响，冯友兰以"天人损益论"（又名"人生理想之比较研究"）作为自己博士论文的题目。1923 年夏，冯友兰此文顺利通过美国哥伦比亚大学博士学位答辩。该文的写作引发冯友兰对于哲学史的兴趣，奠定了他以后哲学史工作的方向。是年秋，他回国后，沿此方向写成《一种人生观》。1924 年，他把《天人损益论》和《一种人生观》合写成《人生哲学》，此书被作为高中教材使用。在以上三书中，冯友兰确立了新实在主义的哲学信仰，并开始将之与程朱理学相结合。

随着年事稍长，汤用彤、吴宓等天人学会主要负责人认识到学术广大，非一会所能范围，且为事求才不需有会，于是该会活动逐渐中止。天人学会的组织形式虽然消失，但他们为理想事业而奋斗的精神日益高涨和成熟。经过留学哈佛期间白璧德新人文主义的熏陶，终于在1922 年实现其多年的愿望，一同办起了《学衡》杂志。以此为阵地，他们重新集结同道，明确将办刊宗旨概括为"昌明国粹，融化新知"，并印在《学衡》封页上，成为学衡派成员的共同理念。

通过梳理汤用彤、吴宓等人于国家危亡之时，成立天人学会到创办《学衡》杂志的过程及其思想发展脉络，我们发现，在不同的历史时期，汤用彤、吴宓等人实现人生理念的具体方式尽管差异很大，但他们期望通过昌明国粹来融合西学之精髓，以道德、责任感树立一种新人文主义的学术，进而改造社会、影响世界的追求则基本相同。这也是他们能够被视为学衡派的根本所在。他们的拳拳报国之心令人动容，对当今缺乏

---

① 蔡仲德：《冯友兰先生年谱初编》，《三松堂全集》附录，郑州：河南人民出版社2001 年版，第 40—41 页。

信仰和抱负的人来说，仍不失其爱国主义教育的意义。

作为《学衡》理念在当代的一种回响，在清华天人学会成立的 81 年后，一批北大学子出于对汤用彤和吴宓道德文章的景仰，曾重新发起"天人学会"。1996 年春，北京大学六院系的十名学生会集于未名湖畔，一致认为虽然时代发生了很大变化，但天人学会的理念依然极具现实意义，一定要予以继承并发扬光大，以为中华民族的复兴做出应有贡献。为此，他们决定恢复天人学会活动，同时创建北京大学天人学会。在北大注册成立后，考虑到当代青年与天人学会最初成员相比，较为缺乏传统文化的基础，所以每周以读书会的形式，研读儒家经典，逐步展开各类学术活动，以期实现服务社会、益国益群之初志。

该会主要筹划人是杨立华，骨干有蒋怀栋（会长，经济系博士生）、聂清等人。杨立华时为哲学系博士生，兼《北京大学研究生学刊》主编。在此期间他将"商略旧学，融会新知"① 作为办刊宗旨，与《学衡》"昌明国粹，融化新知"的宗旨相映成趣。这不应仅看作历史巧合，更是一种承继和阐扬。《北京大学研究生学刊》虽早已改名《北京大学研究生学志》，但这一宗旨作为不变的理念依然印在封面上，引导着广大学子。

清华和北大的天人学会都是随着骨干们的毕业而渐消于无形。清华天人学会的会簿及志愿书、介绍书等均散佚，唯于《吴芳吉日记》《吴宓日记》《吴宓诗集》《三松堂全集》中存其鳞爪。北大天人学会当年印发的成立宣言和会员表，笔者珍存至今。1996 年早春，笔者负笈北大，恰逢该会筹建，深感志同道合，于是自始至终地参与了学会的活动。随后的 20 年来，我一直从事《汤用彤全集》的整理研究，回顾前缘，参加该会对引导我走上研究汤用彤及学衡派的道路起了重要作用。②

---

① 朱熹有"旧学商量加邃密，新知培养转深沉"之说。汤用彤服膺理学，其"国故新知"的思想当与朱熹此语有关。

② 参见赵建永《汤用彤、吴宓与天人学会》（上、下），《中国社会科学报》2011 年 9 月 22 日、29 日学林版。

三、八年读写生活

汤用彤除了筹办天人学会会刊外，他还于 1914 年担任清华学校达德学会刊物《益智》的总编辑，于 1916 年至 1917 年担任《清华周刊》总编辑，随后任该刊顾问，并曾担任 1917 届学生年级手册编辑。《清华周刊》是清华学生办的综合性刊物，创刊于 1914 年 3 月，抗战时暂停，后随清华复校而复刊，是民国时期历史最长的学生刊物之一，在校内外都产生过深远影响。继汤用彤之后，罗隆基、闻一多、梁实秋、潘光旦、贺麟皆曾担任《清华周刊》总编辑，并发表不少文章。由于汤用彤工作出色，1917 年 6 月荣获金奖。这枚金质奖章前几年已由汤一介先生捐献给北京大学校史馆永久珍藏。

汤用彤在清华期间阅读中外图书甚多，经常在上述刊物发表读书心得，多醒世警言和奇思妙想，揭示出社会、哲学、宗教学乃至科学的不少重要问题，其中影响最为深远的是其道德立国论。1914 年，年甫弱冠的汤用彤于《益智》① 杂志“文篇”栏目发表的《道德为立国之本议》，是现知他最早的论文。全文虽仅千余字，但在其思想发展中却具有创作始基的关键作用，是揭示他早年心路历程和学衡派思想形成的珍贵历史文献。该文体现了汤用彤对儒典和史籍的熟读精思，他以深厚的国学根柢表现出了他青年时代以至终身的道德关怀。文章以为道德人格的确立是立身行事乃至治国的根本所在，剖析说明了要从认识上深化个人道德修养与国家盛衰关系，认为道德危机比国家危机更为根本，主张家国盛衰，世运进退，皆以道德水准高低为枢机，并试图通过道德人格来改良世道人心，以挽救国家危机。在如何确立“道德人格”这一主调下，他从外来文化中国化的角度重点论述了新旧关系、家族主

---

① 《益智》杂志是清华学校达德学会的会刊，梁启超题字，栏目有“文篇”“诗词”等，多用文言。达德学会由达德励志会和益智学会于 1913 年 4 月合并而成，是清华早期最主要的社团之一，宗旨为养成德智体三育兼优的完全人格。“达德”出自《中庸》“智、仁、勇三者，天下之达德也”，意指世所公认的美德。

义与国家主义的关系、自由思想在中国传播过程中的异化、道德立国还是宗教立国等时代关键问题，提纲挈领地宣示了其试图熔铸古今中西文化之优长的初步尝试和学思理路。

1914 年 9 月至次年 1 月，汤用彤在《清华周刊》第 13—29 期连续 17 期发表《理学谵言》（2.3 万字），集中体现出他力图熔铸古今中西道德文明的初步尝试，字里行间洋溢着他对弘发中国文化真精神的无限激情。用"谵言"（病中胡言）作标题，与时人非难传统有关。在反传统思潮弥漫之时，要为理学正名，不能不顾虑时尚所趋，故先生言："我虽非世人所恶之理学先生者，然心有所见不敢不言，以蕲见救于万一，于是擅论古人，着其语之有合于今日，尤有益于侪者于篇。"①

《理学谵言》分"阐王""进朱"和"申论"三部分，分别对王阳明的知行合一、致良知、存养省察、克欲制情、克己改过、格物和朱熹的性理本体、天理人欲、主敬穷理、反躬实践进行阐释，均明其得失，详其利害，并针对时弊而发，探寻理学现代意义的用心跃然纸上。后世或黜王而推朱，或弃朱而言王，各有其所见，各行其所是。汤用彤辨朱王之异同，不泥前说，而以为"朱子之学非支离迂阔者"。然就社会功用而言，他反对"称王学而弃朱子"，认为社会之病"以王学治之，犹水济水，不如行平正之学为得，此余阐王进朱子之微意也"。② 汤用彤提出，"阳明之于朱子实亦力为推许，力为辩护"③，"朱子论心性之处，陈言甚高，比之阳明之良知说甚同"，朱子乃惧专任天性之不足，"进以穷理思精，而人以为破碎矣"。④

汤用彤把传统理学与对现实问题的思考结合起来，强调当时追求西化的迷失及中国传统断绝的危险，将时弊总结为"风俗弊趋于浮嚣"，

---

① 汤用彤：《理学谵言》，《汤用彤全集》第 5 卷，石家庄：河北人民出版社2000 年版，第 3 页。

② 同上书，第 27 页。

③ 同上书，第 14 页。

④ 同上书，第 26 页。

"人心流于放荡"，"逾闲破矩而不加检束"，导致盲从"不法律之自由，不道德之平等"。他提出理学是"中国之良药也，中国之针砭也，中国四千年之真文化真精神也"①，为补偏救弊之良药和驱浮去嚣的实学。

该文发表于第一次世界大战爆发后两个月，汤用彤敏感地从一战给世界带来的灾难中悟出了心理文明对人类历史进程的重要意义。他尖锐指出，"试问今日之精械利兵足以救国乎？则奥塞战争，六强国悉受其病"，认为国人应该从中吸取教训，应知科学如"无坚固之良知盾其后，适足为亡国之利器也"。因此，他确信"国之强系于民德，而不系于民智。人心不良，理化者适助其日日制杀人之具，算数适增其机械计谋之毒"。青年仅"受教育而无道德，则危险异常"，因为"知识愈广人欲愈滋，才力愈多而天理愈蔽。……泰西各国物质文明达于极点，而道德遂不免缺乏，近年以还，彼邦人士群相警戒，极力欲发达心理文明，且谓我国之真文化确优于其国，盖我国民性和平温厚，实胎酝自数千年也。顾我国学者，不知本末，无烛远之眼光，心羡今日之富强，而不为将来之长治久安计，不亦惑乎？盍也反其本耶？"此论较梁启超1920年所发表的《欧游心影录》中"科学万能破产说"更具先见之明。

《理学谵言》认为引介西方文化应当注意中国国情，尤其是国民心理的特点："吾国于世界上号称开化最早，文化学术均为本国之产，毫不假外求，即或外力内渐，吾国民亦常以本国之精神使之同化，而理学尤见吾国之特性。"但时人却偏于表面，"无深入之理想，取毛取皮而不究其根源，即如今日国学之不振，亦未尝非由于此病"②。他分析原因说："自西化东渐，吾国士夫习焉不察，昧于西学之真谛，忽于国学之精神，遂神圣欧美，顶礼欧学，以为凡事今长于古，而西优于中，数典忘祖，莫此为甚，则奴吾人，奴吾国并奴我国之精神矣。是非不明，理势之又一大病耶，知其病则宜常以心目共同观察，遇事遇物随地留心，

---

① 汤用彤：《理学谵言》，《汤用彤全集》第 5 卷，石家庄：河北人民出版社 2000 年版，第 3 页。

② 同上书，第 27 页。

精于锻制，工于取法，若此则全为朱子穷理之学。故治朱子穷理之学者，后日成功之张本也。"[1]

《理学谵言》最后呼吁："今也时当春令为一岁之首，送尽严冬，催残腊鼓。是时也，诸君类当有一岁之新，猷新谋，而于身心之际，尤当首加以省察。固不必朱子，不必阳明，而要以道德为指归，以正确之目光坚强之心胸为准的，树德务滋，除恶务尽，自强自胜，则虽未学晦庵、阳明之学，亦实晦庵、阳明之所许也。记者之作《理学谵言》亦非欲人人从二人之学，实仅欲明道德之要。"[2]

汤用彤为发扬儒家心性学以解决人生意义问题，而产生了对心理学的浓厚兴趣，并认真学习包括心理学在内的西式课程。[3] 对这些新知的融会可见于他在《清华周刊》上发表的系列文章，文中表现出他对新知如饥似渴的探求精神。他认识到救国尤其要以精神的学问（形上学）为根基，强调人类在物质文明日进的情况下，当守护精神价值，追求至善境界的终极关怀，这有力彰显了时人对人文精神的诉求。

汤用彤既善于读书，也注意深入地观察体验社会生活。1914年9月至10月，汤用彤所撰短篇纪实小说《孤嫠泣》，连载于《清华周刊》第13、15、16期，即取材贫民生活的悲惨遭遇。该作品与随后洪深创作的我国现代戏剧史上第一部比较完善的剧本《贫民惨剧》立意一致，汤用彤与闻一多、李济、陈达、刘崇鋐、程树仁等同学参与该剧义演工作，展现平民悲苦生活，以募捐筹建"成府贫民职业小学"。演出轰动戏剧界，并深受社会好评，很多名人前来观看并当场慷慨捐款。演员们能透彻地理解与充分地发挥剧本的作用，是此戏剧表演成功的关键。本剧的成功出演使洪深认识到戏剧是感化人类的工具，而后成为一代戏

---

[1] 汤用彤：《理学谵言》，《汤用彤全集》第5卷，石家庄：河北人民出版社2000年版，第31页。

[2] 同上书，第31—32页。

[3] 他留学美国期间更系统学习了心理学的各种前沿理论。心理学的分析方法在其后来著述中时有体现。

剧大师。

1914 年 10 月，汤用彤发表《理论之功用》于《清华周刊》第 15 期。11 月，汤用彤在《清华周刊》第 20 期发表《新不朽论》，立论以为："如能发明药品，能去人身自发之毒，则人必可不死，是身体不朽，亦非不可见之事实，惟在此药品之发明耳。""然若能有法去此毒，死亦可逃，古之所谓长生药者，无乃指药能去此毒者而言耶。"该文结合当时科学前沿成果，重新诠释和转化了道家"长生药"的现代意义，表达了他对以现代科学手段实现生命不朽的无限向往和期待。生命之神秘早已经是他所好奇之事，其一生之学术研究，正是怀着对生命之尊重，去探究和验证生命之无涯与无限。

1914 年 12 月至次年 1 月，汤用彤连载《植物之心理》于《清华周刊》第 27—29 期。他引证现代科学发现，对亚里士多德所谓"动植物俱有灵魂，惟植物无感觉"旧说做出全新的诠释："在动物能受刺戟而动，则谓之为有知觉。夫植物固亦然，胡为谓之无知觉耶？人恒以他人为有知者，因见其言语动作一如己也。然二者动作尤为知觉强健之证据，故下等动物能动、能适其生存，则谓之有知觉也，而于植物何以又否也？是真大惑不解矣。故吾人已知植物与动物亦有心理之知觉，知刺戟、知运动，不过知觉极简单耳。以后之发明，或可证明植物有思想、有感情、有意思，亦未可定。"而今，现代的科学实验已开始部分证实了汤用彤早年的这些科学假想。

1915 年 2 月，汤用彤于《清华周刊》第 30、31 期发表《快乐与痛苦》，此篇为未完稿。他指出："圣哲之创学说宗教也，无不注意苦乐。孔孟之教以苦乐为警钟，所谓生于忧患死于安乐也；佛陀之教以苦乐为尘俗，所谓妄生分别都无色相也。若西洋之哲学家更有乐利主义，或以苦为进德之媒，或以乐为得道之机要，其旨归无非欲脱苦乐之束缚，或利用之以造福社会耳。今日士大夫之论中国人也，或曰无爱国心，或曰无群性。所谓不爱国者，自私自利一己之祸福，昧其良知也。所谓无群性者，谋生自顾，重个人之忧乐，则不暇谋及社会也。论者有谓中国之腐败贫弱，由于遍国门户墙壁之所大书，童孺妇女之所咸识之福字，其也语妙天下耐人寻味矣。故欲救中国，欲救中国之民德，无他，即破除快乐与痛苦之观念是也。"在当时，该文已深刻地认识到快乐与痛苦的感受取决于个人的思想观念，文章结合相关哲学理论落实到社会层面，提出通过破除苦乐观念来促进个体的幸福和社会的文明。这与后来把这种哲学观点和行为主义结合起来创建了合理情绪疗法的心理学家埃利斯的理念是相符的。

1915 年，汤用彤发表《谈助》于《清华周刊》第 47 期。文章提到北大和清华园及其周边环境典故："宋徽宗运花岗石为艮岳于汴京。金人入汴，移之于燕京。其石灵秀异常。又相传当蒙古初起时，臣服于金。其境内有一山，石皆玲珑。势甚秀峭。金人望气者，谓此山有王气，谋欲厌胜①。使人言，欲得此山以镇压我土，蒙古许之。金人乃大发卒，凿掘辇运至幽州城北。元胡入主，名万岁山，明名琼化岛。又仍宋名为艮岳，今在西苑，副总统居之。清华园故为明李戚畹园，名之可考者为挹海堂。堂北有亭，额曰'清雅'，明肃太后手书也，均居园之中部，当在今之工字厅左近。园中牡丹、芍药甚夥。语谓'李园不酸，米园不俗'，则闽中叶公向高所言也。"明代北京西北郊海淀修建的两座仅一街之隔的名园，一是皇亲李伟的清华园，一是官僚文人米万钟的勺园。明末宰辅叶向高游勺园时，感叹道："李园壮丽，米园曲折。米园不俗，李园不酸。"这一流传深远的评论说明清华和北大故园的风格情调，自初建就大不一样。

汤用彤发表《说今日》于《清华周刊》1915 年第 52 期，指出："不见夫行路者乎？足之所履，步之所至，悉在其心目中。使彼不见目前，乃前望百步而遥者，则踬。反是，或回顾百步而遥者，则亦蹶。是

---

① 厌胜法为古代方士常用的一种巫术风俗，认为此法可以制服一定的人和物。俗称为下镇物，所谓镇物就是偷偷放在别人房中、器物中的据说会给人带来坏运的泥人、纸人、弓箭、剪刀等东西。在道教中，常设置一些寓意吉祥或具有特殊意义的物品来镇邪驱魔、保护生灵。

无他，心不存也。心存则跛者可以攀峻岭，心不存则常人夷地而不能跬步。今夫人生亦如是耳。故少年而欲一日千里乘风破浪者，不可不以顾及目前为第一义。若思虑徒及过去与未来，而毫不知现在者，则亦惟蹴蹴耳。……吾说今日，非弃昨日之殷鉴，非灭明日之希望。注重今日，即所以见昨日之成功，即所以留明日之余步。吾重昨日，吾敬明日，吾尤爱今日。吾故谓殷鉴在昨日，希望在明日，而图强自治必自今日始。"文中颇有借鉴禅宗、注重现实之义，也特别强调了人之心念会对行为模式的改变产生促进或阻碍的作用。

汤用彤发表《谈助》于《清华周刊》1915 年第 53 期，提到1912 年他探亲回故乡的见闻感受：

> 诸葛武侯木牛流马之制，书虽传其大概，然失其秘诀。海禁初开时，吾乡某君见钟表之构造，而做成小型之木牛流马，亦称便利。此君并非精于数算物理，乃全赖脑力，故不久心力用尽而早死。使彼能得研究于今日学堂，当大有成就也。惜哉！闻君尝作小汽舟一，游行水器内颇速云。

> 交通机关，各国奖励，不遗余力。非仅以其可发达工商业，非仅以其有军事上价值，实亦以其具教育上功效。中国交通不便，人民老死乡里，异方风俗人情，不但未见，抑且罕闻，固陋蔽塞，迷信由是而起，阻力由之而生。吾乡南滨大江，交通颇便。当摄影术初传至东方，某君曾去携摄影器一，为乡人摄影，乡人大恐，以为说部上之捉魂袋云。三年前余在家，遇一老者，彼知余自北京来。悻然问曰："闻北京人杀鸡不以刀，实以绳断其颈有之乎？"又并问他事甚多，皆远于事情。此处地犹然，则西北诸省可知。近数年南北交通日繁，乡人之误会渐少，此则交通效力已著矣。

就在汤用彤返乡的 1912 年，素有"鄂东明珠"美誉的湖北省黄梅县第一中学创办。2012 年 10 月 3 日，黄梅一中举办百年校庆典礼，

"汤用彤纪念馆"奠基仪式也同时在该校举行。①

1916 年，汤用彤的书评《护民官之末运》发表于《清华周刊》第 74 期。文章认为："《护民官之末运》（'Rienzi'）为鲍瓦林登（Bulwer Lytton）所著。书叙凌锐（Rienzi）以一学者见马之哀，愤杀兄之仇，苦心孤诣，复兴祖国。终以愚民顽瞀，归于失败。志士热诚牺牲，终以势孤而败，直堪一哭。故是书直可名为'民意毒'，原著有历史上价值，其所叙中世纪游侠之风（Knighthood）。罗马意大利之乱象，教皇教徒之窘急，及贵族之专横，百姓之蚩蠢，俱可为读史者之一助。而著者尤能设身处地，绝无偏敧。于凌锐许其爱国，而亦记其劣点。于莽堆（Monln Ce）佛立德罗（Frederick Law）于莎士比亚死后三百年纪念所著之《莎士比亚》八篇，亦当一读也。"

1916 年 5 月，汤用彤于《清华周刊》第 75 期发表书评两篇。第一篇认为："《时象》（The Signs of Time）为英国哲学家嘉莱尔所著，极力诋当世物质文明之弊，谓当世文化徒重机械，宗教只重形式演说，学会只重声华外观，精神上之组织俱受物质所影响，而失其义。其文沉痛激昂，可至诵。其开端言时之义，及其舆论之势力，皆名世之言。中国现处精神物质过渡时代，外洋科学之法则，机械之势力均渐输入。吾人或将为此新潮流中之重要人物，自不可不明其利害也。"汤用彤身处一个新旧过渡的时代，这种过渡体现在政治、经济、文化各个方面。汤用彤对此有清醒的自觉，他的全部思想即在这一过渡的时代背景下展开，以解决如何实现新旧顺利过渡的时代问题为其核心，并推动了这一时代学术发展的"新陈代谢"，从而其学术人生鲜明体现了时代的特点，可谓中国学术现代化进程的一个缩影。

第二篇书评认为："《市》（'The City'）见《论坛》杂志去年 11 月

---

① 详见陈健雄、王政、吴志雄《国学大师汤用彤纪念馆在黄梅奠基》，《湖北日报》2012 年 10 月 6 日第 2 版；柯利华、王政《汤用彤纪念馆在黄梅奠基》，《楚天都市报》2012 年 10 月 9 日第 24 版。百年来，该校学子遍布世界各地各条战线，现为省级示范中学。

号，为阿波林氏所作，以短篇小说寓今日都市之情形，其叙市民之贫困工作，于美术于风景，均著笔甚深，而终归之于理想诗辞，收束绝好，暇时读之，极可为消遣之资。又同号杂志中有关于斯宾塞尔之《新奴隶》（'The Coming Slavery'）一篇，言社会主义发达，将使人民脱政治之羁勒，而为社会之奴隶，亦不可不一读。《世纪》杂志 4 月号有伍德（Engene Wood）著之《挥发油之意义》一篇，谓今日美国汽车之发达，不仅有妨人民之生命，且有关人民之脑力。3 月号《大西洋月报》有《狂澜之文化》一篇，谓今日文化皆为一不可避之激流所制。4 月号《耶律》（Yale）杂志《如愚之智者》一篇，详论斯苗而、苟司密、波塞尔三文学家之行事，其论智慧极当，此皆有可观者也。又 4 月号《耶律》杂志有《近东战场》一篇，叙其地历史详尽，亦佳。"汤文中关于当时美国日益发达的汽车业对人类从身体到心灵摧残的引述，大概是国人最早对环境污染和现代化弊端的关注。

1916 年 5 月，汤用彤的两篇书评发表于《清华周刊》第 76 期。第一篇《九十三年》认为："是书为法国文豪嚣俄（Victor Hugo）杰作之一。氏以诗著，其所译莎士比亚戏曲，甚知名，然其所作小说，若是书及《孤星泪》（Les Miserables）等，均脍炙人口，且俱有中英译本。书叙法国革命时事，大意在表彰人道。其中所描写情事，均有寓意。如以脱闩之炮喻国事，以小儿之天真及兵事之酷惨相照，以伸天理，而其末章言私义、公理、人道、革命之位置，甚有分寸。嚣俄为人思想甚高，而其文又极辟，其所著书皆有所为而言，且适值法国文艺复兴政治改革之后，故读其文，则当时情形历历活跃纸上。研究一时之历史，不如研究其时之文学较易得真相，非虚论也。"1912 年辛亥革命后，文学翻译家曾朴从法语翻译了雨果的名作《九十三年》，并将其题为"法国革命外史"，刊载于《时报》。汤用彤于此际高度评介《九十三年》，包含着应对中国时局变革的动机。该书高扬人性的主题已超越了单纯的政治革命，表达了"文人"的人道主义的社会理想。

第二篇书评认为："《书中宝藏》（'Of King's Treasuries'）是作为

露西根（Ruskin）《悦学篇》（*Sesame and Lilies*）中之第一篇。其第二篇为《女教》（'Of Queens' Gardens'）中言女子之位置，及男女教育之异点，洞中肯綮。其第三篇为《人生之奥义》（'The Mystery Life'）以自作则，言人生之要义，说者有称之为氏一生精粹之作，然所言多流于悲观，非之者亦夥。惟第一篇，言读书之益及读书之法，均经验有得之言。氏谓今人动奔走于达官贵人之门，十投刺而不得一见，不如求书中之人物，明窗净几，与之相对，绝无奔走之劳，而彼辈之尊贵，乃过当时人物万万。又氏谓吾人读书当设身处地，置身书中，不当置身书外，而其叹当时英人放弃文艺，言之痛切（诸君读之，当与今日之中国一比较）。诚学者不可不读之书，尤爱读之学者，所必须知之论也。"

1916 年 5 月，汤用彤于《清华周刊》第 78 期发表短文《说衣食》，论及清华校风："君子食无求饱，居无求安，又曰：饱食暖衣，逸居而无教，则近于禽兽。故吾人当求学时代，不当以衣食粗恶为耻，尤不当以衣食精美为的。且学生之在学校，视团体不重个人，然苟一人有求美求精之心，即有影响全校之势，即有造成风气之危。故一人之崇尚俭德，全校皆受其赐，一人之专事衣食，人人将受其染，不可不加之意也。清华学生，向至俭朴，盖一则清华地绝尘俗，不常与声华嚣陋之习近接，一则吾人常自内省，而自绝于求饱求暖之途也。然风气之普及速于疾病之传染，稍有不慎，全校完美之精神瞬息破坏，而不良之校风随之以入，是人人所皆当注意者也。"

时至今日，清华大学师生因读汤用彤此篇，引发热议。兹摘录清华大学有关社团 2014 年 4 月 15 日的留言如下。有学子写道："赞！由俭入奢易，由奢入俭难！吾辈务必保持戒骄戒躁、艰苦朴素之作风，时刻保持清醒头脑，方可全面振兴中华。"结合当前节约粮食反对浪费的"光盘行动"，大家纷纷表示："从我做起。""千辛万苦一粒粮。""一粥一饭，当思来之不易；半丝半缕，恒念物力维艰。当前大多数人认为物质丰富好像是理所当然的事，只顾眼前利益，科学发展抛之脑后，再加上一些人享受到的物质和财富来之太易，才造成现在的铺张浪费和虚无奢华。""我喜欢把碗里的饭都吃完，一粒都不剩。"电机系老师罗海云博士写道："一粒米也不剩，听起来很做作、很装，但成为我个人潜意识的行为，已近五年，不觉委屈，亦不觉自恋，珍惜粮食，珍惜福报，本该如此。"

汤用彤的《托尔斯泰传》书评发表于《清华周刊》1916 年第 78 期。书评认为："语曰：'惟英雄能知英雄。'故吾侪欲为英雄，非能知天下之英雄不可。托尔斯泰，近世纪学界唯一之英雄也。其声望、其言动，全地球仰望之，吾侪所以不可不知此人也。此传为法人莎落来氏（Sarolea）所作。余寒假时，于火车中卧读，竟可驱睡，可见此书之有味矣。盖作者眼光极佳，为人作传能寻其一生之线索。全书分为 13 章，一章有一章之宗旨。而其议论，亦恰到好处。如谓托尔斯泰少年之刚强不羁，至为日后成大业之基础，洵不磨之言。且书中所引托尔斯泰文字言语，多而得其要。无暇阅托尔斯泰全集者，读此书一过，亦必知托氏学说之概要矣。"

《侠隐记》（*The Three Musketeers*）书评发表于《清华周刊》第 78 期。书评认为："是书为法小说家仲马（Dumas）所作。中英文皆有译本。叙法国当利其留（Richeleau）生前死后事。其所描写均于历史上有关系，而著笔于教权政治。女后英王均有特识，而其言达特安（D'Artagnan）之忠正，阿托士（Athos）之智巧，颇图斯（Povthos）之质直。读之如见《水浒》《施公案》中人物，更可唤起中国人之读者兴味。然其全书教忠教义扶正黜暴之旨，则尤宜领会者也。仲马父子以小说名家，其所作尤以此篇之生动云。"

1916 年下半年的新学期伊始，汤用彤发表《欢迎新同学》于《清华周刊》第 80 期，指出：

> 不以宴会，不以礼节，而徒纸上空谈曰欢迎，欢迎似尤无谓也。然济济多士，不远千里而至清华，将各出其才智文艺以相教益，以相劝勉，以为清华光，则实有不得已于言者，特援所求乎朋

友先施之之义，而渎陈管见于诸新同学之前。

本校自有生以来，名誉不致败坏者，盖由前此诸同学维持之力居多。以一校犹一国也，学生犹国民也。国民分子不良，则国家败亡。学生分子不良，则学校崩颓。虽学校职教员有教养保育之责，而人贵自立。待人而兴，即落下乘。《易》于乾之首即言"君子以自强不息"，则圣人教人之意，概可知矣。夫食人之禄，忠人之事，臣子受保护于君上，亦犹学生受教育于学校。诸君既至斯校，吾知必已先有爱校心，而思竭其心力，为清华谋进步，无任欢迎。

……清华声闻所及，金谓学风加人一等。果使吾校学风纯良，则持盈保泰。亦宜竞竞致于不坠，况由前之言，则学风未必即已达于至粹之域。未达至粹之域，则去短取长，其道安在。旧同学在校既久，则或习焉不察，无从去取。语云："当局者昧，旁观者清。"《诗》云："他山之石，可以攻玉。"诸君子来自他校，必能以他校所长，补我所短。且凡人新履一地，其观察必有异吾。知诸君必以友谊而进善言、立法则，俾吾旧人得以了然于得失，而身心日趋于善，以增进清华优美之学风，尤无任欢迎。

汤用彤从"他者镜像"和新旧相成的辩证角度，来谈校风建设问题，颇富见地。他后来关于留学教育和不同文化之间应双向交流、平等互鉴的理念，于此已肇其端。

1917 年，汤用彤撰文《小大之辨》发表于《清华周刊》第 94 期。"小大之辨"是《庄子·逍遥游》的核心论题，汤用彤则结合"素位而行"的家训予以阐发，从世界文化发展的高度立论以为："人不欲为愚不肖，而欲跻其国家于文化之域者，不可不辨乎小大。虽然就皇古而言平等则昧，就今时而言君主则狂。对秦汉而言世界则谲，对近世而言闭关则亡。善用小大者，不在囿于小，亦不在趋于至大。故吾人当相时度势。在家言家，在国言国，毋以小失大，毋以少害众。无小无大，以之存心，知大知小，以之作事。取大去小，进化之基，舍大守小，退步之母。记者不敏，请以此为诸君新年之颂祷：功业未及建，夕阳忽西流。岁月不我与，去乎若云浮。"文中"今时而言君主则狂"，当指其时张勋等复辟现象而言。

综观汤用彤清华时期著述可知，在师从白璧德以前，其文化取向已有所倾，为后来追随新人文主义埋下了伏笔。汤用彤的学术成就与他博览群书是分不开的。从清华到哈佛期间，汤用彤的读书秘籍，可概括为自由阅读以发现真我：到图书馆去，像草原牧羊，东啃一嘴，西啃一嘴。新旧书刊，随便浏览，高兴就多看些，不愿意看便放下，另换一本。长此以往，不但可以发现自己潜伏的兴趣，同时也能发现自己真正的优长，进而发现真实的自我，实现人生价值。汤用彤正是在这片金色牧场从容"啃青"，浏览书籍，先读序言及章节目录，了解全书梗概，然后再选择精读。通过博览群书，他逐渐发觉了自己在新人文主义指导下研究宗教史的兴趣。后来，他教学治校，一贯提倡学生自由阅读，要求图书馆尽可能对学生开放，并教导学生：上学不必把所有精力都用于预备功课，应该保留充分的读书和思考时间。

清华在唐国安、周诒春相继长校期间（1912—1913；1913—1918）是校务扩展、校风形成的重要时期。他们将耶鲁大学严谨求实、认真负责、处事条理、决不懈怠等精神带进清华。汤用彤深受其益，在清华打下了国学和西方语言、科学等西学的扎实基础。他1913年于清华学校学完中等科，接着就读于高等科（1913—1917）。[①] 他所修课程除国文与英文贯穿始终外，还包括法语、德语、拉丁文、化学、物理、数学、高等几何、心理学、历史、体育、音乐、国际法等课程。

1916年夏，吴宓于清华毕业。任继愈曾说："那时体育不及格不让毕业。诗人吴宓留学晚了一年，让他学游泳去。我的老师汤用彤，学了三年没学好，就留在清华。"在主要学业结束后，汤用彤在1916年与黄

---

① 吴宓：《吴宓自编年谱》，北京：三联书店1995年版，第127页。汤用彤在清华高等科的成绩单，今存美国哈佛大学档案馆，编号：Student Folder, Harvard University Archives, UAV 161. 201. 10, Box 105。

冈人张敬平结婚，并回黄梅探亲。妻兄张大辛，亦民国初年国会议员，与汤用彬交谊甚笃。汤用彤在 1917 年夏清华毕业，考取官费留学美国，因治疗沙眼和体育课游泳成绩未过关而缓行一年，以学生身份留校任国文和中国历史课教员。由是钱穆认为"其时锡予之国学基础已可想见"①。

---

① 钱穆：《忆锡予》，《燕园论学集》，北京：北京大学出版社 1984 年版，第 23 页。

第三章　留学美国——杰出楷模

现行有关"哈佛三杰"汤用彤的著述大都详于他中晚年在学界的活动，而略于他早年的留学经历。对于这一时期的历史，以往有关他的研究和传记大多采用《吴宓日记》和《吴宓自编年谱》的从旁记录。所以，对后一方面情况感兴趣的专业学人和普通读者，每有材料不足之憾。近些年来，随着汤用彤及其同学的哈佛档案、留学手稿等文献的发掘整理，弥补了这一不足。其中后者尤为难得，这都是以前很少有人注意的，因为这些材料既不好找也不易辨读。如今根据这批材料，我们可以在更为深远辽阔的视野里，尝试性地重构他留学时期的生活经历与思想演变。

第一节　汉姆林再显才华

一、负笈留美

1918 年 8 月 14 日，汤用彤随同清华戊午级毕业生，乘坐上海东关码头的驳轮到吴淞口外，登上"南京号"远航客轮启程，取道横滨、檀香山前往美国。同船者有楼光来、李济、张歆海、徐志摩、叶企孙、余青松、查良钊、张道宏、程其保、董任坚、杨石先、刘叔和等一百多人，皆时代精英。船上还有北洋政府公费派遣留学的朱家骅、刘半农、陈大齐、周作人、邓萃英、杨荫榆等七教授，是为我国教授留学之始。

当时留学生一般都自上海前往美国，在行程中需先乘船到美国西海岸港口，再坐火车横穿北美大陆。如：吴宓 1917 年 8 月 18 日自上海乘船赴美，在日本和夏威夷稍停，9 月 11 日抵美国旧金山，海路共 25

天。他在旧金山参观 3 日后，再坐火车约行 4 日到芝加哥，再经一天多，于 9 月 21 日到达弗吉尼亚州夏洛特维尔市。全程若不计停留共 28天。① 由此，我们可以大致推测汤用彤 1918 年夏从上海到汉姆林的旅程需 20 余日，若加上途中转乘、候车和休整，则将近 1 个月。

当轮船航行在浩瀚的太平洋上，留学生们站在甲板上，遥望茫茫的大陆，海天一色间，思绪万千，激动不已。徐志摩挥毫疾书一篇热情洋溢、大气磅礴的《启行赴美分致亲友文》，抒发了他们为民族复兴而渡海求学的豪情壮志和共同心声。8 月 31 日，徐志摩在船上庄严宣读这篇新写成的传世名作："国难方兴，忧心如捣。室如悬磬，野无青草。嗟尔青年，为国之宝。……方今沧海横流之际，固非一二人之力可以排巇而砥柱。必也集同志，严誓约，明气节，革弊俗，积之深，而后发之大，众志成城，而后可有为于天下。……摩少鄙，不知世界之大，感社会之恶流，几何不丧其所操，而入醉生梦死之途。此其自为悲怜不暇，故益自奋勉，将悃悃愊愊，致其忠诚，以践今日之言。"同行青年莫不深受感染，汤用彤也对这位江南才子印象颇佳，他们留学回国后又长期在同校共事。

汤用彤留学前后的书信和文章，也同样表达了他以天下为己任，挽救祖国危亡的宏伟志向。当年留学生的心态，就是认为外面的世界有很多东西是以往不知道的，要出去看看这个世界到底有多大，并掌握大量新学问带回来，以改变祖国封闭落后的面貌。所以他们既有浓重的好奇心，更有强烈的使命感和紧迫感。求学若渴，赤心报国，这是自清末直到民国年间的留学生共同的集体意识。

9 月 4 日，经过 21 天的航海生活，汤用彤所乘"南京号"抵达旧金山。这群踌躇满志的留学生于此挥手泣别，各奔前程。李济与徐志摩、董任坚一道，经芝加哥、纽约去马萨诸塞州乌斯特的克拉克大学。汤用彤则赴明尼苏达州（Minnesota）首府圣保罗城所在的汉姆林大学

---

① 参看吴宓《吴宓日记》第 2 册，北京：三联书店 1998 年版，第 10 页。

（Hamline University）哲学系。该校创建于 1854 年，为该州历史最悠久的大学。当时清华学校规定，留学五年为期，一般是到美以后，先分派到普通的大学，完成大学毕业的课程，然后再进入有研究院的大学。

二、学绩超群

汤用彤的汉姆林大学成绩单显示，他的注册时间为 1918 年 9 月，英文名用"Yung-Tung Tang"。2004 年笔者整理汤用彤汉姆林大学文稿时，承蒙杜维明教授（时在北京大学讲学）告知，该校当时的哲学系主任与汤用彤赴美前的清华学校早有渊源。而近年汤用彤留学史料的发现，则为我们更为详细地了解其具体经过提供了新途径。

汤用彤与其清华同学程其保，皆由格雷戈里·沃尔科特（Gregory D. Walcott）教授的引荐而进入汉姆林大学。1918 年 10 月出版的《汉姆林大学校友季刊》上有一则关于他们来汉姆林大学的消息："这两位中国朋友与沃尔科特博士一同来校，他们给我们所有人留下了相当良好的印象。他们都是绅士和学生。"在清华读书时，美国沃尔科特博士曾教过他们心理学和伦理学课程，并首次在中国学生中进行智商测验。李济（被测定为 128）受他影响，对心理学产生极大兴趣，因此在马萨诸塞州的克拉克大学选择攻读心理学专业。

到汉姆林后，汤用彤与早其一年入哈佛的吴宓经常通信联系。1918 年 9 月 20 日，《吴宓日记》载："迭接汤、曹诸人来函，知先后抵校。"9 月 29 日，吴宓再记："锡予近来函甚多，足见关切公私之意，甚为欣幸。"[①]《吴宓日记》《自编年谱》和《吴芳吉日记》中多次提到与汤用彤的信件往来。1918 年 9 月，吴宓由弗吉尼亚大学转入哈佛大学不久，梅光迪就为他讲述白璧德思想要旨，介绍他读白璧德及其同道好友穆尔（Paul Elmer More）的著作，又陪同拜谒白璧德。

---

① 参见吴宓《吴宓日记》第 2 册，北京：三联书店 1998 年版，第 13、16 页；吴宓《吴宓自编年谱》，北京：三联书店 1995 年版，第 184 页。

白璧德的新人文主义是 20 世纪初形成于美国的文化守成主义思潮。其学说源于古典人文主义又予以新阐释，而被称为新人文主义，并一度与杜威的实用主义相抗衡。吴宓认为，白璧德的新人文主义"综合古今东西的文化传统，是超国界的"，"立论为全世界，而不为一时一地"，自己能受其教、读其书、明其学、传其业，深感荣幸。吴宓对白璧德特别崇敬，早在汤用彤来哈佛之前，就已写信告知老友自己师事白璧德、受知甚深的情况。汤用彤的文化观和治学态度，多与白氏相契合。

汤用彤在汉姆林大学期间学习了 7 门课程：英文写作、初级德文、心理学导论、哲学史、发生心理学、经济学和社会学，都获得优异成绩。其中，英文写作是初入美国的留学生的必修课，其余均为汤用彤依据自己的学术兴趣选修的课程。他的英文写作得到 B，其余均为 A。现存其哲学、普通心理学、发生心理学的课外作业论文依次是 4 篇、4 篇、2 篇，成绩均在 95 分以上。

汤用彤在汉姆林大学所学 7 门课程中，心理学导论、哲学史和发生心理学 3 门都是沃尔科特讲授。虽然汤用彤在清华期间阅读和评点过一些西方哲学论著，但他在赴美前并未经受西方哲学的专门训练。因此，汉姆林大学时期可以视为汤用彤系统学习西方哲学的起点，而沃尔科特则是此门径的第一个引路人。沃尔科特对汤用彤评价极高，这可从他所给近乎满分的成绩看出来，还可见于他在 1919 年 9 月 28 日为汤用彤申请硕士学位写的推荐信所言："我发现他是一名格外优秀的学生……他所写的论文尤其出色。若与其他学生上交的作业相比，他的作业，特别是哲学史课程的论文相当于别人 150% 的水平。经过这一年，我对他掌握和组织知识的能力深信不疑。"[①]

如此优异的成绩使得汤用彤成为该校优等生协会（Taalam

---

① Gregory D. Walcott to Chairman of Committee on Graduate Studies，September 28，1919，Tang Yung Tung Student Folder，Harvard University Archives，UAV 161. 201. 10 Box 105.

Society）的会员，以"极高的荣誉"（magna cum laude）毕业。①
"Taalam"为阿拉伯词语，意为"追求智慧吧，年轻人"（Acquire
Wisdom，Oh Youth）。该组织规定平均绩点在88％以上的三四年级学
生才有资格申请，1919届毕业生中仅有七位学生获此殊荣。"magna
cum laude"是美国大学颁发给本科毕业生的拉丁文荣誉，各大学设置
该荣誉的标准有所不同。一般而言，应排名前几名。"cum laude"和
"magna cum laude"都是拉丁语的毕业荣誉称号，前者的意思是"with
honor"，后者更高，意思是"with great honor"。汤用彤勤勉好学的品
格得到了大家的认可，在汉姆林大学1919届毕业生刊物《细画笔》
（The Liner）上，同学们对汤用彤的评语是："他的乐趣全在书中，或
阅读或书写。"该刊上有汤用彤在汉姆林大学时的两张照片，其一是他
在优等生协会的合影，其二是他的头像照片，从中我们可以看到汤用彤
年轻时候的风采。他毫不辜负青春大好年华，认真学习各门课程，如饥
似渴地汲取西方文化。他本科留学生活既紧张又充实，仅一学年（9个
月多）就获得文学士学位（B.A.）。当时汉姆林大学校报上面曾有两篇
关于他的报道。② 因其学绩出类拔萃，被荐入哈佛大学继续深造。

第二节　位列"哈佛三杰"

研究"哈佛三杰"陈寅恪、汤用彤和吴宓的论著如今已数不胜数，
但多详于他们中晚年的情况，对其早年在哈佛大学的经历语焉不详。所
以，对此感兴趣者，每每憾之。"哈佛三杰"之说形成缘由及过程，已
成为中外学术交流史上的一桩公案。近年来，吴宓的日记、自编年谱等

---

① Annual Catalogue of Hamline University，1918-1919. St. Paul：The Pioneer
Company，1920.

② 参见杜维明《中国文化的认同及其创新》，《中外文化比较研究》，北京：三联书
店1988年版。杜维明教授还查知汤用彤在汉姆林大学曾选修政治学、社会学课程。不
过，这两门课的课业论文目前尚未发现。

资料的出版，使相关研究得以推进，而陈寅恪和汤用彤哈佛档案、留学手稿等史料的发掘整理，让我们可以探究"哈佛三杰"说的来龙去脉。

一、时空因缘际会

关于"哈佛三杰"之说的缘起，学界一般认为是当时在哈佛中国留学生中流传着这一说法。此说以孙尚扬教授之《汤用彤先生年谱简编》为代表，他说："（1919 年）暑假，与吴宓同留哈佛校园，进暑校。此顷，公与陈寅恪、吴宓被称为'哈佛三杰'。"① 这是关于"哈佛三杰"较早的直接文献记载。周一良先生对该说来历颇为关注，特地请教汤一介先生。汤先生答复："这一条是根据李赋宁先生在纪念吴宓先生一次会上所讲。"李赋宁还在《我与北大人》一文中写道："1937 年 11 月初，我随吴宓先生和汤用彤先生自长沙赴南岳。汤先生和吴先生是清华学堂和美国哈佛大学两度同学。加上陈寅恪先生，他们三人当年曾被称为中国留美学生中的'哈佛三杰'。"李赋宁是吴宓的及门弟子，必定言之有据。

此外，"哈佛三杰"还有两说，分别是：梅光迪、吴宓、汤用彤；俞大维、陈寅恪、汤用彤，这在后世学人的著述中时有体现。无论是哪一种说法，汤用彤都名列其中。大概当年"仁者见仁，智者见智"的同时流传着三种说法，但后来由于第一种最合事实，而被历史所选择。根据"方以类聚，物（人）以群分"的道理，如果我们梳理清楚梅光迪、俞大维、吴宓、陈寅恪、汤用彤在哈佛大学的时间段，及其学术思想的内在联系，自可明了个中缘由。

他们五人早年同为哈佛大学最杰出的中国留学生，关系极为密切。他们归国后，除俞大维转入军政界而"出局"外，其余皆成为学衡派的中坚。吴宓与梅光迪、陈寅恪相识分别在 1918 年和 1919 年。汤用彤认

---

① 孙尚扬：《汤用彤先生年谱简编》，汤一介编《国故新知：中国传统文化的再诠释——汤用彤先生诞辰百周年纪念论文集》，北京：北京大学出版社 1993 年版，第 3 页。

识陈寅恪、梅光迪，是通过老友吴宓的介绍。而梅光迪之遇陈寅恪，则在吴宓结识陈寅恪稍后。1921 年夏，吴宓赴东南大学任教，同年 9 月陈寅恪离开哈佛，一年后汤用彤也到东南大学，与吴宓共事《学衡》杂志。可见，在哈佛，梅光迪仅在 1919 年与他们共处三个月，而陈寅恪、汤用彤和吴宓同窗则两年多（1919 年至 1921 年）。若将梅光迪与汤用彤、吴宓并列"哈佛三杰"，于时间显然不符，实力上亦不相当。因此，"三杰"以陈寅恪、汤用彤、吴宓三人并称最为合情合理，诚为实至名归。[①]　至于这一称号最早出自谁人之口，后人已无从考证。

陈寅恪、汤用彤与吴宓均在 20 世纪一二十年代初就学于哈佛大学，分别主攻比较语言学、哲学和文学。他们虽学业和性情殊异，却志趣相投，文化理念契合，初识就引为知己，相交莫逆。又因三人在哈佛中国留学生中成绩优异，学问超群，名噪校园，故而被誉为"哈佛三杰"。自此，他们便在学术上切磋共进，人生上互相支持，结下贯穿一生的深厚友情，演绎了一系列激励后学的文坛佳话，成为中国文化史上三座巍峨连峰。

二、"三杰"特立独行

当时中国留学生虽众，但很多人无非是为混张文凭，以便回国谋得一份体面的工作，而像陈寅恪、汤用彤、吴宓这样勤勉刻苦、省钱买书者则凤毛麟角。这在吴宓留学日记中多有印证。1919 年 8 月 18 日，吴宓记载："哈佛中国学生，读书最多者，当推陈君寅恪，及其表弟俞君大维。两君读书多，而购书亦多。到此不及半载，而新购之书籍，已充橱盈笥，得数百卷。陈君及梅君，皆屡劝宓购书。"[②]　当时常来汤用彤和吴宓同住之宿舍论学的陈寅恪谈道："回国之后，西文书籍，杳乎难

---

　　①　眉睫：《"哈佛三杰"辨》，《文学史上的失踪者》，北京：金城出版社 2013 年版，第 145—146 页。

　　②　吴宓：《吴宓日记》第 2 册，北京：三联书店 1998 年版，第 55 页。

得，非自购不可。而此时不零星随机购置，则将来恐亦无力及此。"①
出于相同的考虑，尽管大量图书"存放无地，搬运费钱"，汤用彤也像
陈寅恪那样"大购、多购、全购"起来。他们留学期间，节衣缩食之
余，不为无益之事，专用于买书。先购最精要之籍，以次类及。汤一介
先生曾说："父亲到美国是专心攻读，生活非常清苦，吃饭只吃最便宜
的面包，吃点切下的牛肉末，喝清水，为的是省下钱买书。他从美国回
国时带了四五百册英、德文书，并说：'这些书让我一辈子受用无穷。'"

1919年12月29日，《吴宓日记》载："留美同人，大都志趣卑近，
但求功名与温饱；而其治学，亦漫无宗旨，杂取浮摭。乃高明出群之
士，如陈君寅恪之梵文，汤君锡予之佛学，张君鑫海之西洋文学，俞君
大维之名学，洪君深之戏，则皆各有所专注。"② 1920年1月30日，
《吴宓日记》载："张君鑫海年少美才，学富志洁，极堪敬爱。此间除陈
君寅恪外，如锡予及张君鑫海，及日内将到此之楼君光来，均具实学，
又极用功；在今已为中国学生中之麟凤，其将来之造诣，定可预知。学
然后知不足，学愈深，愈见得自己之所得者尚浅。故如锡予与张君等，
均又实心谦虚，尤足称道。"③《吴宓日记》中还把陈寅恪、汤用彤、张
鑫海（后改名歆海）、楼光来、顾泰来、俞大维和吴宓在1920年8月17日
的相聚，视为"七星聚会"（仿法国著名文艺团体"七星社"）。④

此间三人的特立独行，也引起一些同学的不解和妒忌。1920年12
月4日，《吴宓日记》载："（工学院）中国学生，于宓等习文学、哲学
者，背后谈论，讥评辱骂，无所不至。至谓陈寅恪、汤锡予两君及宓三
人，不久必死云云。盖谓宓等身弱，又多读书而不外出游乐也。呜呼，
为功名权利之争，处升陟进退之地，则忌嫉谗谤，诽怨污蔑，尤在情理
之中。今同为学生，各不相妨，宓等又恭谨待人，从未疏失之处，而乃

① 吴宓：《吴宓日记》第2册，北京：三联书店1998年版，第55页。
② 同上书，第112页。
③ 同上书，第125页。
④ 同上书，第179页。

不免若辈之咒诅毁骂。为善固难，但不肆意为恶，已不免宵小之中伤。"①　木秀于林，风必摧之；行高于人，众必非之。由此透露出，陈寅恪、汤用彤和吴宓在哈佛并列"三杰"较合事实，也可从反面证明三人之卓绝。

陈寅恪曾在 1910 年至 1912 年留学柏林大学，因病回国。他康复后，因欧洲战乱而把赴美留学权作过渡。初入哈佛的他无意久留，随着欧战后秩序的恢复，积极准备重返欧洲继续进修"世界史"。然而1919 年秋开学前他改变初衷，于哈佛学习了两年半再赴德国。究其原因，自与白璧德、兰曼和汤用彤等师友激励密切相关。这可从他们的学术互动中得到理解和印证。

三、学术旨趣相投

除了白璧德和兰曼等教授的影响外，朋友间的日常交往也促成陈寅恪和汤用彤将治学重心转向佛教。吴宓在自编年谱中对俞大维、陈寅恪、汤用彤与兰曼的关系记述道："哈佛大学本有梵文、印度哲学及佛学一系，且有卓出之教授 Lanman（兰曼）先生等，然众多不知，中国留学生自俞大维君始探寻、发现，而往受学焉。其后陈寅恪与汤用彤继之。"②

《吴宓日记》中大量记录了当时留学生论学交游的过程。佛教是其讨论的重要话题之一，他们对通过佛教振兴中国文化抱有共同期望。如，1919 年 10 月 26 日，"午后，俞君大维来。谈宗教之流派，及其精义。谓权衡种种，欲图中国根本至计，则惟当复兴佛教，昌明佛学"③。12月 10 日，《吴宓日记》载："锡予近读佛学之书，殊多进益。宓未遑涉猎也。偶见其中载佛语一则，云'学道之人，如牛负重车，行深泥中，只宜俯首前进。若一徘徊四顾，则陷溺邃深，而不可拯拔矣'。宓近来

---

①　吴宓：《吴宓日记》第 2 册，北京：三联书店 1998 年版，第 196—197 页。
②　吴宓：《吴宓自编年谱》，北京：三联书店 1995 年版，第 187 页。
③　吴宓：《吴宓日记》第 2 册，北京：三联书店 1998 年版，第 87 页。

体验所得，确信此言之切要也。"① 12 月 14 日，陈寅恪与吴宓谈到佛教时亦说："佛教实有功于中国甚大……自得佛教之裨助，而中国之学问，立时增长元气，别开生面。"② 这种青年时期的交往对形成一种相似志趣品格的学人群体具有关键意义，不仅直接影响他们的留学经历，也长远地投射至其学术人生。由是，在陈寅恪、汤用彤和吴宓周围逐步形成了一个以融合新旧文化为志向的留学生群体，他们时常聚会，交流读书的心得体会。这为学衡派的成立做了思想和组织上的准备。

四、通晓多种语言

陈寅恪与汤用彤、吴宓都力倡"读书必先识字"，通晓多种语言是他们的共同特长。语言文字是最基本的研究工具，学贯中西，必由此始。陈寅恪在哈佛开始系统学习印度语言，兼修希腊文、阿拉伯文，计达 30 多种外语。汤用彤掌握 8 门外语，少时学习英语、法文、日文、希腊文、拉丁文、德文，在哈佛与陈寅恪同学于梵学大师兰曼，深造梵文、巴利文。这些外文在其现存讲义和读书札记中多有使用。目前仅存的汤用彤哈佛时期的一张生活照，就是他手捧外文巨册专心阅读的场景。他所有的外文书现藏武汉大学，2011 年笔者受汤一介先生委托前往查阅整理，发现大都是其留美时期搜集的原版外文书。

陈寅恪和汤用彤的治学领域虽有不同，但他们都采用语言学的方法进行跨文化研究。他们选修印度文不是为了学习语言本身，而是将其作为必要的工具以治佛教史。对此，胡适曾在日记中盛赞："锡予与陈寅恪两君为今日治此学最勤的，又最有成绩的。"③ 中央研究院 1928 年成立后，陈寅恪出任历史语言研究所第一组历史组组长。此后汤用彤亦受傅斯年之聘，兼任中央研究院历史语言研究所北京办事处主任和研

---

① 吴宓：《吴宓日记》第 2 册，北京：三联书店 1998 年版，第 100 页。
② 同上书，第 102—103 页。
③ 胡适：《日记（1931—1937）》，《胡适全集》第 32 卷，合肥：安徽教育出版社 2003 年版，第 599 页。

究员。吴宓也通英、法、希腊等外语，开我国比较文学学科之先河。

由上可见，三人之能成为学术大师与其得天独厚的语言功力是分不开的。丰富的语言知识和深厚的文史修养，为他们更生动而深刻地感受、理解东西方文化提供了极大便利，使其对中西印三大文化体系的比较研究游刃有余。三人的最大优势是既能熔铸古今，又能会通中外。他们都受过严格的国学传统教育，文史哲有坚实基础，又在国外接受现代科学方法的训练，通盘掌握了广博的世界历史文化知识，融贯新旧治学之道，皆终生奉行"昌明国粹，融化新知"的学衡派宗旨。

五、凝聚"三杰"核心

陈寅恪 1919 年 1 月 29 日在哈佛大学注册，为文理研究院一年级研究生，专业是历史，以世界史为主，选课"歌德之《意大利之旅》"（德语类课程）和"现代德国史"。下半年改为古代语言研究。① 他当时住在麻省大道 1134 号公寓，室友是 1918 年入文理研究院哲学专业的一年级学生俞大维和历史专业一年级研究生金麒章，三人均登记成来自上海。通过俞大维介绍，吴宓结识了陈寅恪。随后，吴宓应留美学生会之请，演讲《〈红楼梦〉新谈》。陈寅恪听后赠诗云："等是阎浮（Jambhudi）梦里身，梦中谈梦倍酸辛。青天碧海能留命，赤县黄车更有人。世外文章归自媚，灯前啼笑已成尘。春宵絮语知何意，付与劳生一怆神。"② 吴宓对陈寅恪的学问赞叹不已，初识便引为知己，并多次坦言与其谊兼师友。

吴宓和汤用彤都十分推崇陈寅恪，陈氏作为"三杰"中最具凝聚力的核心人物，当之无愧。吴宓在 1919 年 3 月 26 日的日记中写道："陈君学问渊博，识力精到，远非侪辈所能及。而又性气和爽，志行高洁，深为倾倒。新得此友，殊自得也。"③ 同年 4 月 25 日，《吴宓日记》载：

---

① 参见林伟《陈寅恪的哈佛经历与研读印度语文学的缘起》，《世界哲学》2012 年第 1 期。

② 吴宓：《吴宓自编年谱》，北京：三联书店 1995 年版，第 189 页。

③ 吴宓：《吴宓日记》第 2 册，北京：三联书店 1998 年版，第 20 页。

"陈君中西学问皆甚渊博，又识力精到，议论透彻，宓钦佩至极。古人'闻君一夕话，胜读十年书'，信非虚语。"① 11 月 10 日，《吴宓日记》又载："午，陈君寅恪来，谈印度哲理文化，与中土及希腊之关系。又谓宓欲治中国学问，当从目录之学入手，则不至茫无津埃，而有洞观全局之益。当谨遵之。"② 1934 年夏，吴宓在其《吴宓诗集·空轩诗话》诗集中说："宓始于民国八年，在美国哈佛大学得识陈寅恪。当时即惊其博学，而服其卓识，驰书国内诸友，谓'合中西新旧各种学问而统论之，吾必以寅恪为全中国最博学之人'。今时阅十五六载，行历三洲，广交当世之士，吾仍坚持此言，且喜众人之同于吾言。寅恪虽系吾友而实吾师。"在留德学生中，陈寅恪也是获得一致赞誉，被公认为"我国最有希望的读书种子"。故傅斯年评价说："陈先生的学问，近三百年来一人而已。"

多年的深交也使汤用彤对陈寅恪钦佩之至。他在 1951 年所写的一份"思想检查"中坦言："当我到哈佛大学研究院以后，遇到了陈寅恪先生，觉得他学问渊博，妄想和他竞争，我便选择了哲学史。表面上是说，哲学纷无定论，各有一套，所以不主张创造，而注重哲学史的研究。实在是知道，自己的才能不够，便选择这样一门自己容易出色，使别人更加佩服的哲学史。"对此，汤一介先生也颇有感慨，回忆起一段往事予以解说："在昆明时，有次我和父亲一起去大观园游玩，走到大观楼 180 字的长联下。他对我说：'我们联大一批教授，有陈寅恪先生等人，曾来到这里。大家都读长联，然后背出，只有陈先生背诵得一字不错。'"陈寅恪过目不忘，其录像机一般的记忆力，由此可见一斑。他学术成就卓绝，与其天资过人有关，但也是他努力的结果。汤用彤曾对任继愈说："在学问上第二等聪明的人，如果努力可以取得一流的学术成果。但是第一等聪明的人，不努力则连三流的学术成果都取不到。"因此，汤一介先生认为："我父亲很可能自认并非第一等聪明的人，而

---

① 吴宓：《吴宓日记》第 2 册，北京：三联书店 1998 年版，第 28 页。
② 同上书，第 90 页。

视陈寅恪先生为一等聪明之人，并取得了一流的学术成就。"①

六、轻学位重学识

"三杰"之誉，自然是因为他们学绩的突出，还有一个原因就是其留美之本愿，只为求学，而不求博士学位。当时哈佛大学规定研究生只要在一定专业内选修足够课程，并取得合格成绩，即可授予硕士学位。而博士学位则颇为复杂，除选修一定学分之外，需要通过由四位教授同时参加的口试，这包括考四门课程，然后才允许开题。论文完成，还得考一次口试。一般很难在读完硕士后短期内再作毕业论文争取博士学位。② 攻读博士对于他们来说并不困难，但在数年内被一篇专题论文束缚住，势必影响广泛知识的获取。正像吴宓制定的留学计划中所言：

> 在哈佛，研究历史、哲学、文学，专务自修，不拘规程，以多读佳书，蔚成通学，得其一贯为目的。至"博士"学位，决舍之而不求，"硕士"则得之甚易。盖欲造实学，非弃虚名不可，而区区二载，所可致力之事，千头万绪，取吸不尽，故务以精要为归。③

这种不重学位而重学识的理念，与白璧德的博通教育思想一致，并获其高度赞许。所以白氏弟子率皆只做学问，不做博士，而陈寅恪在这方面

① 赵建永：《"哈佛三杰"考辨》，《光明日报》2014 年 12 月 2 日第 16 版。

② 到 20 世纪 40 年代，中国留学生情况与清华旧制的学生不同，都是在国内已大学毕业，到美直接进入研究院，一般用四五年时间既可以广泛获得知识，又有足够时间选择一个题目写博士论文，因而是既求学问又求博士学位了。周一良对此评论说："这时文科的留学生中又有三位既求学问，又求博士学位。我'私谥'他们也是'三杰'，这就是杨联陞、吴保安（字于廑，归国后以字行）、任华。20 年代的'三杰'，回国以后在文化学术界起了很大作用，有目共睹。40 年代的'三杰'，有的回国，有的留在国外。回国者因为时移世易，发挥的作用就很不一样。一般说来，与 20 年代的'三杰'相去甚远。未回国者，'独在异乡为异客'，反得施展其才能，做出贡献。"周一良：《哈佛大学中国留学生的"三杰"》，《郊叟曝言：周一良自选集》，北京：新世界出版社 2001 年版。

③ 吴宓：《吴宓日记》第 2 册，北京：三联书店 1998 年版，第 138 页。

做得最为彻底。

1921 年 6 月 5 日，兰曼在致留美学生监督严恩槱（U. Y. Yen）函中特意提到很欣赏陈寅恪无意获取学位："一直以来，他的认真、诚恳和恒心都值得特别褒扬。他不在乎我们学生的学位，在这一点上我很欣赏他。这方面的差异可以反映出他有着更为崇高的理想。我完全相信，当他回到中国以后，他将于你们的国家大有裨益。他的观点十分公允，对美国和中国的事情都没有偏见。……我深信他是一个真正的爱国者，必将忠实地将所学知识造福于他的祖国。我毫无保留地、由衷地向您推荐我的学生和朋友——陈寅恪先生。"① 兰曼在信中对陈寅恪和汤用彤都赞赏有加："陈寅恪与其同学汤用彤一样，有着高超的智慧，这将为他的祖国——中国赢得荣誉。"他还殷切期望自己培养的中国学生能够利用所学外文知识，承继当年求法高僧不辞艰辛的取经事业，以现代学术文化造福于中国之未来。②

俞大维和汤用彤均在入哈佛一年半时获得硕士学位，吴宓则只用了一年。当陈寅恪认为在哈佛该学的业已掌握，就马上动身去柏林大学深造。不少师友极力劝阻，要他耐心再等半年，以拿到学位。陈寅恪说："留学是为求知，既然已完成任务，再待下去就是浪费时间，浪费时间就是浪费生命，岂可为了学位而浪费生命？"他在海外多所名校辗转游学 18 载，与玄奘西行取经求法之年长相同。他始终潜心求学，不求学位，完全是为读书而读书，为学问而学问，求真而务本，潇洒而超脱。

师不在多，在于识见高远且善于教诲；友不在多，在于知心并能指责其失，他们能相互拥有此等良师净友，实为大幸。"哈佛三杰"声气相求，其交谊长达半世纪且历久弥坚，堪称学界典范。三人之性格抱负迥异，然各自在文化传统之"道"的追求上，却殊途同归。正如吴宓评

---

①② 兰曼致留美学生监督的信，General Correspondence，1907-1924，Charles Rockwell Lanman Papers，Harvard University Archives，HUG 4510. 54。

顾炎武、吴伟业之语，"其志同，其情同，其迹亦似不同而实同"。[①] 子曰：益者三友："友直、友谅、友多闻，益矣！"三位先生当得这般益友。"哈佛三杰"学成归国，在学术上均有重大建树，都成为"上承前代之余绪，下开一世之新风"（季羡林语）的一代宗师。[②] 以"哈佛三杰"为代表的一代学人的学识和胸襟，造就了业界必须攀越却难以超越的学术高峰。

第三节　哈佛三年

世界上极负盛名的学术圣殿哈佛大学位于美国东北部马萨诸塞州波士顿查尔斯河沿岸的剑桥，始建于 1636 年，是美国历史最悠久的学校，有"先有哈佛，后有美国"之说。汤用彤在此留学三年，成为改变其学术命运的关键时期。

一、初入哈佛

1919 年 6 月，汤用彤在汉姆林大学毕业后，立即赶往哈佛大学，出发前夕他给吴宓发一电报告知行程。吴宓在 6 月 18 日晚得到汤用彤的电报，遂前往火车站迎接，但未接到。次日，吴宓又于早晨、中午和晚上三次前往车站，终于等来了汤用彤。他由吴宓接入哈佛，先借住在梅光迪的寓所，直到十天后，汤用彤与吴宓、顾泰来、李达在暑期学校开学前，搬至斯坦迪使堂（Standish Hall）的 B41 号房间同住。这是一间四人宿舍，每年收费 220 美金。斯坦迪使堂是哈佛一个本科生学院的宿舍楼，位于查尔斯河（Charles River）旁边，目前依然用作本科生的宿舍。

1919 年 6 月 21 日，《吴宓日记》载："午，偕梅、陈、汪、汤诸

---

① 吴宓认为自己似吴梅村，而陈寅恪似顾亭林。
② 赵建永：《"哈佛三杰"考辨》，《光明日报》2014 年 12 月 2 日第 16 版。

君，游 Reservoir Lake，席坐湖畔。"① 6 月 22 日至 29 日的《吴宓日记》载："此数日间，半游谈，半读书。夏校将开课，故于二十九日，搬至 Room B41，Standish Hall 居住。同室者四人：锡予而外，李达、顾泰来二君，均同住。搬入以后，每日三餐，均在 Smith Hall 校中所开食堂吃饭。新居地临大河，Charles River。每日晚饭后，散步河畔。桥上电灯罗列，灿若明星，水光荡漾，浮艇往来，幼童泅水者成群，而岸上汽车络绎，首尾衔接，如游龙蜿蜒，景至可乐。"② 6 月 30 日，汤用彤对吴宓谈论婚姻，谓"婚事宜对症下药"，吴宓认为此即俗谚"情人眼里出西施"之意。汤用彤又说："知足者乃有家庭之乐。"吴宓认为："且惟真能自爱者，乃能爱人。"③

同年暑假，汤用彤入读哈佛暑期学校（Summer School），与留校读书的梅光迪、陈寅恪、俞大维、汪懋祖等人暇时常一起散步游谈。在麻省理工学院学习的吴宓同乡老友王正基，因进哈佛暑期学校上经济学课，也时常来宿舍看望。当时哈佛大学将一学年分为秋季、冬季和春季三个学期，外加夏季假期里的暑期学校。暑期学校是哈佛大学的一个传统，即利用暑期时间开设课程，主要面向美国各个大学和社会中有志于进修的人，讲授课程多以实用为取向，时间约为两个月。

8 月 10 日，《吴宓日记》载：汤用彤与吴宓、顾泰来、王正基"赴海滨游。先乘空中电车至 Rowe's Wharf，乘汽船渡港，再乘火车至 Lynn。沿海岸（大西洋岸）行至 Swampscott，见岸边水际，男女杂遝，仅着短裤，或披毡褐，竞入水泅浴，或眠于沙上。旋由此乘电车，至 Marblehead 海滨，在临水之餐馆午餐 Adam's House，甚贵，仅食果点而已。……归途复游 Revere Beach 及 Winthrop 海滨……晚，六时归舍"④。

吴宓前已租定校园内靠近图书馆的维尔德堂（Weld Hall）北口

---

① 吴宓：《吴宓日记》第 2 册，北京：三联书店 1998 年版，第 32 页。
② 同上书，第 32—33 页。
③ 同上书，第 34 页。
④ 同上书，第 50—51 页。

(North Entry) 的 51 号室，下学年与汤用彤同住。原定 9 月 13 日暑期学校结束时就移往新居，后因木器等未如期运到而推迟了两天。当时王复初来到哈佛帮助整理书物，装束箱箧。9 月 15 日，汤用彤和吴宓入住维尔德堂 51 号。吴宓当天的日记载："阴雨。午前，复初来，助宓等携运书物包裹等，移往 Weld Hall 新居，终日而毕。宓等以省钱故，每住校中宿舍，均在最高一层楼上。夏间所居 B41 Standish Hall 为四层楼；今之新居，则为五层楼，须经行四梯，共八十级。室分内外两间，每一学年（实九月），房租百四十元美金。宓与锡予，各出其半，凡七十元。租赁木器，全年十元。电灯约六七元，室役赏资一二元。室甚宽敞，惟略黑暗，且近通衢，故电车、汽车之声，日夜隆隆。木器本约日前送到，而竟未照行。日来屡经催促，卒至十八日夕，始送到；故连日均在地板上安眠云。"[①]

1920 年出版的《哈佛大学名录》将吴宓列入哈佛文理研究院学生名单，载其住址为"W51"，应是维尔德堂 51 号的缩写，姓名下注明吴宓已获文学士，专业为英文、历史、政府学。维尔德堂建于 1870 年，是哈佛核心校区的宿舍，紧邻威德纳图书馆。在这栋楼里住过的本科生成名者颇众，如前总统肯尼迪和联储主席伯南克，这里离赭山街上的陈寅恪住处仅数百米。根据 1919 年 3 月 13 日和 14 日《哈佛校报》的通知，本科生申请宿舍截止到 14 日下午 6 点。13 日的通知特别提到四年级学生可申请维尔德堂，14 日通知说分配宿舍将向组团申请的人倾斜，但一个团不能超过十二人，每个房间不超过两人，1920 年毕业的人可申请。当时吴宓因为是 1920 届本科毕业生才住在维尔德堂，汤用彤当为乘便住进本科生宿舍的研究生新生。[②]

汤用彤与吴宓在哈佛，一直同住一个宿舍，顾泰来与他们不住一起后，依然不断来往。1919 年秋至 1920 年，汤用彤和吴宓同住于维尔德

①　吴宓：《吴宓日记》第 2 册，北京：三联书店 1998 年版，第 72 页。

②　陈怀宇：《陈寅恪留学哈佛史事钩沉及其相关问题》，《清华大学学报（哲学社会科学版）》2012 年第 5 期。

堂，顾泰来也搬出斯坦迪使堂，到赭山街 36 号与陈寅恪同住于罗维尔堂。

此间每逢周日，汤用彤与吴宓、顾泰来诸君常步行去波士顿市区，到中国餐馆进餐。《吴宓自编年谱》载："三人每日同餐，同游，同出入，同研究校课。形迹极密，心情亦厚。"① 而白璧德的论说，往往成为他们的重要话题。新学年开始，清华同学张鑫海来哈佛。汤用彤与吴宓"导示一切，并为觅定寓所"②。

1919 年 9 月 18 日《吴宓日记》载："清华后来诸级游美学生，其研习文学者，仅有楼君光来及张君鑫海二人。今春正二月以来，二君屡来函，究问文学一道，宓告以种种。二君得读巴师等之书，极道向慕，遂转学哈佛。楼君以尚未毕业，须留原校，故张君独先至。"③同日，林语堂携夫人抵达哈佛，住赭山街 51 号。楼光来转学至哈佛前夕，告知自己 1920 年 1 月 31 日到此。汤用彤和吴宓、张鑫海赴南车站迎接，火车晚点，尽管他们在严寒等候六小时之久，却都很高兴楼光来从白璧德习文学，此间习文史哲理者逐渐增多。《吴宓日记》载："（楼光来）约今晚八时到此，乃于七时半，偕锡予及张君鑫海赴南车站迎接。而火车迟到，至一时半始抵，徘徊站中，颇患寒威。归舍时地下电车已停。及入寝，已二时过矣。"④

1919 年 10 月 4 日晚，汤用彤与吴宓等知友，"会于陈君寅恪室中"，欢送梅光迪首途归国，赴任即将成立的南开大学（10 月 17 日建校）英语系教员。10 月 5 日早晨，吴宓"偕锡予为梅君运搬箱箧。午，由锡予及施君济元及宓，共约梅君在汉口楼祖饯。四时半，送至南车站，握手而别"⑤。

---

① 吴宓：《吴宓自编年谱》，北京：三联书店 1995 年版，第 209 页。

②③ 吴宓：《吴宓日记》第 2 册，北京：三联书店 1998 年版，第 73 页。

④ 同上书，第 126 页。

⑤ 同上书，第 78 页。

二、师白璧德

白璧德（Irving Babbitt，1865—1933）生于美国俄亥俄州的兑顿（Dayton），1889 年在哈佛大学毕业。他不愿做德国学派专重考据的博士论文，而去巴黎大学师从列维（Sylvian Levi）教授治梵文与佛教经典，并以巴黎为文艺复兴以来人文传统的故乡。1894 年回哈佛大学任教，1912 年晋升教授。他学识渊博，精通法文，兼通希腊文、拉丁文、梵文和巴利文，熟悉汉文化。其学说远承柏拉图、亚里士多德之精义微言，近接文艺复兴诸贤及英国约翰生、安诺德等遗绪，采撷西方文化菁英，考镜源流，辨章学术，卓然自成一家之言。

白璧德为颇具影响之文化批评大师，为 20 世纪初世界文化保守主义核心人物。他以为，思想是文学的基础，文学缺乏理性旨趣，即无意义可言。大学的人文教育不应是专才教育而是通才教育；培养人才，不仅是学者而且是君子。人文学者负有传承文化之责，应该"博古而通今，授新而明旧，洞悉人类进化之前史，能为世用"。为此，他主张学生多亲近"人类思想的精华、古今文章之杰作"，熟读精思，理会受用；而不以宝贵时间和精力去"搜求琐屑隐僻，无与人事之事实，纂辑以成论文"。①

白璧德认为，将人文（humanitas）释为泛爱是一大谬误，唯规训与纪律方为其真义。培根以来的科学主义已发展为"视人为物"、泯没人性、急功近利的功利主义；卢梭倡导的泛情主义已演变为抛弃传统、放纵不羁的浪漫主义。他针对近代西方功利主义和泛情主义带来的道德沦丧、物欲横流的现实，系统提出解决方案：以品德修养为中心，重倡古典文明，融会东西方文化规范，通过人文教育重建"人事之律"，强调在同情和选择之间保持一种适度平衡的训练（discipline），以挽回

---

① ［法］马西尔（Mercier）：《白璧德之人文主义》，吴宓译，《学衡》第 19 期（1923 年 7 月）。

西方文化道德意识的衰退。他主张以人性中较高之自我来遏制本能冲动，强调自律与克制。而此种内在克制有赖于从传统文化中求取立身行事之规范，即超越时空限制的永恒而普遍之标准，以此集一切时代之智慧，对抗当代崇尚功利的行为。在人文方面中西文化传统应互为表里，形成集大成智慧的文化。

白璧德倡导为学必须从涵养人格始，以东西古今圣贤为榜样，并对儒道释三家学说有多方面的认同。他对孔子思想尤为赞佩，并把它视为世界反对资本主义物化与非理性化斗争的重要组成。其学说宗旨是：必须先能洞悉人类古来各种文化之精华，涵养自身，成为有德守之人文学者，然后从事专门研究，并汇通各种文化中普遍永恒之人文价值或精粹，建立与颓败的近代文明相抗衡的文化体系。中国人则必须深入中西文化，并撷采其中之精华而加以施行，以求救亡图存，不蹈西方之覆辙，并为解决全球之人文困境做出新贡献。

汤用彤初入哈佛三周后的 7 月 14 日，即由吴宓引见去拜谒新人文主义宗师白璧德教授。当日中午，吴宓先赴白宅，约定会晤时间。20点，吴宓携汤用彤与陈寅恪一起同往，白璧德夫人朵拉（Dora May Drew）陪坐，白氏"述其往日为学之阅历，又与陈君究论佛理。夫人则以葡萄露及糕点进，以助清谈"，谈至 23 时半始归。①

白璧德与朵拉在 1900 年结婚后，一直住在科克兰路 6 号（6 Kirkland Road）的三层独栋。这里距离陈寅恪在赭山街的住址步行仅有一公里。当时吴宓与汤用彤住在斯坦迪使堂，距离白府更远，估计是吴宓和汤用彤先出发，半路与陈寅恪会合，再去白府。② 由此可见，吴宓对汤用彤和陈寅恪接近白璧德的新人文主义思想，有直接或间接的推动和引导作用。

1919 年 9 月 16 日，汤用彤正式在哈佛大学文理学院哲学系注册入

---

① 吴宓：《吴宓日记》第 2 册，北京：三联书店 1998 年版，第 37 页。
② 陈怀宇：《陈寅恪留学哈佛史事钩沉及其相关问题》，《清华大学学报（哲学社会科学版）》2012 年第 5 期。

学读研究生。开学伊始，汤用彤即与吴宓一起选修了白璧德开设的"19
世纪的浪漫主义运动"一课。白璧德常在家里上课，他本学年所开此课
就在其住址进行。林伟博士认为，汤用彤之所以在入哈佛后第一年就选
修这门课程，极可能与吴宓的介绍和推荐有关，但同时值得注意的是，
这门课程亦在哲学系推荐学生选修的外系所开设有关哲学的课程之
列。① 因此可以说，白璧德的这门课程所具备的哲学意蕴得到了哈佛哲
学系的认可，而汤用彤选修这门课大体上并未脱离他对哲学史的关注。
他们常讨论东西方哲学，白璧德称汤用彤是他所遇"最通达中国哲学之
人"，并寄予厚望，彼此留下了深刻的印象。

　　1921 年 2 月，吴宓记载："巴师（白璧德）谓于中国事，至切关
心。东西各国之儒者（humanists），应联为一气，协力行事，则淑世易
俗之功，或可冀成。故渠于中国学生在此者，如张（鑫海）、汤（锡
予）、楼（光来）、陈（寅恪）及宓等，期望至殷云云。"② 白璧德培养
了吴宓、汤用彤、梅光迪、张鑫海、楼光来、梁实秋、林语堂等中国学
人，被学衡派奉为精神导师，为新人文主义与中国文化开启了沟通交会
的广阔空间。经过学衡派与新月派的创新和传播，使新人文主义在中国
文化现代化进程中起到了独特的作用。吴宓等人学衡派文化观的形成
与白璧德新人文主义的关系，确如乐黛云教授所论："并不是白璧德塑
造了《学衡》诸人的思想，而是某些已初步形成的想法使他们主动选择
了白璧德。"③ 新人文主义强化了学衡派对民族文化的自信，使他们的
眼界更为开阔，进而提出了世界性的文化理想。

---

　　① Harvard University Catalogue，1919-1920，Cambridge：Harvard University
Press，1920：442. 除"19 世纪的浪漫主义运动"以外，汤用彤还先后选修了两门在此推
荐表中的外系课程，即"哲学梵文"和"宗教的起源和发展"。
　　② 吴宓：《吴宓日记》第 2 册，北京：三联书店 1998 年版，第 212—213 页。
　　③ 乐黛云：《世界文化对话中的中国现代保守主义——重估〈学衡〉》，《跨文化之
桥》，北京：北京大学出版社 2002 年版，第 184 页。

三、渐入佛学

1919 年 10 月 16 日，踌躇满志的汤用彤入学刚满一月即提交了申请硕士学位的材料，包括申请表、清华学校和汉姆林大学的成绩单，以及沃尔科特教授 9 月 28 日所写的推荐信。① 沃尔科特的信是专为推荐汤用彤申请学位所作。汤用彤在硕士学位申请表上，计划以中国哲学史（History of Philosophy in China）作为申请学位的方向，希望于 1920 年 6 月获得硕士学位。② 同时代攻读文史的中国留美学生，如胡适、冯友兰、瞿世英、陈荣捷等人皆以中国哲学史为研究方向。不久汤用彤收到院方指导意见："从 1919 年 9 月开始，至少还需 1 年半时间方能获得硕士学位。"③ 1920 年 11 月 23 日，院方书面通知汤用彤，鉴于他所选修的大多数课程成绩优异，已正式接受其为硕士学位候选人，可以在学年中段获得学位。④

汤用彤对弟子黄心川曾说，佩瑞⑤为其在哈佛的指导老师。林伟博士对照汤用彤的成绩单和兰曼所藏的汤用彤选课记录表推断，佩瑞很可能是汤用彤第一学年的选课导师，而他在第二、第三学年则由兰曼指导选课。1919 年秋季学期，兰曼开的"印度语文学"课有两种。一种是导论课，一种是提供给有基础的人，主要讨论巴利文写本。前者上课时间是周一、三、五两点半，后者是周一、三、五三点半。兰曼坐班时间是周一、三、五四点半。上课和坐班平时在威德纳图书馆 A 室（Widener A）。印度语言讨论课则每周二晚上在兰曼家进行。其时，汤用彤已知兰曼，但尚未正式选修他的课。

---

①②③　汤用彤申请哈佛大学硕士学位的材料，Harvard University Archives，UAV 161. 201. 10 Box 105。

④　哈佛大学文理研究院关于接受汤用彤为硕士学位候选人的通知，Harvard University Archives，UAV 161. 201. 10 Box 105。

⑤　美国著名哲学家佩瑞（Ralph Barton Perry，1876—1957）曾任美国哲学会主席，为新实在论领军人物，是汤用彤的指导教授。

　　陈寅恪本年秋选修了"初级希腊文""印度语文学：梵文及其与英文、拉丁文、希腊文之关联"。"印度语文学"上学期主要讲梵文文法，下学期则讲兰曼自编的《梵文读本》。1919—1920 学年上学期陈寅恪的梵文成绩是"B"，此后梵文和巴利文成绩都是"A"。兰曼在课程记录本上对俞大维的学习评价是：第一学期得到"C"，第二学期为"D"。

　　汤用彤在哈佛大学选课以西方哲学居多，辅修一些趋近东方思想的课程。清华留美公费期限为 5 年，而汤用彤只用一年半就于 1921 年2 月 28 日获哈佛大学哲学硕士学位①。此后一年，他继续在哈佛选修以宗教学为主的课程。

　　1919—1920 学年选修的哲学类课程有：摩尔（E. C. Moore）教授开设的"宗教哲学"（Philosophy of Religion），成绩为"A"；谢佛（Sheffer）博士开设的"高级逻辑"（Advanced Logic），成绩为"B⁺"；谢佛开设的"高级数理逻辑"（Advanced Mathematical Logic），成绩为"B"；伍兹（Woods）教授开设的"印度哲学体系"（Philosophical System of India），成绩为"A"；伍兹开设的"以柏拉图为主的希腊哲学"（Greek Philosophy, with Especial Reference to Plato），成绩为"A"；沃尔夫（De Wulf）教授开设的"中世纪哲学史"（History of Mediaeval Philosophy），成绩为"A⁻"；佩瑞（Perry）教授开设的"当前哲学趋势"（Present Philosophy Tendencies），成绩为"A"。比较文学类课程有：白璧德（Babbitt）教授开设的"19 世纪的浪漫主义运动"（The Romantic Movement in the Nineteenth Century），成绩为"B"。

　　1920—1921 学年，汤用彤选修的哲学类课程有：刘易斯（Lewis）助教开设的"高级伦理学"（Advanced Ethics），成绩单标注"未报成绩"（no report）；马松（Mason）博士开设的"康德哲学"（The Kantian Philosophy），未报成绩；刘易斯开设的"后康德理念论"

---

　　①　汤用彤在哈佛大学的成绩单，Harvard University Archives，UAV 161. 272. 5。

（Post-Kantian Idealism），成绩为"A"；阿尔弗雷德·霍尔雷（R. F. Alfred Hoernlé）教授开设的"逻辑理论"（Logical Theory），成绩为"B"；沃尔福森（Wolfson）教授开设的"中世纪的终结者斯宾诺莎"（Spinoza, the Last of the Mediaevals），成绩为"A⁻"。印度语文学类课程有：兰曼（Lanman）教授开设的"梵文以及英文、拉丁文和希腊文"，成绩为"A"；兰曼开设的"梵文以及英文、拉丁文和希腊文续"（Sanskrit in Relation to English and Latin and Greek，Continued），成绩为"A"；伍兹（Woods）教授开设的"哲学梵文"（Philosophical Sanskrit），成绩为"A"。心理学类课程有：桑思德（Southard）教授开设的"精神病理学"（Psychopathology），未完成。

1921—1922 学年，汤用彤选修的哲学类课程有：伍兹（Woods）教授开设的"亚里士多德哲学"（Philosophy of Aristotle），成绩为"A"。印度语文学类课程有：兰曼（Lanman）开设的"高级梵文"（Advanced Sanskrit），成绩为"A"；兰曼开设的"高级梵文续"（Advanced Sanskrit，Continued），成绩为"A"；兰曼开设的"巴利文"（Pāli），成绩为"A"；兰曼开设的"巴利文续"（Pāli，Continued），成绩为"A"；伍兹（Prof. Woods）开设的"哲学梵文"（Philosophical Sanskrit），成绩为"A"。心理学类课程有：麦克德高（McDougall）教授开设的"心理学史"（History of Psychology），成绩为"A"。宗教史类课程有：摩尔（Moore）教授开设的"宗教的起源和发展"（Origin and Development of Religion），成绩为"A"。从这里可以看出，汤用彤选修的课程，从哲学到宗教学，有一个重心逐渐转移的过程。

在哈佛大学的兰曼档案中，汤用彤选课指导委员会的导师记录表显示，他在 1920—1921 学年和 1921—1922 学年皆由兰曼指导选课。9 月，汤用彤正式开始跟随兰曼学习梵文和巴利文，其进阶过程与先入兰曼门下的陈寅恪相似。9 月 29 日，兰曼在日记中记载了汤用彤与陈寅恪在新学期选修课程的情况。12 月 20 日，据《兰曼日记》载，兰曼请学生们到家里做客，陈、汤在列。除兰曼讲授的梵文和巴利文课程外，汤用彤还在两个学年里反复选修了哈佛大学哲学系主任伍兹开设的"哲学梵文"。该课程主要探讨瑜伽论，尤其是学习带注疏的巴檀阇黎所撰《瑜伽经》，并参考婆恰斯巴提密斯拉的注释。[①]

在白璧德新人文主义的指引下，汤用彤在哈佛期间逐渐由西方哲学史转向以印度语言学为核心的印度哲学与佛教。汤用彤在第一学年所选修伍兹（James H. Woods）开设的"印度哲学体系"（Philosophical System of India）是印度哲学思想的导论课程，重在讲授吠檀多派（Vedanta）、数论派（Sankhya）和瑜伽派（Yoga）的思想。尽管汤用彤此前喜读佛典，但这门课程可以视为他从比较语文学角度研究佛学的起点。

四、酷评吴宓

白璧德的档案现藏哈佛大学图书馆，经美国人文学会（National Humanities Institute）许可，即可查阅。档案里存有兰曼、吴宓、梅光迪、郭斌龢等朋友和学生的来函，吴学昭、杨扬、林伟等学者对其中吴宓致白璧德的 8 封英文信曾作探讨。今重点就有关汤用彤的内容加以梳理和解读。

哈佛大学所藏吴宓 1921 年 4 月 24 日致白璧德的留言便笺，夹在吴宓递交给白璧德的论文《孔子、孟子之政治思想与柏拉图、亚里士多德比较论》（"The Political Thought of Confucius and Mencius as Compared with Plato and Aristotle"）中。吴宓在信中主要转述了好友汤用彤、张鑫海对这篇长达 40 页论文的评价。现据原文汉译，节录于下：

这篇论文写完后，我读给汤用彤君听。他提出如下三条意见：

---

① 本书中汤用彤留美档案，由留学哈佛大学的林伟博士查找提供，特此致谢！

"一、此文表达的是你的想象和情感，不是孔子和孟子的思想。二、你写的是历史，而不是哲学。三、文中既没有柏拉图，也没有亚里士多德。"

张鑫海君说："我完全认同汤君的评论。文章应充分阐述一些基本哲学理念，而不是只堆砌史事和细节。"

尽管拙文多有不足，但我仍谨遵您的教示，奉上呈阅。我还提交了一份复本给麦伊尔文教授。因此，如果您愿意，可以一直保存这篇文章，也可以马上销毁它。

顺便一提，通过这篇文章，您会发现我们三人（吴宓、陈寅恪、汤用彤）本初的宏愿。①

汤用彤和张鑫海认为，该文只是在细枝末节上罗列史实，近似烦琐之章句，而没有升华至哲学思辨的高度。对于他们的严苛批评，吴宓没有恼怒或驳斥，而是虚心接受，认真记录下来，并告之他人，以期改进。这体现出使其日后成为一代文化宗师的宽广胸怀。

吴宓这一时期（1921年2月12日至7月17日）的日记，因在"文革"中遗失，而没有留下相关记录，幸其自编年谱对此文背景有所说明：1920—1921学年，吴宓因选修由麦伊尔文（McIlwain）教授讲授的课程"欧洲政治学说史"，而撰作此课业论文，于1921年4月22日上交。吴宓记述麦伊尔文亲笔批云，"予甚望，有一日，汝能完成汝在此篇第 vi 页所提出之研究"（即以孔子、孟子之全部思想、学说，与柏氏、亚氏之全部思想、学说，作比较研究），并给予 A 等。②

因为该文主题是白璧德与其中国学生常谈的话题，故吴宓按以往惯例，将此论文连同知友意见，也交给白璧德评阅。尽管哈佛教授给予最高等级的评判，但是在吴宓那些以熔铸古今为志业的知交眼中，远远

---

① Wu Mi to Irving Babbitt, Papers of Irving Babbitt, Harvard University Archives, HUG 1185, Box 12.

② 吴宓：《吴宓自编年谱》，北京：三联书店1995年版，第207页。

未达到他们所要求的学术标准。他们后来做出了世界一流的学术成就，正是对这种自我期许的印证，可谓青出于蓝而胜于蓝。

信末特意同时提及吴宓、陈寅恪、汤用彤，从侧面反映出他们三人在哈佛并列"三杰"的史实。至于便笺中所说他们"本初的宏愿"（originally desired），我们可从《吴宓日记》等文献中得以了解，亦可从中窥见三人思想发展脉络和学衡派之滥觞。

吴宓在哈佛主修文学，但受白璧德和汤用彤的影响，也读了不少哲学书。白璧德十分强调沟通文哲，以为哲学隐而文学显，两者互相映照。东方古典学风于此很值得学习，即使在西方，古希腊罗马的文学莫不以人生哲学为根据。文学教授应令学生多读哲学，哲学教授应令学生多读文学。1919 年 9 月 5 日，吴宓在日记中写道："西国学问之精华本原，皆出希腊三哲。三哲之中，苏格拉底生平无所著述；柏拉图多述师说，而亦自有发明；亚里士多德则集其大成，而其学极博。约而论之，柏氏之书，多言天道，亚氏则究人事。柏氏多言本体，而亚氏则究其致用（三哲之学，皆天人一贯。此但言其偏重之处，未可强分也）。治西学而不读希腊三哲之书，犹之宗儒学而不读四书五经，崇佛学而不阅内典；直是迷离彷徨，未入门径，乌望登峰造极哉？"[1] 汤用彤与吴宓都是先读希腊三哲之学说，而后读其著述之原本，并以此为治学门径。

1920 年暑期，陈寅恪去纽约，汤用彤赴白银湾（Silver Bay）出席基督教青年学生会议（YMCA Student Conference），并入康奈尔大学暑期学校（Cornell Summer School）。张鑫海亦外出，顾泰来搬来暂与吴宓同住。吴宓仍进哈佛暑假学校，只选修了一门《上古史》，其余时间全部用来自修西方哲学："炎暑中，在宿舍内，读完《柏拉图全集》'*The Dialogues of Plato*'（Ben. Jowett 英译本）四大册，三十七篇，均有笔记。"[2] 又请留校读书的俞大维讲授《西洋哲学史大纲》，并在他的指导下阅读其他哲学书籍。吴宓所读《柏拉图全集》英译本当为汤用

---

① 吴宓：《吴宓日记》第 2 册，北京：三联书店 1998 年版，第 61—62 页。

② 吴宓：《吴宓自编年谱》，北京：三联书店 1995 年版，第 205 页。

彤在哈佛时期购买的版本，今存武汉大学哲学院资料室"汤用彤先生外文藏书专柜"。

1920 年 8 月 17 日，汤用彤与陈寅恪自纽约归哈佛。汤用彤返校即为吴宓讲授"印度哲学与佛教"。[①] 吴宓在晚年自编的年谱 1920 年篇中写道：俞大维和汤用彤的讲授，"皆简明精要，宓受益至多。两君并手写概略及应读书目授宓。本年八月，宓专读西洋哲学书籍。八月及九月，宓专读印度哲学及佛教书籍。按汤用彤君，清末，在北京五城中学时，即与同学梁漱溟君，同读印度哲学之书及佛教经典。去年到哈佛，与陈寅恪君，同从 Lanman 教授学习梵文与巴利文（Pali 小乘经文，类中国小说之文字），于是广读深造，互切磋讲论，并成全中国此学之翘楚矣"[②]。

五、辞别哈佛

1920 年 3 月 10 日，吴宓决定"再居美二年，民国十一年（1922）夏回国。此二年中，当仍在哈佛"[③]。后来吴宓没有学满五年，与汤用彤一样都只学了四年。据吴宓晚年自述，他当时已"移其注意于中国国内之事实、情况，尤其所谓新文化运动（兼及新教育）"。汤用彤亦颇注意国内教育文化及时局等情况。1921 年 5 月中旬，吴宓接到梅光迪的挂号快函，使其决议改变计划，提前一年回国。梅光迪在信中说：

> 迪回国后，在天津南开大学任教一年，无善可述。1920 年秋，改就南京高师兼东南大学英语兼英国文学教授，甚为得意。本校副校长兼大学文理科主任刘伯明（以字行，名经庶，南京人）博士，

---

① 吴宓将汤用彤手写此课概略及应读书目连同其他听讲笔记、论文，"编订成一甚厚且重之巨册。题曰 Harvard Lecture Series, Vol. Ⅴ（1920—1921）。今存"。吴宓：《吴宓自编年谱》，北京：三联书店 1995 年版，第 208 页。

② 吴宓：《吴宓自编年谱》，北京：三联书店 1995 年版，第 205 页。

③ 吴宓：《吴宓日记》第 2 册，北京：三联书店 1998 年版，第 137—138 页。

为其在美国西北大学之同学知友，贤明温雅，志同道合。今后决以此校为聚集同志知友，发展理想事业之地。兹敬聘宓为南京高师、东南大学英语兼英国文学教授，月薪一百六十圆。郭秉文校长发出之正式聘书，不日即到。望宓即毅然辞去北京高师校 1919 年春之聘约，定来南京聚首。尤以 1920 年秋，即已与中华书局有约，拟由我等编撰杂志（月出一期）名曰《学衡》，而由中华书局印刷发行。此杂志之总编辑，尤非宓归来担任不可。①

梅光迪在信中还特别解释：南京高等师范的英语系主任张士一教授，重语言而轻文学，对梅光迪"汲引同志"来校颇为嫉忌，意见不合，多生龃龉，故诡称"英语系之预算，现只余每月 160 圆，恐此区区之数，吴君必不肯来！""若宓嫌 160 圆月薪太少，而竟不来，反中彼之计矣。好在南京高师校二三年后，即不复存在，而迪等正将提议在东南大学增设一西洋文学系（以迪为主任），独立自主，届时即可为宓增薪，不成问题"。②

吴宓应聘东南大学教授，月薪仅有北京高师薪金的一半。吴宓对薪金并不计较，但对张、梅不合，颇有顾虑，遂戏言："然女未入宫，已遭嫉忌。卧榻之侧，强占一席。异日风波，正未知如何也。"但梅光迪深知吴宓的崇高品性，因此在信中期盼"兄（宓）素能为理想与道德，作勇敢之牺牲，此其时矣！"果不其然，东南大学的办学理念和创刊《学衡》杂志以干一番事业的理想，使吴宓欲罢不能。他接到此函的当日上午，略加沉思，即到邮局发出两份电报：一是致北京高师校长，请辞前聘约；二是致南京高师兼东南大学校长郭秉文，应其教授之聘。午餐时，吴宓见到汤用彤，始告知此事。③

当月 24 日，吴宓致函白璧德，报告梅光迪来信内容和他们的计划：一南京高师请吴宓任教，他拟去与梅光迪合作共事；二南开大学拟聘楼

---

①②③　吴宓：《吴宓自编年谱》，北京：三联书店 1995 年版，第 214 页。

光来为英文系主任，吴宓请白璧德敦促其早日回国；三南京高师已聘请汤用彤为哲学教师，汤用彤打算次年去任教。

当时蔡元培考察国外教育，被法国里昂大学授予文学博士荣誉学位。随即，他从欧洲转赴美国，又被纽约大学授予法学博士荣誉学位。故吴宓在信中还着重谈道："北大校长蔡元培正在纽约访问，并可能会来波士顿。张鑫海已被人推荐给蔡校长，蔡校长拟聘请他到北大任教，但张鑫海打算在获得哈佛大学博士学位后，再去法国留学一年。北大也可能会按照早前预聘林语堂的先例，来聘请张鑫海。"① 吴宓接着详细介绍了蔡元培的功绩，并期待自己能促成白璧德与蔡元培这两位文化巨人在哈佛的会晤。

诸师友对吴宓匆匆提前回国看法不一，白璧德却表示理解。汤用彤虽没有答应立即去南京高师应聘，但他也理解并尊重吴宓的抉择。6月，吴宓离开哈佛回国。8月，他返抵上海，即赶赴南京东南大学，开始他的理想事业。他尽心授课而外，集中全力筹办《学衡》杂志。吴宓与白璧德一直保持书信往来，汇报他和梅光迪等人的工作近况。

8月16日，陈寅恪在离开哈佛赴柏林大学继续求学前夕，给兰曼的告别信中写道："我非常遗憾将要离开您。您在过去两年时间里给予我的关怀将令我终生难忘。您不仅是一名世界级的伟大学者，而且也是一位具有高尚道德品格的人。能够成为像您这样人师的学生，我一直感到骄傲……在我离开这个国家之前，没办法再与您见面，但我希望可以与您始终保持通信。我现在得向您和兰曼夫人道声再见，祝愿您们享有健康。"② 陈寅恪信里还提及兰曼推荐他向暹罗公使馆（Siamese legation）订取一套巴利文书籍。他让兰曼收到此书后交由汤用彤转寄

---

① Wu Mi to Irving Babbitt，Papers of Irving Babbitt，Harvard University Archives，HUG 1185，Box 12.

② Correspondence with Pupils, 1918-1933, Charles Rockwell Lanman Papers, Harvard University Archives，HUG 4510. 63.

他在中国的家里。后来盖因汤用彤已起程回国，陈寅恪在 1922 年 11 月 7 日给兰曼的信里说，吕德斯（Heinrich Lüders）教授前一天告诉他，兰曼已经直接将这套巴利文书籍寄往了上海。①

　　9 月，白璧德在波士顿召开的留美中国学生年会上，以"中西人文教育谈"为题发表演说，直斥中国新文化运动的弊端，认为"在中国求进步时，万不宜效法欧西之将盆中小儿随浴水而倾弃之。……虽可力攻形式主义之非，同时必须审慎保存其伟大之旧文明之精魂也"。白氏还讲：

　　　　吾少时，以欲研究佛教而苦攻巴利文与梵文时，吾每觉本来之佛教，比之中国通行之大乘佛教，实较合于近日精确之批评精神。中国学生亟宜学习巴利文（今留美学生中，习之者已有二三人），以求知中国佛教之往史，且可望发明佛教中尚有何精义，可为今日社会之纲维。②

这番话可谓昭示了汤用彤发掘整理和研究印度哲学与佛教史的初衷。此次年会，汤用彤自当列席。9 月，李济开始选修兰曼的梵文课程，或许也是受到白璧德的影响。李济 1962 年所撰《我在美国的大学生活》提到自己在哈佛期间学习过梵文，但未忆及随兰曼学习的具体经过，而对白璧德有一段回忆。由此可见李济受白璧德的影响较大。

　　1922 年 1 月，梅光迪、刘伯明、吴宓、胡先骕、柳诒徵等人于南京东南大学创办《学衡》杂志，其宗旨为："论究学术，阐求真理，昌明国粹，融化新知，以中正之眼光，行批评之职事，无偏无党，不激不随。"早前梅光迪即引春秋时楚国申包胥对伍子胥所说"子能覆楚，我

---

　　①　Correspondence with Pupils，1918-1933，Charles Rockwell Lanman Papers，Harvard University Archives，HUG 4510. 63.

　　②　［美］白璧德：《白璧德中西人文教育谈》，胡先骕译，《学衡》第 3 期（1922 年 3 月）。

必复之"，准备与新文化派来一番"鏖战"。他在《学衡》创刊号上撰文《评提倡新文化者》，最终将"胡梅之争"升级为新文化派与学衡派的对垒。汤用彤回国前，吴宓一直邮寄《学衡》各期并附长函至其哈佛寓所。

《学衡》创刊后，很快云集了一群文化精英与宏通博学之士，如王国维、陈寅恪、吴芳吉、刘朴、张鑫海、李思纯、浦江清、张荫麟、赵万里、郭斌龢、黄华、萧纯锦、徐则陵、张其昀、向达、刘永济、刘盼遂、林损、黄节等，均为《学衡》撰稿人。《学衡》创刊至 1933 年因吴宓辞职而停刊，前后达 12 年，成为发表文言文论与旧体诗词、反对新文学的最重要阵地。《学衡》发刊词中规定，凡为该刊写稿者即是《学衡》社员。虽然《学衡》的一百多位作者学术性格各异，但其思想具有内在的一致性。因此，可将之合称为学衡派。

汤用彤在哈佛系选修了兰曼讲授的各门课程，朝夕相处，相知甚深。兰曼日记中大量记录了请汤用彤等学生到家里做客、上课和考试等情况。如：1921 年 2 月 8 日，记载汤用彤的考试表现最佳；1922 年 4 月 28 日的《兰曼日记》载审阅汤用彤的文章；6 月 17 日的《兰曼日记》载他到储藏室查找汤用彤所需要的图书。兰曼对汤用彤的学习和生活多有照料，令他感念不已。①

1922 年 6 月 26 日，兰曼从波士顿出发前往纽约，再乘船前往法国巴黎。此时，由梅光迪、吴宓推荐，汤用彤应刘伯明之聘，准备回国出任东南大学哲学系教授。汤用彤在 7 月 7 日前夕乘火车离开波士顿，前往温哥华，再乘船于月底返回上海。他在启程不久的途中寄了一张明信片给兰曼告知其回国之事。明信片上邮戳显示地点为加拿大蒙特利尔，日期为 7 月 7 日。② 当时，兰曼已经抵达巴黎。因此，当汤用彤离校

---

① Diaries, 1863-1938, Charles Rockwell Lanman Papers, Harvard University Archives, HUG 4510. 5, Box5.

② Correspondence with Pupils, 1918-1933, Charles Rockwell Lanman Papers, Harvard University Archives, HUG 4510. 63.

时，无法当面向兰曼辞行，只好在刚离开美国时给他留言说明情况。

7月12日，汤用彤再次给兰曼写信告别："我在几分钟前刚抵达温哥华的这家宾馆，并将于明天离开，两周后，就要踏上祖国的土地。但是，在我出发之前，在离开美洲大陆之前，要感谢您所给予我的所有帮助。一直以来，在您指导下学习都是一种极大的欢悦。"① 他还说拟于9月初到南京，回国后会先去一处避暑胜地，那里是净土宗创始人在十五个世纪之前曾经居住过的。信中所说避暑胜地是指汤用彤有一处祖宅的庐山。东晋时高僧慧远（334—416）居庐山30余载，相传其于此结白莲社而被视为净土宗始祖，汤用彤后来在其名著《汉魏两晋南北朝佛教史》中辟专章对此说作有详细考辨。7月27日，刚从欧洲回到家的兰曼在晚上开始读信，并在日记中记录下汤用彤和陈寅恪来信的情况。②

由于国家对人才急切的需要和友人的热诚邀请，汤用彤放弃了继续攻读博士学位的机会，及早回国效力。汤用彤和陈寅恪等人在哈佛师从白璧德、兰曼诸硕学泰斗，其所受科学训练奠定了他们治学的基础和方向。他们留学时的手稿和搜集的丰富藏书多幸存至今。这些厚重的文献满载着他们从哈佛学到的学术精神和方法，都被带回并扎根于国内学术界，通过其教学南北的传授，丰富并深化了当时的文化研究，具有思想启蒙和为现代中国学术奠基的划时代历史意义。

---

① Correspondence with Pupils，1918-1933，Charles Rockwell Lanman Papers，Harvard University Archives，HUG 4510. 63.

② 近年林伟博士于哈佛大学查寻出一批早期中国留学史的档案，并把其中有关材料赠予汤一介先生和笔者。承蒙汤先生惠允，将由笔者陆续整理出来。

第四章　国故新知——探求真理

1922 年夏，由梅光迪、吴宓推荐，汤用彤应东南大学副校长刘伯明之聘，回国出任哲学系教授，随后相继担任东南大学、南开大学和中央大学的哲学系系主任。他回国后的最初十年是他学术建构的初创期，其学术工作主要从协助吴宓办理《学衡》杂志，讲授东西方哲学史、宗教史，译介西方哲学、印度哲学，以及在此基础上的撰著三方面展开。此间，归国留美生逐渐成为我国教育界的主导力量，很大程度上解决了近代中国教育师资尤其是高等教育师资严重匮乏的燃眉之急，也一改过去中国高等教育多聘外籍教员甚至由其主持校政的现象，为我国现代教育的发展奠定了基础。他们当中包括汤用彤在内的一些人更是当之无愧的教育家和学术大师，在此后的文化教育革新中发挥了关键作用，在中国文化发展史上居功甚伟。

第一节　东南大学时期

在东南大学期间，汤用彤的各项学术活动都是围绕落实学衡派的理念来展开的，因此这一阶段在他的思想分期上可称之为学衡时期。

一、与内学院关系

1922 年 8 月 17 日，汤用彤返家一周后，从庐山牯岭镇写信给兰曼，告知一个月后他将前往南京，并拟在那里任教一年。还说自己希望能够筹集到一笔资金，以便前往印度进行一年左右的学习和考察。①
9月22日，兰曼收到了汤用彤的来信。

　　10月初，也就是汤用彤抵达东南大学10天后，又写了一封长信向
兰曼汇报近况（盖于上海的邮戳显示为1922年10月11日）。汤信开头
称呼兰曼为"Old Guru"。在中国，"老"（old）是一种表达尊敬的方
式。在印度，"Guru"则指知识广博、德行崇高的精神导师。透过此中
外合璧的尊称，足见汤用彤对导师的感激与敬重之意。信中说他的精力
多用在教学上，以至于没有充分时间展开他真正想做的研究工作。他还
提道：

　　　　此处有一所佛教院校，是由一些杰出学者组成的私立学校，他
　　们并非佛教徒，但是却对钻研释迦之学极富兴趣，其教学是从一种
　　学术探究的角度进行的。我会经常参加他们的讲习。②

这所佛教学校就是欧阳竟无经过数年筹备刚成立的支那内学院。信中
还说由于国内没有巴利文工具书，所以他只好转而更加注重研习梵文，
而且所收集的材料足够未来几年的研读，并期待兰曼长期以来致力于
撰写的新著早日问世，认为它将会推进梵学研究的发展。从字里行间，
可以真切体会到汤用彤对于恩师诚挚的深情厚谊。兰曼在该信上注明
"11月28日寄到"（Arrived Nov 28）。同日，兰曼于日记中记录他给汤
用彤和陈寅恪都写了回信。③

　　汤用彤刚回国时，恰逢欧阳竟无创办的支那内学院在南京正式成
立。10月17日，支那内学院开学于南京公园路，欧阳竟无始讲《唯识

---

①② Correspondence with Pupils，1918-1933，Charles Rockwell Lanman Papers，
Harvard University Archives，HUG 4510. 63.

③ 参见赵建永《哈佛大学兰曼档案中的名家信札——兰曼与汤用彤相关信函》，
《中国社会科学报》2014年3月10日学林版。

抉择谈》，一时学人云集，梁启超赴金陵受业兼旬，张君劢亦负书问学。一时名流如吕澂、姚柏年、梁漱溟、陈铭枢、王恩洋、黄树因等，皆拜投欧阳门下学习唯识，汤用彤于课余亦前往受学。内学院初建即英才荟萃，声誉鹊起，与太虚法师创办的武昌佛学院遥相辉映，成为全国两大佛学中心。内学院是一所由居士主持的高级佛学院，设学问、研究、法相大学三部。它开办 30 年，培育僧俗学员数百人。

钱穆《师友杂忆》载："锡予在中大（按东南大学为中央大学前身）时，曾赴欧阳竟无之支那内学院听佛学，十力、文通皆内学院同时听讲之友。"① 这一记述稍嫌笼统，更为具体的情况是：1920 年暑期后，熊十力没有回南开中学继续任教，而是从江西德安直接去南京，拜在欧阳竟无大师门下学佛。1922 年秋，汤用彤到内学院后与熊十力等人一同问学。1923 年，蒙文通来到内学院与汤用彤共同旁听欧阳竟无讲学。蒙文通所写《中国禅学考》等，深得欧阳赞赏。同年，北大印刷熊十力《唯识学概论》讲义，尚忠实于内学院所学。同年 3 月，汤用彤所讲《叔本华之天才主义》之概要，由学生张廷休整理成文，发表于《文哲学报》第 3 期。

1923 年 9 月，内学院研究部分设的正班和试学班开学，汤用彤参与主持其事。招收学员 26 人，其中正学班 10 人，试学班 16 人。学制均为 2 年，试学班结业后，成绩及格可升入正学班。研究部有如现在的研究生院，实行导师制，招收学生十几人，通习唯识要典。以汤用彤博学，受聘为研究部导师。每两个月开研讨会一次，年终编印年刊及杂刊。将内学院办成佛教大学是欧阳竟无的理想，然由于条件尚未成熟，故先从试学班开始，由欧阳竟无、汤用彤、邱稀明、王恩洋、吕澂、聂耦庚 6 位导师指导。

同年，内学院院刊《内学》在南京创刊，由欧阳竟无主编。汤用彤

---

① 钱穆：《八十忆双亲 师友杂忆》，北京：三联书店 1998 年版，第 178 页。

的《释迦时代之外道》发表于《内学》第一辑。欧阳竟无在该辑《叙言》中写道：“悲而后有学，愤而后有学，无可奈何而后有学，救亡图存而后有学，不如是而有学……天下有如是学，吾其愈益悲也。夫人心理咸其一致，如理事者在一己，如量者发由乎人，不可以不审。”《内学》年刊是富有纯粹学术价值的佛学刊物，专门刊登国内佛学名家和学者如欧阳竟无、吕澂、王恩洋等人的研究心得，体现了当时佛学研究的水平。举凡收集民国时期最有价值的佛学成果和了解现代中国佛学的早期发展及其方向，必借此刊。此刊第四期以后，以《内院杂刊》的形式继续出版。当时各地较大的佛教团体、佛学院都创办刊物。社会上许多报纸、电台也辟有佛教副刊或专栏、节目，佛教社会影响空前扩大，大有复兴之势。

1924 年，汤用彤任内学院巴利文导师。1 月至 6 月，他指导“《长阿含游行经》演习”[①] 一课。2 月，他最早的佛学论文《佛教上座部九心轮略释》发表于《学衡》第 26 期。9 月至 12 月，他开讲“金七十论解说”及“释迦时代之外道”两课程，并撰有讲义。1925 年 7 月，自 1923 年 9 月开办的内学院试学班，在汤用彤赴南开前夕圆满结束，共有蒙尔达、韩孟钧、刘定权、谢质诚、李艺、邱仲、释存厚、释蕖觉、黄通、曹天任、陈经、黄金文、刘志远、阎毅、樊毅远、释碧纯 16 名学员顺利毕业。

二、与太虚的联系

庐山自东晋慧远以来，久为佛教著名道场。唐宋盛时，曾有大小寺庵三百余。到清代，山南归宗、秀峰、万杉、栖贤、海会五大刹，规模尚存，而山北从黄龙、天池以至东西二林，则已衰圮不堪。但自入民

---

① 《长阿含经》里的《游行经》，相当于巴利文的《大般涅槃经》，有巴宙教授 1971 年翻译成汉文的《南传大般涅槃经》。

国，牯岭辟为避暑风景区后，基督教堂林立其间，佛寺僧侣则退处偏远，早已无立足余地。1922年夏季，太虚至牯岭漫游，见佛刹沦为牧地，而西洋教堂反矗立其间，大生感慨，遂决定在大林寺旧址上修建一讲堂，作为暑期演讲佛学之用。此计划旋获武昌佛学院董事会的赞助，向庐山清丈局购地，并开始在原大林寺旧址上建讲堂、客室等。汤家的三栋别墅都在大林寺左近。

1923年夏，新大林寺讲堂正式开办暑期佛学演讲会，由太虚、王林甫、史一如等主办，并邀请汤用彤等参加主讲，黄侃、张纯一等学者亦应邀演说。太虚共讲四次：佛法略释、佛法与科学、佛法与哲学、佛法悟入渐次。听众除游客、佛教徒外，基督徒亦列身其中，时生问难。太虚办此活动有意借以平衡一下西洋教会的优势。由此次讲会发展而有次年太虚在庐山发起召开的"世界佛教联合会"，日本及欧美诸国均有代表出席，共扬佛法真义。

民国时期，佛教界办有各种报刊三百多种，短则数月，长者几十年。而太虚主持的《海潮音》坚持时间最长，发行面最广，内容渊博，被称为中国佛教的《东方杂志》。1918年10月，《海潮音》由太虚创刊，中华书局印行，宗旨是"发扬大乘佛法真义，引导现代人心正思"。太虚的重要佛教改革主张都是首先在该刊上发表的，当时一流佛教学者如章太炎、梁启超、欧阳竟无、汤用彤及名僧圆瑛等都曾为之撰稿。该刊对内顺应时代潮流，参与救国运动；对外呼吁反对侵略，促进世界和平与文化交流，成为民国佛教的代表性刊物。

1939年8月12日，太虚法师在《己卯日记》里专门对《汉魏两晋南北朝佛教史》写下读后感："汤用彤佛教史，仅为说明汉、魏依方术流行，魏、晋借玄学推阐，入南北朝后，南统循玄学而进展，北统沿方术而演变。此虽有所开显于适应汉地之因革一方面，然于佛教自发自主而化畅中国之一方面，则反被掩没不彰。他若以真谛所传之摄论、俱舍，与衡、台之圆教等均归北统，亦多牵强。但破除近人佛教始来于汉末之说，承认汉明为中国帝皇之留意佛教最初者，不无可取之处。"

次日，太虚法师在日记里接续昨日话题，专就汤著未及展开论述的中国佛教之自主性问题写道："中国佛教之自主自发方面，吾意东汉以至隋、唐，道安前为西域灌输中土承接之时代；道安起为中国进求西竺应付之时代，从道安为始，即奠中国佛法之基。中国佛法者何？净、台、禅、贤是也。皆以苦行（戒）、禅诵（定）为本，宣化敷讲为末。与之相对者，则为朝廷贵显之传学者，自成学宗，亦以资发苦行、禅诵者之进益。贵显之传学，首推罗什之创兴三论（或四论）宗系，引其前者有毗昙，附其后者有成实。次为流支、勒那之地论，与真谛之摄论、俱舍，大成于玄奘之唯识，而义净之律，不空之密，亦为传入显学之殿。然晚唐之后，不唯毗昙（或俱舍）、成实、性（三论）、相（唯识）衰歇，且律行南洋、密盛藏地、而汉地均若亡者，则因中国不能为整个外学承守而次第收吸消化为净、台、禅、贤之中国佛法也。道安重禅教而崇兜率，沿至慧远，遂萌净土宗，亦因时尚以念佛观三昧为最高禅行也。承习苦行禅诵，至慧文吸四论精髓为空假中三观之禅，传至慧思、智颛成归崇法华——涅槃、佛性诸家异说，尚不成宗，可附归天台，犹地论、摄论可附归唯识。——之天台教观，吸涅槃佛性，三论中道，天台一心，楞伽宗通之精髓。至弘忍、慧能，蔚为禅宗，承上禅风，吸收地论、摄论以逮唯识、律、密之精髓。由杜顺始崇华严，传智俨、法藏，至澄观成华严教观。兹后解则天、华，行则禅、净，即台贤止观亦不复行！诚以或专禅（空），或专净（假），或通禅净（中），已能握得止观之宗要，斯所以著宗镜录之永明大师，以有禅有净土，犹如带角虎称欤？"

三、离别东大

1923 年 11 月，刘伯明英年早逝，使学衡派在东南大学顿失依靠。

1924 年 4 月，楼光来辞去东南大学英语系主任之职，受聘为南开大学英语系主任。5 月，西洋文学系主任梅光迪辞职，接受哈佛大学汉语讲师之聘。三天后，东南大学校方宣布裁撤西洋文学系并入英语系，于是《学衡》诸友先后散之四方。

1924 年 5 月底，吴宓受聘为东北大学英语系教授，8 月北上。他即将离别本可大显身手的东南大学，不禁思绪万千，黯然神伤。他在 6 月底作诗《将去金陵先成一首》，最能道出其留恋的心声："骨肉亲朋各异方，别离此日已心伤。江南未许长为客，塞北何缘似故乡。逼仄乾坤行道地，萧条生事载书箱。依依回首台城柳，辛苦三年遗恨长。"① "遗恨长"当指东南大学所发生的学系变化和人事纠葛。8 月 2 日，吴宓伤感地吟哦着"清福三年天许妒，奇功一篑道难存"，"几载辛勤同逝水，终余远塞事孤征"② 等句作别南京时，方觉"在家异常快乐，无穷幸福。深悔前此之不知自己享受"③。

1925 年，由于国民党与院系之间的势力斗争引发东南大学"易长"风潮，汤用彤也受到牵连，因而准备另觅大学教书。是年夏，他辞去东南大学教职，并一路上与吴宓夫人陈心一及其女儿吴学淑同行，于 7 月 20 日返回北京。随着大批留学生任职清华，清华师资力量空前强大，清华学校改为国立清华大学，附设留美预备部及国学研究院。吴宓赴清华大学出任国学研究院主任，主持筹建工作，聘王国维、梁启超、赵元任、陈寅恪为研究院教授。4 月 27 日，吴宓在日记中写道："介绍陈（寅恪）来，费尽气力。"④ 随后，吴宓还举荐汤用彤回母校任清华大学国学院哲学教授，惜未能如愿。

汤用彤讲授过旧大学哲学系的大多数课程，在东南大学开设的课

---

① 吴宓：《吴宓诗集》，北京：商务印书馆 2004 年版，第 121 页。
② 同上书，第 122 页。
③ 吴宓：《吴宓日记》第 2 册，北京：三联书店 1998 年版，第 271 页。
④ 吴宓：《吴宓日记》第 3 册，北京：三联书店 1998 年版，第 19 页。

程有：哲学史、唯心论、反理智主义、伦理学、印度学说史等。这一时期（1922—1925），他培养的学生有向达①、陈康②、范存忠、严济慈等人。

第二节　南开大学时期

一、"家庭学校"

1925 年 8 月，汤用彤在张伯苓的感召下，受聘南开大学哲学系教授、系主任。当时系主任的主要职责是商同文科主任（建校初期由大学部主任凌冰兼任，1926 年起由黄钰生担任）办理以下事项："1. 计划及研究该系学程之进行；2. 规划该系预算；3. 推荐该系教员；4. 筹划该系教科上之设备。"③ 此前南开大学哲学系主要由凌冰、张彭春、黄钰

---

① 　向达（1900—1966），字觉明，湖南溆浦人。幼年入家乡小学，后考入长沙明德中学，毕业后考入南京高等师范数理化部，一年后转入高师文史部。1923 年高师毕业后，入东南大学学习历史。1924 年毕业后，入商务印书馆任编辑。1930 年任北京图书馆编纂委员会委员。1933 年任北京大学讲师。1935 年赴英国，先在牛津大学图书馆任交换馆员，后在大不列颠博物馆研究敦煌卷子和太平天国文书。1937 年夏，在柏林、巴黎等地博物馆、图书馆中，对流出国外的我国珍贵史料进行抄录和照相。1938 年秋回国，任浙江大学史地系教授，并整理从国外带回的大量资料。1939 年被北京大学文科所聘为中西交通史导师。1941 年受中央研究院历史语言研究所之约，赴敦煌考察莫高窟。1943 年任西北科学考察团历史考古组组长，再次赴敦煌考察。抗战胜利后任北京大学教授。1948 年底，参加北大护校委员会，并由汤用彤委派接任北大图书馆馆长。随后，任北大校务委员会常委、中国科学院历史研究所第二所副所长、哲学社会科学部学委、《历史研究》和《考古学报》编委、北京市人大代表、全国政协委员等职。著有《明清之际中国美术所受西方之影响》《唐代长安与西域文明》《唐代开元前后长安之胡化》《中西交通史》《敦煌学导论》《郑和航海图》等。

② 　汤用彤在东南大学时的讲义里古希腊哲学文化占相当比重。在他的影响下，陈康走上致力于古希腊哲学研究的道路。汤一介：《汤用彤先生与东南大学》，《光明日报》2002 年 6 月 14 日第 A03 版。

③ 　参见南开大学善本室藏《南开大学一览》1923 年 6 月。

生等教师兼课，汤用彤到来后便成了系里的台柱。

钱宝琮与汤用彤同年到南开，又同时与汤用彤、竺可桢一起去中央大学任教。据其长孙钱永红先生向笔者提供的钱宝琮 1952 年 8 月写的《自我检讨》中所说：他去南开任数学系教授，是因为"（南开）大学里当教授，授课钟点每周至多九小时，可以有充分时间研究数学史"。汤用彤于 1928 年 8 月 10 日致胡适函也说："私立学校较官立者安静。"① 由此，我们可以推测汤用彤选择南开大学任教的一个重要原因是为了有充分的时间写作佛教史。

现行有关传记多误以为汤用彤 1926 年始来南开大学，而据以下原始文献可知他于 1925 年暑假已到南开。南开大学《文科学程纲要（1925—1926）》载汤用彤 1925 年下学期已于南开哲学系开课。他在南开所授"西洋哲学史"的讲义封页上也亲手注明是 1925 年。吴宓1925 年 8 月 2 日致白璧德信中也提道 "Mr. Y. T. Tang is to teach in Nankai University, Tientsin"② （汤用彤先生即将去天津南开大学任教）。同年 8 月 12 日吴宓坐火车到达天津，汤用彤前去接站。③ 这都证明汤用彤1925 年 8 月上旬已至南开。

在动荡不定的旧社会中，私立南开大学办学经费始终短缺，但学校规模不断扩大、声誉日隆，校长张伯苓功不可没。南京国民政府成立后，最高教育行政机构大学院颁发的第一项法规《大学教员资格条例》中所附的"大学教员薪俸表"规定，教授最低月薪为 400 元，但南开教师的薪金远低于这一标准。当时的报刊曾赞誉说，南开教授待遇虽不优，而能奋勉从事，有教授在职近十年，其他大学虽以重金邀约，亦不离去。

---

① 《汤用彤信十二通》，耿云志主编《胡适遗稿及秘藏书信》第 36 册，合肥：黄山书社 1994 年版，第 449 页。

② Xuezhao Wu, The Birth of a Chinese Cultural Movement: Letters Between Babbitt and Wu Mi, Humanitas 17. 1 - 2 (Spring - Fall 2004).

③ 吴宓：《吴宓日记》第 3 册，北京：三联书店 1998 年版，第 55 页。

南开大学素有"家庭学校"之誉，实行教授治校、师生合作的校务管理方针，"家庭温情"的魅力召唤了大批著名学者加入南开大家庭。学生会主办的《南大周刊》特邀汤用彤、范文澜、蒋廷黼、黄钰生等教授做顾问①，成为师生沟通、合作的重要桥梁。该刊主编开篇语中讲，所请的九位顾问"除指导一切外，并须自己做文章"②。1926 年 5 月 29日，汤用彤应邀所撰《佛典举要》发表于《南大周刊》两周年纪念号。文中前言部分叙述写作缘起，谈道："余草此篇之夜，适全校为毕业班开欢送纪念会。余于箫竹管弦声中，独居斗室，急迫书此，未始非个人之纪念也。"③ 当时汤用彤住在校内丛树环绕的百树村（今南开大学思源堂、秀山堂旧址以西，专家楼一带）一所简朴幽雅的西式平房，故称"斗室"。张伯苓在资金紧张的情况下，免费为教员提供宿舍、早餐、佣人等（约相当于收入四分之一），竭力营造安居乐业的环境。汤用彤的宿舍毗邻其平时讲课的秀山堂等学生活动的中心场所，故而撰文时能听到传来的乐声，于是将该文作为送别毕业生的纪念。

现存汤用彤论及中国佛教史领域的文章中，《佛典举要》是最早一篇，它初步总结了其 20 多年研读佛典的积淀和思考。该文先略述巴利文、梵文、藏文和汉文四大类佛藏及其编纂史，再概述体现佛教源流变迁的根本经典，最后介绍中国重要佛教论著及相关史料，包含着丰富的历史文化内涵。文中所列书目择取审慎，独具匠心，其解说简明扼要，注重印度佛教与中国佛教的联系，显示出汤用彤由疏理印度佛教史转向中国佛教史的治学思路。可以说，这是现知首次向世人提供的一份研究中印佛教史的必读书目和最佳入门途径。他从研究方法论的高度指出，研究中国各宗论著须在熟读印度佛教根本典籍之后，乃可涉入，盖

---

① 顾问名单见《南大周刊》第 28—35 期封三。该刊当时的骨干：查良鉴（金庸堂兄）后成为著名法学家；陶云逵后成为著名社会学家，任西南联合大学教授，兼南开大学文科研究所边疆人文研究室主任，主编《边疆人文》杂志。

② 包寿眉：《本刊的过去与将来》，《南大周刊》1926 年第 34 期，第 3 页。

③ 汤用彤：《佛典举要》，《南大周刊》1926 年第 34 期，第 55 页。

因"探其本，自易明其流；知大义，自不堕歧路。故本篇于此，更不备举"①。

从该文可知，汤用彤推重支那内学院的佛典校勘工作和欧阳竟无、梁启超的相关研究，并密切关注国际前沿的最新进展。对于日本正在编修的《大正藏》，他一方面指出，其书未必如其吹嘘的那样已极尽搜集校刊之能事；另一方面认为，睹邻国此种"洋洋大观"之"巨典"出世，而我国处"财力均乏之秋，文献俱绝"，当发人深省！② 由此可见，发扬国光，不甘日本学者专美于前，是汤用彤治中国佛教史的重要动力。

在因明学③方面，《佛典举要》选出的是玄奘传人窥基的《因明入正理论疏》。该书是因明学重要典籍，为窥基晚年集大成之作，故又被尊为《大疏》，但初学者不易理解。于是汤用彤向大家推荐熊十力在1925年底完稿，行将出版的《因明大疏删注》作为入手之书。1926年7月，熊十力著《因明大疏删注》由上海商务印书馆出版。该书对窥基《大疏》删繁就简，加以注释，熊十力的因明思想主要体现于其中，对因明研习起到积极的推动作用。《佛典举要》大概是现知学术界最早关注熊十力这一重要著作的文章。熊十力赠送汤用彤的《因明大疏删注》初版，后由汤一介先生珍藏于北京大学治贝子园。

---

① 汤用彤：《佛典举要》，《南大周刊》1926年第34期，第60页。2007年，笔者搜集汤用彤遗稿时，于南开大学图书馆善本室发现此文，尚未及收入初版的《汤用彤全集》。该文排印多误，可参阅汤用彤著、赵建永校注《佛典举要》，《中国哲学史》2008年第2期。

② 汤用彤：《佛典举要》，《南大周刊》1926年第34期，第57页。

③ "因"指推理，"明"即智慧。因明是印度哲学的古典逻辑，也包含着丰富的认识论。由于佛教因明后来成为印度因明学发展的主导，因明也就成了佛教逻辑学的专名。受西方逻辑学影响，汉传因明研习于19世纪末复苏，五四后逐步形成了继唐代之后的又一高潮。

二、哲学系台柱

南开建校初期，学制照搬美国，存在很大弊端。《南大周刊》发表《轮回教育》① 一文，严厉批评当时教育制度脱离社会实际的现象，引发了教育界的轩然大波，促成了南开逐步改变原来的西化教育模式。张伯苓制订《南开大学发展方案》，明确提出以建立适合中国国情的教育模式为目标的"土货化"道路，作为日后发展的根本方针，标志着南开办学理念的成熟。② 汤用彤初入南开，正值"轮回教育"事件平息不久。该事件与"土货化"方针的意义在于向教育界提出了西方教育思想和制度的中国化问题。这无疑进一步促使汤用彤通过对佛教中国化变迁过程的深入探索，整理总结外来文化本土化发展的一般规律。他在南开时期的讲义即是探索该问题的结晶，为南开模式的奠定贡献了自己的一份力量。

南开常邀名家来校讲演，哲学界翘楚胡适、李大钊、贺麟、梁漱溟皆欣赴讲席。汤用彤亦做过《气候与社会之影响》等讲演。③ 汤用彤在南开期间与学衡派的吴宓、柳诒徵及新儒家熊十力、梁漱溟、冯友兰诸友依然保持着联系。汤一介先生一直珍藏着熊十力1927年来南开讲学时赠给汤用彤的明版《魏书·释老志》，上有其遒劲狂放的毛笔所书"熊十力购于天津　十六年四月八日题于天津南开大学"。《释老志》是《魏书》十志之一，为作者魏收首次设立，记述了佛教在中原传播过程中与儒道等本土文化的碰撞及变革，在正史中最为详尽条理，可看作一部中国早期佛教简史。汤用彤经常参引该书，他后来开创的三教关系研究于此可见端倪。

---

① 笑萍：《轮回教育》，《南大周刊》1924年第8期。

② 《南开大学校史资料选》，天津：南开大学出版社1989年版，第37—39页。

③ 刘文英：《哲学家汤用彤》，王文俊主编《南开人物志》第1辑，天津：南开大学出版社1994年版，第157页。

在南开哲学系期间，汤用彤主讲过该系几乎所有课程，如西洋哲学史、现今哲学、实用主义、实用主义与教育、康德哲学、逻辑学、社会学纲要、伦理学、印度学说史、印度哲学、宗教哲学、佛学史等，为南开哲学学科的发展奠定了基础。① 他培养的学生，如郑昕②后成为我国最杰出的康德研究专家，江泽涵则成为著名数学家、学部委员。

在教书育人的同时，汤用彤也受到南开精神的深刻影响。吴大猷说，汤用彤、蒋廷黻、李济等人"皆先在南开大学任教而后为他校所罗致的。这更表示一极重要点，即南开在声望、规模、待遇不如其他大学的情形下，借伯乐识才之能，聘得年轻学者，予以研教环境，使其继续成长，卒有大成，这是较一所学校借已建立之声望、设备及高薪延聘已有声望的人为'难能可贵'得多了。前者是培育人才，后者是延揽现成人才"③。汤用彤后来所取得的成就，与南开的这种"培育"不无密切关系。汤用彤回南京前，南开师生为他在秀山堂举行欢送会，依依惜别。据当时《南大周刊》报道，活动内容主要有合影、演说、游艺、茶

---

① 南开大学校史编写组编：《南开大学校史（1919—1949）》，天津：南开大学出版社1989年版，第147页。

② 郑昕（1905—1974），安徽庐江人。1924年入南开大学哲学系。1927年赴德国留学，先后在柏林大学和耶拿大学深造。他在新康德主义大师鲍赫的指导下深入研究康德哲学。回国后被汤用彤聘至北京大学哲学系，执教近40年，为传播康德哲学贡献了毕生精力。他平日随己之所好，心之所记，笔之于书，剪裁成文，先发表于《学术季刊》，后结集成《康德学述》，由商务印书馆1946年11月出版。该书说："一个伟大的思想家，对于人类的文化思想发展来说，总是承先启后的。承先，不是将过去的学问成绩，一一积累起来，而是按着一定的原则，将以往的成绩，加以改造和再创，成为一种崭新的学问；惟如此方能启发后昆，表示他在历史上划时代的意义。康德便是这样地睥睨古人，下开百世的思想家。"这可以视为《康德学述》全书的基点和在书中反复加以演奏的主旋律。此类观念皆与汤用彤的学术思想一脉相承。

③ 吴大猷：《南开大学与张伯苓》，台北《中央日报》1987年4月6日。

点等。① 此后冯文潜到南开接替了汤用彤的工作。②

第三节　中央大学时期

1927 年 9 月，汤用彤入职南京第四中山大学（后改为中央大学），任副教授。国民政府初期，明令规定只有"国内外大学毕业，得有学士学位者"，才能担任助教；只有"得有硕士学位者，而有相当成绩者"，才有资格担任讲师；只有"在国外大学研究院学习若干年，得有博士学位，而有相当成绩者"，才有资格担任副教授；只有"完成二年以上副教授之教务，而有特别成绩者"，才能晋升教授，毫无通融余地。即便是汤用彤、楼光来、郑晓沧、闻一多、竺可桢、吴有训等大家，因未"完成二年以上副教授之教务"，也只能暂聘为副教授。

1927 年，南京国民政府成立以后，合并江苏境内专科以上的公立学校，组建成一所中国规模最大的国立大学——第四中山大学，并于次年定名为中央大学。此后十年虽历经九校合并的磨合、"大学区制"的试行、"易长风潮"引起的整顿，但在全体"中大人"的共同努力和张乃燕、罗家伦等校长的管理下，中央大学很快便以其规模宏大、学科齐全、师资雄厚、学风诚朴等综合优势，赢得了"民国最高学府"的赞誉。第四中山大学刚组建时共设有 9 个学院，40 余系、科、门、组。

---

① 据《南大周刊》1927 年第 39 期《校闻》，第 36 页。

② 汤一介先生 1927 年 2 月 16 日出生于天津南开大学。他年少时生活深受其父教学环境变化的影响。1943 年，他在西南联大附中读完初二，就直接到重庆南开中学读高中。南开求学时期对汤一介先生一生影响深远。自此，他对人生问题感兴趣。这成为他后来报考北大哲学系的主要原因。汤用彤一生给汤一介先生写过三封信，都是在南开中学期间。汤一介先生曾兼南开中学校友会顾问等职，多次回南开大学访问，并作学术演讲。他主持的《儒藏》编纂工程是迄今为止教育部最重大课题攻关项目，预计规模超过《四库全书》。南开大学赵伯雄教授为首的古籍所亦共襄盛举，承担子课题"清代文集部分"。

各院组建情况及定名中央大学前后的师资阵容如下。

各学院设院长一人，由校长聘任。第四中山大学各学院首任院长也是中央大学各学院首任院长，均由留学欧美的著名学者担任：哲学院院长为汤用彤；自然科学院院长胡刚复系美国哈佛大学硕士、博士，曾任南京高等师范学校和东南大学物理系教授、系主任；社会科学院院长戴修骏系法国巴黎大学政治经济法律科博士，曾任中央法制委员会委员、北京法政大学教授；文学院院长楼光来系哈佛大学文学硕士，曾任东南大学及南开大学英文系主任；教育学院院长郑晓沧系美国哥伦比亚大学教育学硕士，曾任南京高师及东南大学教育学教授；医学院院长颜福庆系美国雅礼大学医学博士暨哈佛大学公共卫生学博士，曾任长沙湘雅医学专门学校校长、北京协和医科大学副校长；农学院院长蔡无忌。胡刚复兼任大学区高等教育部长，辅助校长，襄理一切。杨孝述为秘书长，皮宗石为图书馆馆长。各院系科，设主任一人，由院长商请校长聘任。

哲学院在校本部，由东南大学文科的哲学系改设而成，仅设一哲学系。全系有副教授 5 人，助教 2 人，学生 11 人，知名学者有汤用彤、熊十力、宗白华等。文学院由东南大学文科的国文系、英文系和西洋文学系合并改组而成，设于校本部。原拟设三系，后因经费紧张，而将筹划中的语言学系并入外文系。1928 年秋，哲学院改为一系并入文学院后，汤用彤改任哲学系主任；同时，社会科学院的史学系、社会学系亦划归文学院，地理学系也一度并入该院。起初，全院共有副教授 9 人、讲师 8 人、助教 12 人、学生 131 人，后来逐步增多。首任院长是谢寿康，因其时在西欧，院务便由梅光迪代理。梅光迪赴美讲学后，汤用彤、楼光来、洪达相继担任院长。1929 年夏，洪达改任大学区高等教育处长，由刚回国的谢寿康任院长，后由汪东担任院长。文学院的外国文学系有闻一多（系主任）、徐志摩（英文）、时昭瀛（英文）等学者，讲师有商承祖（德文）等；中国文学系有汪东（系主任）、黄侃、王伯沆、胡小石、王晓湘、汪辟疆、吴梅等。

汤用彤在中央大学时期开设的课程有：19 世纪哲学（19th Century Philosophy）、近代哲学（History of Modern Philosophy）、洛克贝克莱休谟著作选读、梵文、《金七十论》、印度学说史、印度佛教初期理论、汉魏六朝佛教史等。以上各课讲义稿大多保存下来，其中《19 世纪哲学讲义》对这一时期欧美各哲学流派作有评介，如叔本华、孔德、密尔，等等。当时唐君毅先生得列门墙①，常与汤用彤讨论他们都很感兴趣的唯心论问题。汤用彤此时期（1927—1931）培养的学生还有程石泉②、邓子琴③、常任侠④等人。1931 年夏，汤用彤应胡适之邀，以美

---

① 汤用彤在中央大学授课情况，及其所教西方哲学对唐君毅诸人的影响，参见张祥浩《唐君毅思想研究》，天津：天津人民出版社 1994 年版，第 11 页。

② 程石泉，1909 年出生于江苏灌云县，1928 年考入南京中央大学数学系，后受方东美影响，改习哲学。1936 年在南京和钱叔陵等发起并成立了"易学研究会"。1937 年留学英国牛津大学，主攻希腊研究，后转读伦敦大学。1939 年欧战爆发前夕回国，任教于浙江大学贵州湄潭分校，1945 年携眷赴美。1963 年获得华盛顿大学哲学博士，随后任教于匹兹堡大学和宾州州立大学。1974 年应方东美之邀到台湾讲学，历任台湾大学、台湾师范大学、东海大学教授，1993 年退休。他的易学代表作"易学三书"：《易学新探》《易辞新诠》《易学新论》，使其成为当代易学大家。

③ 邓子琴，1902 年出生在昭通永善县的书香门第。1923 年 8 月，经云南教育厅保送成都国立师范国文支部学习。毕业后，在中央大学哲学系插班学习，得到汤用彤的悉心指导，一年后毕业，到江苏省立南通中学任教半年，后经汤用彤介绍，在中央大学任助教。1930 年，邓子琴回到家乡。1931 年 1 月至 1933 年 7 月，在云南省立昭通第二中学任教务主任。九一八事变后，任代理校长。1933 年 8 月，邓子琴调到云南省教育厅任督学，编译出版印度《阿瑜迦王石刻》。1935 年秋，邓子琴在山东菏泽乡村建设学院任导师，教"中国文化要义"等课。抗战爆发后，到璧山中学任教务主任。他参与编写《中国佛教史》，又撰《隋唐佛教史》《佛家哲学基本问题》《佛家哲学要论》三部著作。1939 年秋，马一浮在乐山成立复性书院，邓子琴到校都讲，不久又去成都建国中学任教。1941 年在齐鲁大学任讲师，发表《抗战时期重庆在国防上的地位》等论文。1942 年至 1948 年，在重庆勉仁书院任研究员，抗战胜利后，勉仁书院迁到南京栖霞山，任教期间对当地各寺院铭刻进行搜集整理，集成《栖霞文录》。

④ 常任侠回忆说："在中央大学的哲学系里我只听过两位教授的课，汤用彤先生的梵文和《金七十论》，宗白华先生的歌德和斯庞葛尔，各有所得，给我在中文系所习的国学知识以外，又增加了域外的文化知识，对于学术研究，辅助我以新的发展。"常任侠：《往日的回忆》，《人民日报》1987 年 3 月 19 日第 8 版。

国庚款补助特聘教授名义，受聘北京大学哲学系教授。在他推荐下，宗白华继任中央大学哲学系主任。

1927 年，因北伐战争，《学衡》停刊一年。11 月 14 日，学衡派健将胡先骕至清华会晤吴宓，言谈间对吴宓责言甚多，主张由汤用彤、柳诒徵和王易担任主编，重办《学衡》。① 11 月 17 日，汤用彤致函吴宓，谓："暑中南京同人本以文学院院长推宓，而宓不惟不来，且又函景昌极云云。该函为同人传观，致深怪宓之不情云云。"对此事，吴宓在日记中写道"怨哉，宓实不知"。同日，吴宓还收到中华书局复函说，近期的《学衡》出版日期无法预定。阅后他感叹道"以上诸函，已使宓异常难过"②。此盖为《学衡》社员内隙之始。11 月 21 日，中华书局致函吴宓，决定续办《学衡》，改为每年出 6 期。吴宓急函奉天景昌极等及南京柳诒徵、汤用彤等社员，报告续办立约，并索文稿。汤用彤仍一如既往地积极支持《学衡》的各项工作。次年 1 月，《学衡》复刊。

---

① 吴宓：《吴宓日记》第 3 册，北京：三联书店 1998 年版，第 437 页。
② 同上书，第 440 页。

第五章　学术巅峰——圆融东西

从 1931 到 1946 年是汤用彤学术生涯的顶峰时期。此间，他完成了其传世之作《汉魏两晋南北朝佛教史》和《印度哲学史略》，以及《魏晋玄学论稿》的主要内容，建构起自己较完整的学术思想体系。

第一节　抗战前老北大

一、学界交游

1931 年，蒋梦麟正式出任北大校长，聘请胡适为文学院院长。他们商定，教授之聘任主要视其对学术之贡献，蒋梦麟对各院院长说："辞退旧人，我去做；选聘新人，你们去做。"于是胡适用美国庚子退款，以研究教授名义，请汤用彤至北大哲学系任教。自此汤用彤一直与胡适愉快相处共事，直至 1948 年底胡适南下诀别为止。究其原因，当为二人均把致力于学术的自由探索置于一切之首位。

有关汤用彤的传记，多说他是在 1930 年夏到北大任教，但证之以一手史料，可知汤用彤是在 1931 年夏才到北大。1931 年 3 月 13 日，时任北大哲学系主任的张颐致函胡适云："手示奉悉。所托承关注，感谢无既。孟邻先生通盘筹划之说，弟亦略有所闻。惟哲学系现刻情形实有特别处。（1）所聘印度人似非以一席与之不可，否则经费一生问题，即无办法。（2）汤锡予去年本允今秋定来，然近据各方所传，似须得基金讲座乃来……"① 据此可知汤用彤应在 1931 年才到北大。任继愈先生

---

① 汤一介：《汤用彤与胡适》，《中国哲学史》2002 年第 4 期。

也说过，是年用彤先生过杭州访熊十力，熊先生曾向胡适推荐汤用彤宜得基金讲座之研究教授。同年 8 月 5 日，《胡适日记》载："今天'北大中基会合作研究特款顾问委员会'开第一次正式会，到者：蒋梦麟、任叔永、翁咏霓、陶孟和、傅孟真、孙洪芬、胡适之。推定梦麟为秘书长，洪芬为秘书。"会议决定聘请曾昭抢、丁文江、李四光、周作人、陈受颐、徐志摩、刘复、汤用彤等 15 人为北大研究教授。①

汤用彤回北京后，仍住在其父汤霖所置的南池子缎库胡同 3 号。据汤一介先生回忆：它是坐南朝北的大宅院，院门里有一座大影壁。影壁的右边是一间小房子，家里的车夫就住在那里。影壁的左边有一个月亮门，门里是南院。南院有房子三间，钱穆曾在那里住过，院子右面还有两间库房。南院有一道门直通正房。正房北面是七间，东面是三间，西面有三间，正房四周还有游廊。正房后有一座二层小楼，楼上有三间房，楼下是大厅。小楼的后面是后院，院里是一些平房。后院门的门牌是缎库胡同 6 号。太庙在南池子的街上开有一个小门，汤用彤经常由此门进入太庙，在茶座喝茶，和友人聊天。汤一介先生那时也经常和小伙伴一起从这个小门进太庙，进去后是一大片松柏林，他们就在林子里玩耍。20 世纪 40 年代初汤用彬卖掉了缎库胡同的宅子，购买了小石作胡同 3 号居住。缎库胡同里汤用彤的故宅还在，不过院子早已面目全非，门牌号改为了 4 号。院内搭建很多，游廊也被辟为了一间间的小房，原先的大宅院已变成了大杂院。

1931 年，钱伟长以物理 5 分，化学和数学一共考了 20 分，中文和历史皆满分的成绩考入清华大学历史系。在其四叔钱穆的安排下，他在北京的第一个落脚点就在缎库胡同汤宅。9 月 16 日，钱伟长入住汤宅，受到了汤用彤一家热情的款待，给了这位外乡学子最初的温暖，由此开始了他与北京的半世情缘。

1931 年 9 月 18 日夜，日本关东军铁道"守备队"炸毁沈阳柳条湖

---

① 胡适：《日记（1931—1937）》，《胡适全集》第 32 卷，合肥：安徽教育出版社 2003 年版，第 129—130 页。

附近日本修筑的南满铁路路轨，并嫁祸于中国军队，日军以此为借口，炮轰沈阳北大营，制造了震惊中外的九一八事变。次日，日军侵占沈阳，次年2月，东北全境沦陷。为更直接地参与抗日救国，钱伟长决定弃文从理，转学物理系。

九一八事变以后，日本飞机在北平上空盘旋时，汤用彤依然在红楼教室里给学生讲佛教史，并轻蔑地说"我的声音压过飞机的声音"。中华人民共和国成立后，他的学生时任北京大学数理逻辑教授的胡世华，在一次会上说："'九一八事变'后，汤先生在北大红楼讲《中国佛教史》，而天上的日本飞机在飞，他无动于衷，照样讲课。"以此说明汤用彤当时对"国难"并不关心。笔者认为不应如此解读，而应该将之理解为汤用彤独特的抗日救国方式。他认为天之不亡我中华，必不亡我中华文化，作为学者所应做者，就是以学术贡献复兴民族文化。因而他主张学术救国，通过传承文化来振奋民族精神，增强抗战信心。1935年，华北事变后，汤用彤与忧心如焚的熊十力、邓高镜①联名写信敦请胡适也出来公开反对《何梅协定》。胡适遂与北平教育界发表宣言，反对日本策动的冀察自治。

汤用彤到北大后与冯友兰、钱穆、蒙文通②、张东荪、梁漱溟、林宰平等人更是时相过从，切磋学问。汤用彤为人温润，宽厚平和，与人为善，拥有令人钦佩的人格魅力。他做学问极为谨严，对认定的学术见解颇为坚持，但与朋友聚会，他常默然，不喜争论。如，梁漱溟、熊十力、钱穆时常谈及政事，而有争议，唯独汤用彤每每一言不发。汤用彤与当时学者们相处友好，无门户之见。钱穆与傅斯年有隙，却都与汤用彤交好。熊十力在佛学、理学问题上，常与吕澂、蒙文通相左，争辩不

---

① 邓高镜后来生活潦倒，熊十力约集林宰平、汤用彤诸先生按月给他生活费，由任继愈汇总寄给他，直至邓先生过世。

② 1933年3月22日，蒙文通在南京致函汤用彤，谈到汤用彤佛教研究对他奉欧阳竟无之命撰写《中国哲学史》的影响，以及不同地域文化之渗透与中国文化发展的关系。信末还表达了自己身体"湿重"，适宜迁居北方的愿望。同年，经汤用彤推荐，蒙文通离河南大学，任北京大学史学系教授，主讲周秦民族史、魏晋南北朝史和隋唐史。

休，然各方均与汤用彤相得。此绝非汤用彤无学问无思想，性喜不争使然也。故钱穆盛赞汤用彤为柳下惠圣之和者。①

　　吴宓一意捍卫传统，对倡导白话文的胡适意见甚大。有一次，他与胡适在一个聚会上相遇，胡适戏问："你们《学衡》派，有何新阴谋？"吴宓立即用文言文回敬："欲杀胡适耳！"一时传为笑谈。当胡适得知由吴宓主持的《大公报·文学副刊》停办时，骂道："此是'学衡'一班人的余孽，其实不成个东西。甚至于登载吴宓自己的烂诗，叫人作恶心！"这是胡适罕见的失态，可见他们积怨之深。汤用彤虽为学衡派核心成员，不仅与吴宓而且与胡适都相处颇善，因此得了个"汤菩萨"的绰号。② 汤一介先生回忆说："据我所知，我父亲一生也许只得罪过一个人，这人就是蒋廷黻。1926 年，父亲任教天津南开大学，时蒋廷黻也在该校任教。一日在宴席上，我父亲批评留学生回国后与原配离婚现象，而蒋廷黻恰是如此的留学生。我想，大概我父亲并不知道蒋廷黻与原配离婚事，如果他知道是不会发此议论的。"③

　　1932 年 11 月，熊十力重返北大讲学，先住梁漱溟家。此前，熊十力曾托汤用彤转呈书信给蔡元培，请蔡觅房暂住。后经汤用彤出面，钱穆让出自己在二道桥的房子一进借居给熊十力。由于钱穆家眷久不来，一人饮食不便，汤用彤劝钱穆迁居自己在南池子寓所的前院书斋，另邀一北大学生来照顾熊十力。钱穆回忆说曾与汤用彤、熊十力、蒙文通一起到西郊清华大学一农场雅聚："此处以多白杨名，全园数百株。余等四人夜坐其大厅上，厅内无灯光，厅外即白杨，叶声萧萧，凄凉动人。决非日间来游可尝此情味。余等坐至深夜始散……至今追忆，诚不失为生平难得之夜。"④ 当时他们常相聚论，竟夕畅谈，意境高远，结下了

----

① 钱穆：《忆锡予》，《燕园论学集》，北京：北京大学出版社 1984 年版，第 25 页。
② 参见汤一介《昌明国粹，融化新知——纪念汤用彤先生诞生 100 周年》，《中国文化》1994 年第 1、2 期。
③ 汤一介：《我们三代人》，北京：中国大百科全书出版社 2016 年版，第 137 页。
④ 钱穆：《八十忆双亲　师友杂忆》，长沙：岳麓书社 1986 年版，第 168 页。

深厚的友谊。《师友杂忆》《吴宓日记》等书多有记述。在 20 世纪这些学者的相互启发、共同切磋营造了一个良好的学术氛围。① 汤用彤与他们的交流对于当代中国学术的形成和书写有着不可低估的价值和意义，值得深入发掘和反思。

对于中国 20 世纪的哲学学科而言，汤用彤最重要的贡献并不仅是他的哲学思想和学术体系，还包括他对中国哲学学科的制度化建设所起的推动作用。1934 年起汤用彤任北大哲学系主任，主持系务 20 多年，北大哲学学科的教学研究方向和深度均与他本人的研究和领导有很密切的关系。② 他还主持文学院及校务 10 多年，奠定了北大文科教学研究的基础和特色。

1931 年至 1949 年是汤用彤学术思想的鼎盛期。此间，他对中古时期中外文化关系史全面深入的研究，使其在反思文化问题时具有更成熟的会通古今中西的特性和更为厚重的文化历史感。他到北京大学后每学期开两门课，中外并授，开讲中国佛教史、笛卡儿及英国经验主义③、哲学概论、汉魏两晋南北朝佛学研究（1935 年开设）等课程。1931 年至抗战前，他在北大培养的学生有任继愈、石峻、韩裕文、王维诚、王森、韩镜清、熊伟、胡世华、齐良骥、庞景仁、逯钦立等。

---

① 贺麟在黑格尔《哲学史讲演录》第 1 卷的《译者后记》中记述了翻译该书时集体商讨及分工合作的情况，如提到："汤用彤同志曾阅读过东方哲学部分的译稿，冯友兰同志曾阅读过中国哲学部分的译稿，陈修斋同志曾阅读过哲学史导言部分的译稿，苗力田同志曾阅读过大部分译稿，他们都曾经提过有益的意见。"［德］黑格尔：《哲学史讲演录》第 1 卷，贺麟、王太庆译，北京：商务印书馆 1996 年版，第 442 页。

② 任继愈：《汤用彤先生治学的态度和方法》，《燕园论学集》，北京：北京大学出版社 1984 年版，第 32 页。汤用彤在北大哲学系建设中的突出作用，详见《汤用彤与北大哲学系》，北京大学哲学系八十周年系庆筹备委员会编《北京大学哲学系简史》，第 32—34 页。

③ "笛卡儿及英国经验主义"课程英文名为"Descartes and English Empiricism"，"笛卡儿"今译为"笛卡尔"。

二、参与创办中国哲学会

我国最早的全国性哲学学会在 20 世纪 20 年代就已开始筹备。冯友兰 1926 年到清华大学任教后，推动北京各高校哲学系共同组织起"中国哲学会北京分会"，计划先在各地成立分会，再联合起来组建全国性的哲学会。1927 年 4 月《哲学评论》由尚志学会创刊，在它周围聚集起张东荪、黄子通、林宰平、冯友兰、金岳霖、张申府、许地山等一批以研究中西哲学为志业的学者，不时聚会探讨哲学。

十年后机缘成熟，冯友兰与汤用彤、贺麟、金岳霖等哲学界同仁于 1935 年 4 月 13 日至 15 日，在北京大学召开中国哲学会首届年会。50 余名哲学学者出席会议，冯友兰作为大会主席致开幕词，校长蒋梦麟代表北大致欢迎词，胡适介绍了哲学会的发起、经过和意义。他们在会上宣读了自己的研究成果，有冯友兰的《历史演变中之形式与实际》、胡适《楞伽宗的研究》、汤用彤《汉魏佛学理论之两大系统》、贺麟《宋儒的思想与方法》、沈有鼎《〈周易〉卦序分析》和张申府《我所认识的辩证法》等。这标志着中国哲学家各自创立学术研究系统的时机业已成熟。

本次会议展开了热烈的研讨，并初步建立了组织机构，推举冯友兰、汤用彤、黄建中、方东美、宗白华、张君劢、范寿康、林志钧、胡适、金岳霖、祝百英等 12 人组成中国哲学会第一届年会理事会。冯友兰、贺麟、金岳霖当选为常务理事，负责日常会务工作。冯友兰《三松堂自序》对该会未设会长的原因追忆说："当时陈立夫是南京教育部部长，被认为是国民党官方哲学的代表，可是在南京开会的中国哲学会并没有请他以哲学家的资格出席，也没有请他以教育部长的身份到会讲话，因为当时大家都认为哲学应该与政治无关。通过的会章也没有设会长，只设理事会处理会务，因为照当时形势，若设会长，势必选陈立夫担任，这是大家都不愿意的。"会上还提出了《正式组织全国统一的哲学会案》，决定成立筹备委员委会，负责组建中国哲学会事宜。

1936 年，《哲学评论》第 7 卷第 1 期发表汤用彤在第一届中国哲学年会所做报告《汉魏佛学的两大系统》的摘要："中国佛学和印度佛学不同，从一般说来，我们以汉代佛学为'方仙道式'的佛学，六朝佛学是'玄学'。本论文的目的在研究汉末至晋代中过渡时期的佛学之理论。在此时期中，可以说佛学有两大系统：一为'禅学'，一为'般若'。禅学系根据印度的佛教的'禅法'之理论，附会于中国阴阳五行以及道家'养生'之说。而般若则用印度佛学之'法身说'，参以中国汉代以来对于老子之学说，就是认老子就是'道体'。前者由汉之安世高传到吴的康僧会，后者由汉之支谶传到吴的支谦。当时两说都很流行，且互有关涉，但是到了晋代，因为种种的原因，后者在学术界上占较大的势力。"①

1936 年 4 月 4 日至 6 日，中国哲学会第二届年会在北京大学举行，胡适致开幕词，冯友兰报告会议筹备经过。4 月 5 日，会议决定正式成立中国哲学会，并审议通过了会章，选举 15 人组成理事会，其中冯友兰、汤用彤、金岳霖、祝百英、宗白华 5 人为常务理事。会议确定以《哲学评论》为会刊，由冯友兰主编，刊发提交年会的重要论文。同年，《哲学评论》第 7 卷第 2 期发表了汤用彤在此届年会的报告《关于〈肇论〉》的内容摘要："东晋和南朝，哲学上问题极多，但其中心的理论，是体用观念，僧肇以前，谈虚无说空家数极多。佛学有所谓六家七宗，僧肇以为他们或偏于由心说空，或偏于由物说空，或讲本体，偏于无者多。都是将体用问题，未看的确。僧肇的主张，是即体即用，不二不偏。他采取大乘理论，融合老庄玄谈，而认识得极清楚，用极优美有力的文字写出来，所以成为中国理论之文中最有价值的一篇。"②

中国哲学会以"本合作精神以促进哲学研究，推广哲学知识"为宗

---

① 汤用彤：《汉魏佛学的两大系统——哲学年会报告摘要》，《汤用彤全集》第 5 卷，石家庄：河北人民出版社 2000 年版，第 177 页。

② 汤用彤：《关于〈肇论〉——哲学年会报告摘要》，《汤用彤全集》第 5 卷，石家庄：河北人民出版社 2000 年版，第 178 页。

旨。学会下设北平、南京和广州分会，总会会址设在北平，抗战时期迁至重庆，战后迁回北平。会章规定，每年召开年会。但自第三届年会于1937年1月24日至27日在南京中央大学召开后，因战乱而未定期。直到1940年，中国哲学会才在昆明举办年会，选举第三届理事会，冯友兰、金岳霖（兼会计）、贺麟（兼秘书）为常务理事，汤用彤、宗白华、胡适、张君劢、张东荪、方东美、全增嘏、汪奠基、何兆清、吴康、林志钧、范寿康、黄建中为理事，冯友兰依然担任《哲学评论》的主编，编委有汤用彤、张东荪、瞿菊农、黄子通、宗白华、黄建中、范寿康等人。1941年，第四届年会在重庆召开，以后未再举行年会，但仍有些学术活动。

中国哲学会下设"中国哲学研究委员会"和"西洋哲学名著编译委员会"。冯友兰《三松堂自序》记述其产生经过说："在抗日战争进入相持阶段以后，蒋介石和重庆的一些人都觉得，他们似乎可以偏安下去。他们的注意力也顾到了文化方面。……搞了些提倡哲学的事。"蒋介石以其侍从室的名义资助办起了中国哲学研究委员会和西洋哲学名著编译委员会。

"中国哲学研究委员会"主任委员是冯友兰，委员有汤用彤、贺麟、宗白华、黄建中四人，工作有"校订周秦汉诸子的著作""编纂魏晋以后各哲学家的著作"等内容，每月经费一万八千元。冯友兰《三松堂自序》记述其运作情况时说："当时通货膨胀已经很厉害，这个数目实际上办不了什么事，也用不了专职的人，我想了一个收买稿子的办法。我知道当时学哲学的人生活都很困难，写了些稿子也没有人过问。我就把中国哲学研究委员会作为中国哲学会的一个附属组织，接收哲学论文的稿子，由委员会赠送稿费，比较短的论文，在《哲学评论》中发表，长的论文可以作为专著，由中国哲学会代为想办法发表。在这些专著中，收了熊十力的几本书，我的《新原道》《新知言》也是在这种安排下发表的。"汤用彤魏晋玄学研究的重要作品《向郭义之庄周与孔子》就是应冯友兰之邀，于1943年发表在《哲学评论》第8卷第4期。

　　现存贺麟、冯友兰、汤用彤三人1945年5月24日为"西洋哲学名著编译委员会"事致胡适函，是了解该会活动的重要史料。信文如下：

　　适之先生道席：

　　　　中国哲学会设有西洋哲学名著编译委员会，将近四年，编译书籍，训练译员，均经逐渐进行，不无成效，想荷赞许。顷本会复向政府请得外汇美元一千元作为本会基金之一部分。本会为求妥善信实计，已商请中央银行开具支票，注明由先生在美支取。兹将原支票寄上，即希于取得美金现款后，设法托人带回国内，交彤等收存，以便组委员会保管，而利哲学译业为祷。尚此，敬颂道安。

　　　　　　　　　　　　　　　　　冯友兰、汤用彤、贺麟谨启

　　　　　　　　　　　　　　　　　五月廿四日　卅四年

　　　　另附本会工作报告一纸，敬祈察阅指示。又闻公有返回之说，不胜欣跃。国内教育、文化、学术、思想、政治各方面，均亟须公回来领导一切也。麟附及。外附中央银行一千美金支票一纸。①

该信由贺麟执笔起草，因为他是"西洋哲学名著编译委员会"主任，兼任中国哲学会第三届理事会的常务理事和秘书。落款除贺麟外，还有冯友兰和汤用彤的亲笔签名，因二人是中国哲学会主要负责人兼"西洋哲学名著编译委员会"委员。由于胡适为中国哲学会的发起人之一，又一直担任该会的理事会成员，故信中向胡适汇报该会编译书籍和训练译员方面的成效，并请他在美国支取该会为筹款设立的用于翻译事业的基金，再汇给汤用彤等人。信纸末端印有："西洋哲学名著编译委员会用笺""通讯处：昆明北门街九十二号"。信后另附该会工作报告一纸。

　　"西洋哲学名著编译委员会"聘请多位编译员，编译了一批西方哲学古典名著，如陈康的《巴曼尼德斯篇》等。此外，该会从1943年起

---

　　①　《汤用彤信十二通》，耿云志主编《胡适遗稿及秘藏书信》第36册，合肥：黄山书社1994年版，第478—479页。

兼收中国学者撰写的西方哲学著作，同时还多次举办编译演讲讨论会。1944 年上半年就举办了 4 次：首场由汤用彤讲"关于佛经的翻译"，第二场陈康讲"亚里士多德本质论发展的痕迹"，第三场吴宓讲"我个人对翻译的经验和理论"，第四场郑昕讲"康德范畴论的体用"。汤一介先生为我们保存下来一份汤用彤的演讲提纲"佛经翻译"，已整理收入《汤用彤全集》第 2 卷。由此稿可知，汤用彤在演讲中，不仅总结了佛教史上的翻译经验，以为编译西方哲学著作提供借鉴，还提出"译场"（翻译机构）应具有教育功能，是培育有创造性思维人才的组织。该会采用了汤用彤这一思路培训出不少当时的青年学者，其中汪子嵩（希腊哲学）、陈修斋（法国哲学）、王太庆（西方哲学翻译）、杨祖陶（德国古典哲学）等人皆成为西方哲学领域的杰出专家，有力推动了西方哲学在中国的传播。正如贺麟所说："自从民国三十年中国哲学会西洋名著编译委员会成立后，我们对于西洋哲学，才有严格认真，有系统的、有计划的经过专家校阅，够得上学术水准的译述和介绍。"[1]

1947 年 3 月 30 日，西洋哲学名著编译委员会和中国哲学研究委员会在北平的汤用彤、张颐、贺麟三位委员，函邀胡适、林志钧、张东荪、张申府、金岳霖、郑昕、胡世华、朱光潜、冯至、张季同、容肇祖、陈康、庞景仁、任华等 20 余人，在北京大学蔡孑民纪念堂聚会。汤用彤作为会议主席主持会议，贺麟报告中国哲学研究委员会与西洋哲学名著编译委员会的工作和经费状况，并为《哲学评论》约稿。会上，林志钧演讲《中国先秦哲学之精神》，认为"今后中国哲学之发展，应发扬先秦富于创造性、实行性、社会性之基本精神，并须特别注重知识与方法"。与会者对此进行了热烈的讨论。对于研究哲学与实际生活的关系问题，许多人承认是有关系的，但却避而不谈。这一关键问题，早在第二届哲学年会上黄子通就指出："已经感觉到现在中国哲学界所谈的问题多数与我们现实生活没有多大关系，有重大关系的问题却很

---

① 贺麟：《当代中国哲学》，中国科学院哲学研究所编《资产阶级学术思想批判参考资料》第 4 集，北京：商务印书馆 1959 年版，第 26 页。

少有人去谈。"冯友兰也认为："哲学总是与现实有关系的，有直接的或间接的，我们更希望着哲学能与现实发生密切的关系。"但是，他又说："社会上的人不能对中国哲学会有过分的希望，有一部分人希望哲学会能领导社会思想与文化，这本来是哲学会不打算作，而且不能作的。"①缺乏对现实的关注，是该会的历史局限性。而当代实践唯物论和生活哲学的兴起，为我们今后再办中国哲学会时避免这一缺失，提供了指导方向。

1947 年 4 月，中国哲学会北平分会邀请美国康奈尔大学哲学教授柏特（E. A. Burt）来华交流，并举办欢迎会，汤用彤、熊十力、胡适、林宰平、金岳霖、梅贻宝、贺麟、朱光潜等学者出席。柏特在北平三周，中国哲学会安排他到北京大学、燕京大学、清华大学等校进行"哲学综合问题""美国哲学之趋势"等演讲。1949 年北平解放后，该会自然解体而融入中国新哲学研究会。

中国哲学会的学术活动是 20 世纪上半叶中国哲学学科健全和发展的标志。历届会议上提出的重要课题反映了时代精神，促进了中国哲学的发展。其学术活动和翻译工作更是为当时哲学界打开了通往世界的窗户和中西哲学交流之门。回顾上述历史，既有利于我们现代哲学史的研究，其学会活动经验也能为新时期重新创办全国性哲学学会提供十分有益的借鉴。

三、编辑《微妙声》杂志

1936 年 9 月 16 日，《佛学半月刊》第 18 号第 6 卷第 135 期云："北平佛教会月刊，现由董事会议决改组，定名为《微妙声》。另组编辑委员会，公推汤用彤、汤芗铭、周叔迦、何子培、高观如等 5 人为编辑员。已有公启致海内外缁素，惠赐鸿文，共定梵响。"

11 月 15 日，佛学刊物《微妙声》创刊，编者《弁言》声称："窃

---

① 于良华：《第一个中国哲学会》，《哲学研究》1989 年第 3 期。

维法性离诸名相，然假名相以明；真谛超绝言诠，而籍言诠以显。抑且道之茂者，其言也昭；业之昌者，其文伊焕。五藏之沉秘，三乘之宏博，靡不存诸贝叶，彰以文辞。是以抱弘誓者垂文论以希范，怀净信者播清辞之摄机。乐学者写妙怀而研述，大心者纾智解以弘求。斯皆因言以写圣心，寄迹而探玄理者也。……同人等生逢圣教，欣值佛乘。志切弘研，阒恤才短；用集同愿，钻仰玄途。或则教义是研，或惟史籍是考。或述行持所得，或陈弘获之私。部类分居，纂撰所获。月一刊印，名《微妙声》。"刊址在北平西安门大街 7 号，主持者是参与领导北平佛教会工作的周叔迦居士。编辑委员会由汤芗铭、汤用彤、高观如等五位学者组成。

该刊除发表周叔迦、弘一、王恩洋、高观如、苏公望、杨殿珣等名家作品外，还刊发一些译文，如忽滑谷快天等人论著。汤用彤批驳日本权威学者的《大林书评》系列文章，包括《评〈考证法显传〉》《〈唐贤首国师墨宝〉跋》《矢吹庆辉〈三阶教之研究〉跋》《评日译〈梁高僧传〉》《评〈小乘佛教概述〉》皆发表于该刊。该书评自序云"时当丧乱，犹孜孜于自学。结庐仙境，缅怀往哲，真自愧无地"[1]，爱国热忱，溢于言表。《微妙声》还在全国各省市及香港、仰光、新加坡等地设立流通代订处百余家，因此在当时有较大的社会影响，代表了中国北方佛学最高水平，与南方的《内学》遥相呼应。《微妙声》一共出版 2 卷 8 期，到 1940 年停办。

四、抗战前夕

汤用彤希望把北大哲学系办成会通中、西、印的学术重镇，如1937 年上学期哲学系聘任教授的名单就足见其良苦用心。当时他选聘

---

[1] 汤用彤：《大林书评》，《汤用彤全集》第 2 卷，石家庄：河北人民出版社2000 年版，第 350 页。汤用彤有宅在庐山的佛教圣地大林寺旁，他于此所撰批评日人佛教研究的评论，故名《大林书评》。

讲授中国哲学的有熊十力、容肇祖，西方哲学方面有张颐、贺麟（中西兼授）、陈康、胡世华、郑昕，并聘请印度师觉月教授来北大教印度哲学。汤一介先生认为，这点今日办大学似应注意，办学所设定的目标应比较具体，各院系的具体目标若能实现，自成世界一流大学，现在我们许多大学空喊"把学校办成世界一流大学"，但缺乏比较具体的目标。①

牟宗三晚年评论早期中国哲学界时说：北大"讲中国哲学以熊（十力）先生为中心，再加上汤用彤先生讲佛教史。抗战期搬到昆明，就成了完全以汤用彤为中心"②。中国佛教史是汤用彤一直重点讲授的课程。他在北大主要致力于中国佛教史讲义的修订、补充。1937 年 1 月，汤用彤将《汉魏两晋南北朝佛教史》稿本（今存）交胡适校阅，胡适称"此书为最有权威之作"，并荐之于商务印书馆馆长王云五。

笔者在北大的汉学家基地与图书馆举办的"孟森先生著述遗稿展"上，曾见到一幅汤用彤与胡适、孟森、陈寅恪、蒋梦麟诸友在 1937 年的合影，落款有胡适手书："北京大学庆祝孟先生七十大寿纪念合影 民国二十六年五月二十八日　胡适敬题"。照片中，汤用彤在陈寅恪的右前方，也许是为给陈寅恪留出最充分的空间，汤用彤身躯尽可能地右移，以至于自己被前面的姚从吾教授挡住了一些。由此细节可折射出汤用彤对陈寅恪的敬重。这张合影大概是他们现存的唯一合影。

1937 年夏，汤用彤陪同母亲消暑于牯岭，并与钱穆同游匡庐佳胜，读书著文。七七事变前夕，欧阳竟无召集门人于南京支那内学院设《涅槃》讲会，提无余涅槃三德相应之义，讲演对于孔佛二家学说究竟会通的看法。汤用彤、蒙文通赴南京支那内学院主持会议。会刚结束而七七事起，成为欧阳竟无在南京内学院讲学的终结，内学院遂转移到四川江津。

---

① 详见汤一介《汤用彤与胡适》，《中国哲学史》2002 年第 4 期。

② 牟宗三：《时代与感受》，《牟宗三先生全集》第 23 卷，台北：联经出版事业股份有限公司 2003 年版，第 167 页。

第二节　西南联大九年

本节以汤用彤为代表的学者对西南联大的奠基为切入点，力图展现这一特殊历史境遇下中国知识分子的心路历程，还原他们在西南联大时的生活风采与学术交往，进而探求西南联大精神之所在。

一、颠连南渡巨著传世

1937年7月7日夜晚，日军在北平西南宛平卢沟桥龙王庙一带进行军事演习，借口一名士兵失踪，要求进入宛平县城搜查。遭到中国守军拒绝后，日军遂向宛平城开枪射击，炮轰卢沟桥。中国驻军第29军第37师吉星文团奋起抗击，揭开了全面抗战的序幕。从此，汤用彤与同事们和家人随着战局变迁，辗转赶赴祖国大西南，共同经历了战争带来的颠沛流离，也度过了他们令后人难忘的联大光辉岁月。

自7月9日起，蒋介石分别邀请各界知名人士在庐山举行关于国是问题的谈话会，北大校长蒋梦麟、清华校长梅贻琦、南开大学校长张伯苓等受邀参加。蒋梦麟校长去庐山后，法学院长周炳琳升任国民政府教育部次长，留在北大的负责人只有文学院长胡适、理学院长饶毓泰、秘书长郑天挺、教务长樊际昌等人。虽然北平城外枪炮声不断，但校内工作还是井然有序。7月19日，蒋介石在庐山对卢沟桥事变发表谈话谓："临到最后关头，惟有坚决牺牲，吾人只准备应战，而并非求战。"7月24日，北大全体教授为卢沟桥事变发表宣言，痛斥日军野蛮暴行。7月29日，北平失陷，宋哲元逃往保定。同日，日军轰炸南开大学。次日，天津、大沽沦陷。

8月8日，国民政府教育部颁布《设立临时大学计划纲要》。8月28日，教育部长王世杰密谕高等教育司："指定张委员伯苓、梅委员贻琦、蒋委员梦麟为长沙临时大学筹备委员会常务委员，杨委员振声为长沙临时大学筹备委员会秘书主任。"由王世杰任主席，以湖南教育厅长朱经农、湖南大学校长皮宗石、北大胡适（未到任）、清华顾毓琇、南开何廉为委员，在南京成立了长沙临时大学筹备委员会。8月底，北大、清华、南开三校登报通知本校教职员和学生到长沙报到。

日军入北平后，汤用彤协助郑天挺共同应对北大战时局势。北大和清华的教授们时常聚在一起谈论时局，关切学校和国家的前途命运，常去电询问在庐山开会的同事，希图能得到一些准确消息。8月13日上午，罗常培邀集汤用彤、马裕藻、孟心史、邱大年、毛子水、陈雪屏、魏建功、李晓宇、卢吉忱等人，在第二院校长室讨论如何维持校务。大家商定在离开北平之前，低薪的职员暂发维持费30元。8月25日，日本宪兵队搜查北大校长室后，气氛紧张起来，大家顿觉学校难以为继了。在北平的36名北大同人，除马裕藻、孟心史、冯汉叔、周作人、缪金源、董康、徐祖正留守外，决定分批南下。姚从吾也从长沙来电，催汤用彤、罗常培、毛子水、魏建功、钱穆、齐思和等快走。9月3日，日军进驻第一院和灰楼新宿舍。13日，郑天挺邀集汤用彤、陈雪屏、赵乃抟、马裕藻、孟心史、罗常培、毛子水、魏建功、冯汉叔、罗庸等聚餐，通报学校近况，商讨对策。10月，汤用彤与贺麟、钱穆等人同行离开北平，在天津暂住数日后，取海道从天津去香港，再辗转于11月到长沙。

11月1日，北京大学、清华大学、南开大学在湖南长沙岳麓山下组成国立长沙临时大学，由冯友兰任哲学心理教育系教授会主席兼文学院长。因文学院设在南岳衡山，汤用彤旋转赴南岳。时任哲学心理教育系教授会主席兼文学院长的冯友兰对汤用彤等同人在此四个月的际遇有生动的记述："在衡山只有短短的几月，精神上却深受激励。其时，正处于我们历史上最大的民族灾难时期；其地，则是怀让磨砖作镜，朱熹会友论学之处。我们正遭受着与晋人南渡、宋人南渡相似的命运。可是我们生活在一个神奇的环境：这么多的哲学家、著作家和学者都住在一栋楼里。遭逢世变，投止名山，荟萃斯文；如此天地人三合，使这一段生活格外地激动人心，令人神往。在这短短的几个月，我自己和我的同事汤用彤教授、金岳霖教授，把在此以前开始写的著作写完了。汤先生的书是《中国佛教史》第一部分。金先生的书是《论道》。我的书是《新理学》。"① 然而，就在敌机轰炸下，被困顿生活驱赶着的冯友兰和汤用彤奋笔疾书，以各自的方式完成了他们生命中最重要的作品。冯友兰的《新理学》与汤用彤的《汉魏两晋南北朝佛教史》先后获教育部学术研究评奖哲学类一等奖。冯友兰在《贞元六书》中写到汤用彤对其著作多所指正。②

1938 年，《汉魏两晋南北朝佛教史》定稿付梓后，在国内外极孚盛誉。1944 年，该书与陈寅恪的代表作《唐代政治史述论稿》同被教育部学术审议委员会评为一等奖。然而得知获奖后，他竟颇不高兴地说："多少年来，都是我给学生打分数，我的书要谁来评奖！"汤一介先生对此回忆说："我记得在他的《汉魏两晋南北朝佛教史》被评奖时，他很不以为意地向我母亲说：'谁能评我的书，他们看得懂吗？'"可见汤用彤对于评奖之事并不知情，也不在意。如此自信、自尊的学术品格，世所罕见。③

吕澂在对汤用彤《汉魏两晋南北朝佛教史》的审查报告中称赞其资料考证功夫：

> 佛教东来，逐时演变。苟非洞晓本源，则于其递嬗之迹，鲜不目迷五色者。此中国佛教史所以难治也。我国佛教史籍旧有数种，均不合用，近人撰述亦鲜可观。汤君此著，用力颇勤，取材亦广。④

---

① 冯友兰：《中国哲学简史》，北京：北京大学出版社 1996 年版，第 287 页。

② 冯友兰：《〈新原人〉自序》，《贞元六书》下册，上海：华东师范大学出版社 1996 年版，第 1 页。

③ 参阅丰绍棠《"纯儒之典型"汤用彤》，《人民日报（海外版）》2003 年 2 月 21 日第 7 版。

④ 据复印件整理。吕澂和柳诒徵对汤用彤《汉魏两晋南北朝佛教史》的审查报告，近年由台湾学者杨儒宾教授复制了一份，提供给汤一介先生。汤先生旋即转交笔者研究。

吕澂评判的标准极为严苛，而且其治佛教史的理念与汤用彤相左，但他仍然肯定"汤著搜罗编次，粗具规模，叙次有绪，可资参考"①。因此，吕澂把《汉魏两晋南北朝佛教史》作为其代表作《中国佛学源流略讲》的主要参考书。吕澂的名著《中国佛学源流略讲》总共九讲，每讲末尾都附录"本讲参考资料"。其中关于汉魏晋南北朝时期的就有七讲，汤著《汉魏两晋南北朝佛教史》皆排列在吕澂精选出的古今中外名家著述之首位。②

汤用彤的佛教史著述后出转精，终得与国外权威专家分庭抗礼。其原因，正如柳诒徵在对《汉魏两晋南北朝佛教史》的审查报告中所评：

> 治佛教史有三蔽：专述释典，易涉夸诞；惟事考证，罕契渊微；持儒、玄及欧美哲学以评判佛书，又难独得真际。详阅是书，剥蕉抽茧，切理厌心；于历朝史籍、政教、风尚，因果昭融；于诸宗学说，钩提玄要，层累曲尽。举凡传记傅会之谈，近贤臆测之说，东西学者之舛误，慎思明辨，犀烛冰融。洵为佛教史之名著，能解各家之蔽者也。此书之价值，既恰合一至六之条件，无俟胪举。其尤见特识者，如佛教之北统章、总论及南北朝释教撰述章、绪论诸篇，均可谓发明创作。第十七章南方涅槃佛性诸说，尤极精微。③

柳诒徵所谓汤著"恰合一至六之条件"系指："一、作者观点或所代表之思想是否正确，二、参考材料是否详瞻，三、结构是否完美，四、有无特殊创见，五、是否有独立体系或自成一家学说，六、是否为有系统

①③　原稿现存台湾清华大学博物馆筹备处。

②　吕澂：《中国佛学源流略讲》，北京：中华书局1979年版，第31、42、65、85、109、136、158页。

之叙述或说明。"① 这是 1940 年 5 月教育部学术审议委员会第一次大会
通过的《补助学术研究及奖励著作发明》一案，所规定的著作及发明的
审查标准。柳诒徵为学通古今的文史大家，他对汤著的评判是恰如其分
的。因此，吕澂虽将汤著评为三等，但评委会还是采纳柳诒徵的意见把
汤著评为一等奖。该书优点在于大处能系统全面，而小处又细致周密。
它既是考据精审、开拓性的佛教史专著，为民族文化建设做出了卓越贡
献，又借古镜今，深寓抗日救国之情意，增强了抗战时期的民族自信
心。《汉魏两晋南北朝佛教史》对日本学术界产生巨大影响，并被当时
世界上最权威的佛学辞书日本《望月佛教大辞典》多次引用。②

　　因日军沿长江一线步步紧逼，1938 年 1 月 20 日，长沙临时大学第
43 次常委会作出决议，即日开始放寒假，下学期在昆明上课，规定全
体师生于 3 月 15 日前在昆明报到，同时通过迁校的一系列具体方案，
组建了由蒋梦麟为主任的昆明办事处。2 月 15 日，蒋梦麟飞赴昆明，
主持建校事宜。师生们也于当月出发赶往云南。汤用彤与冯友兰、贺
麟、朱自清、陈岱孙等 11 位教师同路，从长沙坐汽车出发，经广西到
越南再转至昆明，暂住迤西、全蜀两会馆后院楼下大厅。

　　1938 年 4 月 2 日，国立长沙临时大学正式更名为国立西南联合大
学（以下简称西南联大），校址现为云南师范大学。当月，汤用彤赴蒙
自联大文学院，与贺麟、吴宓、浦江清及子一雄合住校外西式二层小楼
之一室。5 月 4 日，西南联大正式开课。

　　1939 年底，邓以蛰先生把子女邓仲先和邓稼先姐弟俩托付给汤用
彤的夫人张敬平，由汤夫人带着邓仲先、邓稼先、汤一介、汤一平、汤
一玄从北平沦陷区经过天津、上海、香港，再转到越南的海防、河内，
最后到内地。在转移过程中，为了避免关卡盘问，邓稼先化名汤一雄。

---

① 《学术奖励》，张思敬等主编《国立西南联合大学史料》第 3 卷，昆明：云南教
育出版社 1998 年版，第 755 页。

② 《望月佛教大辞典》第 8 册，东京：世界圣典刊行协会 1973 年版，第 14、76、
146、193、212、232 页。

这次转移很辛苦，汤用彤亲自到海防去接他们。1941 年，邓稼先考入西南联大物理系读研究生，那时他 21 岁。杨辛教授回忆说："当时，邓稼先称呼汤师母也是称'姆妈'，对待汤先生、汤师母像对待自己的亲生父母一样。邓稼先的亲姐姐邓仲先和西南联大教师郑华炽结婚也是经过汤先生介绍的。汤师母对他们姐弟都很关爱，家里做什么好吃的东西，都请他们来一起吃。邓稼先还经常到一介住的小阁楼和我们聊天，一介叫他邓哥哥。邓稼先有很强的爱国心，对中国古典文学如诗词等有很好的素养。有一次，他给我们分析《西厢记》中的几段词给我留下深刻印象。还有一次，他回忆北平的风土人情，说他最喜欢吃北平的冰糖葫芦，那时我听了也不知道冰糖葫芦是什么样子。在 1940 年前他生活在北平沦陷区，深感中国人受尽屈辱，决心要到大后方。他的父亲邓以蛰先生也是一位富有爱国热情的学者，曾勉励邓稼先学习科学，报效祖国。"①

二、无偏无党民主人士

抗战时期，国民党大发国难财，压制言论自由，使知识分子感到窒息。汤用彤心怀对专制腐败的极度不满，但他表现出与感时伤世的诗人不同的哲人气质，寓悲愤于超逸，这在他讲授魏晋玄学时常流露出来。在哲学创新方面，他欣赏王弼、郭象、僧肇，但就自由独立的人格而言，他却更推崇阮籍、嵇康，指出他们才是魏晋风流的代表。阮嵇都是对司马氏专权强烈不满的知识分子，纵情诗酒，蔑视礼法，不为放达而放达，而是有所为而发。阮籍假醉回避权势，不拘丧礼，但举声一号，吐血数升，哀思诚挚。嵇康愤世嫉俗，非汤武而薄周孔，却以忠义勉励子弟，不须作小小卑恭，小小廉耻。当时在国民党独裁下民心怨愤，但竟还有些"学者"为其歌功颂德、阿谀逢迎。汤用彤此时通过特意阐扬

---

① 杨辛：《谁言寸草心，报得三春晖》，汤用彤著，汤一介、赵建永选编《会通中印西》附录，上海：东方出版中心 2012 年版，第 467—468 页。

阮嵇的立身处世之道，表达了他对专制的不满和对趋炎附势者的轻蔑。

当时有国民党报纸约汤用彤写篇社论，他说从来不为报纸写稿，而婉拒这种为国民党捧场的事。有些同学听到这件事特别高兴，称赞他"是一个超越的玄学家，有点像桑塔王自称对待第二次大战无所关心一样，生活在 eternity（永恒）之中"。1945 年，在西南联大哲学系毕业茶话会上，同学们请老师讲话。汤用彤平时很少发表议论，这次却语重心长地一再勉励大家毕业后，要坚持为真理献身的精神，发扬中国文化的优良传统，勿追名逐利，不要"学得文武艺，卖与帝王家"①。汤用彤平日有似阮籍，发言玄远，口不臧否人物，忧国伤时，很少外露。这次却娓娓而谈，动人心弦，赢得了同学们的赞赏和爱戴。

1945 年 10 月 1 日，汤用彤与朱自清、闻一多、陈序经、张奚若、周炳琳、陈岱孙、钱端升等十位教授联名致电正在重庆进行和平谈判的蒋介石、毛泽东，希望国共谈判取得成功，新中国建设早获开始；呼吁"一党专政固须终止，两党分割亦难为训"，主张终止一党专政，还政于民，举行国民大会代表选举以制定宪法，尽快产生立宪政府；敦请"立即同意召集包括各党各派及无党派人士之政治会议，共商如何成立容纳全国各方开明意见之联合政府"，认为"民主制度之所以能风靡全世界而战胜反动集团、消灭法西斯主义者，乃因其能以全国人民之意志为国家之意志，以全国人民之力量为国家之力量，故真正民主国家，其政府对于个人之价值，与夫个人之人格与自由，莫不特别重视；对于全体人民之智慧，亦莫不衷心信赖。先生等领导大党，责逾寻常，务望正心诚意，循宪政之常轨，以运用其党力，诚能以实际之措施求人民之拥护，借人心之归向作施政之指针，则一切纠纷自然消弭矣。夫导国家于富强康乐之域，其道自尊重人民始，而树立宪政，轨范心理上之因素，尤为重要"。从中深刻反映出在他以自由为根基的民主建国的现代意识中，还融入了儒道两家的主体性道德人格等合理内核，而这正是现代法

① 邓艾民：《汤用彤先生散忆》，《燕园论学集》，北京：北京大学出版社 1984 年版，第 62—63 页。

治社会最先进的理念。电文还提出四条"当务之急"，应"立即施行"的意见：一、"一人独揽之风务须迅予纠正"；二、"今后用人应重德能，昏庸者、贪婪者、开倒车者均应摈弃"；三、"军人干政，在任何国家，任何时代，皆为祸乱之阶"；四、惩处叛国奸逆。① 他虽然只是以教学为业的一介书生，但在面临"治乱间不容发"的历史关头却立场分明，毫不含糊。电文内审舆情，外察大势，率直陈辞国人最为关切的民主政治实施问题，表达出人民心声。在当时国内外竞相转载评论，起到了引领社会舆论的作用。

随着国民党专制独裁加剧，民主与反民主的斗争很激烈。这种情况在西南联大后期尤为突出，一部分教授参加了国民党，另一部分教授则加入民主党派。汤用彤抱着"超政治"的态度，既没有参加国民党，也未入民主党派。他认为各谋本分天下安，教授就应以教书和研究为其本职，其他的事都非正业，故他对某些教授参加"党派"颇不以为然。他在 1951 年的一份"思想检查"中对自己的这种"名位"思想批评道：当时昆明的学生运动日趋高涨，许多教授也投身到民主运动中去。汤用彤的心情是沉闷的，既不愿与反动的国民党同流合污，又不愿投身到革命的洪流中去，所走的还是在学术中寻求安身立命的道路。昆明"一二·一"运动时，他为学生们的爱国激情所感动，有条不紊地展开工作，边敦促政府惩凶，边要求学生复课，此举对于保证此次民主运动之有理有节起了重要作用。

1945 年 11 月 25 日晚，昆明学生反内战时事演讲会遭到军警包围和开枪恐吓，随即昆明各大中学校学生愤起罢课。11 月 29 日上午，西南联大紧急召开教授会议，决议"同人站在教育立场，对本月 25 日晚军政当局行为，认为是重大污辱，应依校务会议原则加强抗议"，并推举周炳琳等 8 人组成"抗议书起草委员会"。在这份《国立西南联合大学全体教授为 11 月 25 日地方军政当局侵害集会自由事件抗议书》中，

---

① 《西南联大张奚若等十教授为国共商谈致蒋、毛电文》，王学珍等主编《国立西南联合大学史料》第 1 卷，昆明：云南教育出版社 1998 年版，第 204—206 页。

他们"对此不法之举，表示最严重之抗议"。12 月 1 日，国民党特务攻击联大、云大等校师生，死亡 4 人，重伤 29 人，轻伤 30 多人。

"一二·一"运动期间，联大最为活跃的当属教授会。每次会议均有决议，且态度明确，措施得力。如，第二次会议"推派周炳琳、汤用彤、霍秉权三先生参加死难学生入殓仪式，代表本会同人致吊"。12 月 2 日下午，罢课委员会在联大图书馆前隆重地举行四烈士入殓典礼。各校师生、工人、农民、各界人士共 6000 多人前来参加，联大代常委叶企孙任主祭人。当人们看到烈士遗体惨状时，无不失声痛哭，有女生当场晕倒，主祭也泣不成声，无法致辞。大家在烈士灵前宣誓："我们不仅是哀悼，我们誓死为争取民主自由奋斗到底，我们要复仇，为千千万万无辜地被法西斯匪徒残害的人们复仇！我们将踏着死者的血迹前进，绝不后退一步！"从这天起，在一个半月里，从早到晚，联大图书馆的灵堂中，祭奠烈士者络绎不绝。

杨辛教授晚年回忆当时情形说："12 月初在昆明有四位进步青年遭受国民党反动派杀害，激起了社会各阶层的愤怒，爆发了'一二·一'学生运动，郭沫若、冯至先生写的悼诗陈列在四位烈士的灵堂，我和一介都投入了学生运动，我们写诗、画讽刺漫画控诉刽子手，这些诗、画也都悬挂在灵堂。我还在街头卖进步的学生报，并参加四烈士的出殡游行，这些活动也得到汤先生的支持！"①

蒋介石深恐反内战争民主运动会星火燎原，于 12 月 7 日发表《告昆明教育界书》。他一方面表示"对于此次事件，必当根据是非与法纪，作公平负责之处置"，另一方面指责学生罢课"贻误建国前途"，要求学生们即日复课。蒋介石为了尽快平息学潮，不得不将关麟征"停职议处"，并派北大代理校长傅斯年和教育部次长朱经农到昆明会同卢汉平息学潮。傅斯年到昆明后，希望联大教授会通过决议，劝告学生限期复课。被学生拒绝后，他又拟采取校长和全体教授辞职的办法来处理此

---

① 杨辛：《谁言寸草心，报得三春晖》，汤用彤著，汤一介、赵建永选编《会通中印西》附录，上海：东方出版中心 2012 年版，第 466 页。

事。蒋介石也在准备一旦软的一手不行，就采取"最后处置"，即解散联大，让北大、清华、南开提前复校，云大提前放假，把坚持罢课者交给云南警备司令部处理。汤用彤晚年回忆说："当时教授会中进步与反动的两种力量发生尖锐斗争，我曾经提出折衷的意见。当时我说：'大家不应该坚持下去，不然，学校将受到很大的损失！'其实，那样为反动统治服务的学校，就是垮了台，也不是对于革命没有利益。我之所以怕学校垮台，而破坏学运，无疑的是怕反动统治垮台，也就是怕我个人的地位垮台。"① 实际上，汤用彤的提议既兼顾双方利益，又非常适宜时势。因而这场运动的双方都在很大程度上采取了汤用彤的这种主张，实现了斗争策略的重大转变。

12月15日，中共云南省工委面对错综复杂的形势，决定停灵复课。在一定条件获得满足后，先复课，待其他要求解决后再出殡。经地下党做工作，12月18日，联大学生自治会通过修改复课条件的决议。12月20日，昆明罢课联合会召开各校学生自治会全体代表大会，正式通过修改后的5项复课条件：（1）保障人身自由，不因此次事件开除学生，解聘教师；（2）取消禁止集会、游行的非法禁令；（3）中央社更正诬蔑学生的消息言论；（4）政府负责死伤善后费用及赔偿公私损失；（5）查办杀人主犯李宗黄、关麟征等人。

这时联大主席梅贻琦、云大校长熊庆来，在国民党当局的强大压力下正准备辞职。中共地下党通过闻一多对梅贻琦做工作，向他说明学生顾全大局，珍视联大前途，只要满足适当的条件，学生定会复课。梅贻琦对此表示支持学生的要求，熊庆来也及时收回了辞职电报，并积极同当局进行交涉。在联大等校进步师生争取下，到12月24日，学生的复课条件基本得到满足。至此，"一二·一"运动取得了重大胜利。

12月25日，昆明市中等以上学校罢课联合会发表《复课宣言》，宣布"停灵复课"，并继续为反内战和争民主争自由奋斗到底。下午，

---

① 据汤用彤"思想检查"未刊稿整理，时存北京大学燕南园。

梅贻琦接到周炳琳来信，说可暂不辞职。晚上，梅贻琦到才盛巷看望周炳琳，周留梅吃晚饭。汤用彤、贺麟也前来劝周炳琳不要辞职，晚九时他们才一起离开周家。12月27日，昆明全体学生宣告复课。

"一二·一"运动是抗日战争胜利后国统区第一次大规模以学生为主的爱国民主运动，产生了深远影响。这场运动从11月25日的反内战晚会开始，到1946年3月17日烈士出殡为止，历时近4个月，有力打击了反动派的气焰，迫使国民党"公审"并枪决了杀害学生的凶手，并免去了国民党云南省党部主任、代理省主席李宗黄的职务。

昆明师生的斗争在全国激起强烈反响。延安各界举行群众大会，周恩来在会上代表中共中央赞扬"青年是争取和平民主的先锋队"，指出"我们正处在新的'一二·九'时期，昆明惨案就是新的'一二·九'"。中国民主同盟、三民主义同志联合会等民主党派、陪都各界反内战联合会及各界知名人士，也先后发出声援函电。重庆、成都、上海、遵义等城市都兴起群众性的声援活动。"一二·一"运动揭露了国民党反动派发动内战的阴谋，是国民党统治区当时正在发展的民主运动的标志，是继五四运动和"一二·九"运动之后树起的第三个里程碑，在中国新民主主义革命历史上写下了光辉的一页。

杨辛教授晚年记述了1945年在汤用彤家欢度圣诞节的情景："在苦难的岁月里能和汤先生、汤师母一起共度佳节，使我感受到一种亲人的温暖。我在12岁父母去世后成为孤儿，生活很坎坷。一介和我为了让老人高兴举办了一次小小的家庭圣诞晚会，在低矮的小阁楼上，把一米来宽、两米来长的空间变成舞台，挂上两张床单作为幕布，舞台前面放了两排凳子作为观众席。参加这次晚会的有汤先生、汤师母、汤一玄、程毓淮教授和他的孩子乐乐，还有一位朋友是闻立鹤。演出中有一个节目是我与一介合演的圣诞老人。像曲艺中演双簧似的，在两块幕布夹缝中出现一个矮小的圣诞老人，我的脸上贴了白棉花化装成圣诞老人，戴上一顶小红帽，一介在我身后伸出双手成为圣诞老人的双手，我的双手套上鞋成为圣诞老人的双脚，我们在表演中说了一些祝福和逗笑的话，大家都很开心。"①

汤一介先生回忆说："昆明'一二·一'运动后，梁漱溟曾来联大演讲，讲后访我父亲汤用彤，邀他参加民盟，但被拒绝了。这说明父亲在解放前一贯的政治态度。这点还可以由钱穆先生的《忆锡予》一文中所述得到印证，他说：'……其时北平学术界有两大争议，一为胡适之诸人提倡新文化运动，主西化，曰赛先生德先生，科学民主，又主哲学关门，亦排斥宗教。一则为时局国事，北京阢陧在前线，和战安危，众说纷纭。独锡予于此两争议一无陈说。'父亲不语时事，并不是说他对国家民族的命运不关心，这可由他《汉魏两晋南北朝佛教史》的跋看出。他认为，作为一个学者所能作的是在学术上有所贡献，肩负着复兴民族文化的使命。父亲写了一组《大林书评》，专门批评日本权威学者的谬误，就可证明这一点。"②

1946年2月23日，汤用彤、冯友兰、陈序经等教授对东北问题发表宣言表示"中国领土必须完整，主权必须独立"，对于《中苏友好同盟条约》之外的任何要求，"我们誓不予以承认"。同时要求国民政府披露有关东北问题的谈判经过，并拒绝再作妨害主权的任何协商；要求苏联履行条约尽速撤军，归还一切工厂设备与资源，不得有超出中苏条约范围以外之任何行动。

1946年5月4日上午，国立西南联合大学在新校舍图书馆举行结业典礼。三校代表汤用彤、叶企孙、蔡维藩相继致辞，赞颂三校在抗战时期合作无间的关系，宣布西南联合大学在完成其战时的历史使命后随即解散。西南联大与"五四"有不解之缘，从长沙迁至昆明后的西南联大是5月4日开学，八年后也恰在这一天宣告结束。三校代表的发言，均与"五四"紧紧相扣。北大代表汤用彤不禁联想到"五四"，说

---

① 杨辛：《谁言寸草心，报得三春晖》，汤用彤著，汤一介、赵建永选编《会通中印西》附录，上海：东方出版中心2012年版，第468页。

② 汤一介：《我们三代人》，北京：中国大百科全书出版社2016年版，第132页。

"联大是五四开课的，刚好又在五四这一天结业"。清华代表叶企孙阐发了汤用彤的未尽之言，语意深长地说"我们要争取学术独立"。南开代表蔡维藩说"怀着爱国家的心及重科学、重民主、重美术的精神北上吧"，并作为其临别赠言。大会主持人梅贻琦特别强调他们三人所言相当于"写了一篇文章，正代表了联大精神"①。在他们心里，"联大精神"就是"五四"精神。冯友兰宣读了由他撰写的《国立西南联合大学纪念碑》碑文。会场照片今存，主席台左起第二人为游国恩、第三人为汤用彤、第四人为梅贻琦、第五人为沈从文。

联大学生对汤用彤有一段质朴的评论，忠实地记录了他的生活状况："联大哲学心理系主任。海内佛学大师，研究魏晋玄学。汤先生岁数并不太高，头发却已全白，胖胖的身材，走起路来，一歪一歪的。在家庭的重担之下，汤先生远在一九四二年就卖去了皮氅，家里经常吃稀饭过活。然而对同学仍然教诲不倦，而且面色毫无忧容，讲起书来毫不使人乏味。为人正直诚恳而和蔼，在有一次的哲学系会上，他和金岳霖先生曾大骂以学问为进身之阶的文人。在学校附近，你常常可以看见汤先生和两位十岁左右读附小的小弟弟捉迷藏。"② 汤用彤领导团结北大与南开、清华哲学系师生和衷共济，在各种条件十分艰难的情况下通力合作，在中国哲学教育史上占有重要位置。

三、代理联大常委会主席

西南联大沿袭长沙临大建制，由清华大学校长梅贻琦、北京大学校长蒋梦麟和南开大学校长张伯苓组成常务委员会，作为最高行政领导机构共同管理校务。1938年12月21日，联大第98次常委会决议，决定由三校校长轮任常务委员会主席，任期一年，本学年由清华校长梅贻

---

① 田堃：《珍重，联大！——记一个八年合作的奇迹》，《云南日报》1946年5月5日第2版。

② 《联大教授·汤用彤先生》，西南联大《除夕副刊》主编《联大八年》，西南联大学生出版社1946年版。

琦担任。后因蒋梦麟、张伯苓均在重庆任职，只有梅贻琦长期留于昆明，故没有实施轮任制度，一直由梅贻琦任主席，主导校务。梅贻琦离校期间，汤用彤曾担任联大常委会代理主席。

1938年4月19日下午3时，西南联大常委会于昆明办公处召开第56次会议，决议公布通知准予冯友兰来信请辞哲学心理教育系主席，请汤用彤担任该职。胡适未到校前文学院长职务由冯友兰代理。此后北大校长蒋梦麟自昆明来蒙自，北大师生集会欢迎。诸教授连续登台言联大种种不公平，乃有举汤用彤为联大文学院长之动议，最后以顾全大局之决议散会。1939年7月11日12时，西南联大常委会于昆明清华大学办事处召开第268次会议，决议通知：接哲学心理系主席汤用彤来函说，因身体欠佳，赴沪休养，其职务由冯友兰代理。1943年7月22日下午4时，西南联大常委会于昆明龙翔街校总办公处会议室召开第112次会议，决议公告接受汤用彤函请辞去哲学心理学系主任，病休期间，由冯文潜暂代。1944年8月9日下午5时，西南联大常委会于昆明龙翔街校总办公处会议室召开第112次会议，决议通知公布冯文潜辞去哲学心理学系主任，由汤用彤担任。

西南联大初期，教务长、总务长更换频繁。1940年初，西南联大总务长沈履离任到四川大学，梅贻琦等人推荐由郑天挺继任，让汤用彤探询其意。郑天挺表示还是专心教书，致力研究明清史，行政事绝不就，汤用彤亦以为然。但联大常委会议悄然通过决议，并送来聘书。冯友兰、杨振声诸人也来相劝，且有"斯人不出，如苍生何"之语。事情往返周旋多次，北大又以照顾三校关系为由，力促上任。2月，郑天挺终于出任西南联大总务长。

汤用彤任西南联大哲学心理教育系主席（后改称系主任）期间，曾兼北大文科研究所所长。冯友兰担任西南联大文学院院长，他回乡探亲期间，由汤用彤代理其职。冯友兰与汤用彤都是西南联大决策管理层的核心成员，教学研究层的显要教授，公共交往层的重要人物。此间，汤用彤在昆明对任继愈谈到我国南北人才的差异时说："南方人聪慧，北方人朴重，南方人才多于北方，北方人才不出则已，出一个就不平常，像冯芝生，南方少见。"① 他们常在一起商讨学术问题和教学计划，共同培养学生。汤一介先生曾说父亲的好友冯友兰、胡适对自己都有潜移默化的影响。

自 1919 年 7 月到北大，到 1945 年 6 月因出任南京国民政府行政院秘书长而面临辞去校长职务的问题，其间除 1926 年 4 月到 1930 年年底不在北大外，蒋梦麟共服务北大 20 余年。其自评道："大半光阴，在北京大学度过，在职之年，但知谨守蔡校长余绪。"20 世纪 20 年代，军阀扰攘，教育经费奇缺，他协助蔡元培在艰难环境中维系北大不辍。在民族危亡日亟的 30 年代，又担起北大中兴重任。汤用彤评价："溯自（蒋梦麟）长校以来，北平时代，极意经营，提高学术水准，成效彰著……在八年抗战中，三校合作，使联大进展无碍，确保国家高等教育之命脉。此中具见处事之苦心，有识者均当相谅。"②

按照蒋梦麟任教育部长时制定的《大学组织法》，校长不得兼任政府其他官职。因此，北大校长的后继人选成为当务之急。1945 年 8 月 1 日，周鲠生致函胡适说："梦麟先生到行政院，如要解除北大职务，则北大必须有继人。而此间北大朋友，以为复兴北大，非兄莫属。恐此亦不容兄久在国外坐视者也。"③ 8 月 8 日，江泽涵致函胡适说："昨天蒋校长在昆明请北大教授茶会。他说骝先、孟真两先生劝他辞北大校长，因为他兼任北大校长，违反他手订的《大学组织法》。他说他从前未想到此点，故打算兼任，现在他觉得必须辞职了。他说，大概要你做北大校长，在你回国前，要派人代理。"④ 是年 8 月，蒋梦麟出任行政院秘书长的消息公开后，北大同人几乎一致希望胡适继任北大校长，但他无

---

① 任继愈：《〈冯友兰学记〉序》，王中江、高秀昌编《冯友兰学记》，北京：三联书店 1995 年版，第 4 页。

② 梁锡华编：《胡适秘藏书信选》，台北：远景出版事业公司 1982 年版，第 463 页。

③ 《胡适来往书信选》下册，北京：中华书局 1980 年版，第 24 页。

④ 同上书，第 26 页。

法立即回国。

众望所归之下，蒋梦麟请汤用彤做北大代理校长，北大教授会也推举汤用彤为代理校长。而汤用彤一再推谢让贤，诚恳劝留蒋梦麟。因他去意已决，汤用彤也坚辞代理校长之职，故汤用彤与北大同人周炳琳（字枚荪，法学院院长）、张景钺（理学院代理院长）、毛子水（图书馆馆长）联名于 1945 年 8 月中旬，发电报劝在美国的胡适早日返校主持工作。对此事胡适有些误会，以为是由于他们对蒋梦麟不满所致。为此，胡适于 8 月 29 日写信给江泽涵，批评汤用彤等四人"走入迷途"。虽然汤用彤与胡适为莫逆之交，然而海天相隔，声息难通，好朋友也难免产生误解。汤用彤并不希望蒋梦麟离开北大，而是想让他辞去行政院职务，故汤用彤劝胡适回国辅助蒋梦麟办好北大是真诚的。

1945 年 9 月 3 日，蒋梦麟来到昆明，于才盛巷召集北大教授开会。当天会后，江泽涵将会议情况写信汇报给胡适："今日是胜利日，北大的事真是千头万绪，不知从何说起。蒋校长来昆明宣布他要辞职后就回重庆了。他是说你回来继任。他曾要锡予师代理校长，锡予师坚决地拒绝了，现在还是无人负责。……现在可以负责的人只有枚荪兄与锡予师在昆明（枚荪兄似不肯居负责的地位，因为他反对蒋校长兼职颇烈）。我觉得你做不做校长关系不大，但是你越能早回北大一天，于北大的好影响越大。凡是与北大有关的人几乎全体渴望你回来。不知道你究竟能否提早回国，我只怕北大仍旧敷衍下去，不能趁此整顿振作，未免太可惜了。"① 同日，朱家骅致胡适电谓："梦麟兄因任秘书长，依法不能兼任校长，故力推兄继任，主席暨弟与北京大学同人亦均认为非兄莫属，公意如此，务请俯允。复员在即，不及征求同意，拟先提院发表，在兄未返国前，孟真兄虽抱病已久，暂行代理，特电奉达，并请速驾是幸。"② 9 月 4 日，国民政府任命胡适为北京大学校长，在他到任前，由傅斯年做代理校长。

---

① 梁锡华编：《胡适秘藏书信选》，台北：远景出版事业公司 1982 年版，第 459 页。

② 《胡适来往书信选》下册，北京：中华书局 1980 年版，第 30 页。

当时北大周炳琳等一批教授对蒋梦麟于校事不关心颇有微词。9月21日，贺麟致胡适信中也可看出北大同人对蒋梦麟的看法："尊示中答复锡予诸先生电一节，已转示有关各人。尊寄泽涵兄一函，麟亦曾读到。梦麟先生官兴正浓，且彼在行政院对于北大亦极有帮助。"① 为释前疑，汤用彤于同年9月6日，单独致函问候胡适并说明情况：

> 多年未具函问候起居，然常在念中。
>
> 前梦麟先生自美国返国就政院秘书长，北大同人因复校之期不远，校事须加紧策进，亟欲先生返国为梦麟先生臂助，因有枚荪及弟等四人之电。此举用意并非对梦麟先生有所不满（其时亦未知校长将辞职）。至梦麟先生所以坚持辞职的缘故，实因"大学校长不得兼任行政官吏"之规条，乃其任教长时所手订。当蒋先生自渝返昆召集教授同人宣布辞意时，措辞极诚恳坚决，同人闻悉之下，神志黯然，盖惜其去而知不能留也。
>
> 近得泽涵转示先生赐示，知台端因接前电而有所启示，至为感激！但前梦麟先生在渝尚未返校宣布辞职时，昆明即传言其有辞意。弟与景钺兄曾上校长一书劝阻……虽未能如来谕所言之切，但其意相同也。弟等虽愚，尚实未如先生所云走入迷途也。
>
> 成事不说，现政府已任先生为北大校长（未到任前由孟真兄代理）。同人知悉，莫不欢欣振奋，切望台端能早日返国到校。
>
> 弟以为今后国家大事惟在教育，而教育之基础，尤在领导者具伟大崇高之人格。想先生为民族立命之心肠当一如往昔，必不至于推却万不应推却之事也。
>
> 孟真在重庆，毅生已至重庆，景钺不日出国赴美（理学院事，切盼树人兄即返主持），枚荪言当另上函。至一切校务，孟真到后自有详细报告，不赘。②

---

① 《胡适来往书信选》下册，北京：中华书局1980年版，第40页。
② 梁锡华编：《胡适秘藏书信选》，台北：远景出版事业公司1982年版，第463页。

可见汤用彤力劝胡适早日从美国返校主长北大，实为北大前途计议。信中还请胡适在海外招致人才，为北大注入新生力量："抗战八年，北大教务方面，人员零落，即留在校中者，亦因流离转徙之折磨，英气大逊于往昔。现在北大首要之事，即在加入新的血液，尚望先生在国外即行罗致。至如现在各院系情形，及同人对兴革之意见，自当候孟真到后，由其函陈。"①

傅斯年常赴渝开会，他在离校时，委托汤用彤主管北大并代理联大常委职责。汤用彤时常出席联大常委会、校务会议、教授会，与南开张伯苓、黄钰生、杨石先②、陈序经、李继侗、饶毓泰、查良钊等各级领导精诚合作，共商决策。汤用彤又同南开师生在一起，对南开大学各项建设做出不可磨灭的贡献，延续着中国教育的命脉，形成了西南联大的新风格，创造出世界一流大学的成功办学模式。

二、延续教育命脉

（一）潜心教研

1941 年 6 月，国民政府教育部颁行《部聘教授办法》，实行"部聘教授"制度。由教育部直接聘任的部聘教授是当时中国教育界的最高荣誉，被称为"教授中的教授"。其条件为：在大学任教授十年以上，教学确有成绩，声誉卓著，并对于本学科有专门著作，且具有特殊贡献者。层层筛选后，由教育部学术审议委员会全体会议给予确认。经上述程序，1941 年确定 30 人为第一批部聘教授，1943 年又有 15 人当选为第二批部聘教授，哲学学科中仅汤用彤和冯友兰二人当选，名单如下：

① 梁锡华编：《胡适秘藏书信选》，台北：远景出版事业公司 1982 年版，第 463 页。

② 胡孚琛：《明师指路——记原南开大学校长杨石先老师对我的教诲》一文说，他在钱学森的建议下改行研究与古代化学密切相关的道教课题，想报考王明（汤用彤为其西南联大时导师）招的道教专业博士生。杨石先肯定了这一选择，给写了推荐书，还兴致勃勃地谈起他从前同汤用彤交往的旧事。该文节选后发表于《人民日报》1985 年 8 月 4 日。

胡小石（国学，国立中央大学）、黎锦熙（国文，国立西北师范学院）、杨树达（国文，国立湖南大学）、楼光来（外文，国立中央大学）、吴宓（外文，国立西南联合大学）、柳诒徵（历史，国立中央大学）、陈寅恪（历史，国立西南联合大学）、萧一山（历史，国立西北大学）、汤用彤（哲学，国立西南联合大学）、冯友兰（哲学，国立西南联合大学）、孟宪承（教育，湖南国立师范学院）、徐悲鸿（艺术，国立中央大学）、艾伟（心理，国立中央大学）、孙本文（社会，国立中央大学）、刘秉麟（经济，国立武汉大学）、杨端六（经济，国立武汉大学）、杨佑之（经济，国立四川大学）、周鲠生（法律，国立武汉大学）、戴修瓒（法律，国立中央大学）、胡元义（法律，国立西北大学）、何鲁（数学，国立重庆大学）、胡敦复（数学，大同大学）、苏步青（数学，国立浙江大学）、陈建功（数学，国立浙江大学）、饶毓泰（物理，国立西南联合大学）、吴有训（物理，国立西南联合大学）、桂质廷（物理，国立武汉大学）、王琎（化学，国立浙江大学）、曾昭抡（化学，国立西南联合大学）、高济宇（化学，国立中央大学）、李四光（地质，中央研究院）、何杰（地质，国立中山大学）、张其昀（地理，国立浙江大学）、胡焕庸（地理，国立中央大学）、秉志（生物，当选时困居上海，1946年后任教于国立中央大学）、张景钺（生物，国立西南联合大学）、蔡翘（生理，国立中央大学）、洪式闾（病理，江苏省立医政学院）、吴耕民（农学，国立浙江大学）、李凤荪（农学，湖北省立农学院）、梁希（林学，国立中央大学）、茅以升（土木，国立交通大学）、刘仙洲（机械，国立西南联合大学）、庄前鼎（机械，国立西南联合大学）、余谦六（电机，国立西北工学院）。

吴宓当时在日记中说："此固不足荣，然得与陈寅恪、汤用彤两兄齐列，实宓之大幸已！"① 部聘教授任期 5 年，可续聘。第一批部聘教授的第一个任期自 1942 年 8 月至 1947 年 7 月，经学术审议委员会 1947 年 7 月决议，他们一律续聘第二个任期。

1941 年夏，老舍应邀到西南联大讲学，其间遇汤用彤，于是"偷偷地读"他的《汉魏两晋南北朝佛教史》，获益匪浅。不久，老舍在《大地龙蛇》的创作中，写了一位虔诚的佛教徒形象。此后，老舍对佛教文化做了更多的思考，从长篇小说《火葬》和《四世同堂》等作品中可以明显地看出这种思考的轨迹。佛教文化对老舍一生的思想发展和创作实践的影响是极其深刻的，这是老舍一生众多活动领域中的一个重要方面，只有进一步加以探究，才能映现出一个完整的老舍来。

此际，日本飞机对昆明多次狂轰滥炸，殃及西南联大，许多教授只好躲避到郊区农村借房子安家。当时冯友兰家在昆明龙泉镇龙头村东端，金岳霖和钱端升家住一处，在龙头村西端。朱自清和闻一多都住在司家营，汤用彤家在麦地村，处于司家营和龙头村之间，相距各约一里，一住两年多。闻一多研究《周易》是 1937 年在南岳开始的，住到司家营以后，逐渐转到伏羲的神话上。汤用彤与其毗邻，常来和他讨论《周易》里的问题，等到闻一多专研究伏羲了，才中止了他们的讨论。

西南联大时期，汤用彤以往主讲的许多课程多由其时已学有所成的学生接替，如"哲学概论"由郑昕、齐良骥、石峻等讲授，"康德哲学"由郑昕主讲，"希腊哲学史""柏拉图、亚里士多德哲学"由陈康主讲。汤用彤只讲别人没有讲过的，即使自己开设多年的课程，每次讲授仍然认真备课，修订讲课提纲甚至重新拟写，体现着严谨求实和月异日新的治学精神。他新开讲了 9 门课程：印度哲学史、汉唐佛学、魏晋玄学、斯宾诺莎哲学、中国哲学与佛学研究、佛典选读、欧洲大陆理性主义、英国经验主义、印度佛学通论。必修课与选修课搭配合理，选修课门类很多，学生有很大选择余地。他以民族文化的继承、弘扬为使命，

---

① 吴宓：《吴宓日记》第 8 册，北京：三联书店 1998 年版，第 369 页。

安贫乐道，耕耘不辍。教书育人注重因材施教，他深入浅出，循循善诱，诲人不倦，奖掖后学，形成了独特的教学风格。

汤用彤虽因贫困痛失长子一雄、爱女一平（分别于 1939 年、1944 年病逝），心灵遭受剧创，然矢志不移，教学、著述未尝间断，为民族文化之复兴屡献硕果，培养了一批学界新人。西南联大时期（1937—1946）汤用彤培养的学生有石峻、任继愈、冯契、王叔岷①、张世英、汪子嵩、杨祖陶、陈修斋、王明、王利器、周法高、郑敏、宿白、杨辛、许鲁嘉②等，后来以老庄和易学研究名世的杨柳桥先生也曾前来向汤用彤问学。1941 年夏，任继愈研究生毕业，汤用彤将其留校任教。

在汤用彤开设《魏晋玄学》的同一时期，他 1941 至 1944 年间指导王利器于北京大学文科研究所读研究生，为他选定做《吕氏春秋》研究。王利器用注疏体撰成上百万言的毕业论文《吕氏春秋比义》，广搜博采诸家旧注，辨其是非，正其得失。此后他仍于此书致力不辍，1996 年终于完成巨著《吕氏春秋注疏》，2002 年由巴蜀书社出版。他倾注毕生心血，对吕书的源流、思想及价值作了精辟的考论，成为研究《吕氏春秋》的基本工具。

汤用彤待人平和，虽有盛名，却无盛气，深受广大师生敬重和爱戴。他没把自己关在学术象牙塔里，既有超然的境界，也时刻牵挂着民族的命运。他对贪官污吏深恶痛绝，反对国民党的独裁统治，同情学生的爱国民主运动，体现了西南联大的光荣传统。

---

① 王叔岷（1914—2008），1941 年考入北京大学文科研究所，为躲避轰炸而选择到中央研究院所在的四川南溪修完学业。傅斯年函请汤用彤为王叔岷的导师，于是他靠书信联络在昆明的汤用彤。王叔岷有次写信言及研究《庄子·齐物论》参用了章太炎贯通道、释，广受称道的《齐物论释》。汤用彤回信告诫："参考章先生《齐物论释》要小心，他在乱扯。"接着又讲"研究学问，只有痛下工夫"而已。（王叔岷：《慕庐忆往——王叔岷回忆录》，北京：中华书局 2007 年版，第 49 页。）这一当头棒喝使王叔岷深受震动，他秉承汤用彤的教导，确实痛下了工夫。1943 年秋，由汤用彤、罗庸中两先生自昆明寄题笔试，王叔岷顺利通过而毕业，留中央研究院任职。此后广校先秦汉晋群籍，撰专书近 30 种、论文 200 余篇，而成校雠大家。

② 许鲁嘉是印度政府派来的研究生，跟汤用彤研究孔子思想。

　　战时昆明物价飞涨，教育部提出要给西南联大担任行政职务的教授特别办公费，作为行政津贴。1942 年 10 月，由冯友兰主笔，汤用彤、雷海宗、郑天挺、陈序经、杨石先等各院院长、系主任共 25 人联名致函校领导，毅然拒绝教育部的这项专款，并请将原信附录转呈教育部。信中写道："同人等献身教育，原以研究学术、启迪后进为天职，于教课之外肩负一部分行政责任，亦视为当然之义务，并不希冀任何权力。"① 在抗战后期，很多教授典当衣物，卖稿卖文，但是在生活极端贫困的情况下，汤用彤等人担任行政职务，付出巨大劳动，却拒绝了理所当然的行政费补贴。可见他们将教学和研究视为自己的天职，并不追逐行政权力，只将其作为一种义务，追求平等，不肯领取分文补贴，高风亮节，难能可贵。

　　1945 年夏，杨祖陶考取了西南联大哲学系，成为联大的末届大学生。他回忆说："我一到校，可以说还来不及放下行装，就迫不及待、风尘仆仆、鼓足勇气去拜见我仰慕的联大名教授，汤用彤先生是我第一位觐见的学贯中西印的学术大师。我还清清楚楚地记得，先生身着长衫，满头银发，慈眉善目，和蔼可亲。先生不苟言笑，只是默默地听我的自我介绍和自我陈情，绝少插问或插话。先生丝毫没有我想象中的教授和大师的令人不敢仰视的架子和威严，以致我这个刚入学的新生小子就一五一十地向先生讲起了自己在石室高中时曾涉猎《坛经》《肇论》《五灯会元》等书，由于对进一步了解历代高僧言行感兴趣，竟敢斗胆向先生提出了借《高僧传》的要求。先生当时什么话也没有说，只是微微点点头，随即起身取出一部线装本《高僧传》交到我手里，也未作任何叮嘱。先生对素不相识的学生的这种热心扶持和真诚信任，令我内心激动和感激不已。"②

---

　　① 《西南联大 25 名教授拒受特别办公费致常委会信》，王学珍等主编《国立西南联合大学史料》第 4 卷，昆明：云南教育出版社 1998 年版，第 537 页。

　　② 杨祖陶：《哲人的"常态"——〈汤用彤学记〉读后》，《读书》2011 年第 8 期。

（二）与钱穆的学术交往

1931 年到 1937 年，钱穆在北京大学教授国史课，他的代表作《国史大纲》就是在讲授"中国通史"等课程讲稿基础上著成的。钱穆与汤用彤同年到北大任教，一见如故，相互引作知己。汤用彤邀请钱穆住在汤宅前院一书斋，并介绍老友熊十力、蒙文通、陈寅恪、吴宓、梁漱溟给钱穆认识。他们常相过从，钱穆尤时时与汤用彤研讨，贯穿着他创作《国史大纲》的前前后后。"中国通史"的全部课程纲要，正是钱穆寓居汤家期间，才开始写定的。① 他逐年增补，积累了五六厚本，成为日后著《国史大纲》的唯一祖本。

1. 汤用彤与钱穆《国史大纲》的创作

1937 年全面抗战爆发，钱穆把平日讲通史笔记底稿藏于衣箱夹层内，与汤用彤、贺麟一同离开北平，由天津取海道赴香港，再到长沙临时大学。又随校西迁，经过广西，借道越南，方至昆明。1938 年 4 月，最终到达西南联大文学院所在地蒙自，至是辗转流徙万里，阅尽生灵涂炭。钱穆复讲国史，备受学生欢迎。虽然生活颠沛，书籍匮乏，但是在师生们勉励下，他为了满足全国知识青年和时代的急迫需要，决心写一部中国通史教科书。是年 5 月，陆续起稿。

1938 年 8 月，西南联大放暑假后，文学院从蒙自迁回昆明。汤用彤、钱穆、姚从吾、容肇祖、沈有鼎、贺麟、吴宓留下读书，拟借居旧时的法国医院。当地传闻院中闹鬼，说他们"不惜与鬼为邻"，但七人不为所动，依然入住。此间钱穆与汤用彤等人同游蒙自县东二龙山，登玉皇阁。② 不久有消息传出，法国医院距空军基地不远，已成为空袭危险地带。钱穆晚年对这段传奇经历回忆说："沈有鼎自言能占易。某夜，众请有鼎试占，得节之九二，翻书检之，竟是'不出门庭凶'五字。众

---

① 钱穆：《八十忆双亲　师友杂忆》，北京：三联书店 1998 年版，第 172 页。

② 现玉皇阁已毁，但阁后观音殿尚存。近年重建了山门、大殿，以其深幽的环境，引来不少香客和游人。

大惊。遂定每晨起，早餐后即出门，择野外林石胜处，或坐或卧，各出所携书阅之。随带面包火腿牛肉作午餐，热水瓶中装茶解渴，下午四时后始归。医院地甚大，旷无人居，余等七人各分占一室，三餐始集合，群推雨生为总指挥。三餐前，雨生挨室叩门叫唤，不得迟到。及结队避空袭，连续经旬，一切由雨生发号施令，俨如在军遇敌，众莫敢违。然亦感健身怡情，得未曾有。"① 数日后，敌机果来，城区受祸惨烈，而七人在郊外仅受虚惊而已。自 9 月空袭频来，他们每晨抱书稿跑警报，将近傍晚乃返。因此，钱穆决定迁居到昆明百里之外的宜良县山寺里以便著书。

开学前夕，汤用彤和贺麟送钱穆到宜良西山岩泉下寺。方丈闻讯，出寺门迎候。他们借住在寺内县长的一座环境清幽的独栋小楼。时值晚秋，山林满目苍翠，桂花香溢，风清气爽。当晚，汤用彤和贺麟问钱穆："此楼真静僻，游人所不到。明晨我两人即去，君一人独居，能耐此寂寞否？"钱穆答道："居此正好一心写吾书，寂寞不耐亦得耐。窃愿尽一年，此书写成，无他虑矣。"② 次日，两人走后，钱穆独居静僻古寺，继续动笔构思已久的《国史大纲》。

寒假时，汤用彤与陈寅恪同来寺中看望钱穆。夜晚，清风徐来，三人在石桥上临池而坐。陈寅恪对钱穆说："如此寂静之境，诚所难遇，兄在此写作真大佳事。然使我一人住此，非得神经病不可。"③ 钱穆则表示即使在此幽居一生，也心甘情愿。诸位先生的天性气质，于此可见。陈寅恪心怀离乱，忧虑难以自遣；而钱穆却似乎逍遥世外，眼中只有学术。这种性格差异，必然影响其身心和命运。尽管性情迥异，然其学术报国之心，未尝有殊。

钱穆在岩泉下寺住了半载，其间常去环境更为幽静的岩泉上寺构思写作。该寺已成为道士院，道长号静庵，清雅超俗。钱穆告知他与大

---

① 钱穆：《八十忆双亲　师友杂忆》，北京：三联书店 1998 年版，第 218 页。

② 同上书，第 219 页。

③ 同上书，第 223 页。

儒王国维同名。道长知晓，亦爱读王国维诗词，且能随口吟诵。因道长亲切近人，且上寺泉石更胜，钱穆遂迁居于此。道士特辟出楼上供钱穆使用，自己甘居楼下。钱穆在上寺心境更佳，尽日操笔，如期完稿。他晚年忆起这段山居还动情地说："回思当年生活，亦真如在仙境也！"在钱穆旧居前，现立有一米多高的纪念碑，题曰："钱穆教授著书处。"①

钱穆安于寂寞，除坐火车赴昆明授课外，都在山中专心著书。就平日课堂所讲，随笔书之，先后历时 13 个月，终于杀青。1939 年 6 月 12 日,钱穆在《书成自记》中写道："书成仓促，相知惟汤君锡予，时时读其一二篇，有所商讨。"② 该书强调，合格的国民必须认识自己国家的历史，"尤必附随一种对本国已往历史之温情与敬意"③，如是国家才有向前发展之希望。这与汤用彤的"同情默应"研究方法相类，当是两人研讨得出的共识。他们都对中国文化有精辟识见和深厚感情，认为民族文化的价值取向决定历史进程。钱穆先发表了《国史大纲》开篇的《引论》，指出中国文化有其独立发展的系统，与西方文化发展过程不同。陈寅恪赞誉《引论》为近世"一篇大文章"，并劝友人必读。

《国史大纲》几经审查周折于 1940 年 6 月照原样出版，共 8 编 46 章，50 余万言。钱穆在扉页郑重写下"谨以此书献给抗战的百万将士"。书中处处体现出作者的春秋笔法和强烈的民族意识，各级标题点睛出时代特征及变化，透视出作者的历史智慧与创识。该书发行后，便成为全国大学的教科书，极大鼓舞了广大知识青年抗日救亡的热情，为增强民族凝聚力起到积极推动作用。

1940 年，汤用彤接家眷至云南后，因为钱穆曾住宜良之故，所以

---

① 钱穆晚年说："抗战胜利后，余重来昆明，每念岩泉上寺，乃偕友特访之。最近余在香港晤伟长侄，告余彼夫妇近赴昆明，特去宜良访上下寺。均已被乡民撤除。仅道旁尚留有石碑数处，约略可想见其遗址。余闻之，不胜怅然。"钱穆：《八十忆双亲　师友杂忆》，北京：三联书店 1989 年版，第 224 页。

② 钱穆：《书成自记》,《国史大纲（修订本）》，北京：商务印书馆 1996 年版，第 4 页。

③ 钱穆：《国史大纲（修订本）》，北京：商务印书馆 1996 年版，第 1 页。

也安家在此风景如画之地。1945 年，汤用彤悉心引导上中学的儿子读书，把《国史大纲》交到他手里，特别叮嘱道："这是钱伯伯的《国史大纲》，你一定要塌下心好好读，会对你有用的。"汤一介先生被《国史大纲》深深吸引，他后来评价："这本书对我影响很大，它使我了解到我们国家有着悠久、丰富、辉煌的历史，特别是钱先生对祖国历史的热爱之情跃然纸上，使我十分感动，这种态度可能对我以后爱好中国历史和中国文化有着非常大的影响。"

2．汤用彤对钱穆学术转向的影响

钱穆撰定《国史大纲》，因昆明屡遭空袭，乃于暑假携稿到香港交商务印书馆，顺便归苏州探母。汤用彤拟接眷属南下，遂与钱穆同行，从昆明出发，先至河内，乘海轮赴香港。钱穆将稿交商务印书馆馆长王云五，商请尽速付印。钱穆和汤用彤抵沪后，同赴苏州。

此行途中他们的一番谈话，开启了年届不惑的钱穆重习英文、研读西学、兼治佛学的研究方向。汤用彤问钱穆："《史纲》已成，此下将何从事？"钱穆请他给些意见，于是汤用彤建议："儒史之学君已全体窥涉，此下可旁治佛学。"但钱穆感叹道："读佛藏如入大海，兄之《汉魏两晋南北朝佛教史》，提要钩玄，阐幽发微，读之可稍窥涯涘，省多少精力。盼兄赓续此下隋唐天台、禅、华严中国人所自创之佛学三大宗，则佛学精要大体已尽，余惟待君成稿耳。"汤用彤谦辞道："获成前稿，精力已瘁，此下艰巨，无力再任。"还说："兄如不喜向此途钻研，改读英文，多窥西籍，或可为兄学更辟一新途径。"钱穆回答："余自十八岁离开学校，此途已芜，未治久矣，恐重新自 ABC 开始，无此力量。"[①]虽然钱穆当时有些畏难，但此建议终究使其又生重学英文之意。钱穆返苏州，侍养老母一载。他与汤用彤游街市，见公私书籍流散满街，有书摊尽是东吴大学散出的西书。钱穆委托汤用彤为他挑选好书，拟在此一年闭门勤读。汤用彤为他择购三书，钱穆嫌少，嘱其多购。汤用彤竟然

---

① 钱穆：《八十忆双亲 师友杂忆》，北京：三联书店 1998 年版，第 231—232 页。

不许，说："兄在北平前后购书五万册，节衣缩食，教薪尽花在书架上。今已一册不在手边。生活日窘，又欲多购西书何为。且以一年精力，读此三书足矣。"①

汤用彤为钱穆选购的三本书：一是《大人国与小人国》的译注本，中英对列。第二本也是中英对照小说。三是由美国两学者合写的当时最通行的英文原版《世界史》。汤用彤为钱穆如此选书颇有学问：首先，小说故事情节对于英文程度尚浅者来说，不仅有阅读乐趣，而且因有译注参考，容易入门。其次，钱穆身为史家，读过大量中译本外国史书，以此基础来读英文原著，虽开始会很吃力，但联系其史学知识，再借助字典，则不难理解。况且史学为其兴趣所在，故易于坚持读完，英文水平自然得以提高。诚如钱穆总结这段经历时所言："余以《史纲》方成，亟喜读之。始苦其难，每一行必遇生字，逐一须翻字典，苦不堪言。如是者有日，乃竟不翻字典即可知其大义。即忽略生字不问，遇历史上特有名字，初不解其意，但续读屡见，亦复心知其意，乃大喜悦。不识之字渐成熟识，口虽不能言，心中已领略，所谓心知其意者，余在此始悟。乃念读中国书，如读《论语》《孟子》，仁、义、礼、智、性、命、情、气，屡读多读，才能心知其意，岂读字典而可知，亦岂训诂所能为功。所谓英文历史书中之特有名字，较之此等，岂不易知易晓，难相比论。余读此西洋通史原文仅到三分之一，即感大愉快。竟在一年内，此书通读无遗，此乃余中年以后读书一新境界，使余如获少年时代，亦当年一大快事也。"②

虽然由于种种原因，钱穆没有机会上大学和留学，但是依然能够研读西学兼治佛学有成，并在树立民族文化主体性的同时，形成了会通东西的学术方法和格局，成为一代文化宗师。这与他对旧邦新命的矢志求索，以及有汤用彤等具备中外文化视野的良友引导和启益是分不开的。

---

① 钱穆：《八十忆双亲　师友杂忆》，北京：三联书店1998年版，第232页。
② 同上书，第231—232页。

（三）与胡适探讨学科建设

近年来笔者在搜集整理汤用彤遗稿的过程中，找到一批往来信函。其中以他与胡适的通信最多，已知有 30 余封。经汤一介先生同意，先整理出两封抗战时期对西南联大和北京大学学科与学风建设产生重要影响的遗札，并将相关背景及意义略述如下：

1. 北大精神的发扬与文科建设的奠定

作为北京大学及西南联大的主要负责人之一，汤用彤治理文科的根本方针是通过发扬自由创新的精神，力谋学术上的建树。对此，汤用彤与胡适的意见是一致的，两人都"引为知己"，相互推重。从现存他们的往来信函中可以清楚地看出这一点。早在 1938 年 12 月 17 日，汤用彤与蒋梦麟、钱穆、郑天挺、罗常培等人联署致电时任中国驻美大使的胡适，贺其 48 岁寿辰。信中说："在滇的同人们都愿你发挥无碍的辩才，申展折冲樽俎的身手，做一番旋转乾坤的伟业，寿国寿民兼以自寿。我们虽然遁迹天南，也不敢放弃了北大的一贯精神。大家都在各竭所长的去做自己能做的事，就想拿这一精神献给你做寿礼。……最后，我们希望你在转移国运之后，功成身退，同我们一起再回咱们老家去。"汤用彤等人殷望胡适在抗战胜利后，重回北大。从信中不难看出，他们对胡适的尊崇和敬重。

1940 年 12 月 17 日，汤用彤致函胡适，除庆贺其五十大寿，更主要是从学科建设出发，阐述北大在战时应采取的办学方针和具体措施：

> 原夫世界著名大学，类必有特殊之精神及其在学术上之贡献。若一大学精神腐化，学术上了无长处，则实失其存在之价值。北大自蔡先生长校以来，即奖励自由研究，其精神与国内学府颇不相同，而教师、学生在学术文化上之地位与贡献亦颇不后人。今迁校南来，精神物质均受巨大之损害，学校虽幸而存在，然比之我公亲自主持之时，所留存者不过同人等之老卒残兵。此则如不及时加以振奋，恐昔日之光辉必将永为落照。

信中深切透露出汤用彤的忧患意识："北大文科图籍沦陷，旧人颇见星散，实宜及时重加振作，并为将来预备。上述四项略陈纲领，详细办法已在商榷。惟北大现在经费有限，虽加聘导师经费，梦麟先生已允设法，然积极扩充自须另辟财源。……窃拟邀集中美友好在美洲筹集专款若干万元为扩充研究所之基金，既伸借花献佛之忱，又作百年树人之计。想先生于勤劳国事之际，必常眷念学校，盼能俯顺微意，惠然允许，北大及中国学术之前途实利赖之。"① 因此，他高瞻远瞩地指出，宜于事前为北大之前途有所预筹。

鉴于北大文科研究所过去名声显赫，联大时期更为北大唯一的自办事业，要想重振北大文学院，并为复校以后预备，自应从文科研究所着手。为此，汤用彤提出四条具体的充实途径：

一、设法使大学本科文学院教师与研究所融合为一，促进其研究之兴趣，学校多给以便利，期其所学早有具体之表现；

二、聘请国内学者充研究所专任导师，除自行研究外，负指导学生之责。如此，则学生受教亲切，成绩应更优长。而北大复校后，教师实须增加，本所现聘导师亦即为将来预备；

三、在现状之下酌量举办少数之学术事业，如重要典籍之校订，古昔名著之辑佚，敦煌附近文物之复查，南明史料之收集，藏汉系语言之调查等；

四、现在学校书籍缺乏，学生程度亦较低落，研究所学生应令其先精读基本书籍，再作专题研究。而优良学生于毕业后，学校应为之谋继续深造之机会。②

---

① 梁锡华编：《胡适秘藏书信选》，台北：远景出版事业公司1982年版，第452—453页。

② 同上书，第453—454页。

作为杰出教育家和享有世界声誉的学术大师，汤用彤当年殷忧之叹所蕴真知灼见并非只限于一时一地。汤一介先生认为，以上四条对今日北大文科甚至各院校，仍不失为重要指导方针。抗战期间，在汤用彤指导下，他的研究生王明做出《太平经合校》，王维诚于《道藏》中发掘出王弼《老子指略》等重要文献，而向达的敦煌考查又得到他大力支持等，都是上述建议实行的结果。信中要点在恢复和发扬蔡元培先生提倡的学术自由之学风。北大之所以为北大就在于"学术自由""兼容并包"。①

每所高校都应有其特殊的立校精神，如清华的"自强""厚德"，南开的"允公允能"之校训，皆世所公认。立校精神不仅是一所大学的力量源泉和精神象征，更是文化传承和时代精神的表征。近一个世纪以来，正是由于蔡元培、胡适、汤用彤等一批大师努力开创、维持和弘扬北大特有的自由研究精神，北大才以其优秀的学术传统和迥出众流的学术成就在世界上享有崇高地位，留下了丰厚的精神遗产。一所大学建立自己的学术特色很不容易，而一旦形成学术传统，其影响是十分深远的。②直至今日，在北大仍可感受到这种潜移默化的影响。

2. 中国敦煌学的开创

1943 年 1 月 17 日，西南联大总务长郑天挺的日记载："锡予来，

---

①　详见汤一介《汤用彤与胡适》，《中国哲学史》2002 年第 4 期。

②　张中行毕生感念母校北大推崇"学术自由""兼容并包"的红楼精神。他在晚年自述《流年碎影》中深情地写道："北大之所以为'大'，是靠有胡适、熊十力、汤用彤、黄节、罗常培、沈兼士、马衡、孟森、钱穆、周作人、梁实秋、朱光潜，等等著作等身的名教授。"又说"有的人位高，如蒋梦麟，是校长，可是没听说他有什么著作，在学生的眼里，不过是上方派来的一个官而已"。是北大培养了张中行深厚的学养，也是北大精神为他的平民思想奠定了基础。张岂之回忆说：在学生的心目中，北京大学一流教授的标准是，一要通晓中国文化，二是必须对外国文化有所了解。文学院院长汤用彤中西贯通，是当之无愧的一流教授。听他的课，这学期讲魏晋玄学，他是权威；再讲汉魏两晋佛教史，他也拿手。接下来讲英国的经验主义，他基本上用英文讲，讲得逻辑清楚，启发性大。过去我国的一流大学都有这样的特点，教授们都自强不息，追求完善，这是一条很好的人文传统。

示以觉明敦煌来书，随与之长谈文科研究所发展事。余意，语言调查可在云南，若历史考证，此后唯敦煌一路。其中未广布、未研究之文献甚多。且其地为国际学术界所注意，关涉甚多，影响甚大。此后北大文研之发展，舍此莫由。今觉明开拓于前，吾辈正宜追踪迈进。"1月19日，汤用彤又致函胡适，力陈学术建树为大学立足之本，并以开辟敦煌调研为重点来加以具体阐释。信中说："北大南迁以来，其固有之精神虽仍未衰，而为时势所迫，学校内部不免日嫌空虚。以文科而论，同人研究进修并未中辍，前年出版四十周年纪念刊，近又油印发行论文十余种，其中文学院同人所著颇有可观者，而比之我公领导下学校极盛之时，至少在数量上，实觉远逊。此其故，固亦由个人生活不安，工作效率低减，然学校财政支绌，事业无由发展，北大有名之自由研究渐趋不振，同人精神无所寄托。"他特别强调："夫大学之地位，首赖其在学术上之有所建立。北大同人若不及时努力，筹募经费，力谋建树，将来在学术上之地位必见低落。"因经费紧缺，极望胡适予以援助。

汤信中着重报告胡适敦煌文物调查已迫在眉睫，并陈述向达（字觉明）在敦煌考察成就及其困难，为此敦请胡适为敦煌文物调查筹款：

> 去岁向觉明赴西北之前，又曾以此间需要上陈。现在文科情形较前尤为吃紧，亟望我兄之援助。昨日接觉明自敦煌千佛洞来书，谓彼曾得王重民函，转致尊意，谓将筹款为文科研究所基金及西北考察事业费，闻之不胜欣慰，为学校贺。但此间情况必将日劣，伏望早日成事。而且文科领导无人，尤望我公之能提早返回，至为祝祷。觉明此次以北大教授名义，参加中央西北考察团，其薪津由北大付，此外稍寄去小款，自不够应用。然觉明于交通阻塞之秋，万里长征，所获已不少。实物例如收得回鹘经文一卷，为国内所无。其在敦煌所调查者，逾三百余窟，比之伯希和记录多约百余。盖觉明精力过人，而相关学识之富，并为国内首选，西北考察如由彼主持，实最合宜。又近来国人颇言开发西北，敦煌艺术遂常为名流所

注意，然其所成立机关之一，以于髯为护持，张大千为主干，西北古迹之能否长保，恐为一疑问。以故敦煌文物调查不能再缓，而我公为西北调查所筹款，亦宜托北大专管，务求用途得当。此虽弟一人之私意，实为学术之公心也。①

　　向达是汤用彤的得意门生，时任北京大学文科研究所导师。汤用彤积极支援向达西行，将之比作交通阻塞之秋的万里长征。信中所说"去岁向觉明赴西北"是指在中央研究院组织西北史地考察团时，向达代表北大于1942年春经河西走廊到敦煌，考察莫高窟、万佛峡等地。他返回后，针对某些名流随意剥离洞窟壁画的现象，发表《论敦煌千佛洞的管理、研究及其连带的几个问题》，提出将千佛洞收归国有，由学术机关管理，开展研究工作。这一建议促成了敦煌艺术研究所的设立。1943年3月30日，胡适致同在美国的王重民信中提及："朱家骅先生也有信来谈西北考察团事，梦麟先生也有信来谈北大事。我近得两千元，也许即可汇给梦麟，一半作考察团费，一半作文科研究员印刷费；是李国钦送我的，我想他一定赞成如此用法。"

　　在汤用彤致函胡适后的同年7月至次年，向达作为西北科学考察团历史考古组组长，再赴敦煌，写下大量重要原始记录，后来陆续发表《敦煌藏经过眼录》《西征小记》《莫高榆林杂考》等多篇论文，迥异于仅从书斋中写的文献考据之作。汤用彤在利用敦煌经卷等新旧史料研究佛道教方面，也为世人树立了崇高的典范。他对敦煌研究的倡导，为北大文科研究开出新路，并使中国敦煌学研究走上历史文献和考古资料相结合之轨道，逐渐改变了"敦煌在中国，敦煌学却在国外"的局面。②

---

　　①　梁锡华编：《胡适秘藏书信选》，台北：远景出版事业公司1982年版，第455—456页。

　　②　参见赵建永《汤用彤致胡适关于学科建设的信》，连载《中国社会科学报》2012年7月30日、8月13日、8月20日学林版。

第六章 复校北归——竭忠尽智

抗战胜利后，由于原主要负责人大多离开昆明，傅斯年遂委托汤用彤主持北大复校，任重事繁，加之经费拮据，肩上的担子很重，尤其是聘任教员的工作，困难重重。其艰辛正如汤一介先生所言，由于原在北平之教授多已散去，要把原来北大之各院系学术骨干再请回北大，绝非易事。他不可能只考虑文学院，全校所有专业的事情他都要考虑周到。因此汤用彤竭尽全力，为聘任各院系教授颇费心思。经过汤用彤诸先生的努力，至1946年秋开学时，当时北大师资力量已相当完备了。

第一节 北大复员聚精英

一、选聘英才

北大复校和扩建任务艰巨。他工作虽繁忙，但待人接物总是和蔼平易，从容不迫，有条不紊。白天他忙于治校，每晚则在家看书备课，著书立说，从无间歇。在北大复校期间，汤用彤与傅斯年的联系最多，这是因为傅斯年常在重庆，而在昆明的北大事要有人来处理。1945年10月23日，傅斯年第一次召集北大教授会提出，他离校时，请汤用彤代表他。① 这一时期，汤用彤与傅斯年信函往来颇多，大多讨论北大如何复校并发展的事。汤一介先生对此评论说："我父亲向来不大愿意多管事，但对北大复校事则甚热心。我想，这是由于他非常希望北大能保

---

① 1945年11月5日江泽涵致胡适函，《胡适来往书信选》下册，北京：中华书局1980年版，第59页。

持蔡元培先生提倡的'学术自由''兼容并包'之学风以提高教学和研究水平。"① 这点也可以从他与胡适的学术交往中看出。

汤用彤判断抗战时期北大"人员零落""英气大逊",这是符合当时实际的。

1945 年 10 月初,傅斯年到昆明了解北大各院系情况后,于 17 日写信给胡适也说:"北大内部,各系教员不充实,好则不太滥,明年暑假至少须聘三十教授(文理法三院)。"信后列举这三院师资匮乏情况,最突出的是外国文学系,只剩袁家骅一位教授,其他如哲学、历史均须补充人。"理学院各系:算学充实,可惜多在国外。物理很好,也可添人。化学,曾昭抡极热心,目下人太少。物[地]质空空如也……生物系甚好,法学院最糟,政治系不成样子,经济空虚,法律则几都是律师。请人有两标准:①科目需要,②特殊人才,不以需要为限。"② 傅斯年在信中不仅提到如何建设和充实文、理、法三院,还对医学院的建设和如何筹建工学院及农学院多有讨论。由于胡适仍远在美国,因此聘任教员事,傅斯年更多的是与汤用彤商讨。

北大在抗战中确有不少教授离开昆明,出国或到他校任教。如哲学系的张颐、熊十力都去四川,历史系主任陈受颐去美国,外语系朱光潜去武大。理学院有更多的教授去了美国,如院长饶毓泰,数学系的许宝騄、程毓淮、樊玑等人。③

1945 年 10 月 28 日,北大秘书章廷谦邀宴,借以欢迎傅斯年到校。席上有傅斯年、汤用彤、周炳琳等北大同人。饭后谈及时局和学校未来问题,大家认为:"盖倘国共问题不得解决,则校内师生意见更将分歧,而负责者欲于此情况中维持局面,实大难事。民主自由果将如何解释?学校自由又将如何保持?使人忧惶!深盼短期内得有解决,否则匪但数

---

① ③　汤一介:《1945—1948 年汤用彤先生与北大复校——汤用彤与胡适、傅斯年》,《北京大学学报(哲学社会科学版)》2013 年第 3 期。

②　《胡适来往书信选》下册,北京:中华书局 1980 年版,第 50 页。

月之内、数年之内将无真正教育可言也！"①

1945 年 11 月 10 日，汤用彤致程毓淮教授函中可见抗战胜利后，北大将复校北平前的一般情形："抗战终止以后，昆明物价虽稍跌，但薪金仍不够用。而且国内战争不止，真令人丧气。联大恐一时不能搬，现虽定于明年四月十五日放假，但在六个月中，华北未必能安定，联大决不能在局势不安之中迁移前往。弟已厌倦此项生涯，亦欲得机会往美洲一游，但恐不能得轻松之事。因身体坏，不能过忙碌的生活也。万一有能偷懒的好事，乞兄为留意，为荷。"② 随后北大复校的严峻局势促使汤用彤不得不暂时打消了出国休养的计划。

抗战胜利后，由于西南联大三校复校，汤用彤与傅斯年的交往日益频繁。当时在昆明的北大负责人已不多，郑天挺（秘书长）和陈雪屏（教育系主任）已先后北上为北大复校做准备。周炳琳借故不愿多管北大事，罗常培又去美国，姚从吾回河南，后任河南大学校长。此后，北大在昆明复校事多由汤用彤主持，主要在两个方面：（1）约回散在各地的北大旧人，并聘请新教授；（2）负责把留在昆明的北大教职员和家属及学生迁回北平。汤一介先生为后人保存下来一些北大复校前后的函件材料。

1946 年 3 月 21 日，汤用彤亲笔起草致国立西南联合大学函两封。现录其一于下：

敬启者：

查北京大学现需新聘教授、副教授总计七十三人。其中有十六人现在国外，其中有三十三人，或系前曾参加联大（如饶毓泰、戴修瓒），或系北平时代旧人（如朱光潜、陈受颐）。敬请于呈报教育部时，务代为声明。又北大如于下年复校时有新设立之学院，其新

---

① 《周炳琳和梅贻琦的友谊》，《北京大学校报》（总第 1131 期）2007 年 10 月 18 日。

② 汤一介：《汤用彤与胡适》，《中国哲学史》2002 年第 4 期。

聘教授当另案办理呈报，此点亦祈代为声明。至荷，此致

国立西南联合大学　启

三月廿一日

该信附录有国立北京大学复员呈教育部之员工总数清单。由于当时联大尚未分家，因此北大聘任教员得先报联大，再由联大报呈教育部。

3月21日，汤用彤致国立西南联合大学函第二封如下：

敬启者：

兹将北大办事处员工及其眷属之需迁移者，开列清单具报（如前次已有报告，当以此次为准），伏乞查照为荷。此致

国立西南联合大学

又，北大研究生自当列入联大学生名册内，不另具报。

三月廿一日

信后附录在昆明的北大教职员及研究生名单。在每位职员名后注明，该员有家属几口及子女年龄，以便回迁时安排住房。此信与前一信是同时所写，前信是为新聘教授事，此信则为留昆明员工复校回北平事。

此时胡适尚未回国，故汤用彤多与傅斯年商讨聘请教员事。在汤一介先生所存下来的材料中有多份他们为北大聘任教授、副教授的名单，例如：

中国文学系

原有教授五人：罗常培（在美）、杨振声（在平）、罗庸、唐兰、游国恩（以上三人在昆明）

拟聘教授二人：徐震锷（在浙大）、沈从文（在昆明）。俞平伯（在北平，未洽定，清华已聘）

副教授二人：章廷谦（在昆明）、孙楷第（在北平）……

从中可见，当时北大聘教授、副教授事仍未最后确定。汤用彤这类手稿不仅有文学院各系名单，也有理学院和法学院的聘任名单，甚至还有新建的工学院、农学院之名单。现录法学院聘任名单一纸如下：

> 法学院
> 法律系：
> 现任在职教授燕树棠、蔡枢衡、费青、李士彤。已聘定（已致送临时聘约）戴修瓒、李祖荫。在接洽或拟议中者，芮沐（尚在美国，已去函洽商）、石志泉、陈瑾昆。
> 政治系：
> 现任在职教授：钱端升、崔书琴、吴之椿。已聘定（已致送临时聘约）：周世述、张忠绂、许德珩。在接洽或拟议中者：张佛泉、程希孟、邱昌渭……

这类材料数量不少，多无日期，有些是重复的，或是因时间先后而不同，这大概是由于反复商量的结果。另有汤用彤亲自所写关于报联大的材料多种，兹录一种于下。

3月22日，汤用彤写有一份《国立北京大学现尚在，下学年返校之教授、副教授及其眷属详数清单》送呈西南联大。清单前面写道：

> 注意：
> 按昨日（三月二十一日）送交联大公函内称：本校新聘教授、副教授，共七十三人，请呈报教育部。今查此中
> （甲）教授副教授四十三人，系未曾在本校任课者，乃完全新聘。此项详单现在碍难开列。
> （乙）教授副教授三十人（昨函误作三十三人），原系本校人员，休假或请假离校下年将返校者。兹将此三十人及其亲属详为开列，制成表格如下。

在清单中列有数学系教授许宝騄、赵淞、樊玑，物理学系教授饶毓泰、赵广增，化学系教授钱思亮、朱汝华、蒋明谦，地质学系教授谭锡畴，生物学系教授罗士苇，中国文学系教授罗常培、孙楷第，外国语文系教授朱光潜、陈源、潘家洵、燕卜荪、莫泮芹、谢文通，哲学系教授张颐，史学系教授陈受颐、韩儒林，教育学系教授邱椿，法律学系教授戴修瓒、李祖荫、芮沐，政治学系教授周世述、张忠绂、邱昌渭、许德珩、张佛泉。由此可以看出，原北大教授在抗战期间多已星散，不少教授在国外或国内重庆、贵阳、北平、上海等地。[①] 4 月 2 日，傅斯年批复了汤用彤为北京大学复校而写的教师聘用计划报告。

二、重返北平

1946 年 4 月 5 日，傅斯年致汤用彤函，最可说明复校是事关北大生死存亡的历史抉择，故长录信文如下：

> 昨函计达。今日先一谈北大大局。莘斋兄等来此，接洽交通工具，打听一般空气，其结果是水上工具无有，一般空气以复员为惧，去京沪者来信，无不怨声载道，劝人不搬。弟之看法，今年局势险恶，经济及其他皆可有不了之演变。然国内国外皆不会打起来的，以后总是"阴阳怪气"拖上几年。或觉今年北方大局不定者，明年未必更好，此等全国局势问题，无法可想，愈想愈不得结果，且云南又岂乐土，或可下逐客令也（可询枚荪、莘斋兄等）。所以弟之看法，问题不在此，问题所在在无水上交通工具，这乃是一条死症。万里长征向更贵的地方走，必怨声载道。
> 目下形势，清华、南开实在羡慕他们有决定他们走不走的自由，北大则无之。假如弟在清华，弟将主张只在北平开一年级，其余缓一年，以便观望（明年未必好，观望即是很好的安心丸）。但

---

① 汤一介：《1945—1948 年汤用彤先生与北大复校——汤用彤与胡适、傅斯年》，《北京大学学报（哲学社会科学版）》2013 年第 3 期。

北大情形不如此。北平有几千学生，假如北大不去，他们必要求挂起北大（至少分校）的牌子来。目下政府尚未民主，而威权已一落千丈，是会答应的（去年李宗仁便要答应）。伪校教员又必因北大继续开班而留下，则那时无论用何名义开班（本年暑假），他们必会［摆］架子，而要求正式聘请，继续任用。地方政府以及教育部是会答应的。……然则，我们如不于暑假在北平升旗，北平必出来"北大"，也许客气些叫北京大学分班，或更客气些叫北平临时大学，然必有"北""大"字，必简称北大。从此据我们的房子，用我们的仪器，而以正统自居。即使明年我们能再去，亦将托庇于他。于是北大以伪教授为主体，尚堪问乎？此乃必然之演变，决非弟想入非［非］之谈也，盖陈雪屏的组织，如不于六七月间断然结束，而延长之，必反客为主。学生必不容"补习班"字［样］之存在，其教员（绝大多数是伪教员）必要求为正式教授，所以北大之存亡系于今夏之搬与不搬。清华、南开皆无此困难，可以自由选择，我们无此自由的。

总而言之，无论联大决定夏间搬与不搬，我们的教授、助教团体必须大多数北迁，否则北平开不了场。虽然我们请的教授不在昆明者多，但仍以昆明教授为中心也，其必愿留者均随其便，希望大多数能北行，系主任尤非北行不可也。以上看法未知吾兄以为何如？盼与同人想想。如以为然，弟当致力于交通工具。单人不成问题，家眷大成问题，只好做到几分算几分。北大存亡在此一举，北大之运命决于今夏，故弟强调言之，仍当取决于众同人也。①

傅斯年在信末请汤用彤把"此信俟茀斋或秉权之明诸兄返后，乞交月涵先生一看"。4月29日，梅贻琦就有关复校诸事致函汤用彤。

1946年5月22日，联大召开第375次会议，主要讨论三校复员事宜。当时梅贻琦不在昆明，由汤用彤代理主持会议。处理从昆明回北平

---

① 《傅斯年致汤用彤》（抄件）（1946年），台北"中央研究院"档案号Ⅱ：65。

的事务颇为棘手，除要把滞留人员安排好，还有书籍、仪器设备等如何运回诸多杂事，而且更因国内战争严重影响着复校的进程。

6月初，汤用彤一家和北大同人陆续飞往重庆，等待安排北返。时值炎夏，汤用彤与金岳霖、周炳琳等人及西南联大数百家眷寄居于山城狭隘的临时住所，连月来都在焦急、煎熬中度日。汤一介先生回忆说："我记得和我们一家同住一起的有冯至教授一家、陈占元教授一家等等。"① 在汤用彤返回北平之行期间，由贺麟暂时替他代理联大哲学心理学系主任的职务。

1946年7月9日，周炳琳致函胡适说："校中内部维持与在联大中的清华、南开保持接触，数月来汤锡予兄实负其责。锡予兄身体原不大好，为爱北大，竟肯挺身而出，至足钦敬。锡予兄处事稳妥持平，深知各方面情形，数月来局面之维系，孟真实深得其助。锡予原有意先赴宁沪与先生一晤，六月初来重庆后，见于飞机机位之不易获，遂变更原议，决定径飞北平，即在此时，航委会飞机移作别用，至平无机，遂延至今日尚未能行。"8月29日，周炳琳在致胡适信中说："北归，在等候飞机中。据余又荪兄告，交通部电中航公司续开专机三次，送联大同人至北平，第一班专机名单已定。……快亦恐须到九月中始能行。"②

汤一介先生回忆这段历史时说："三校返回平津实际上至十月分三批才得以成行。我记得是乘一架运输机，机内有两排相对而坐的长条椅，十分颠簸。到北平机场是一辆卡车和一辆小轿车来接，我们大多数人被引上卡车，都站在车后面的车厢内，一路只可以观看北平的街道。车上的孩子们都高歌'我们是昆明人'，完全忘记自昆明到北平的种种困难与辛苦。真心感到能回平津的快乐。我想，用彤先生在战火中把这一批有老有小的队伍从昆明带回到北平用了近半年的时间，他一定是常处于提心吊胆之中。在北大整个复员的过程中，也许更费心思的是筹

---

① 汤一介：《1945—1948年汤用彤先生与北大复校——汤用彤与胡适、傅斯年》，《北京大学学报（哲学社会科学版）》2013年第3期。

② 《胡适来往书信选》下册，北京：中华书局1980年版，第125页。

划各北大各院系如何恢复到 1938 年前的盛况，并使之在各方面得到发展，这在傅斯年先生与胡适的通信中可清晰地看到。"①

7 月 31 日，西南联大正式宣布解散，恢复北大、清华、南开三校建制。汤用彤的学生韩镜清、王维诚、庞景仁、张世英等，随南开大学复校到哲学教育系任教。他在文科研究所带的研究生杨志玖②、王达津③、王玉哲④及杨翼骧先后至南开历史系、文学系任教，均成为本学科的学术带头人，为南开大学文科的建设与发展奠定了良好基础。

---

① 汤一介：《1945—1948 年汤用彤先生与北大复校——汤用彤与胡适、傅斯年》，《北京大学学报（哲学社会科学版）》2013 年第 3 期。

② 杨志玖（1915—2002）是享誉国内外史坛的历史学家。马可波罗来华及其《游记》是中西交通史上重大事件。杨志玖在师从汤用彤读研究生期间，从浩繁的《永乐大典》中考证出马可波罗确实到过中国，发表论文《关于马可波罗离华的一段汉文记载》。此前数百年来，海内外史学界一直未能在中国史书上发现马可来华的可靠记载。汤用彤甚为赞赏，建议把题目改为《新发现的记载和马可波罗的离华年代》，以把发现和考证都突出来，醒目动人。他还特意致函《文史杂志》主编顾颉刚，对杨志玖予以褒奖，并建议顾颉刚不要因为是年轻人的文章而不给较高的稿酬。只是信寄到时，稿已发排而未及改题。该文荣获中央研究院名誉学术奖，并译为英文，1944 年刊于英国亚洲皇家学会学报。次年，哈佛大学《亚洲学报》发表该文摘要，其说遂成定论。杨志玖因而被公认为世界上最先对马可·波罗来华真实性研究做出重要贡献的学者之一。他到南开大学工作后，仍常与汤用彤保持学术来往。

③ 王达津（1916—1997），1944 年毕业于西南联大的北大文科研究所，后任中央大学、北京大学讲师。他在文科研究所"受古文字学家唐兰和哲学史家汤用彤的影响攻金文、甲骨、《尚书》与诸子"。此间在汤用彤指导下，他整理研究了《老子王弼注》。在汤用彤、唐兰、高亨诸师影响下，他在治学实践中确立并发展了自己的研究方法。1952 年由北京大学调到南开大学中文系任教 45 年，历任南开大学教授、古籍整理研究所所长、中国古代文论研究会及唐代文学学会第一至三届常务理事、天津市先秦文学研究会第一至二届理事长、九三学社社员。从事古代文论及唐代文学的教学和研究，著有《古代文学理论研究论文集》《唐诗丛考》等，为南开古典文学批评史学科奠定了基础。

④ 王玉哲（1913—2005），著名先秦史专家，南开大学文物与博物馆学系奠基人。1943 年毕业于北大文科研究所。他教学时常深情地谈起他的老师钱穆、唐兰、汤用彤诸先生的治学风范。在谈到论文写作标准时，他回忆道，联大期间汤用彤先生对研究生讲："严格地说，只有资料，哪怕是丰富的资料，而没有从中研究出创新的说法，这还不能算论文。"见张峰：《文风不惯随波转 学海滔滔一钓垂——王玉哲教授访谈录》，《史学史研究》2002 年第 1 期。

　　杨祖陶回忆这一时期的复校情况说："1945—1946 学年末，由于送还所借《高僧传》，我又去了用彤先生家一次，我向先生汇报了联大解散后我将到北京大学哲学系学习的打算，先生依然是不动声色地听着，但我从先生的面部表情似乎觉得先生默默地首肯了我的选择。一介兄在《汤用彤学记》序中说：'我父亲汤用彤先生几乎一生都关注在他的教学和研究上，同时他也非常关注北京大学的"学术自由，兼容并包"的传统。特别是对抗战胜利后北大的北归"复校"，可以说是尽心尽力了。'读到这里，我对自己能在用彤先生担任复校后的北京大学校务委员会主席（实为校长）、文学院院长时期完成自己的大学学业倍感庆幸，对用彤先生呕心沥血开创的北大复校的教育事业深感崇敬。两次到先生家都只见到先生，没有见到过师母和其他家人。此外，只有一次，我在联大南区远远地看见身着灰布长衫，脚踏圆口布鞋的先生牵着幼子一玄在医务室外面好像是去注射预防针什么的。"[1]

　　7 月下旬，汤用彤由重庆乘飞机重返辞别了九年的北平，住进小石作胡同 2 号。该胡同南起景山前街，北止陟山门街，东临大高玄殿，西近北海，与故宫相邻。在中国古代，"石作"是生产各种建筑石材的衙署，归内官监管辖。内官监掌管建筑宫殿、皇陵以及管理库藏等事务，其下属有石作、木作、瓦作、土作、搭材作、东作（烧砖）、西作（烧琉璃瓦）、油漆作、婚礼作、火药作等十作，其中以石作为首。而石作在明永乐年间修建北京城时，就设在陟山门街路南。到了清代，因此处有明朝的石作，遂取街名为石作胡同。后又改为大石作胡同和小石作胡同。据汤一介先生回忆，小石作胡同的院子坐南朝北，院里很宽敞，进了院门，是一个过道，再向里是一个小天井。天井右边有一小跨院，院子里有四五间房子。院子的右边是南房，南房旁有一道墙，墙上开有一个门直通正院。正院是四合院，里面有北房五间，东房三间、西房三间。正院还带着一个小跨院，跨院里是厨房等处。此院近年因盖高楼而

————————————

[1]　杨祖陶：《哲人的"常态"——〈汤用彤学记〉读后》，《读书》2011 年第 8 期。

拆了。

杨辛教授回忆北大复校后情况说："汤先生担任北京大学文学院院长，住在景山小石作的一所四合院，比昆明住的小院宽敞多了，我与一介住在一间书房里。后经友人帮助，一介和我插班到育英中学念高中。不久，遇上北平国立艺专建校后第一次招生，校长是著名画家徐悲鸿，我因为喜爱绘画就去报考西画系，发榜时我被第一名录取。后来就转到艺专学习，有一段时间因艺专没有学生宿舍，我仍住在汤家，早上步行到东总布胡同艺专上课。这段时间汤先生虽然是北大文学院院长，但生活仍很清苦。我记忆中早上吃的常是窝窝头切片。进入艺专后在西画系学习，我的班主任是董希文老师（油画《开国大典》的作者），入学后第一年，我的成绩也是第一名。这个时期除了接受董希文先生的经常指导外，我还有幸多次聆听徐悲鸿先生的教诲，还观看过齐白石老人在现场作画的示范表演，这些熏陶对我后来从事美学教育工作都很有帮助。到了1947年上半年，我积极参加学生运动，参加了北平大学生'五二〇'反饥饿、反内战大游行。当时我是艺专学生美术研究会的副主席，艺专学生运动的负责人之一。后来，国民党把我们这些牵头的人列入黑名单，要逮捕我们。在这种情况下，地下党组织帮助我们转移到冀东解放区。"①

1946年5月，胡适在纽约致电汤用彤、周炳琳、江泽涵说，他将于5月27日从旧金山起航返国，并为自己延期的返回深表歉意，还说饶毓泰准备6月起航回国。7月5日，胡适回国到达上海，7月29日飞抵北平，汤用彤与傅斯年、郑天挺等人代表北大赴机场迎接。胡适下机伊始，向围上来的记者宣称："中国民主有了进步，新文学和妇女解放有了进步。原来坚决反对白话文的胡先骕，近来为报纸写论文居然也用了十句白话，这是他归国后的第一件最痛快的事。"胡先骕是汤用彤的《学衡》社友，听了胡适这番话，汤用彤自是会心一笑。8月4日，北

① 杨辛：《谁言寸草心，报得三春晖》，汤用彤著，汤一介、赵建永选编《会通中印西》附录，上海：东方出版中心2012年版，第469页。

大校友会在蔡元培纪念堂开会欢迎胡适。8月16日，胡适主持召开北大校务行政第一次会议，重点研究北大院系调整及新建制和各院系教员聘任事。

9月20日，胡适为傅斯年卸任"代理"校长举办茶话会后，正式接任北大校长。同时，胡适聘任汤用彤为文学院长兼哲学系主任，饶毓泰为理学院长，周炳琳为法学院长，马文昭为医学院长，俞大绂为农学院长，马大猷为工学院长，樊际昌为教务长，陈雪屏为训导长（后为贺麟），郑天挺为总务长，组建了复校后的北大领导班子。至此，北大复校大体就绪。胡适提出了《争取学术独立的十年计划》等一系列大学教育的蓝图。胡适热衷于政治活动，常在南京开会，北大校务多由傅斯年与汤用彤协理。

10月7日，朱自清携眷飞赴北平，暂住在国会街北京大学四院，直到月底搬进刚修缮好的清华园旧居。此间，他拜会了汤用彤、郑天挺、杨振声、周炳琳、胡适、陈岱孙、梅贻琦、陈福田、沈从文、冯至、闻家骃、俞平伯等老友。

10月10日上午，北京大学举行开学典礼。北大四院里旧众议院的会议厅讲台上坐有胡适校长和法学院长周炳琳、文学院长汤用彤、秘书长郑天挺、训导长陈雪屏、教务长郑华炽、经济系主任赵乃抟、杨振声教授、闻家骃教授等30多位。正厅、楼厅和楼厢上坐满了2000多位同学。胡适讲述了北大的历史和精神及其对北大的希望。会后大家在礼堂外摄影留念。随后各位教授乘汽车出了四院的铁门。

11月，在西南联大9周年纪念会上，胡适以自己和梅贻琦、汤用彤等人为例来说明，三校原本是"通家"，患难与共，休戚相关，合作精神应继续发扬下去。12月11日，汤用彤联同北大、清华、南开等校教授致函国民政府主席蒋介石，迫切陈言物价暴涨对国家教育与学术影响巨大，吁请政府重视教育，要求公平合理地调整教师待遇。他们希望的调整办法在原则上有两点："（一）对一般教师待遇，应按生活费指数计算，以达一合理之标准，俾足以维持安定之生活；（二）政府对各地区与各部门公教人员，不应有不公平之差别待遇。"① 该函现藏中国第二历史档案馆。

汤用彤与胡适、傅斯年于 1946 年筹建起东方语文学系（后来改称东方语言文学系），经向达和白寿彝教授推荐，汤用彤代表北大聘请 40 岁的马坚到北大任教，并聘请刚从德国留学归来的季羡林担任系主任。

汤用彤在北大工作时间最长，与老一辈学者一道为北京大学的学科和学风建设做出了重大贡献。他任北大文学院长期间聘请张颐、贺麟、郑昕、游国恩、朱光潜、废名、季羡林等为教授。汤用彤以无为而治的理念治理院校，绩效显著。他平时主要管两件事：

一是聘请优秀教员。季羡林常说："过去用彤先生长文学院，聘教授，他提出来，就决定了，无人有异议。""当时的北大真正是精兵简政。专就文学院而论，锡予先生孤身一人，聘人、升职等现在非开上无数次会不可解决的问题，那时一次会也不开，锡予先生一个人说了算。大概因为他为人正直，办事公道，从来没有出过什么娄子。我们系里遇到麻烦，我总去找锡予先生，他不动声色，帮我解除了困难。"②

二是指导学生选课。汤用彤总是要看每个学生的选课单，根据学生的特点来指导学生选课，然后签字。现存他的讲义中常夹着学生选课单和选课名录及对学生的打分和评语等，凡此均可见其因材施教的教育方式。③

汤一介先生对父亲为人行事的道家"无为"作风颇有感受。他说："我记得他当哲学系主任除聘请教员和指导学生外，其他事他大多不闻

---

① 其中南开大学教授有冯文潜、张清常、黄钰生、吴大任、王维诚、庞景仁、司徒月兰等。见《北大、清华、南大等校教授要求合理调整待遇》，《南开大学校史资料选》，天津：南开大学出版社 1989 年版，第 687—689 页。

② 季羡林：《回忆汤用彤先生》，《光明日报》1997 年 5 月 28 日第 7 版。

③ 笔者整理汤用彤遗稿时常见到其对聘用人选的安排筹划，对课程设置、教材建设的意见。如他在教学会议上的讲稿提纲"科学研究与教材建设"，用纸印有"北京大学中国哲学史教研室"，据笔迹判断为 1954 年中风前所写，约作于 1952—1954 年间。这些记录已成为珍贵的历史文物。

不问。这可能也是他少与人发生矛盾的原因之一。当时哲学系只有一个半时助教，管管日常收发；文学院也只有一个办事员。我认为，这样精简的机构是比较适合学校的运作的。人员少了矛盾少了，就可以行'无为之治'。"

当时北大哲学系的课程，根据汤用彤的意见，除设数理逻辑外，主要是中国哲学史和西方哲学史两大类。通论性和专门性课程、必修课和选修课搭配合理。在西方哲学方面，除汤用彤的经验主义和理性主义外，还有贺麟的西方哲学史的通论课，张颐的黑格尔哲学，郑昕的康德哲学，陈康的希腊哲学（主要讲柏拉图和亚里士多德），齐良骥的英国哲学名著选读等。汤用彤还规定哲学系学生都要学习自然科学，这对提升学子们文理兼通的素养大有好处。张岱之当年选过生物学和普通物理，认为自己在后来的工作中受益颇深。汤用彤在北大执教 34 年，在原来基础上，教学质量精益求精。这一时期他的西方哲学史教学重点讲授大陆理性主义、英国经验主义。这两门课的讲义手稿发现有 14 册，另存"哲学概论"的英文纲要一册。《汤用彤全集》第 5 卷中的"大陆理性主义""英国经验主义"是根据听课笔记整理；"哲学概论"据北大出版部铅印本整理，而这些新找到的讲义手稿可供校补使用，如未收录的"莱布尼兹"等章节。

1947 年初，汤用彤结束魏晋玄学一课，随即讲授英国经验主义。杨祖陶回忆说：

　　北京大学哲学系学习的最后一个学年度里，我以极大的专注选修了用彤先生开设的"大陆理性主义"和"英国经验主义"两门课程。关于先生讲课的风采，我曾在《西哲东渐的宗师》中作过这样的描述："先生上课从不带讲稿，绝少板书，也不看学生，而是径直走到讲台边一站，就如黄河、长江一泻千里式地讲下去，没有任何重复，语调也没有什么变化，在讲到哲学家的著作、术语和命题时，经常是用英语，就这样一直讲到响铃下课。"（《学记》，第

79 页) 当时我们这些学生既折服于先生讲授内容之博大精深和有根有据，又十分惊叹先生讲解之流畅和娴熟，私下以为这是由于先生对教学内容之了如指掌和多年反复讲授之积累，因而讲起来行云流水，举重若轻，是再也勿需讲前备课的了。实则大谬不然。一介兄（那时他和我们一起上这两门课）在纪念先生百年诞辰的《昌明国粹，融化新知》中写道："从 20 年代起他教这两门课已经不知多少次了，但他每次上课前都要认真准备，重新写一讲授提纲，把一些有关的英文著作拿出来再看看，当时他担任北大的行政领导工作，白天要坐办公室，只能晚上备课到深夜。"（《学记》第 92页）用彤先生就是这样一位随时都把学生听懂、掌握讲授内容和将学术应有的纯洁、尊严放在首位的、大写的"人师"！……

在我日后多年教学实践中，总是不断加深对先生的教学理念与方法的认识，并认真追随。我认为先生讲授最主要的特点是，他从不按照他人的转述（即所谓"二手资料"）来讲，而是严格根据哲学家本人的原著，讲解中都要指出某书、某章、某节或某命题，讲授内容可视为哲学家原著的导读。先生对原著绝不是照本宣科，而是经过严密的分析，引导学生通观原著的本质内容和逻辑线索，以明了其大体。他也从不对所讲的哲学学说作主观的判决或宣称它们有什么用，而是根据历史事实和理论分析对其存在的问题和困难进行一种客观的"质疑"，以启发和培养学生钻研问题的"理论兴趣"。通过对原著的客观分析来掌握一种哲学学说和以一种客观质疑的方法引导学生把西方哲学作为客观对象而对其作客观研究——先生的这种做法不仅有教学方面的意义，而且实际上也是研究西方哲学应有的、也许是唯一正确的态度和方法。我很庆幸自己是在这种做法的熏陶和培育下成长起来的，使我在后来的教学和研究生涯中受益无穷。①

---

① 杨祖陶：《哲人的"常态"——〈汤用彤学记〉读后》，《读书》2011 年第 8 期。

在抗战胜利后，经胡适、傅斯年、汤用彤众多北大教授的努力，至 1948 年北大各院系的教授阵容已非常可观。汤一介先生认为：如能合力一直办下去，北大对中国的各科学术研究定会取得有意义的进展。从现存 1948 年印发的《国立北京大学教职员录》可以看出当时文、理、法、医、农、工 6 个学院的各系教授阵容已是相当可观的。以文学院为例：哲学系有教授 9 人，史学系有教授 12 人，中国语学系有教授 12 人，西方语文学系有教授 12 人，新建东语系也有 4 人，教育系有教授 5 人。这一批教授年龄多在 40 岁至 50 岁之间，最长者熊十力先生也只有 64 岁，最年轻者张政烺、胡世华、季羡林均为 37 岁，这批学者大多留在大陆而未去台湾，对新中国学术文化做出了重大贡献。①

三、关心国事

在北大复校北归期间，内战迭起，国事蜩螗，汤用彤的心也被时事所累，不得不时从书斋里走出来，关注着社会上所发生的那些令人烦忧的事。1946 年 7 月 15 日，闻一多教授在昆明西仓坡被特务乱枪暗杀，身中数弹，其子闻立鹤重伤。梅贻琦闻讯"愤愕不知所谓"，当晚就发急电报告教育部，并致公函给法院、警备司令部及警察局。得知闻一多被害消息，正在重庆候机北上的汤用彤与冯友兰、金岳霖、周炳琳等教授联合上书教育部朱家骅部长转国民政府，严正抗议特务的卑劣行径，请求严格追查凶犯及其主使人，从速处理，以平公愤。此快邮代电中写道：

> 朱部长勋鉴：同人等复员过渝，留滞陪都，方怅行路之艰难，而昆明噩耗频传，联大教授闻一多先生父子又被狙击。闻先生治中国文学成绩卓著，一代通才，竟遭毒手，正义何在，纪纲何存！同

---

① 汤一介：《1945—1948 年汤用彤先生与北大复校——汤用彤与胡适、傅斯年》，《北京大学学报（哲学社会科学版）》2013 年第 3 期。

人等不胜悲愤惊愕，祈主管当局务缉凶归案，严究主使。政府在道德上法律上之责任决不能有所规避，对于其所属人员亦不能有所曲护，并祈从速处理，以平公愤，无任企祷。

联署签名者有王遵明、王宪钧、江泽涵、吴素萱、邵循恪、李鲸石、周炳琳、周作仁、金岳霖、苟清泉、姚从吾、姚圻、徐仁、陈康、高华年、马大猷、许维遹、张清常、张怀祖、郭沂曾、阴法鲁、冯友兰、冯式权、冯至、汤用彤、费青、傅乐淑、黄子卿、汤佩松、叶企孙、叶楷、刘俊潮、刘钧、蔡枢衡，共34人。①

7月18日，冯友兰致梅贻琦函说："昨日始悉一多消息，不胜悲愕。此间同人已联名致教部一电，原稿由锡予寄呈一阅。校中对于一多家属抚恤不知已有决定否，弟意可先决定下学年续发薪津，其余以后再说。"8月，他致梅贻琦、雷海宗函中复就闻一多家眷抚恤问题进言。②7月28日，重庆各界人士6000多人隆重举行李公朴、闻一多追悼大会。大会主席团成员兼主祭人周炳琳讲述了闻一多的生平事迹，以及他们从五四运动以来的相交经过。8月9日，周炳琳与重庆各界人士暨50余个团体成立"陪都李闻惨案后援会"，并发表宣言吁请当局彻查血案，切实保障人身自由等。8月25日，顾祝同在昆明召开记者招待会，宣称霍揆彰之云南省警备总司令一职已被革除。

11月，胡适拟去南京参加"制宪国民大会"，汤用彤很不赞成，劝阻他说："国民党这样腐败，你何必去，并且就是要帮助国民党，你不去更好。"胡适没有听从，还是应蒋介石之邀赶去进入了大会主席团，并被推举为"决议案整理委员会"委员，主持制定了《中华民国宪法草案》。胡适说：这部宪法的问世，标志着国民党即将结束训政，还政于民，是"一件政治史上稀有的事"。对此，汤用彤在中华人民共和国成

① 《西南联大金岳霖、汤用彤、冯友兰、叶企孙等过渝教授致教育部朱家骅部长快邮代电》（1946年7月18日），清华大学档案馆藏。

② 《闻一多研究动态》第4期（1996年5月）。

立后的一份"思想检查"中做了检讨。①

1946 年 12 月 24 日晚上，北京大学先修班女生沈崇被美国士兵强奸。北大教师袁翰青起草了准备送交美国驻华大使司徒雷登的抗议书，发起签名运动。胡适从南京电告汤用彤处理沈崇事件之意见。北大学生举行抗议美军暴行的大游行，48 名北大教授联名发表《为抗议美军暴行致美国大使司徒雷登书》，要求严惩罪犯，全力支持学生行动。北大秘书长郑天挺联合各校，决议对学生游行不加阻止，并联络有关机关，请求保护。1947 年 1 月 22 日，沈崇一案宣判，胡适获知此案胜诉后，立即去汤用彤家，未遇，遂留一便笺告知："锡予兄：沈崇案完全胜诉，被告强奸罪完全成立，敬闻。适之　丁亥元旦。"② 以往人们对此信落款日期的解读多误以为是阳历的元旦，实际上是指大年初一。

1947 年初，蒋介石拟改组政府，想请胡适出任国民政府委员兼考试院院长，委托傅斯年、王世杰等人说项。但傅斯年认为"政府今日尚无真正开明、改变作风的象征，一切恐为美国压力，装饰一下子"，故不同意胡适参政。3 月 18 日，蒋介石约见胡适，说考试院长可以不做，但国府委员不能推辞，因为这不是什么官，也没有多少事，请他一定要考虑考虑。傅斯年得知胡适似有动摇，再次写信苦劝胡适要保持名节，并说蒋介石不没收孔祥熙和宋子文的财产，就是没有改革政治的起码诚意。汤用彤也劝胡适说："在中立的地位，可以对国家更有帮助。"

3 月 21 日，胡适飞回北平，考虑再三，终觉不妥。29 日，胡适与汤用彤、郑天挺（总务长）、陈雪屏（训导长）商量，由他们密电政府，说明校长不应参加政府委员会之意。胡适又通过教育部长朱家骅向蒋介石转达自己不能参加政府的苦衷。与此同时，汤用彤、饶毓泰、郑天挺三人也联名致电朱家骅，表示反对蒋介石的征调："顷闻中央拟推适之先生为国府委员，遂听之余，深感惶惑。窃意北大方始复员，适之先生万不能中途离校。国府委员会为国家最高决策机关，更不宜由国立大

---

① 该手稿未刊，本书写作时藏北京大学燕南园。

② 汤一介：《记胡适给我父亲的一封信》，《群言》2001 年第 3 期。

学校长兼任委员。此事倘经实现，不惟妨碍北大前途，又与北大组织法不合。今日大局不安，适之先生在北大对整个教育界之安定力量异常重大。同人爱护政府，爱护学校，并深知适之先生之立场。用敢冒昧陈辞，务祈婉为上达，力为挽回，不胜迫切待命之至。"① 由于汤用彤等人联合极力陈请，蒋介石终于不再强求，但其心中仍"殊为耿耿"。

1947 年 2 月，为镇压日益扩大的爱国民主运动，北平警备司令部、宪兵团、警察局和国民党市党部出动了 8000 多人，以清查户口为名进行大搜查，逮捕了中共地下党员、民主人士、教授、学生和无辜群众等各界人士 2000 余人，其中有清华学生王宪铨。时值期末考试，清华大学学生立即罢考抗议，北大学生也在酝酿和清华一致行动。

2 月 22 日，汤用彤与许德珩、朱自清、向达、金岳霖、俞平伯、陈寅恪、张奚若、钱端升、吴之椿、徐炳昶、杨人楩等 13 位教授联名签署《保障人权宣言》，批评和抗议政府非法搜捕进步人士和爱国学生的行径，义正词严地谴责国民政府践踏人权，向政府及社会呼吁尽速释放无辜被捕的人民。3 月 8 日，《观察》发表了这份宣言：

近日平市清查户口，发动警宪八千余人，分八百余组，午夜闯入民宅，肆行搜捕。据平津二月十九日各报记载：十七日一夜捕去一千六百八十七人，连同前数日已入陷囹圄者共两千人以上。其中不少知名之士，就已知者如中央警官学校王云相教授，北平耆旧符定一，行总平津分署组长于汝祺女士，中外出版经理社经理张亦凤夫妇及店员三人，牙医师朱砚农博士，前协和医学院大夫蒋豫图博士，师院附小女教师二人，以及华北学院学生三人，并据当局表示：尚拟继续搜捕。当初政府公布宪法重申保障人民自由，甚至颁行大赦，北平一地即已释放千余人。今反以清查户口之名，发动空前捕人事件，使经济上已处水深火热之市民，更增恐惧。同人等为

---

① 《汤用彤等致朱家骅电一通》，耿云志主编《胡适遗稿及秘藏书信》第 36 册，合肥：黄山书社 1994 年版，第 482—483 页。

保障人权计，对此种搜捕提出抗议。并向政府及社会呼吁，将无辜被捕之人民从速释放。至其确有犯罪嫌疑者，亦应从速依法移送法院，并保证不再有此侵犯人权之举。①

时人把这次抗议行动称之为"一个新人权运动的开始"②。在当时，教授们已经习惯了这种文明的抗议方式，接受不接受是一回事，但要充分表达出自己的意见。朱自清的名字列在宣言第一个，因而国民党发动各家反动报纸对他大肆攻击。有朋友告诉朱夫人陈竹隐说，他在燕京大学看到了国民党开列的黑名单，第一个就是朱自清。陈竹隐转告朱自清，他轻蔑地说："不用管它！"

当学生反饥饿、反迫害、反内战的"五二〇"运动发生后，5月27日，有31位北大教授发表宣言声援，32位燕京大学教授发表宣言响应。此际，有学生找汤用彤，请他在宣言上签名，尽管汤用彤一度矜持说："先生不应该要学生帮他争薪水。"但是，不久汤用彤还是随同清华、北大两校教授于5月29日发表了《为反内战运动告学生与政府书》。

1948年8月12日，清华中文系主任朱自清病逝，由浦江清暂代其职。13日上午，朱自清遗体于广济寺下院举行火葬。8月16日上午，清华师生举行追悼会，浦江清介绍朱自清生平，梅贻琦、冯友兰、清华学生代表、北大教职员代表罗常培、燕京大学校长陆志韦等致悼词。笔者曾在中国现代文学馆里见到朱自清追悼会所用一幅白布制成的签到簿，上面有汤用彤与陈寅恪、罗常培、朱光潜、吴晗、霍秉权等参加追悼会人员十分工整的签名。10月24日，朱自清遗骨葬于北平西郊万安公墓。

---

① 《观察》1947年第2卷第2期，第21页。
② 许德珩：《许德珩回忆录——为了民主与科学》，北京：中国青年出版社2001年版，第228页。

汤一介先生对此间情况回忆说："由于我们家和胡适住隔壁，偶尔胡适也到我们家来，只记得他穿一黑色长袍，西裤，很稳重地走来，见他来，我就回避到我住的那间小房去。但有一次胡适先生则帮我一次忙。我当时参加了共产党的外围社团组织腊月社，在 1948 年秋腊月社曾把图书室设在我住的小房间内，并常在那里开会。因而为国民党特务所注意，此事胡先生知道后，就让他的秘书邓广铭先生通知我父亲。父亲把这事告诉了我，于是我和北大历史系学生刘克钧偷偷把有可能引起麻烦的书籍装在两个大麻袋里由翠花胡同（东厂胡同大院有一小门可通往翠花胡同的北京大学文科研究所）运到红楼去了。"①

第二节　执教加州伯克利②

汤用彤协助胡适与傅斯年，为北大复校尽其所能，甚感身心疲惫，希望得到一段休息的时间，正巧加州大学拟请他去讲学一年，汤用彤对此心有所向。罗常培 1946 年 10 月 6 日致函胡适谈到此事："昨接 Boodkesg 来信说，加尔弗尼亚大学拟聘汤锡予先生一年，'修敬'相当丰厚（年薪三千六，安家费三千六，或另有旅费），托代劝云云。这件事倒颇让我踌躇，因为我自己不能立刻返国，岂可再替旁人拉北大文学院的台柱子？可是为汤先生着想，在抗战七年间受尽艰苦，且连遭丧明之痛，身心颇受损失。在筹备搬家一段，尤替北大卖尽了老力气。如有让他短时休养的机会，似乎不可失掉。再以北大和加大学术上的联系设想，Boodkesg 作学术虽嫌武断，但中文根柢很好（比雷好多了），对人也懂礼貌。战时即想为中国学者设一讲座，以资休养生息。"10 月 11 日,汤用彤为办理出国护照事致函北京大学秘书处请其代领。11 月

---

① 详见汤一介《汤用彤与胡适》，《中国哲学史》2002 年第 4 期。

② 加州伯克利，即加利福尼亚大学伯克利分校（University of Colifornia, Berkeley）。

7日,教育部长朱家骅批复了关于"北京大学呈报本校文学院长汤用彤接受美国聘请并请代领出国护照"的公函。

1947年6月24日,胡适致函傅斯年说:"汤公之出国,我很舍不得,但为他计,不能不让他出去一趟,现请朱孟实代理(北京大学文学院长)一年。"① 7月9日,汤用彤致函胡适校长说,因应美国加利福尼亚大学之聘拟启程赴美,特请假一年。8月,汤用彤由上海乘船赴美讲学。朱光潜出任北大代理文学院长,并于同月兼任国民党中央监察委员。

1947年9月,汤用彤在美国加州伯克利大学开始讲授"The History of Chinese Thought from Han to Sui Dynasty"(中国汉隋思想史)一课,主体内容是玄学。汤用彤不仅首次用"魏晋玄学"(Wei-Tsin Metaphysics)的名称来概括魏晋时期的思想文化,并用欧洲语言将魏晋玄学系统介绍到西方。他称魏晋时期为"The discovery of man"(人的发现)的"an age of individualism"(个人主义时代),认为玄学家们是通过回归自然的方式来发现真实自我的价值,并盛赞他们关于社会道德规范需符合自然之理,必须体现个体价值的思想。② 此讲义宣讲了中国传统的自由和正义的价值观,可谓东学西渐史上的重要篇章。

时陈世骧教授在加州大学任教③,正在将陆机《文赋》译成英文出版。他在《前言》中提到汤用彤在加州大学讲课事。其妻钢琴家姚锦新(其弟为姚依林)与陈世骧两人间的争执日渐频繁,终于导致姚锦新提出了离婚要求。此时他们结婚四年多尚无子女,陈世骧坚决不同意离婚。姚锦新的要求得到了在旧金山的中央大学校长顾孟余的理解和支持,他认为解除不幸婚姻是对封建意识的叛逆。为此顾孟余特邀请姚、

---

① 汤一介:《1945—1948年汤用彤先生与北大复校——汤用彤与胡适、傅斯年》,《北京大学学报(哲学社会科学版)》2013年第3期。

② 此课程英文讲义收入《汤用彤全集》第4卷,石家庄:河北人民出版社2000年版,第187—255页。

③ 陈世骧(1912—1971),字子龙,毕业于北京大学,留学美国,执教于加利福尼亚大学。

陈夫妇到自己家里吃了一顿"最后的晚餐"。①

1948 年夏，汤用彤在美国伯克利大学讲学满一年，又收到哥伦比亚大学的聘请，其给予的治学条件和生活待遇之优越远非国内大学可及。但因他眷恋故土，加之与胡适有一年之约，故谢绝邀请，义无反顾地返回了行将解放的祖国。汤用彤和早其一年回国时的冯友兰②心情一样，日常吟诵得最多的是建安七子之一王粲的《登楼赋》："虽信美而非吾土兮，曾何足以少留？"

1948 年 8 月，汤用彤回国抵达上海，汤一介先生前往迎接。他们小住后，便往苏州看望钱穆。钱穆住在一座大花园内，他在亭子中招待汤用彤喝茶聊天。为不打扰他们谈话，汤一介先生喝茶后见花园有水塘、假山、奇石，树花繁茂，即去欣赏园景，没有听到他们所谈内容。幸好钱穆暮年记述了此际他俩的一段谈话：

> 其时汤锡予赴美国哈佛讲学归，特来访。告余，傥返北平，恐时事不稳，未可定居。中央研究院已迁至南京，有意招之，锡予不欲往。彼居江南大学数日，畅游太湖、鼋头渚、梅园诸胜，其意似

---

① 1963 年 8 月 12 日，北医精神病院王洙馨医生致函汤用彤说："我院住院病人姚锦新患精神症，有些关于发病早期客观情况，我们无从了解。听病人说她是离婚后才得病的，并说您在离婚书上签过字。我们想您对她情况可能有所了解，可否请您告诉我一些情况？"汤用彤收信后立即于当月 16 日复函王医生说："关于姚锦新患病我很关心，至于她过去的情况，我觉得不是三言两语可写清楚，为了帮助治疗，最好能面谈一下。如果你认为有必要，可以在八月廿日以后任何一天的上午 9 时来北大燕南园 58 号敝寓。"该函在本书写作时藏北京大学燕南园。

② 1946 年 8 月，冯友兰应邀任美国宾夕法尼亚大学客座教授，并取得在美国的永久居留权。然而客居异国犹如寄人篱下，物质享受难慰乡愁。他对挽留他的朋友说："俄国革命以后，有些俄国人跑到中国居留，称为'白俄'。我决不当'白华'。解放军越是胜利，我越是要赶快回去，怕的是全中国解放了，中美交通断绝。"冯友兰：《三松堂自序》，《三松堂全集》第 1 卷，郑州：河南人民出版社 2001 年版，第 109 页。其归心似箭，退还了绿卡。当时许多朋友劝他留在美国，但一年后冯友兰却执意回到战火纷飞的祖国。

颇欲转来任教。然其时适在秋季始业后不久，余告以此校初创，规模简陋，添新人选，须到学年终了，始能动议，劝其且暂返北平。不意时局遽变，一时小别，乃竟成永别。[1]

汤用彤迁往南方之意，颇耐人寻味。汤一介先生对此也一无所知，但他猜测傅斯年请父亲到中央研究院任职，或许与他想南迁有关。随后汤用彤父子又去南京数日，即回北平。

第三节　兼职中央研究院

汤一介先生在 2003 年考虑到父亲在北京大学和中央研究院历史语言研究所与傅斯年合作多年，关系深厚，因而拟写《用彤先生与傅斯年》一文，嘱我留意相关史料。当时我遍翻《傅斯年全集》未见他们交往的内容，但十年来，经不断多方查寻，积累了不少一手资料。现略捡数封在档案和汤用彤遗稿中新找到的信札，对他们在中央研究院共事的经过，尝试梳理和解读如下。

一、借调史语所

南京国民政府成立以后，国民党中央政治会议议决设立国家级科学院国立中央研究院，并成立筹备处，推蔡元培等 6 人为筹备委员。1928 年 4 月，国民政府改中华民国大学院中央研究院为国立中央研究院，蔡元培为首任院长。6 月 9 日，中央研究院正式成立，直属于国民政府，其任务是从事科学研究并指导、联络、奖励学术研究。中央研究院设总办事处于南京，并在南京、上海、北平等地设立天文、气象、物理、化学、工程、地质、历史语言、社会科学、心理 9 个研究所和自然

---

[1]　钱穆：《八十忆双亲　师友杂忆》，北京：三联书店 1998 年版，第 273 页。

历史博物馆。

蔡元培、李煜瀛等推动成立的中央研究院，采取法国科学院模式，通过设立一系列研究所，带动中国学术事业的职业化，进而从全国学术精英中遴选出聘任评议员，于1935年成立评议会，使之真正成为全国最高学术评议机构，这是中国科学建制化的重大成就。聘任评议员的遴选坚持严格的学术标准和选举程序，以保证评议员都是国内顶尖学者。评议会的职能（决定学术方针；促进国内外学术合作交流；推举院长候选人等），使之起到指导和联络全国学术研究以及保障学术研究独立性的重要作用。

抗战胜利后，傅斯年在任北京大学代理校长主持复校的同时，还积极筹办中央研究院历史语言研究所的北平办事处，并在东厂胡同接收了日伪搜罗古籍文献颇丰的"北平人文科学研究所"和"近代科学图书馆"等机构。

当时日本人计划编《四库全书续编》，并已编好总目提要。在此基础上，傅斯年成立了史语所北平图书史料整理处，以整合北平的史学资源，推动学术研究。

傅斯年主张历史学就是史料学，应以自然科学提供的一切方法来发现、扩充和整理所有史料，唯有运用新材料、发现新问题的工作才具有学术意义，故他将工作重点放在古籍和考古史料的发掘整理上。尽管汤用彤与傅斯年的文化理念相左，但在史料学建设方面却与傅斯年多有共识。

因此，傅斯年聘请汤用彤为中央研究院历史语言研究所兼任研究员。此外，汤用彤还兼国立北平研究院史学组的会员。

为工作方便，傅斯年邀请汤用彤搬至位于东厂胡同1号中央研究院史语所北平办事处的后院，与他和胡适比邻而居。1946年11月4日，汤用彤由小石作 2 号搬入了这所景色优美的中式花园住宅。① 11 月 7 日，汤用彤致函傅斯年，汇报他在中央研究院和北大的工作进展情况说：

> 彤好不容易将小石作房屋退出，于三日前搬入中央研究院后院住居。
>
> 此闻图书馆管书库孙先生辞职，经让之及弟等劝导，大概可打消辞意。知一注特闻。北大已上课，文学院聘人已算齐全，已到者在十分之八以上。所聘人员除德国人卫德明外，无一曾在伪大学任教者。卫德明亦仅照敌侨留用条例，不给名义，只领薪水。
>
> 胡先生已聘林超先生来教地理。林先生已允，并说将地理研究所搬到北平，并已得朱先生允许。胡先生答应为地理研究所寻找房屋，已与地质馆商量。但将来房屋如不敷用。或需用北大文科研究所房屋之一部分，不知兄于意云何。文科研究所已在最后一院布置妥帖，木器及文卷资料已搬入，已开始办公，并闻。②

傅斯年平时多在南京中央研究院史语所，不常在北平。为让汤用彤更好地替他管理史语所在北平的机构，傅斯年于 1947 年 5 月 17 日致函

---

① 汤一介先生晚年回忆当年在此难忘的居住环境说："我是从 1947 年初到 1950 年初在那里住了近三年。但由于我在北大作学生，1947 年至 1948 年底以前大部分时间住在学生宿舍里，真正住在大院的时间大概只有一年半的时间。……东厂胡同大院中有一块大草地，还有假山、小土山，亭台楼阁可以说应有尽有，树木很多，而我最喜欢的是白丁香和碧绿的竹子。我家住进去时，这大院已成为中央研究院历史语言研究所驻北平的办事处了。我家住的是大院最后一排房，房子在一个台子上面，除厨房和厕所外有五间房，而我另住在台子下面与之并排的一间，西面就是傅尚媛家了。邓可蕴是著名历史学家邓广铭先生的女儿，他们家住的是大院最前面的一排房。梁柏有是住在邓可蕴家东面偏北的一所房中，她是著名考古学家梁思永的女儿。……1948 年冬围城期间，我们常在傅斯年住的那所大房子里玩，或者是打桥牌，一面打牌、一面听唱片。"汤一介：《我们三代人》，北京：中国大百科全书出版社 2016 年版，第 235—236 页。

② 原件今藏聊城傅斯年纪念馆。

时任北大校长的胡适，以给汤用彤加薪为由，希望能在不影响其北大工作量的前提下，把他调动到史语所工作。该信现藏北京大学档案馆，档案标题为《傅斯年致函胡适协商汤锡予先生兼职薪金办法》，卷宗号"BD1947180"（两页）。信文如下：

> 适之先生赐鉴：
>
> 兹有一事奉商：汤锡予先生在敝所为兼任研究员，其薪水之发给，有一困难，即敝所在薪水支给上乃系机关而非学校。机关支领兼薪者，不能兼领生活费和加成数。但在学校则有变通之办法，学校所支之钟点费，可并支加成数而能报销。故锡予先生如在贵校支全薪而在敝所支兼薪，势难行通，因敝所为机关，不能支领生活费及加成数。然若反而行之，即在敝所支全薪而在贵校支兼课之兼薪，则贵校可支加成数。至于在贵校可支钟点费若干，自当由贵校定之。目下人人由政府发一份薪水，由何机关支，事实上毫无分别。故拟请先生惠允锡予先生之薪水，由本年一月起至本年六月止（六月以后另定之），由敝所支付。庶几锡予先生之收入，可以稍多，且锡予先生决不因此而减少其在贵校之义务，亦不因此而增加其在敝所之义务，无非求手续合法而行得通而已。务乞惠允，无任感荷！专此，敬颂
> 道祺！
>
> 傅斯年谨上　五月七日①

由于胡适需要倚重汤用彤在北大协理诸多事务，因而调动之事未获批准。但是傅斯年仍聘请汤用彤兼任中央研究院历史语言研究所驻北平办事处主任，月薪200元。汤用彤尽管接受了主任一职，可当发薪时，他却如数将薪金退回，说："我已在北大拿钱，不能再另拿一份。"这种

---

① 该函原件今藏北京大学档案馆，首载《胡适研究丛刊》第3辑，北京：中国青年出版社1998年版，第371—372页。

举世罕见之清高，体现了汤用彤作为典型之醇儒的淡泊名利的态度。

二、当选院士

1927 年中国国民党中央政治会议议决设立国立中央研究院时，筹备委员李煜瀛提议同时设立局部或地方性的研究机构。1928 年 9 月，国民政府通过李煜瀛所提议案，1929 年 5 月成立筹备委员会，任李煜瀛为筹委会主任，蔡元培、张人杰为筹备委员。同年 8 月，行政院决议以北平大学的研究机构为基础组建国立北平研究院，并于 9 月 9 日宣布正式成立，由李煜瀛任院长。国立北平研究院前期采取研究所和研究会并用的体制，其中有的研究会只是某研究所在筹备期间的名称，一俟条件成熟，即改建为所。该院设立的研究会，圈子小，成员固定，学术层次很高。1945 年春起，该院积极筹划将院内各学会或研究会改造为一个国内高层次的学术会议组织，并在实践中形成了北平研究院会员制，规定由院务会议推荐和院长聘任，在"国内外有重要发明或著作之学术专家，及国内主持学术机关满十年以上者"中召集会员，共同研讨学术及有关北平研究院发展之重大问题。1946 年 3 月和 1948 年 9 月，该组织先后两次举办会议，其参会会员按学科分 10 组，凡 90 人，其中史学组为汤用彤、徐炳昶、陈垣、陈寅恪、顾颉刚、姚从吾、张星烺、董作宾和李俨 9 人。①

由中央研究院第二届评议会主持，于 1948 年秋完成了首届院士的选举。评议会设计了周密的推荐和选举程序，充分体现民主和公开公正，评议员以学术贡献为标尺，尊重同行意见，从而确保了选举的顺利进行。中研院首届院士选举是现代中国学术界自主选举学术精英的典范，标志着中国的学术建制已逐步走向成熟。

中央研究院经过反复筛选，产生了中国的第一批院士 81 人，分为 3 组，每组人数大致相等。其中数理组有陈省身、华罗庚、苏步青、吴

---

① 《国立北平研究院第一届会员题名录》，《科学大众》1948 年第 6 期。

大猷、吴有训、叶企孙、严济慈、李四光、竺可桢、侯德榜、茅以升等，生物组有贝时璋、童第周、胡先骕、戴芳澜、汤佩松、俞大绂等，而人文组更是群星璀璨，有汤用彤、吴敬恒、金岳霖、冯友兰、余嘉锡、胡适、张元济、杨树达、柳诒徵、陈垣、陈寅恪、傅斯年、顾颉刚、李方桂、赵元任、李济、梁思永、郭沫若、董作宾、梁思成、王世杰、王宠惠、周鲠生、钱端升、萧公权、马寅初、陈达、陶孟和共 28人，皆国内一时之选。

9 月 21 日，汤用彤与冯友兰一起到南京出席中央研究院第一届院士会议，二人在会上又共同入选评议员（即常务委员，属人文组哲学门）。23 日，他们出席中央研究院成立 20 周年纪念会，与众院士集体合影今存。① 23 日到 24 日，又参加在北极阁召开的第一届院士会议。

汤用彤在南京参加中研院首届院士会议期间，逯钦立前往拜望。稍早前，逯钦立《〈文赋〉撰出年代考》一文刊于《学原》1948 年第 1期，首次据陆云写给陆机的 35 通书信，考证《文赋》"至早为永宁元年岁暮之作品"，时陆机 41 岁。《文赋》究竟是陆机何年所作，以往众说纷纭，该文基本解决了这一问题。汤用彤告诉他，陈世骧对《文赋》撰年也有考证，并建议逯钦立将文章寄给陈世骧一份。陈世骧收到逯钦立所寄文章后即回信："拜读惠寄《文赋笺证》，征引详切，深见博雅，感佩奚似。此文经工部《醉歌》一语，遂成千载疑案。竟于今年同年横隔太平洋，有二人为之匡正，诸多不谋而合，亦奚一大庆幸事也。"虽然二人见解大体相同，但在细节上仍有分歧，遂就各自结论"微有出入处"继续"往复辩论"。《学原》原拟发表两人及汤用彤的通信，由于杂志停刊而作罢，直到 1958 年这些信才在香港一家杂志刊出，题为《关于〈文赋〉疑年的四封讨论信》，并注明系"民国三十八年春《学原》存稿"②。

---

① 现行汤用彤传记大都误记为 1947 年。

② 《汤用彤、逯钦立、陈世骧关于〈文赋〉撰年的通信》，《中国社会科学报》2010 年 1 月 14 日。

1948 年 11 月 3 日下午 4 时，胡适校长于蔡子民纪念堂主持北京大学校务会议第七十次会议。胡适报告：“中央研究院办理三十八年度院士选举，函请本校提名候选人，本校拟请俞大绂、胡适、殷宏章、张景钺、许宝骐、汤用彤、饶毓泰七教授组织‘中央研究院院士提名委员会’，由汤用彤召集。决议通过。”① 会后刚启动提名候选人工作便因为随后兵临城下而未及付诸实施。

三、接收北平图书

1948 年 9 月 24 日，经过八昼夜激战，济南被解放军攻克。当消息传到正在南京召开的中央研究院首届院士会议上时，院士们深受震动。汤用彤遂与傅斯年谈起他们在北平多年苦心经营的中央研究院历史语言研究所大批珍贵典籍的安全和保管问题。当时在座的语言学家丁声树院士毫不隐讳地说：“你不用着急，共产党来了，还不是叫你接收吗？”当时，汤用彤听后颇受刺激。解放初，他在一份未刊的《思想检查自述稿》中记述：“我听了这话，心里很难过，反而以为他是侮辱我，充分证明我是站在什么立场，好像要替国民党效忠到底的样子。由此可见，我平常也讲所谓‘气节’，实在是士大夫对于主子的共存亡。我平常也提倡所谓‘忠诚’，那决不是对于祖国人民的利益。并且当时我听了那个话，我虽然半信半疑，但是，据我的判断，南京、北京可不是那样容易拿下。”② 但是丁声树的预言很快就应验了。

傅斯年似乎也预感到平津行将不保，因而迟迟不回北平，并积极考虑史语所在北平图书史料的处理问题。他提出先把清廷的三法司档案转给北京大学，请汤用彤去落实。汤用彤办妥之后，给胡适留的便条中说：“烦告傅孟真先生：三法司档案，北大可以接受。但由午门运至东厂胡同，约略估计，需用运费数百万元，现拟仍暂留午门，由北大负责

---

① 原件今藏北京大学档案馆。
② 该手稿本书写作时存北京大学燕南园。

保管。"① 1948 年 11 月 27 日,傅斯年致电在北平沙滩东厂胡同 1 号的汤用彤说:"弟之缓行,正因筹款,日内必有著再告。"② 这实际上是以给史语所北平办事处筹措经费为由,观望北方局势的变化。

12 月 14 日,北平开始围城时,汤用彤依然在尽职工作,仍担任中央研究院历史语言研究所北平办事处主任,兼管史语所北平图书史料整理处。12 月 21 日,汤用彤主持制作了数份《中央研究院历史语言研究所北平图书史料整理处现有在平员工名额》和《房屋器具简略说明》,并以"主任"的名义在上面签名盖章。接着,他又详细统计出了该整理处自 1948 年 12 月 22 日至 1949 年 1 月 3 日的一份《流动资产略记》。

此际,傅斯年深恐在北平的这些"家底"遭到池鱼之灾,无法受到妥善保护,只好求助新任北京大学校务委员会主席的汤用彤。1948 年 12 月 28 日,傅斯年以挂号公函致北京大学,请求派员全面接管中央研究院历史语言研究所北平图书史料整理处留下的所有图书、房屋和器具,乃至员工编制和工作等一切事务。信中说:近因时局变化,交通道阻,经本院研究,决定将本所北平图书史料整理处,敬乞北大接管,并特别强调希望北大能够接续该处未竟的史料整理工作:"平整理处整理图书工作尚未完毕,有继续工作之必要。兹将平处员工名额,函教育部转移贵校,以后各员名额及工作,请贵校全权支配处理。"信末落款处钤有历史语言研究所所长傅斯年的签名印章和"国立中央研究院历史语言研究所关防"的篆文公章。同日,中央研究院致电北京大学秘书长郑天挺,也表达了与傅斯年函类似的意思:"北平图书史料整理处在目前情形下,无法照应,请贵校接收……院已通知该处矣!"③ 字里行间透露出无可奈何花落去之感伤。

---

① 《汤用彤给傅斯年便条一通》,耿云志主编《胡适遗稿及秘藏书信》第 36 册,合肥:黄山书社 1994 年版,第 484 页。

② 原件藏台北"中央研究院",档案号:京 4-2-31。

③ 赵建永:《傅斯年两封遗札笺释》(之一、之二),《中国社会科学报》2014 年 8 月 20 日、9 月 22 日学林版。

1949 年 1 月 5 日，傅斯年这封信寄达北京大学。汤用彤接函即与郑天挺协商，随后召开北大行政会议讨论此事。会上决议成立由历史语言研究所专任研究员、北大文科研究所导师梁思永为主任，余逊（兼任秘书）、汤用彤、王重民和张政烺为委员组成的保管委员会，负责接收和管理事宜。汤用彤亲自起草了该保管委员会各位成员的任命通知书，并于 1 月 10 日由北大下发。1 月 12 日，在各项工作安排就绪后，汤用彤指示北大复函中央研究院历史语言研究所同意照办，同时以北大校长胡适的名义致函南京教育部备案。①

北大接收中央研究院历史语言研究所北平图书史料管理处后，将其转入文科研究所。解放初，原北平图书史料管理处和原北平研究院史学研究所都划归中国科学院，并以此为基础开始酝酿成立考古研究所。北大与中科院办理完东厂胡同 1 号的交接手续后，中科院院部即于 1949 年 11 月 23 日从马大人胡同迁入。相邻 2 号院用作恽子强、丁瓒和汪志华的住宅；北面原为胡适的北大校长官邸，改为范文澜居住；再北是花园和近代科学图书馆，此馆后来演变成为中国科学院图书馆。图书馆东面有通街大门，编为王府井大街 9 号。20 世纪 90 年代东厂胡同 1 号院被拆除。现东厂胡同一带有中国社会科学院的中国近代史研究所、世界历史研究所、考古研究所等单位。

---

① 有关函件长达 30 余纸，现藏北京大学档案馆，案卷号：2011949041。

第七章 主校北大——新旧更替

中华人民共和国成立前夕，知识界面临一个重大分野。汤用彤作为"老北大"的末任校长和"新北大"的开山校长，以"事不避难，义不逃责"的精神主持校务，迎接解放，领导北大度过了新旧交替的过渡时期，并为建设新北大尽心竭力。

1948 年底，胡适匆匆南下前，留下便函委托汤用彤和郑天挺共同维持北大。现行有关传记、文章对此函往往辗转引用，在文字、日期等方面错讹迭生，有鉴于此，今据原件，全录如下：

锡予、毅生两兄：

今早及今午连接政府几个电报，要我即南去。我就毫无准备地走了。一切的事，只好拜托你们几位同事维持。我虽在远，决不忘掉北大。

弟胡适 卅七、十二、十四①

该函所涉事件的前因后果诚为中国文化史上一大公案。作为中国继梁启超之后最具影响力的学者，胡适离校出走是备受北平乃至全国，甚至国际知识界共同关注的大事。他当时怀揣怎样的心境，如何忍心撇下凝聚着他光荣与梦想的北大，像"过河卒子"一去不回头？汤用彤又是如何落实维持好北大的承诺？对此，相关记述大多支离，且说法各异。只

---

① 胡适《致汤用彤、郑天挺》留言便笺，是用毛笔行楷竖写在一张宣纸上，并在"北大"下划了一道杠以示着重强调。现藏北京大学档案馆，案卷号：BD1948519。又载《胡适全集》第 26 卷，合肥：安徽教育出版社 2003 年版，第 835 页，唯"北大"二字未加下划线。

有根据胡适致汤用彤等当事人有关函电和历史档案等一手材料提供的信息，详加考证，才能抽丝剥茧，弄清事实真相。兹将相关背景和具体经过阐述如下。

第一节 临危受命主持校务

1948 年，生逢鼎革之际的知识分子无不面临着何去何从的问题，其中也透显出了时势是如何强烈影响乃至决定着个人的命运。尤其在解放前夕，对于北平的知识群体来说，面临一个重大分野。对那些醉心学术，埋首于象牙塔的学者而言，这是必须做出人生抉择的时刻了。

汤用彤回国后不久，战略性大决战辽沈战役即于 9 月 12 日打响。11 月 2 日，东北全境解放，全国军事形势发生根本变化。解放军遂在华东、中原发起淮海战役，在西北也将胡宗南集团压缩于关中地区。23 日，东北野战军主力挥师入关，更使孤悬于平津一带的华北"剿匪"总司令傅作义集团面临被合围之势。29 日，平津战役开始，毛泽东对北平暂实施"围而不打"的战略部署。

在北平行将被围之际，南京政府急令北大等校南迁。胡适反对迁校，认为北大离开了北平，就不能叫北京大学。11 月 22 日，他在蔡子民纪念堂召开校务会议，表示不考虑迁校，拟由教授会来表决。24 日，胡适与汤用彤主持教授会讨论并正式通过不迁校的决议。

12 月 13 日，胡适还在筹备拟于 17 日举办的北大校庆，并为 50 周年校庆特刊撰写了《北京大学五十周年》一文，叙述北大自戊戌诞生以来的历史，饱含深情地祝愿"北大能安全度过眼前的危难，正如他度过50 年中许多次危难一样"。当天，解放军开始围城，迫使傅作义陆续将部队撤至城内。

此际，南京政府特派陈雪屏飞抵北平劝说胡适南下，但他仍不忍离弃北大，陈只得飞回复命。中共北京大学地下党员汪子嵩请郑昕转告胡适，希望他留下来，胡适始终未表态。吴晗也多方努力挽留胡适，但均未奏效。季羡林在校长办公室向胡适汇报工作时，曾亲历此类事情：一个地下党学生进来对胡适说，解放区电台广播，北平解放后，将任命他为北大校长兼北京图书馆馆长。胡听后，平静地微笑道："他们会要我吗？"①

12月14日晨，胡适准备照常到校办公，未及出门，忽接陈雪屏从南京打来的电话，力劝他离平南下，并称即将有飞机来接。胡适表示外寇来时可以撤退，现是内战，怎好丢开北大不管？10点到校后，又接到陈雪屏发来的电报："务请师与师母即日登程，万勿迟疑。"② 郑天挺和周炳琳均劝胡适快走。深知势态结局的蒋介石也连发电报敦促胡适南飞，称时间紧迫，不容拖延。事已至此，胡适不便固执己见，12点回到家，陈又来电报催促，并请他约陈寅恪一同南下。胡适托邓广铭找到前一天刚入城躲避战火的陈寅恪，问其是否愿意同行。陈寅恪答道："前许多天，陈雪屏曾专机来接我。他是国民党的官僚，坐的是国民党的飞机，我决不跟他走！现在跟胡先生一起走，我心安理得。"③

胡适仓皇间来不及向同事们告别，行前只给汤用彤和郑天挺留下便函，成了他的诀别之言。函中所谓政府命其立即南去才"毫无准备地"临时决定南下之说，我们联系胡适当时的状况来看，应非托词，而是实情，因他此前一直表示：为北大不考虑离开。午后，胡适、陈寅恪两家乘校车出发，行至宣武门，士兵不放行，打电话找傅作义，因其正忙于和战大计而未联系上。面对郊外激战、城门紧闭的危乱局面，他们只好返回东厂胡同胡宅。

当晚，胡适表示如果明天走不成，就决定不走了。陈寅恪在胡宅与前来话别的邓广铭和郑天挺彻夜长谈时说："其实，胡先生因政治上的

---

① 详见季羡林《为胡适说几句话》，《怀旧集》，北京：北京大学出版社1996年版，第72页。

② 胡适：《日记（1938—1949）》，《胡适全集》第33卷，合肥：安徽教育出版社2003年版，第702页。

③ 邓广铭：《在纪念陈寅恪教授国际学术讨论会闭幕式上的发言》，《纪念陈寅恪教授国际学术讨论会文集》，广州：中山大学出版社1989年版，第37页。

关系，是非走不可的；我则原可不走。但是，听说在共产党统治区大家一律吃小米，要我也吃小米可受不了。而且，我身体多病，离开美国药也不行。所以我也得走。"① 半夜子时，傅作义给胡适打去电话说："总统已有电话，要你南飞，飞机今早 8 点可到。"胡适说为不能与其一起留守北平而甚感抱歉，傅表示谅解。

12 月 15 日，由于解放军已控制了南苑机场，胡适一行先乘车于 8 点到中南海勤政殿等候。傅作义下令部队猛攻，暂时护住了机场。于是，胡、陈两家立即换乘傅作义的车于下午 2 点出发，3 点多赶到南苑机场。胡适偕夫人只带一个小包袱装着其父的遗稿、自己的几本手稿和一部甲戌本《脂砚斋重评石头记》，此外别无长物，走得干净利落。同机者除了陈寅恪一家外，还有英千里等教授。胡适次子胡思杜，却拒绝南下，留下看家。飞机起飞不久，机场上就落下了几颗炮弹，此行相当惊险。当晚六点半，飞抵南京明故宫机场。

陈寅恪在离开北平赶赴机场的途中，自忖将与此地永别，心绪难平而赋诗云："临老三回值乱离，蔡威泪尽血犹垂。众生颠倒诚何说，残命维持转自疑。去眼池台成永诀，销魂巷陌记当时。北归一梦原知短，如此匆匆更可悲。"② 此诗竟一语成谶，此后他们再也没回过京华故地。陈寅恪向来坚守"独立之精神，自由之思想"的人生准则，虽与胡适同行，但只在南京住了一晚，次日便举家赴上海，并在岭南大学校长陈序经的接应下，乘船于 1949 年 1 月 19 日到达广州。次日，岭南大学校报就报道了聘请到陈寅恪来校任教的消息。

1948 年 12 月 17 日，正当汤用彤为首的校委会在北大举办校庆纪念会时，胡适在南京也应邀出席当地校友会举办的"北大 50 周年校庆大会"。会上他称自己"不能与多灾多难之学校同度艰危"，是"一个弃

---

① 邓广铭：《在纪念陈寅恪教授国际学术讨论会闭幕式上的发言》，《纪念陈寅恪教授国际学术讨论会文集》，广州：中山大学出版社 1989 年版，第 37 页。

② 陈寅恪：《戊子阳历十二月十五日于北平中南海公园勤政殿门前登车至南苑乘飞机途中作并寄亲友》，《陈寅恪集·诗集》，北京：三联书店 2001 年版，第 63 页。

职的逃兵，没有面子在这里说话"，当场泣不成声。胡适的生日恰巧与北大旧校庆同日，蒋介石夫妇在官邸设宴特邀胡适夫妇为其祝寿。自27岁任北大教授30年以来，胡适大部分时间和精力都投入北大的事业。唐德刚曾说，胡适有三大爱好：安徽、北大、哥伦比亚大学。胡适晚年遗嘱将他留在北平的藏书全部捐赠给北大，而在其葬礼上，身盖北大校旗，诚可谓同北大"生死"与共了。从中亦可见胡适函中所说"我虽在远，决不忘掉北大"，实发自肺腑。

第二节 围城中的历史抉择

当胡适弃校而去的消息传开后，一时骂声四起。学生自治会向胡适发出电报，"促其即刻筹款归来主持校务"，许多教授也主张给胡适写长信问责。北大秘书长郑天挺则面对前来挽留他的学生代表大发雷霆，因他认为人们谣传他将效法胡适南飞，简直是一种侮辱。胡适一走，北大没有了校长，群龙无首，一时呈瘫痪状态。北大教授会随即召开会议，决定成立校务委员会以主持学校各项事宜。通过选举，深孚众望的汤用彤被推选为校务委员会主席，成为事实上的北大校长。由于汤用彤甲冠天下的学术地位和宽厚温和的醇儒本色，使他在北大师生中享有崇高威望，众人思议能够稳定大局者，非其莫属。

尽管汤用彤素喜清净，不愿卷入行政事务，此前也曾多次坚拒做校长，然而在此重大历史关头，他挺身而出，临危受命，义无反顾地挑起重任，行使校长之职，充分表现了"事不避难，义不逃责"的高风亮节。正是考虑到汤用彤的责任心和影响力，胡适走前还曾单独留一信，请汤用彤出面主管北大。对此，汤用彤虽婉拒，但他对那封托付他们共同维持北大的便笺，则表示"还是人多些好"。于是，周炳琳也进入领导核心小组，与郑天挺一起成为汤用彤主持校务的左膀右臂。12月16日，即在胡适走后的第二天，北京大学召开第74次行政会议，决议推举汤用彤、郑天挺和周炳琳三先生为行政会常务委员。17日，在校庆会议上宣布，北大校务由汤用彤、郑天挺和周炳琳三人小组负责维持。①

当北平逐渐沦为孤城时，蒋介石已然看清其结局。在抢运故宫珍宝和国库黄金的同时，他也制定了"抢救"知名学者计划，并委派傅斯年、朱家骅、蒋经国等人负责实施。计划中有四种人必须"抢救"南下：院校负责人、中央研究院院士、因政治原因必须离开者、学术上有杰出贡献者。汤用彤符合其中三项标准，所以被列在第一份名单里，属重点"抢救"对象，而胡适四项尽占，自是"抢救"之首选。胡适一下飞机也立即投入策划"抢救"的工作，并致电汤用彤，请他主持空运同人事宜，还表达了对自己离职的极其愧疚之情。17 日下午，汤用彤收到了胡适的这封电报：

> 安抵京，即与家骅、孟真、雪屏筹划空运同人事，必须获得傅总司令协助始有效，请兄与梅袁二校长切实主持，并与实斋兄密切联系。□另电详达。此次在校庆前夕远离同人，万分惭愧。适②

胡适刚到南京即专门致电汤用彤委以重任，说明他还是期望汤用彤能代替他在北平的职责。由于胡适所说另一封电报至今尚未发现，汤用彤与梅贻琦等人如何共同落实此计划的情况不详。但通过现存梅贻琦与汤用彤等人的通信，我们仍可探知北大与清华在此时的一些密切合作。

12 月 14 日下午，当胡适准备出行时，梅贻琦为清华大学办理筹款诸事刚入城，解放军已占领了西郊，城门关闭，无法返校。当有人告知南苑机场有架接胡适的飞机，他是否一齐走时，梅贻琦一如平日，用缓和而低沉的声调说："不是接我的我不走。"虽经一再告以时局危急，错

---

① 王学珍等主编：《北京大学纪事（1898—1997）》，北京：北京大学出版社 1998 年版，第 394 页。

② 胡适：《致汤用彤》，《胡适全集》第 26 卷，合肥：安徽教育出版社 2003 年版，第 836 页。

过这架飞机，可能再也没有机会，但他始终若无其事地予以谢绝。次日，他电话通知清华大学：文学院院长冯友兰为校务会主席，暂代理校内事务。当天冯友兰宣布清华大学脱离国民政府。从此梅贻琦与任教13年，长校17载之清华隔绝，多年魂梦徒萦，终生未得再返。

梅贻琦南下前夕致函汤用彤、郑天挺和周炳琳，请他们照料留在城内的清华师生，诸如商请北大垫借清华教工底薪，北大如开课"请令清华学生依班寄读，俾得完成本期学业"（清华已于13日停课）等事。梅贻琦把重要事情安排妥帖后，才提着一架打字机，拿着两本书，率领第二批被"抢救"的学人，如北平研究院副院长李书华、北平图书馆馆长袁同礼和清华杨武之等24位教授，从容有序地走上接他们的飞机。

12月21日中午，他们从刚建成的东单临时机场起飞，傍晚抵达南京。梅贻琦一下飞机就抱怨"市内新机场跑道太软，只能载重三千磅"，似为不能多载几人而惋惜。时值孙科组阁，授予梅贻琦"教育部长"之职，但他表示："不出来对南方朋友过意不去，来了就做官，对北方朋友不能交代。"故始终婉谢，卒不就职，转赴海外。

此后，汤用彤继续负责组织人员南飞，并收到政府派人送他的两张机票。他的去留和态度势必影响其他学者的选择。若其南下，学者们或将蜂拥南去，而刚刚成立的北大管理机构也将面临解散。经地下党竭力挽留，加之师生们的信任，汤用彤决定留下来，履行校长职责，与北大师生共济时艰。在其影响下，北大等校绝大多数教授也选择了留下。

12月中旬，汤用彤有三条路可以选择：一是留在北平等待解放，二是去南京，三是到解放区。汤一介先生回忆说："父亲不是没有考虑去南京，因为他曾让我母亲收拾两口箱子，并把这两口箱子放在我们住的东厂胡同大院内的图书馆书库中。并且对我母亲说：'有点准备总是必要的。'为什么我父亲会有这样的考虑呢？我认为，他有不少顾虑：一则是他对共产党一点也不了解，二则是由于他和胡适、傅斯年的关系比较密切，而且他在解放前几乎没有参与反对国民党政府的民主运动，也就是说他既不是民主党派的成员，也不是无党派的民主人士。此外，父亲还想到我不会跟随他南下，抗战时期他已失去了一子一女，他和我虽非死别，但却是生离了，又等于再失去一子，这不会不是他要考虑的一个问题。这一时期父亲虽未对我说什么，而母亲则对我说：'我们都老了，不知以后能否再见面。由于这些原因，他曾在去留之间有所考虑也是很自然的。'"①

汤用彤心中对时局十分悲观，汤一介先生当时常常听到他用湖北乡音低声吟诵《桃花扇》的《哀江南》。中共地下党成员何正木托北大西语系学生陆钦笃转告汤用彤说，希望汤先生一家去解放区，如得同意，他们设法护送。现闻一多家属均在正定。汤用彤听后说："国民党定败无疑，但因为共产党将胜利，国民党将失败的情况下，我不好走。但我会留在北平不走。"他还对汤一介先生说："《哀江南》中有几句或可作为历史教训：眼看他起朱楼，眼看他宴宾客，眼看他楼塌了。我和你妈妈有两个孩子病死在昆明，我们不会把你一人留在北平，所以我们决定不走。"汤一介先生经过了几十年的风风雨雨，才渐渐深刻地了解到父亲当时的心境。

由于围城期间大批国民党军队紧缩至城内难以容身，遂到处征用民宅，胡适住宅亦不断有军人要来强住。汤用彤和郑天挺为保护胡适留下的藏书和手稿不受损失，于是想出办法，约请胡适的几家名人朋友住进胡宅，以免遭乱兵侵占。1949 年 1 月 7 日，胡思杜在给母亲的家书中也记述了此事。②

围城中，北平地下党发动各界群众，开展和平解放北平运动，使和平解决北平问题成为当时人民群众的一致要求。陈国符等北大教授纷纷集体上书和平请愿。1949 年 1 月中旬，在北平和平抉择的最后关头，傅作义委托华北"剿总"副总司令邓宝珊将军出面，通过《大公报》记者徐盈邀请汤用彤、郑天挺、周炳琳和杨振声在邓家吃午饭，探询教育

① 汤一介：《我们三代人》，北京：中国大百科全书出版社 2016 年版，第 131—132 页。
② 耿云志：《跋胡思杜写给父母亲的信》，《胡适研究通讯》第 2 期（2008 年 5 月 25 日），第 14、15 页。

界对局势的意见，以作定夺。大家一致认为，必须保全北平，以民意为依归（即和平解放），邓亦表示赞同。几天后，傅作义又在更大范围内约请北大等校文教界名人 20 余位到中南海座谈，大家亦皆如此表示。当天散会后，傅作义正式指示同意与解放军签订和平协议。在中共的耐心工作及各界开明人士的开导和敦促下，傅作义终于下定决心顺应人民的意愿。

傅作义有儒将之风，素敬重文化教育界人士，常虚心求教。这是他不同于其他国民党将领的明智之处。在此关键时刻，倾听民意作决策是需要魄力的。因为他不仅要安定全市两百万人民，还要对付市内的蒋系军队和特务。这两次聚会，傅作义不仅是在集思广益，在某种程度上也是让这些社会名流替他做工作，为其宣传拟采取的和平行动。到月底，傅作义召集各大学及其他机关负责人宣布和平解放之事，并说次日晨有飞机去南京，愿走的仍可以走。汤用彤决意坚守岗位，保护学校，迎接解放，领导北大度过新旧更替的关键时期，把北大完整地移交到人民手中。

1 月 31 日中午 12 时 30 分，中国人民解放军第四野战军第 4 纵队第 10 师进入西直门，与傅作义部第 104 军交接防务，北大部分师生前去欢迎。至此，北平宣告和平解放。这一震惊中外的伟大事件，终结了历时 64 天的平津战役，使华北地区获得解放；它创造的"北平方式"成为和平解放湖南、四川、新疆、云南的范例，并使驰名世界的文化古都免于战火，完整地保存下来，为新中国定都奠定了基础。2 月 2日，第 4 纵队后续部队入城，北平军事管制委员会和北平市人民政府也同时入城办公。2 月 3 日上午，解放军举行盛大的入城式，北大组织师生上街列队热烈欢迎。同日，汤用彤代表北大，接受新政权管理。

南京政府的"抢运学人计划"原以为会有许多教授忠于"党国"，"大义凛然"地飞来，结果来了许多局外人，像汤用彤的机票就送给了一位家在南方的远房亲戚。对此，汤一介先生回忆当时情景说："父亲拿到机票后正考虑如何处理，这时我母亲想到，她的侄女婿的妹妹周化一。周化一当时是辅仁大学教育系的学生，来北平最初曾住在我们家。母亲对我说：'化一年轻，而她的父母、兄弟姐妹都在南方，不如把机票给她，让她和家人团聚吧！'奉母之命，我去辅仁大学找化一，她不在宿舍，听同宿舍的女生说，化一可能到什刹海溜冰去了。我在什刹海找到了她。于是她带着冰鞋就到我家，母亲把票给了她，还给了她一些银圆说：'飞机不知会飞到哪里，有点钱走路方便些。'于是周化一就与钱思亮教授乘同一飞机离开了北平。1983年，我作为罗氏基金访问学者到美国曾和周化一见面，谈起往事，都有隔世之感了。"①

"抢救"名单上的人多转向进步，不愿与国民党同流合污。甚至有天派了5架飞机，却应者寥寥。蒋介石懊恼不已，只得停止飞机"抢救"。傅斯年为想接的朋友大多没来而大失所望，长吁短叹。胡适闻讯，出于复杂矛盾的心情，大哭了一场。胡适之哭，诚为千古一哭；傅斯年之叹，亦是千古一叹。但此后傅斯年一直未放松"抢救"大陆学人的努力，从1949年初到年末，甚至在1950年他去世前，屡屡邀请汤用彤、郑天挺、罗常培、向达、周一良、沈从文和在岭南的陈寅恪赴台，只是受邀者未作响应。

中央研究院81位院士绝大多数未走，各所仅傅斯年领导的史语所比较完整地迁台。1949年4月6日，胡适在拒绝了蒋介石为他安排的驻美大使等政府要职后，从上海坐轮船赴美，一去不复返。但汤用彤主持下的北京大学在图书馆依然为胡适保留了一个职位，中央人民政府对胡适的劝归工作一直持续到1962年胡适去世才终止。

解放初，周恩来听取北平地下党负责人刘仁关于高校人才情况的汇报后，欣喜地说："你把教授们都留下来了，一个也不肯给蒋介石，难怪有人说你叫'留人'（刘仁谐音）呀！"不久，毛泽东举行招待会，邀请汤用彤等各高校的负责人参加，予以亲切接见。1949年8月14日，

---

① 汤一介：《我们三代人》，北京：中国大百科全书出版社2016年版，第132—133页。

新华社发表的毛泽东所撰文章《丢掉幻想，准备斗争》中说："为了侵略的必要，帝国主义给中国造成了数百万区别于旧式文人或士大夫的新式的大小知识分子。对于这些人，帝国主义及其走狗中国的反动政府只能控制其中的一部分人，到了后来，只能控制其中的极少数人，例如胡适、傅斯年、钱穆之类，其他都不能控制了，他们走到了它的反面。学生、教员、教授、技师、工程师、医生、科学家、文学家、艺术家、公务人员，都造反了，或者不愿意再跟国民党走了。"① 该文首次点名抨击胡适、傅斯年和钱穆是被"帝国主义及其走狗"所控制的极少数知识分子的代表。对于那些帝国主义"不能控制"，走向其反面的知识分子的留下，毛泽东是欢迎之至的。

中国革命胜利时，专家学者大都选择留在新中国。有些人明明可以走，甚至机票送到手也都没去，而且还有许多海外知识分子，克服重重困难回国报效，这同俄国十月革命时大量知识分子外流的情况截然相反。汤用彤留下来的原因较有典型意义，汤一介先生将其缘由主要归纳为三点："一是国民党非常腐败，跟他们走没有什么希望；二是父亲的很多学生是地下党，比如汪子嵩当时已经是助教了，他们做工作要父亲安心留下来；三是胡适临走留信拜托他维持北大。父亲已在北京大学待了近20年时间，对北大有很深的感情。同时他也觉得，大家都走了，北大谁来管？现在，我甚至可以认为父亲那时会想他们这一批学者留下或可维持北大的传统。"出于对北大这片学术圣地的深爱和依恋，汤用彤拒绝了胡适和国民党政府的南下邀请，毅然选择了留下。而且，胡适拜托他"维持"北大一事，他也尽力做到了，切实肩负起了"护校"的重任。

---

① 毛泽东：《丢掉幻想，准备斗争》，《毛泽东选集》第 4 卷，北京：人民出版社1991 年版，第 1485 页。

第三节　长校期间的新北大

解放军入城后，北平市军事管制委员会文化接管委员会召集各校代表开会，北京大学由汤用彤和郑天挺参加。2 月 28 日，文管会主任钱俊瑞等 10 人到北大，与汤用彤及师生员工代表在孑民纪念堂开会，商谈接管及建设新民主主义的北京大学诸问题。吴晗以副军代表身份参与接管北大，从此步入仕途，开启了"书生从政"的人生道路。

当天下午，接管大会在民主广场举行，汤用彤致辞表示欢迎。钱俊瑞宣布正式接管北大，并讲述了新民主主义文化教育方针，同时宣布：国民党、三青团等反动组织立即解散；取消训导制和党义等反动课程；学校行政事宜由汤用彤负责。会后，文管会代表和北大师生员工一起举行庆祝游行，先绕场一周，然后出西校门环行景山，复入民主广场。4 时30 分，在"庆祝北大新生""北大新生万岁"的口号声中散会。[①]次日，周炳琳致函校委会主席汤用彤，要求辞去各项行政职务，专任本校教授。

北大的接管可以说是成功的，它对全国其他大学的接管起到了良好的示范和安定作用。据贺麟回忆，北平解放不几天，汤用彤与郑天挺、周炳琳等北大主要负责人和各院长，联名写信给南京的胡适，告知解放后北大师生们平安无事。[②] 该函可算是对胡适临别嘱托的一种圆满交代。3 月 14 日，胡适在南京收到汤用彤、郑天挺、周炳琳、饶毓泰等北大老同事联名发来的问候函，他在日记中用"喜极！"来描述见信后的欢欣。[③] 只是信里未见原北大训导长贺麟的署名，胡适不知道他出

---

① 王学珍等主编：《北京大学纪事（1898—1997）》，北京：北京大学出版社 1998 年版，第 403 页。

② 贺麟：《我和胡适的交往》，《文史资料选编》第 28 辑，北京：北京出版社 1986 年版。

③ 胡适：《日记（1938—1949）》，《胡适全集》第 33 卷，合肥：安徽教育出版社 2003 年版，第 722 页。日记所述此信当即贺麟所忆那封联名信，因为内容相符，且没有贺麟的署名。

了什么事，颇为担心。其实，汤用彤等人当时因顾虑贺麟与蒋介石的密切关系，所以没有找他。

为加强集体领导，更加有效地推行和改进校务，北京大学于5月4日，成立了由汤用彤、许德珩、钱端升、曾昭抡、袁翰青、向达、闻家驷、费青、樊弘、饶毓泰、马大猷、俞大绂、胡传揆、严镜清、金涛、杨振声、郑天挺、俞平伯、郑昕等19位教授，两位讲师、助教代表俞铭传、谭元堃，两位学生代表许世华、王学珍，共23人组成的校务委员会。汤用彤任常务委员会委员兼主席，每月给予相当于1500斤小米的优厚待遇。在常委中，有始终富于政治热情的九三学社理事长许德珩教授，有在西南联大不畏暗枪威胁而登台演讲的钱端升博士，有闻一多的弟弟闻家驷教授，还有历史学家向达，化学家曾昭抡、袁翰青，讲师、助教代表俞铭传，学生代表许世华。军管会同时宣布：学校行政工作从即日起由新成立的校务委员会领导；任命曾昭抡为教务长，郑天挺为秘书长[1]，汤用彤为文学院院长，饶毓泰为理学院院长，钱端升为法学院院长，马大猷为工学院院长，俞大绂为农学院院长，胡传揆为医学院院长，向达为图书馆馆长。[2]

5月9日，文管会宣布：派驻北大的军管代表和联络员，因校务委员会的成立而决定撤销。新一届校委会较胡适刚走后的校委会人员[3]多有增加，当与汤用彤所说"还是人多些好"的建议有关。同日，周恩来到北大，在孑民堂与汤用彤诸教授座谈[4]，并由周恩来主谈新民主主义

[1] 1950年5月8日，教育部批复，准郑天挺辞去秘书长职务，专任历史学系主任和明清史料整理室主任。1952年，他调任南开大学副校长。

[2] 1949年5月5日发出的这份布告今存北京大学校史馆。北京大学档案馆亦藏有一份，案卷号：201949003。

[3] 汤用彤现存遗稿中有一份他任北京大学校务委员会主席时领导集体成员名单的手写稿，其中有副主任钱端升、王学珍、汪家缪及干事李天授等，并含分工。自胡适走后到次年5月4日期间的校委会组成情况，校史研究上往往付诸阙如，而这份名单则可填补这一空白。汤用彤留下的相关文献和实物具有珍贵的文物价值，对于研究北大校史和中国现代教育史有一定意义。

[4] 参阅中共中央文献研究室编《周恩来年谱（1898—1949）》，北京：中央文献出版社1989年版，第826页。

教育和外国文化中国化等问题。他的为人、气度和见识让汤用彤深感敬佩。周恩来十分熟悉和理解知识分子，与汤用彤一直保持着联系和友谊。①

　　5月13日，北平市军事管制委员会主任兼北平市长叶剑英正式任命汤用彤为北京大学校务委员会主席兼文学院院长。② 6月1日，华北人民政府主席董必武任命汤用彤、黄炎培、郭沫若、徐特立等人为华北高等教育委员会委员。③ 6月6日，华北高等教育委员会在北京六国饭店举行第一次会议。6月7日《人民日报》第1版发表金凤《华北高等教育委员会首次集会讨论学制等问题》报道："到会董必武、张奚若、周扬、马叙伦、李达、许德珩、曾昭抡、吴晗、郭沫若、吴玉章、徐特立、马寅初、范文澜、成仿吾、邓初民、张志让、汤用彤、郑振铎、钱端升、蓝公武、杨秀峰、叶企孙、陈岱孙、陆志韦、张东荪、雷洁琼、黎锦熙、徐悲鸿、李宗恩、严济慈、裴文中、晁哲甫、于力、刘鼎、乐天宇、周泽昭、沈体兰、黄松龄、张宗麟、张国藩、俞大绂、冯乃超等四十二位委员。会上正副主任委员董必武、张奚若说明了高等教育委员会成立的意义与任务。高等教育委员会副主任委员周扬与黄松龄委员，分别报告平津各大学接管以来工作进行情况。继就大学学制、课程改革、私立大学之管理、秋季招生、本期各大学毕业生训练与分配等工作，广泛交换意见，讨论甚为热烈。会议一致同意授权常委会对所讨论诸问题继续研究并分别筹组各种专门委员会，提交将于最近召开的第二次会议正式通过，以利工作进行。"

　　6月8日，北大校务委员会召开常委会第二次会议，记录本开篇写

---

　　① 参阅中共中央文献研究室编《周恩来年谱（1949—1976）》，北京：中央文献出版社1989年版，第174—175页；金冲及《周恩来传》，北京：中央文献出版社1998年版，第1188—1191页。

　　② 中国人民解放军军事管制委员会"管委字006号"的委任状原件，本书写作时存汤一介先生处。

　　③ 召开成立大会的函件及汤用彤的委任状，存北京大学档案馆，案卷号：2011949006。

有"三十八年六月八日下午七时蔡先生纪念堂。主席汤用彤，记录郑天挺"。会议记录附录有：工学院致锡予先生函，以及汤用彤 6 月 1 日的批复；袁翰青致校委会汤主席函（1949 年 6 月 1 日）。7 月 11 日下午 7 时，汤用彤在蔡先生纪念堂主持召开北大校务委员会常委会第六次会议，由郑天挺记录。会议记录附录有：汤用彤 1949 年 6 月 9 日致曾昭抡函："叔伟兄，附件乞看一下。此事分三点。一、现在全校无所谓名额（办法是从前的），附件根据名额说，似不妥。二、一系（即使是一个牙医学校）一年应否添八人，也可讨论。三、本年毕业生是否均高材生，应该全体留用？请您研究一下。"曾昭抡的回复是："提校委会或常委会。个人赞成汤先生的意见。"

6 月 16 日，西文系主任朱光潜致函汤用彤请示："西文系为适应新时代之需要，拟添设俄文组与法文组，其课程大致与英文组相近，惟俄文组后期不偏重文学而重俄国一般文化及制度之研究。现距招生不远，如决添设应从速准备。"同日汤用彤在信上批示，提交校务委员会会议讨论。解放后，朱光潜很快就发现自己不适应做领导工作，多次向汤用彤辞职。随后朱光潜认真研究马列著作，并在 1951 年翻译出版了用马克思主义观点探讨艺术问题的由路易·哈拉普所著的《艺术的社会根源》一书。

当时北大不设校长，亦未实行后来的党委负责制，校务委员会遂成为北大最高领导机构。1949 年北平解放之初，高等教育主管部门制定的《大学校务委员会组织大纲》规定：

> 校委会为全校最高权力机关，主持全校校务，并商定全校应兴应革事宜。
>
> 校委会采用民主集中制，主席有最终决定权，并对主管机关负责。
>
> 校委会会期每月一次，常委会每周一次，遇必要时得由主席召

开临时会议。……①

这种情况一直延续到 1951 年马寅初来接任校长后为止。因此，在北大校史上，都把汤用彤排在胡适之后、马寅初之前的校长行列，成为北京大学第 22 任校长。而且，汤用彤既是"老北大"的末任校长，也是"新北大"的开山校长。从孙家鼐出任管学大臣，到汤用彤担当校务委员会主席，百年的北大历史，至此刚好半个世纪。

解放初，政府对各校采取"接而不管"的政策，北大各项事宜仍由汤用彤负责。他以"事不避难，义不逃责"的精神为建设新北大颇费心血，以至于不得不忍痛舍弃了自己钟爱的学术研究。汤用彤主持的校务委员会工作十分繁忙，除领导学校日常的教务、行政、后勤工作外，还要筹建工会等组织，开展新民主主义学习运动，组织师生员工参加各类游行及声援抗美援朝等活动，并经常请中央领导、知名人士、战斗英雄来作报告。汤用彤曾邀请陈毅、陆定一、周扬、谢觉哉、艾思奇、范文澜、胡绳等到北大作讲演，并聘请卞之琳、张志让、沙千里、千家驹、沈志远、楚图南、何干之、薛暮桥等专家来校任教。上述专家任教聘书和名人演讲记载等各项学校活动记录在北京大学档案馆都有详细档案。从现存档案中汤用彤批示的大量文件可略窥其繁重校务之一斑。这批档案连同汤用彤家藏遗稿的发掘整理将为重新发现汤用彤、研究北大校史和中国教育史乃至文化史提供丰富的史料，并开拓出新的途径。

7 月 17 日，《人民日报》第 2 版刊登《中苏友好协会发起人名单》，名单中有宋庆龄、刘少奇、周恩来、郭沫若、丁玲、胡绳、贺龙、傅作义、彭德怀、焦菊隐、汤用彤、邓颖超、邓宝珊等共 698 人。7 月 28 日，《人民日报》刊出报道：汤用彤与丁西林、马叙伦、黄炎培、董必武、楚图南、潘梓年、钱俊瑞等中华全国第一次教育工作者代表会议筹委会常委发出向毛主席、朱总司令致敬电，以及致新政协筹备会贺电。

①　详见北京大学档案馆档案，案卷号：201949003。

9月21日，中国人民政治协商会议第一届全体会议在中南海怀仁堂隆重开幕，汤用彤作为"中华全国教育工作者代表会议筹备委员会"的代表出席了大会。该委员会正式代表共15人：成仿吾、叶圣陶、钱俊瑞、林砺儒、张如心、晁哲甫、陈鹤琴、俞庆棠（女）、竺可桢、江恒源、汤用彤、叶企孙、杨石先、戴白韬、柳水是，候补代表两人：江隆基、葛志成。① 会议讨论通过将北平改名为北京，并作为首都。

10月16日，"北京大学教职员联合会"在孑民纪念堂举行第一届第一次代表会，宣告正式成立。汤用彤与中共北大总支代表叶向忠、青年团北大团委代表汪家谬、学生会代表王学珍、工警工会代表赵广继到会祝贺并讲话。北京市工会筹委会主席肖明、华北高等教育委员会副主任钱俊瑞以及中共中央委员、华北大学校长吴玉章等来宾也在会上讲了话。大会选出了北大教职员联合会和分会的执委，总会主席为钱端升，副主席为陈明绍、钟之琦、沈承昌、谭元堃。10月18日，《人民日报》第4版刊出报道："北大教职员联合会（简称北大教联）经过了三个多月的筹备，于十五、十六两日召开了第一次代表大会，宣告成立。北大教联系由北大教授会、讲助会、职员会合并而成。大会主席团执行主席罗常培在开幕词中指出：教联的成立表示了北大教职员的空前大团结。教联的任务是：团结全体教职员加强政治学习与业务，确立工人阶级的立场和观点；进一步团结工人，准备参加工会；并在不妨碍国家社会的利益下谋取同人的福利。大会在两日的议程中讨论并通过了教联的章程、教联的工作方针及代表提案三十余件……通过了教联成立宣言及向毛主席、朱总司令致敬并祝贺广州大捷的通电。华北大学校长吴玉章、高教会副主任钱俊瑞、吴晗、市总工会筹委会主任萧明、北大校委会主席汤用彤均应邀出席大会讲话。"

熊十力由于对国民党不满意，但对共产党也不了解，因此他于

---

① 会场合影照片由汤一介先生保存至今，汤用彤在前排左一，中排左一、二、六为叶圣陶、叶企孙、钱俊瑞，后排左一、二为江隆基、杨石先。汤用彤现存遗稿中还有1949年"新政治协商会议筹备委员会便笺"数张。

1948年底由浙江大学南下广州，并反复权衡自己的去留。当他获知北平解放后社会稳定，特别是老友汤用彤长校北大，这才打消了疑虑，决意留在大陆。1949年10月25日即广州解放的第十天，熊十力致函汤用彤，询问能否重回北大教书。次年初，熊十力在叶剑英、董必武、郭沫若的关照下北上，汤用彤安排他仍在北大哲学系任教授，并予以格外照顾。

10月29日11时，苏联文化艺术科学工作者代表团杜伯洛维娜、斯托列托夫、格拉西莫夫等一行乘专车离京返苏，汤用彤前往送行。《人民日报》1949年10月30日刊登新华社电《苏文化代表团离京返苏　刘少奇等百余人到车站欢送　郭沫若致欢送辞·西蒙诺夫致答辞》载：

> 我国中苏友好协会、中国保卫世界和平委员会、中央人民政府外交部代表均到车站欢送，计有中苏友好协会会长刘少奇，副会长吴玉章、沈钧儒、张澜、黄炎培，理事董必武、陈云、马叙伦、沈雁冰、李立三、蔡畅、章伯钧、滕代远、李德全、张奚若、彭泽民、钱俊瑞、周扬、冯文彬、谢邦定、邵力子、张治中等，中国保卫世界和平委员会主席郭沫若，秘书长刘宁一，委员袁牧之、廖承志、刘清扬、曹孟君、许德珩、李达、余心清、周新民、周建人、汤用彤、胡愈之等，及外交部部长周恩来代表李克农、外交部办公厅主任王炳南、副主任阎宝航等百余人。代表团在掌声和军乐声中进入车站后与欢送者一一热烈握手，接着由郭沫若代表中苏友好协会和中国保卫世界和平委员会致欢送辞，并由西蒙诺夫团长致答辞。郭沫若在欢送辞中说：此次苏联文化艺术科学工作者到中国来，参加了中华人民共和国中央人民政府成立典礼和中国保卫世界和平大会、中苏友好协会成立大会，给了中国人民以极大的鼓励。中国人民希望苏联代表团能够很快地再到中国来。西蒙诺夫在致答辞中说：我们将永远记着中国人民对我们的深厚友谊。我们把

中国人民对于我们的热爱看作对于整个伟大苏维埃国家人民的热爱。我们回国以后将把在中国所看到的一切告诉给全苏联的人民。我们感谢中国的各界人民，感谢中华人民共和国中央人民政府，更深深地感谢毛泽东主席。致辞后代表团与欢送者均热烈高呼："中苏友好万岁""毛泽东主席万岁""斯大林大元帅万岁"等口号。中苏友好协会总会接着向苏联代表团献旗和献花，旗上写着："中苏两国人民永远不朽的友谊合作万岁"。献旗献花时军乐队奏中国和苏联国歌。献花毕代表团再一次和欢送者热烈握手告别，旋即登车。十一时十分代表团专车在热情的招手和欢呼中开离首都车站。（原附现场照片）

《人民日报》1949年11月22日第4版刊登林洪文章《感谢人民自己的政府——记北京市第二届各界人民代表会议第二日》，载北京市第二届各界人民代表会议讨论聂荣臻市长施政报告的情形："掌声像海涛一般一阵一阵地泛过会场，每个人的心激动着，充满了无限的喜悦和骄傲之感，'感谢我们人民自己的政府，拥护政府的一切措施'的声音，无数次地经过扩音器传到每一位在座的人的耳里，这是四百二十四位北京市人民代表的声音，也是北京二百万市民内心里要说的话！……北京大学校务委员会主任汤用彤代表因病不能出席，但他觉得不能不说话，于是便请樊弘教授代为向大会表达了他的意思，他对政府执行了各界代表会议百分之九十四的议决案表示十分满意，并且认为第二届各界人民代表会议的民主范围更加扩大了，人民自己选举自己的市长，是中国几千年来所没有的事。"

在筹备新北大第一次校庆之际，应学生会的要求，经汤用彤和郑天挺协商同意，决定以北大全体师生的名义，给毛泽东写封信，请他回来参加校庆，并请他给北大校徽题字。该信由校委会秘书汪子嵩起草，文书刘椿年楷书誊写，信中说："十二月十七日是北京大学第五十一周年校庆纪念日，为了庆祝这解放后的第一次校庆，我们准备在十七日上午举行简单的庆祝仪式……我们热烈地盼望您能在这一天，回到学校里来，给我们一点指示！要是您有空，无论如何希望给我们写几句话，给一点指示！还有一件事要麻烦您的，最近我们要制新的校徽，想请您给写'北京大学'四个字，希望您能答应我们。"① 信尾署名"北京大学全体师生"。该信于 12 月 12 日发出，当时毛泽东正在访苏。次年他回京不久即于 3 月 17 日，把亲笔书写的校徽题字函件，经中共中央办公厅秘书室送到了汤用彤的校长办公室。北大校委会当即决定在全校师生中广泛征求校徽图案，随即制成长 4 厘米、宽 1.5 厘米，红底白字和白底红字两种长方形校徽，分别由教工和学生佩戴，并沿用至今。这是毛泽东第一次为高校题写校徽，反映了他对北大的特殊情怀。从 1917年蔡元培请鲁迅设计并书写篆体"北大"两字的竖牌校徽到毛泽东题写的"北京大学"横牌校徽，这两枚校徽的延续历程，从一个侧面反映了北大的光荣历史。

在新北大首次校庆的前一天，《北大周刊》刊出汤用彤纪念校庆 51周年的文章，一方面批评老北大的"为学术而学术"脱离现实的弊端，一方面力图重新阐释"兼容并包"口号。② 1949 年 12 月 17 日上午，北大在三院礼堂举行 51 周年校庆纪念大会，教育部副部长曾昭抡、中宣部副部长徐特立到会祝贺。汤用彤致开幕词，回顾了北京大学的历史，特别是再度着重分析了蔡元培校长提出的"兼容并包"在当时历史条件下所起的进步作用。他说，今天，按此精神，凡古今中外有利于人民利益的文化均可包容，而帝国主义和封建主义之流毒则不能兼容。愿全体北大人在怀念过去、瞻望将来之际，同心协力担负起建设新民主主义文化教育的任务。针对当时与老北大传统彻底决裂的激进主张，汤用彤总是维护和发扬蔡元培"兼容并包"的思想，力图阐明在尊重历史连续性的前提下，寻求新机制在旧体制内的渐进成熟的规律，以实现新旧思想

---

① 魏国英主编：《在巨人和圣地之间——毛泽东与北京大学》，北京：北京大学出版社 1998 年版，第 81 页。

② 汤用彤：《纪念解放后第一次校庆》，《北大周刊》1949 年 12 月 16 日。

的平稳过渡。历史的发展证明，这正是实现传统教育向现代转化的最为稳妥和有效的途径。

1950年5月4日，汤用彤新作《五四与北大》发表于《文汇报》第8版。由于新北大的校务委员会成立于五四运动三十周年纪念日，又鉴于原校庆日12月17日，天气太冷、期末较忙等原因，1951年12月，经汤用彤提议并最终确定以每年的5月4日为北大校庆日。这样既能发扬"五四精神"，又利于校友返校。汤用彤自早年留学时即积极支援国内的五四运动。他晚年的一篇读书札记末尾，将日期记为"5.4前一天"而不写当日的日期。这都从一定意义上说明了他对"五四精神"的契赏。

当新北大的运行基本步入常规后，汤用彤多次提出辞职，并推荐李四光来接任北京大学校长，后有关方面因李四光就任中国科学院副院长等职而改成马寅初。6月1日，北大召开全校师生员工大会，作为祝贺马寅初校长到任的庆典。当时北大在沙滩旧址，没有礼堂，大会主席台设在民主广场南侧学生大食堂门前的平台上。上午9时大会开始，由教育部党组书记、第一副部长钱俊瑞宣读政务院任命通知。接着，原校务委员会主席汤用彤致欢迎词，并宣布校委会即日起撤销。随后，文、法、理、工、农、医各学院代表分别致欢迎词，并向马校长献花。

最后，马校长进行就职演说，非常谦虚地表示，这次他来京赴任，是来学习的；以他的学识和办事能力而论，实在不配当北大校长。因为北京是新中国的首都，在毛主席、中央人民政府的领导下，一切开风气之先。北大也进步很快，他这次来北大，可学习之处必定很多。他充分肯定以汤用彤为首的校务委员会做了许多工作，获得了极大成就。他能否比得上校务委员会和汤先生取得的成绩，还成问题。但他表示，在教育部直接领导下，只要全校师生互相学习、帮助，团结一致发扬北大的光荣革命传统和学术成就，就不会令人失望。今天他要着重讲这点而不谈办校方针，因为那是中央确定的，作为校长只有执行中央方针政策的工作任务。他还以解放以来在各地视察所见所闻，生动讲述了一年多来制止通货膨胀、财政收支平衡等十大物质方面的成就，并用实例谈到比这些看得见的进步更大的思想政治等方面五大进步。他认为再过三五年，新中国的成就将超出我们的想象。因此，他谆谆告诫大家，今天如不赶紧改造思想，将来不免追悔莫及。他指出，知识分子的改造，关系重大，能在旧学的基础上，架起新的建筑，成为有用的人才。反之，如果抱残守缺、故步自封，从前所得的学士、硕士、博士，将被丢到废纸篓里。他勉励大家要奋起直追，努力改造，迎接大时代，保持北大作为最高学府的地位。

这篇讲话无异于一次生动的形势教育报告，充满了对人民政府的热爱和敬仰，发自内心地赞颂新中国的进步和成就；也是一篇鼓励北大师生努力改造思想的动员报告，词义恳切、语重心长。北大摄影学会拍摄有就职典礼会场的一组照片，展现了全校教职员工欢迎马老就任的热烈情景。

北大校史上把汤用彤长校离任时间定在 1951 年 9 月，而马寅初就职校长典礼则为 1951 年 6 月 1 日。这看似矛盾的日期，实际上反映了北大领导机制过渡时期的特点。1949 年初到 1951 年 5 月期间，北京大学公函中校长一栏只由汤用彤签名，而 1951 年 6 月到 9 月间公函的校长一栏往往由马寅初和汤用彤同时签署，亦可说明北大当时领导班子的过渡情况。①

1951 年 6 月 18 日，教育部通知北京大学，政务院第 89 次政务会议已通过汤用彤为北京大学副校长，除提请中央人民政府委员会批准任命外，请即通知先行到职。② 9 月 3 日，经中央人民政府委员会第 12 次会议通过，毛泽东主席亲笔签发"府字第 3984 号"令，正式任命汤用

---

① 汤用彤接待马寅初校长到校就职的材料，详见北京大学档案馆档案，案卷号：2011951004。

② 王学珍等主编：《北京大学纪事（1898—1997）》，北京：北京大学出版社 1998年版，第 436 页。

彤为北京大学副校长①，至此北大圆满实现了领导体制的新旧更替。因此，不少论著往往把马寅初任校长的起始时间写成1951年9月。②

此后，汤用彤负责主管基建③和财政，助手为张龙翔④，另一副校长由党委书记江隆基兼任。虽学非所用，但汤用彤对所负责的工作依然勤勤恳恳，实际上他也兼管教学和科研。他同时继续兼任文学院长，并曾在钱端升外出参加土改期间任代理法学院长。汤用彤转任副校长后，总体境遇似乎比马寅初校长还要好些。北大校长办公室副主任文重1953年初春对来访的上级统战部门人士说："相对来说，汤副校长在职权问题上还是解决得比较好的。"在马寅初不被江隆基等党内负责人看重、马校长有意规避的情况下，汤用彤时常会以校方行政代表人物的身份出场参加各种校内外活动。⑤ 这一时期，北大师生心情舒畅，朝气蓬勃，干劲十足，都希望为新北大尽一点自己的力量。全校充满着喜气洋洋的气氛，北大各项建设也都取得了长足进展。

总之，汤用彤主校期间，顺承历史使命，继往开来，使北大历史翻开了新的一页。在此过程中，他为保护学校安全、维护北大学风、推动学校改革和学科建设、优化教师队伍、争取各界对北大的支持、响应国家需要、配合统战等工作尽心尽力，使得北大度过了新旧交替、革故鼎新的关键阶段，为北大的新生和发展立下了不朽的历史功勋。我们综观汤用彤一生的思想和作为，正是百年来华夏学人"中国梦"和"北大梦"的鲜明体现，研究汤用彤长校期间的北大校史，对于我们今天继续

① 在本书写作时，任命通知书存于汤一介先生处。

② 参见《今日北大（1988—1992）》，北京：北京大学出版社1993年版，第582页。详见北京大学档案馆档案，案卷号：2011951001、2011951002、2011951003、2011951014、2011951021等。

③ 笔者在"汤用彤学术讲座"上，曾听到任继愈回忆说，"中关村"（原名中官村）之名就是由汤用彤先生在主持北大校园规划时定下的。

④ 张龙翔（1916—1996），生物化学家。1946年起，历任北京大学化学系、生物学系教授，副校长。1981年5月至1984年3月任北京大学校长。

⑤ 参见陈徒手《汤用彤：五十年代的思想病》，《读书》2012年第5期。

"实干兴校"，更加执着地加快建设世界一流大学，为民族伟大复兴及人类文明发展做出新的贡献，从而共圆"中国梦"和"北大梦"有着非凡价值和深远意义。①

---

① 参见赵建永《胡适南下时致汤用彤函考述》，《北京大学学报（哲学社会科学版）》2013 年第 3 期。

第八章　旧邦新命——晚年宏愿

中华人民共和国成立后，汤用彤历任第一届全国政协会议代表、第三届全国政协常委（政协主席是周恩来），第一、二、三届全国人大代表。1951年他卸任北京大学校务委员会主席后，一直担任副校长。在中华人民共和国成立之初，汤用彤就被聘为中国科学院专门委员，随后出任中国科学院历史考古委员会委员、哲学社会科学学部委员，兼《哲学研究》《历史研究》编委等职，直到病逝。本章通过对汤用彤往来函件、档案文献、已刊和未刊文稿的考证和解读，来再现当年学林领袖的流风余韵。

第一节　开国愿景

一、筹建中国新哲学会

中华人民共和国成立初创立的全国性哲学学会，是当时哲学界在解放区哲学会的基础上，对旧中国的哲学研究组织加以改造、融合而成的。早在1936年，艾思奇、沈志远等人在上海组织起"新哲学研究会"，研讨和传播马克思主义哲学，批判实用主义和各种唯心论。1937年八一三事变后，该会停止活动，上海等地区的进步哲学家转而云集延安。

1938年夏，在毛泽东倡议下，"新哲学会"在延安成立，由艾思奇、何思敬主持，它是"新哲学研究会"的进一步发展。9月30日，艾思奇、何思敬、张如心、吴黎平、高士奇、周扬、成仿吾、徐懋庸、王思华、郭化若等18人联名在延安《解放》杂志上发表《新哲学会缘起》一文，介绍了新哲学会成立的目的、性质和任务。他们认为，若使理论对实践更有指导意义，研究者不仅要结合抗战的实际经验和教训，而且要发扬本民族传统中最优秀的思想，吸纳国内外最好的理论成果。

1940 年 6 月 21 日，"新哲学会"举行第一届年会。毛泽东、朱德、张闻天、茅盾、艾思奇、何思敬、周扬、郭化若、和培元、范文澜等 50 余人参加了会议。"新哲学会"为培养和提升革命根据地中高级干部的马克思主义理论水平起了积极作用。

解放初，由"新哲学会"和"中国哲学会"发起筹备组建全国性的中国新哲学研究会，并将旧中国的"中国哲学会"融入了新学会。1949 年 7 月 8 日，在北平召开发起人会议，讨论新哲学研究会筹备组织章程和暂行草案，选举李达、艾思奇、何思敬、胡绳、汤用彤、郑昕、何干之、马特、金岳霖、张东荪、夏康农 11 人为筹备委员会常务委员，并推举李达为主席，艾思奇、郑昕为副主席；同时还成立了筹备委员会上海分会，由冯定、郑易里等人负责。该会宗旨是团结全国哲学工作者，传播马列主义及毛泽东思想，以正确认识新民主主义社会发展的规律，批判继承旧哲学遗产，在文化思想战线上对各种错误学说展开批判。随后，该研究会每两周开一次讨论会，学习马克思主义哲学，并研讨各种专业问题。

1950 年 3 月 14 日，中国新哲学研究会筹备会常务委员会致函汤用彤，内容主要是召开座谈会，举办艾思奇、侯外庐关于中西方哲学史研究的学术报告。该函上首稍有残损，现依文意在括号中补足，录文如下：

> 我们的第二十三次哲学座谈会定于三月十九日（星期日）上午［九点］在沙滩北京大学总办事处后院蔡先生纪念堂举行，请艾思奇［作］报告："关于日丹诺夫《关于西方哲学史的发言》的意见"。
>
> 又第二十四次座谈会定于四月二日的同时同地举行，请侯外庐先生［讲］"关于中国哲学研究的几个问题"，请届时出席为荷。

汤用彤把该信夹在当年上学期他开设的"欧洲大陆理性主义"系列课程之一的"笛卡儿《沉思集》（Meditation）"讲义中，并在信的背面写道："与报告结合起来。"这当是中华人民共和国成立后以苏联日丹诺夫关于唯物与唯心主义对立的方式来理解哲学史并引入教材的最早尝试之一。该信和该课讲义都由汤一介先生保存下来，成为了解当时哲学动态和教学改革的重要历史文献。30 年后，汤一介先生发扬汤用彤科学探索的精神，在《中国社会科学》发表《论中国传统哲学范畴体系的诸问题》一文，率先打破划分唯物和唯心主义的研究范式，提出从认识发展史的角度来看待哲学问题，由此引发中国哲学界持续多年的"范畴研究热"。

"新哲学研究会"有力地推动了理论界对马克思主义哲学的学习以及对马克思主义理论中国化的探索。1951 年 1 月 28 日上午 9 时，"新哲学研究会"举行座谈会讨论毛泽东的《实践论》。会议由艾思奇主持，与会者有汤用彤、冯友兰、郑昕、金岳霖、贺麟等数十人，发言甚为踊跃。大家一致认为《实践论》属于创造性的著作，应多加研究，决定以后再召开座谈会继续讨论。《人民日报》1951 年 1 月 30 日第 3 版对此座谈会做了报道。次月 21 日，冯友兰在新哲学研究会的座谈会上，从发展马克思主义解决中国问题的视角，作了《〈实践论〉——马列主义底发展与中国哲学传统问题底解决》的报告，对中国传统哲学的"知行观"和《实践论》的"知行观"进行了比较研究。汤用彤、金岳霖、沈有鼎等与会代表展开热烈讨论，进一步提高了对毛泽东思想的认识。

据张岱年撰文回忆：该研究会主要由汤用彤先生和胡绳先生领导。汤用彤在会上建议在北大、清华等校开设"近代思想史"课程，内容涵括中西，既讲中国的，又讲西方的。他在一次课程讨论会上说："我们一定要把工作做好，一定要把工作做好！"其态度之恳切，令听者不禁为之动容。汤用彤还曾请金岳霖、冯友兰、邓以蛰诸同仁到家中午餐，一见面，他就问张岱年："听沈有鼎说，你在清华对学生讲辩证唯物论是当代最伟大的哲学，是这样吗?"① 张岱年回答说，确实如此。汤用彤在 1949 年即率先聘请艾思奇、何思敬、胡绳到北大主讲"辩证唯物主义和历史唯物主义""思想方法论"等课程，这足见汤用彤对新哲学、新事物的关心，也充分体现了他开拓哲学中国化道路的良苦用心。

1950 年秋，杨祖陶于北京大学哲学系毕业留校任助教兼管系办公室事务，汤用彤派他去沙滩附近隆福寺街上的线装书店采购一些中国近代思想家的集子，那时他揣测汤用彤是打算研究中国近代思想史，但未及仔细考虑汤用彤为何在此时开展这项研究。60 年后，杨祖陶在看到《汤用彤学记》中张岱年的回忆文章时，才恍然大悟道："原来用彤先生当年派我到隆福寺街买那些书是为开设《近代思想史》课程作准备。但是，那时先生为何要提出这样的建议呢? 我从《汤用彤学记》中似乎找到了答案：这是先生根据其文化学术观和对当前文化学术发展之现实需要的考虑提出来的。"② 他因之撰文《哲人的"常态"——〈汤用彤学记〉读后》，将其对此问题的认识陈述如下：

> 用彤先生主张，文化学术虽异代不同，然其变迁悉由渐进。新文化学术都在过去文化学术中有所本，从而形成了一种客观的变迁之迹，这是研究者必须弄清楚的。但另一方面，变迁也有其根据和理由，这就是时代思潮的影响和治学的新眼光和新方法。两者中后者尤为重要，否则就只有支离破碎的言论，而不能有组织完备的新时代文化学术。而新眼光和新方法之获得则主要由于外来文化学术的影响。本土文化学术与外来文化学术相接触，其结果必然是：一方面本土文化学术因接受外来因素而有所变化，另一方面外来文化学术则必须适应本地文化学术而有所改变，否则不能生存下去。

① 张岱年：《深切怀念汤锡予先生》，汤一介编《国故新知：中国传统文化的再诠释》，北京：北京大学出版社 1993 年版，第 41 页。该文后来收入《汤用彤学记》。
② 杨祖陶：《哲人的"常态"——〈汤用彤学记〉读后》，《读书》2011 年第 8 期。

学习和研究中国近代思想史，就是要懂得和找出近代中国文化学术中延续而被吸取的优秀部分的渐进轨迹，为正确地接受当前外来的马克思主义哲学（新哲学）的影响以发展中国固有的民族文化学术作准备。学习和研究西方近代思想史则是要懂得和找出西方近代文化学术思想史中延续而被接受的优秀部分的渐进轨迹以明了马克思主义哲学实为西方近代文化学术思想优秀传统的继承和发展，从而为中国文化学术对马克思主义哲学之在中国生根发芽、即中国化，采取一种正确的态度。换言之，先生正是从中国近代文化学术和马克思主义哲学相接触双方都必然变化——中国文化学术因接触马克思主义哲学而现代化，马克思主义哲学因接触中国文化学术而中国化——这样一点出发，而提出上述建议的。我以为，只有这样来领会用彤先生当年派我去采购中国近代思想家著作的深层原因才恰当。①

杨祖陶教授系汤用彤的得意门生，他自然最能领悟其师这些举动背后的深层用意。汤用彤经过上述研究，认为新哲学是相对于旧哲学而言的，马克思主义已取代旧哲学占据了主导地位，原来的中国哲学会也结束了，没有旧哲学也就无所谓新哲学，所以新的哲学会不必有"新"字。因此，在成立大会上，拟议的"新哲学研究会"名称简化为"中国哲学会"，并推选李达为会长，潘梓年、艾思奇等人为常务理事。

1952年，中国哲学会编辑的会刊《哲学研究》创刊，后来演变成为《哲学研究》杂志和《光明日报》哲学版。冯友兰在《三松堂自序》中记述："新的中国哲学会，主办一个刊物，叫《哲学研究》，作为《光明日报》的一个副刊。后来科学院成立了哲学研究所，《哲学研究》这个名称就由哲学研究所编辑的刊物用了，《光明日报》的那个副刊改名为《哲学》。"中国哲学会会址先设在北京大学，后改设在中国科学院哲

---

① 杨祖陶：《哲人的"常态"——〈汤用彤学记〉读后》，《读书》2011年第8期。

学研究所。1966 年后，该会停止活动。自此迄今，全国性的哲学会不复存在，诚为憾事。

"文革"结束后，尤其是十一届三中全会以后，哲学思想探讨活跃，相继恢复并新建了各种类型的哲学会，如全国性的专业哲学会就有马克思主义哲学史学会、中国哲学史学会、外国哲学史学会、逻辑学会、伦理学会、美学学会等，各省市也成立了地区性的哲学会。现在回顾中国哲学研究会的创立历程，既有助于我们了解哲学研究和学科建设的以往历史，也可使我们思考重建或者新建全国性哲学会的可能性与必要性。

二、响应教育改革

1950 年 6 月初，汤用彤出席中央人民政府教育部召开的首届全国高等教育会议。6 月 14 日，《人民日报》第 1 版发表新华社讯《首届全国高等教育会议闭幕　高等教育方针任务确定　通过高等学校暂行规程等五项草案》，主要内容如下：

　　该会经过两天预备会，听取了各地高等教育工作情况报告后，于六月一日上午正式开幕。到会者有各大行政区教育部及全国各主要院校负责人，车向忱、吴有训、楚图南、潘梓年、江隆基、陈剑修、邹鲁风、唐守愚、汤用彤、叶企孙、林砺儒、陆志韦、李达、吴贻芳、潘菽、许崇清、陈垣、徐悲鸿、廖世承、彭康、张如心、孟夫唐、查谦、嵇文甫、杨东莼、韦卓民、夏坚白、陈望道、孙文郁、许杰、李敷仁、辛安亭、黄觉民、何鲁、金锡如、秦瓒、乐天宇、杨石先、刘锡瑛、赵宗复、李宗恩等，中央人民政府各部会、院署代表及高等教育方面专家，中央教育部司长以上级干部，共一百八十余人。连同列席者共计三百余人。政务院董副总理、郭副总理、黄副总理，文教委员会副主任陆定一，财经委员会副主任马寅初，政法委员会副主任张奚若等均亲临指导。马叙伦部长致开幕词。他根据国家总的情况和高等教育的情况，指出新中国高等教育的方针和任务，要求高等教育密切配合国家经济、政治、文化、国防的建设，并根据理论与实际一致的原则，有计划有步骤地改革旧有高等教育的内容，要求高等学校准备和开始为工农开门，并使高等教育随着国家建设的逐步走上轨道，逐步走向计划化。接着政务院董副总理、郭副总理、黄副总理、文教委员会陆副主任，先后讲话。下午由钱俊瑞副部长、韦悫副部长，分别就高等学校的方针、任务、课程改革及学制、领导关系等问题作了补充报告。

6月2日至6日，大会进行小组讨论。7日、8日，进行全体讨论。会议在讨论后一致通过了高等学校暂行规程、专科学校暂行规程、管理私立高等学校暂行办法、关于高等学校领导关系的决定、实施高等学校课程改革的决定等五项草案，呈请政务院批准。8日下午，毛泽东、周恩来亲莅大会。周总理就"新民主主义教育方针""理论与实际一致""团结与改革"三个问题给了具体明确的指示。9日上午，钱俊瑞副部长作总结报告。下午举行闭幕式，由马叙伦部长致闭幕词。他指出这次会议经过各方面反复的研讨，把新中国高等教育的方向明确地确定下来，这是这次大会最大的收获。他还说这次会议高度发挥了民主协商的精神，从而巩固了教育工作者的团结。最后由张奚若、许德珩、陈鹤琴、孟宪承、吴贻芳、楚图南等致辞，皆一致表示愿为贯彻大会所确定的方针而加强团结，为建设新中国高等教育而努力。次年，北大课程改革时，汤用彤的以往课程全部停开，他转而开始认真学习研究马列主义。同时他由于忙于处理校务，可惜无暇将隋唐佛教、魏晋玄学等讲稿扩充整理成书。

1952年秋季，全国高校实行了院系调整。北京大学自城内沙滩，搬到西郊风光秀丽的燕园，并融进了清华大学、燕京大学等校的文理科，组成了一个新的综合性大学。经济学家马寅初任北大校长，汤用彤任副校长，原清华校务委员会副主任、教务长、物理学家周培源任教务长。10月初，江隆基自西北抵达阔别多年的母校，任第一副校长，主持学校的日常工作，不久又兼任党委书记，负责主管教学改革及思想政治教育。江隆基身为北大的党代表，却没有以改造者姿态出现在同事面前，而是给他们以应有的尊重。他有着北大渊源，亦有留学背景，以及多年从事教育工作的实践，这使其成为党内深谙教育规律的学者型教育官员。在如何办好北京大学这样一座世人瞩目的学府上，当时北大领导集体有着这样的共识：教师是学校的主体，学校的水平取决于教师的质量。教员不仅是教学上的骨干，也应成为"科学研究上的能手"，北大应该办成教学兼研究型的大学。几位举世闻名的大学者、大科学家和一个党内资深的教育家，共同组成了北京大学稳固的领导班子，从而开创了北京大学的一个新时代。

　　在涉及政治问题时，汤用彤在公开场合一般附和较多，不爱挑头引话题，把握不好时就说一些模糊性的言语。但在适宜场合，汤用彤也说真心话、敢于担当。院系调整时，教育部撤并了除北大外的高校哲学系，把其他高校的哲学系教授都集中调到北大，不料矛盾滋生，宛若一盘散沙。作为北大哲学系资深领导，汤用彤对其负面效果深有体会。1953年11月，他在教育部综合大学会议上，大胆提到师资调整存在的弊端："北大哲学系集中了全国六个系的教师，但并没有考虑如何发挥那些人的作用，只是把他们放在一个地方就算了。"严仁庚副教务长补充说："有些教师感到冷落，情绪波动，我们甚至怀疑到政府对他们的政策，如有人说，'是不是说是一套，做是一套，怎么没有人理我们呢？'"他们的发言直接面对院系调整的众多主事者，并涉及教育体制层面，这种批评是尖锐的，多少透着一种不满和无奈。① 教育部一黄姓副部长在报告中正面说到接受思想遗产的问题。张景钺在小组会讨论中高调表示，对于旧教师说来，还是应将资产阶级思想打碎了再建新的好。汤用彤当场回应说："文件中提资产阶级陈腐的一面，现在看来是

---

① 详见陈徒手《汤用彤：五十年代的思想病》，《读书》2012年第5期。

否不恰当。"①

汤用彤治校的特点之一是以其人格魅力团结人才。面对院系调整后一度皆调集到北京大学的全国哲学专家，他作为校领导尽力做好团结工作。对此，张岱年回忆说："汤先生以博大的胸怀、诚挚的态度，使哲学界同仁都感到温暖。汤先生的高尚的情操，令人至今感念不忘。"② 冯友兰1952年随全国院系调整调任北京大学哲学系教授，兼中国哲学史研究室主任。从此冯友兰住进北大燕南园，先住54号，随后搬进57号，冯友兰将之命名为"三松堂"。他与隔壁58号院住的汤用彤比邻而居，直至1990年以95岁高龄去世，可算在燕南园居住时间最长的人之一。

燕南园聚居了北大的主要领导与一批著名教授。人们至今还记得燕南园当年有一种被称作"滚雪球"的美好风俗。过年了，孩子们放完炮仗之后，马寅初、江隆基、汤用彤、周培源等人打头，一一挨家拜年，起初三五人的拜年队伍，像雪球似的逐渐壮大，最后形成了一大群人。队伍中有冯友兰、严仁庚、褚圣麟、饶毓泰、朱光潜、王力、林庚、侯仁之等中国一流学者。人们互贺新禧，团结、祥和、民主、平等的氛围笼罩了燕南园，并遍及整个北大。

经过解放初的肃反运动、知识分子思想改造、忠诚老实运动、全国院系调整和"三反""五反"等运动，到1954年北大的教学秩序初步稳定时，汤用彤遂提出大学虽以教学为主，但也要积极开展科学研究的主张。汤用彤、冯友兰、马寅初、江隆基、翦伯赞、向达、金岳霖、唐钺、黄子卿就出版发行《北京大学学报》举行座谈会并发表了意见。汤用彤发言说："根据最近几个月与校内各方面接触——绝大多数人要求办学报。全校办报，人人办报，以办学报为自己责任。问题：1. 是否

---

① 见1953年11月高校党委《综合大学会议简报中有关北大情况摘录》，转引自陈徒手《汤用彤：五十年代的思想病》，《读书》2012年第5期。

② 张岱年：《深切怀念汤锡予先生》，《汤用彤学记》，北京：三联书店2011年版，第17页。

应登载译稿？2. 人文似多（希望多出），自然似少。"① 并亲自积极组稿。侯仁之先生告诉笔者，他发表在《北京大学学报》创刊号上的那篇关于北京水资源研究的论文②，就是汤先生向他约稿而写成的。文中首次提出的水资源匮乏问题，至今还是北京城市发展的首要制约因素。大师的远见卓识，真让人敬佩之至！

1952 年 9 月，习仲勋调任中共中央宣传部部长兼政务院文化教育委员会副主任、党组书记，1953 年 9 月改任政务院秘书长。此间，他主持制定"整顿提高、重点发展、提高质量、稳步前进"的 16 字方针，用以指导新中国成立初期的文教工作。他对汤用彤在管理北京大学档案工作的问题上作有批示，今存北京大学档案馆。

三、身处思想改造中心

为使原来旧社会的知识分子放下思想包袱，转变教育观念，更好地为新中国建设服务，周恩来于 1951 年 8 月 22 日作了《目前形势和任务》的报告。在周总理人格魅力的感染下，汤用彤、张景钺、张龙翔等教授自动发起组成北大教师学习会③，以期能够尽快适应新时代需要，并拟邀请毛泽东、周恩来、刘少奇等来讲演。

同年 9 月 3 日，《周恩来年谱》记载："和北京大学校长马寅初谈话，听他介绍北大汤用彤、张景钺、杨晦、张龙翔等 12 位教授响应周恩来 8 月关于进行思想改造的号召，发起北大教师政治学习运动的情况，并就马提出拟邀请中央负责人为北大教师学习会作报告事交换意见。9 日，致信毛泽东、刘少奇，报告本月以来马寅初以口头和书面邀请周恩来和其他中共中央负责人为北大教师会作报告，以推动思想改

---

① 这些意见记录的未刊稿，原件今藏北京大学档案馆。

② 侯仁之：《北京都市发展过程中的水源问题》，《北京大学学报（哲学社会科学版）》1955 年第 1 期。

③ 该会情况参看中共中央统一战线工作部编：《周恩来统一战线文选》，北京：人民出版社 1984 年版，第 208、506 页。

造为目的的学习运动开展的情况。"① 当时马寅初给周恩来写的信中说：

> 北大教授中有新思想者，如汤用彤副校长、张景钺教务长、杨晦副教务长、张龙翔秘书长等 12 位教授，响应周总理改造思想的号召，发起北大教员政治学习运动。他们决定敦请毛主席、刘副主席、周总理、朱总司令、董必老、陈云主任、彭真市长、钱俊瑞副部长、陆定一副主任和胡乔木先生为教师。嘱代函请先生转达以上 10 位教师。

周恩来把这封信转给了毛泽东。9 月 11 日，毛泽东很快就在此信上批示"这种学习很好"②。因他太忙，遂委托周恩来先去。周恩来愉快地接受了任务，并建议教育部把北京、天津各大学的师生代表也请来。

9 月 29 日，周恩来在会上连讲了 5 个多小时，以亲切感人的态度，阐释了共产党对知识分子的方针政策，并以自己思想改造的切身体会现身说法，解答了知识分子为什么需要改造和如何进行改造的问题。他说："参加五四运动以来，已经 30 年了，也是不断地进步，不断地改造。也许有的同志会说：你现在担任了政府的领导，还要学习和改造吗？是的，我要学习和改造。因为我不知道的事情还很多，没有明白的道理也很多……30 年来，我尽管参加了革命，也在某些时候某些部门做了一些负责的工作，但也犯过很多错误，栽过筋斗，碰过钉子。可是，我从不灰心……犯了错误，就检讨，认识错误的根源，在行动中改正错误。"③

这场著名的《关于知识分子的改造问题》的报告，在知识界引起了

---

① 中共中央文献研究室编：《周恩来年谱（1949—1976）》，北京：中央文献出版社 1989 年版，第 179 页。

② 中共中央文献研究室编：《建国以来毛泽东文稿》第 2 册，北京：中央文献出版社 1988 年版，第 448 页。

③ 中共中央文献研究室编：《建国以来重要文献选编》第 2 册，北京：中央文献出版社 2011 年版，第 388 页。

热烈反响，思想改造运动由此在全国范围内展开。马寅初随后在《人民日报》上发表文章说："周总理以自我批评的精神坦白地说出自己的社会关系，听者莫不感动。以这样的办法来领导知识分子的思想改造，在我看来是最有效的。"时任南开大学校委会主任的杨石先在26年后还撰文写道：周总理这一报告"至今仍牢记在我的心里"。总觉得"是针对我的思想讲的，他说得是那么真挚，那么中肯啊！"① 大型电视文献纪录片《周恩来》第五集《风雨情深》曾演述此事。汤一介先生一直保存着汤用彤记录自己所作"思想检查"的一本笔记，时间从1951年9月29日周总理的动员报告开始至是年11月18日的"三反五反、思想改造运动"的总结为止。这是了解当时一些"资产阶级知识分子"思想状况具有典型意义的史料。

　　1951年10月23日，毛泽东在全国政协一届三次会议的开幕词中接过上述话题讲："在我国的文化教育战线和各种知识分子中，根据中央人民政府的方针，广泛地开展了一个自我教育和自我改造的运动，这同样是我国值得庆贺的新气象。""知识分子的思想改造，是我国在各方面彻底实现民主改革和逐步实行工业化的重要条件之一。"② 这场学习运动，在广大知识分子中普及了马列主义基本理论，提高了为人民服务的思想觉悟，使他们决心在党的领导下为建设一个民主富强的新中国而努力工作。从此汤用彤不断写下大量学习改造、自我检讨方面的文稿，这多由汤一介先生保存下来，见证了中国知识分子的漫漫改造之路。

四、兼职中国科学院

（一）出任学部委员

　　1950年10月12日，汤用彤被聘请为中国科学院专门委员，由郭

① 杨石先：《回忆敬爱的周总理对我的教益》，《天津日报》1977年1月24日。
② 《人民日报》1951年10月24日第1版。

沫若院长颁发的"院人字 3096 号"聘书今存。1953 年 8 月 5 日，中共中央批准历史问题研究委员会成员名单，毛泽东指定陈伯达为主任，成员有郭沫若、吴玉章、胡绳、范文澜、侯外庐、吕振羽、翦伯赞、杜国庠、尹达、刘大年等。9 月 21 日，陈伯达主持召开委员会第一次会议，决定出版一个全国性的历史刊物。10 月，委员会召开第二次会议，确定刊物名称为《历史研究》，编委会由党内外 17 位史学家组成，郭沫若为召集人。会议还确定刊物的主编、副主编由尹达、刘大年担任。历史研究委员会决定在中国科学院设立三个历史研究所，拟由郭沫若、陈寅恪、范文澜分别出任一所（上古史研究所）、二所（中古史研究所）及三所（近代史研究所）所长。同年，汤用彤兼任中国科学院历史考古委员会委员。

1953 年 11 月中旬，北京大学历史系副教授汪籛[①]南下广州，拟请陈寅恪北上出任中国科学院新设立的历史研究所二所所长。他们对话的最终结果，便是 12 月 1 日由汪籛记录的陈寅恪所谈《对科学院的答复》。汪籛回去后，陈寅恪似乎感到这并不是事情的终结而是事情的开始，随即致函汤用彤，表明自己对此事的态度。他还恳请汤用彤转告北京大学校方，今后不要再为此类事情批准任何人员来找他。在"文革"初期，汤一介先生因怕惹祸而将陈寅恪的这封信，连同其他书信统统烧毁。但通过《对科学院的答复》，我们不难想见该信的大体内容。

1955 年 2 月，《历史研究》创刊号出版。毛泽东为该刊提出了"百家争鸣"的办刊方针。郭沫若直接领导《历史研究》编委会和编辑部的组建工作，并撰写发刊词。第一届编辑委员会成员有郭沫若、尹达、汤用彤、白寿彝、向达、吕振羽、杜国庠、吴晗、季羡林、侯外庐、胡绳、范文澜、陈垣、陈寅恪、夏鼐、嵇文甫、刘大年、翦伯赞，历任主编有尹达、黎澍、庞朴、徐宗勉等，体现了新中国史学家强大的合力。

---

① 汪籛（1916—1966），江苏人，北京大学历史系教授，著有《隋唐史论稿》《唐太宗与贞观之治》。

同年 3 月，《哲学研究》创刊，由中国科学院哲学研究所编辑出版，汤用彤、冯友兰等人任编委。4 月 28 日，毛泽东在中央政治局扩大会议上正式宣布了"百花齐放、百家争鸣"的方针。随后，《哲学研究》开展对"双百"方针的笔谈，汤用彤和熊十力、冯友兰、冯定、贺麟、陈修斋、朱谦之、赵纪彬、唐钺、周建人、沙英、丁浩川、杨荣国、金岳霖、邓初民、陈圭如、汪奠基、周太玄、马坚、王学文等 20 名学者参加。汤用彤的笔谈文章是《贯彻唯物的精神克服教条主义》，发表于《哲学研究》1956 年第 3 期。他还撰文《"百家争鸣"是学术上的群众路线》，刊于《人民日报》1956 年 8 月 12 日第 7 版。1957 年 2 月 27 日，毛泽东在最高国务会议上的报告《关于正确处理人民内部矛盾的问题》，使"双百"方针在《毛泽东选集》中见诸文字。

1955 年 6 月，中国科学院学部委员会成立，汤用彤被选为哲学社会科学部学部委员。《人民日报》1955 年 6 月 4 日第 1 版发表周恩来总理前一日签署的《中华人民共和国国务院命令》，指出"中国科学院学部委员名单共二百三十三人，已由 1955 年 5 月 31 日国务院全体会议第十次会议批准，现在予以公布"，同时刊登出中国科学院学部委员名单。

当时负责学部筹备工作并担任社会科学领域学术秘书的刘大年回忆，第一届学部委员的产生属于协商性质，具体经过如下："自然科学方面的人选是科学家推荐……社会科学方面是在提出名单之前，征求了各学科主要人物的意见。我当时参加了这些活动，主要在北京地区找有关人士谈。北京以外的就没有去找，是书面征求意见的。我记得当时找了这样几方面的人：哲学方面有杨献珍、艾思奇、张如心、汤用彤；语言学方面有王力、罗常培、丁声树、吕叔湘；历史学方面有季羡林；经济学方面有狄超白，等等。在征求意见时，我们首先把科学院的精神告诉他们。当时提出的人选标准主要有这么两条：一条是政治的标准。社会科学的政治标准主要是拥护社会主义，拥护共产党。另一条是学术标准，即在本学科中是否有成绩。所谓成绩就是看他的著作，以及群众对他学术著作的评价。根据这个要求，来征求他们认为适合做学部委员的人选来。然后，党组根据这些意见拟出名单。"① 经汤用彤积极建言参与，最后选出学部委员 61 人，如丁声树、千家驹、于光远、尹达、王力、向达、艾思奇、何其芳、吴玉章、吴晗、吕叔湘、吕振羽、李达、李俨、杜国庠、沈志远、周扬、季羡林、金岳霖、侯外庐、胡乔木、胡绳、范文澜、茅盾、夏鼐、马寅初、马叙伦、郭沫若、陈垣、陈寅恪、陈望道、陈翰笙、陶孟和、冯友兰、冯至、冯定、杨树达、杨献珍、刘大年、潘梓年、翦伯赞、邓拓、郑振铎、黎锦熙、钱俊瑞、包尔汉、薛暮桥、魏建功、罗常培等。在自然科学方面，1949 年未离开大陆的原中央研究院院士大都成了中国科学院的学部委员。未成为学部委员的人文组院士有张元济、柳诒徵、陈达、周鲠生、钱端升、顾颉刚、梁思永（1954 年逝世）、余嘉锡（1955 年逝世）。汤用彤为后世珍藏下来一些中国科学院学部委员会的会议资料，有的上面印有"机密"字样，有待我们整理发掘。

（二）对科学院与高校关系的意见

1956 年春节后，毛泽东在中南海两次召开了知识分子座谈会，其中一次，北大周培源、冯友兰两人与会。周培源向毛泽东直率地陈述了自己对科学院从高校抽调科研骨干的意见。他认为，大学尤其是综合性大学，应成为教学与科学研究的基地，不能削弱高等院校的科学研究。毛泽东幽默地回答道："周培源要挖科学院的墙脚。"大家哄然大笑。毛泽东接着正面阐述说："科学研究，除了主力军之外，一定要有同盟军，在高校还是应该教授治校。"这话与周培源的教育思想颇为合拍。周培源的教育思想，从某种意义上讲，代表了马寅初、汤用彤等人的治校方针和共同认识。

1957 年春，整风运动开始，汤用彤从报纸上看到他的一些朋友、学生对党提出了不少意见，这对他产生了一些影响。当时他常引用《诗经》所云"谁生厉阶，至今为梗"，以说明自己的心情。因笔录者

① 刘潞：《刘大年忆郭沫若》，《百年潮》1998 年第 4 期。

不明其意，汤用彤遂解释说："'厉阶'就是'祸端'的意思，'梗'是'灾害'的意思。"① 面对当时局面，他仍以"事不避难，义不逃责"的态度提出问题并试图解决问题，这在他发表的意见中有详细的表述。应《人民日报》之邀，汤用彤为给整风运动提意见而写的长文《实事求是，分清是非》，主要内容如下：

　　这一次党进行整风，党外人士提出了很多意见和批评。开始时我觉得有些紧张，几乎失去信心了。我想为什么问题这么多，这么严重；但后来这种想法慢慢改变了，感到对于人民内部矛盾的揭露愈多就愈是好。大家对党的缺点提出了这么多的批评，这不是坏事而是好事。这是我们国家在当前历史发展上应有的现象，因为我国社会主义革命已经基本上完成，现在进入了社会主义建设的新的历史时期，国内的主要矛盾已经是人民对于经济文化迅速发展的需要同当前经济文化不能满足人民需要的状况之间的矛盾。因此在人民生活内部，特别是在文化教育方面问题很多，大家都觉得非弄好不可，所以大家都急于把话讲出来，这没有什么可担忧的。大家不但应该说，而且应该大说而特说。报上的文章我看了一些，我最赞成马老（寅初）、陈垣先生、傅鹰先生的意见，他们的意见和我的意见虽然不完全相同，但基本上一致。不过我想起《诗经》上的话："谁生厉阶，至今为梗"，这句话是值得深思的。我想我们一些民主人士，像我这样的人，是应当反省一下的。党团结我们，倚赖我们是想把事情办好。有好些事情没有办好，这是不是完全要怪党呢？我想不是。有些事情办得不好也要怪我们当时未动脑筋，不肯说话。比如院系调整时，试问你姓汤的干嘛呢？当时你是不是知道有毛病，知道了是不是争了呢？毛病就出在你没有动脑筋，不肯说话——不敢说、不愿说，现在缺点暴露出来了，我想我们的精神

① 乐黛云：《我心中的汤用彤先生》，《四院·沙滩·未名湖：60 年北大生活（1948—2008）》，北京：北京大学出版社 2008 年版，第 140 页。

应当以"惩前毖后"、改正缺点为最主要。事情没办好固然是由于党内的三害，可是我们民主人士也是不能辞其咎的。我们应该觉悟，以后不要放弃责任了。从现在起就要多说、大说、经常说。

马老说得好，不要只看见坏处，不看见好处，出气的态度是不好的。最要紧的是实事求是去分析，缺点究竟是怎样来的，有几分责任，就说几分责任。学校里一些事情我也有份，不能只怪党委书记江隆基同志。解放初，我并不怎么明了党的英明、正确和伟大，不敢讲话。以后对党了解一些了，开始靠拢党，和党合作，但主人翁的思想还是不够的。总是抱这样的态度："既然党内决定了，就这样吧!"这就放弃了自己的一份责任。

为了说明这一点可以举一件事情为例。北大的房子不够，这个问题很严重。招生多，任务多，需要相应地扩大基本建设，可是高教部不给我们足够建筑面积。高教部有一个主观的看法，就是认为北大房屋的潜力很大，没有充分利用。我们多次向张宗麟司长提起这个问题，说房子实在不够用，为证明他的看法不对，曾陪他亲自在北大各处去看了一看，让他了解情况，可是他还是不肯相信。我病以前有一次到高教部和部长谈北大的房子问题，部里副司长张健也激昂地对张宗麟同志说："我们对北大的房子卡得太紧了!"我以为此后问题比较好解决了，哪知我大病住了一个时期医院以后，问到房子问题，还没有很好解决。据说高教部现在开始认识到北大的房子恐怕是没有潜力了。但也必须指出房子挤，有时候是由于我们规划不够全面，例如1952年院系调整时，在教员中我们只对有家属和单身的人作了安排，可是没有想到年轻的教员就要结婚，而他们结婚所需要的房子我们就没有规划进去。这说明在房子问题上高教部的主观主义、官僚主义固然有责任，但我们由于关心同志不够，在规划工作上也存在缺点。

高教部的官僚主义很多，这不过是一例，还有好多事情也是这样。对于有的问题，我不是没有提过意见，但没有力争。心里总以为"领导上已经决定了，这是你们共产党的事"。这难道是主人翁的态度吗？

所以对待问题要实事求是——提意见时要实事求是，接受意见时也要实事求是。光戴帽子或光接受帽子而不加以分析是不能解决问题的。

高教部没有真正地研究一下高等学校究竟应该怎样办。我有这样的印象：在工业的恢复和建设方面党是很早就注意了的，而且花了很大的气力来研究的。可是在文教方面，我的印象就不是这样。接管后并没有一套成熟的方案，先是提出团结和改造知识分子的问题，以后是抗美援朝、"三反""五反"。到院系调整时总该知道高等教育应如何办了吧？结果不然。这几年的情况完全可以证明高教部的工作很盲目。钱俊瑞同志开始是盲目地、主观地强调全面学习苏联，甚至说：学习坏了也可以，也比不学好。这就是不考虑我们自己的需要和自己的传统，这就是教条主义。当然，钱俊瑞同志也不是完全错的，我们是应该学习苏联的，但是如果说学习坏了也可以，这是什么话呢？

其实高教部的领导人盲目地学习苏联，不联系中国实际，不顾我国的传统，已经是教条主义，况且他们那时并不深知苏联是怎样办高等学校的，只是听说如何如何而已。举一个例：高等学校到底搞什么？这就是一个问题。当然，既是学校，总应该以教学为主，但这并不等于说就不要搞科学研究。可是高教部并没有深入了解苏联高等教育的经验如何，盲目地以为高等学校是以教学为主，就忽视了科学研究。三反运动和思想改造运动时，着重批判"纯技术观点"，这是对的。可是这也不等于说不要搞科学研究。由于高教部片面强调教学，就有许多人不愿意做或不做科学研究。现在看来，轻视科学研究，这是一个很大的错误。这样一来，教学和科学研究分了家，教学质量就不能提高。其实苏联是不是这样呢？不是的。1953年苏联专家到北大，他们十分鼓励教师做科学研究，说大学非做科学研究不可。这时我才大吃一惊：原来是我们过去了解错了。苏联高教部部长叶留金最近作报告也说：教学和科学研究不能分开。现在这个问题算是明确了。那时，高教部只强调教学，强调得把科学研究也挤掉了，好像教学是学校的事，科学研究是科学院的事。至于教学质量的提高是否与科学研究有关系，以前高教部也很少过问。

由于把教学和科学研究割裂开来，这样，也发生了高等教育部系统和科学院不能很好合作的问题。高等学校和科学院这两方面是配合得不够好的。为什么"人心向院"呢？因为高教部和科学院都有同一的错误观点，以为科学研究和教学不必联系起来，高等学校不必重视科学研究，而科学研究应归科学院包下来，因此高等学校的专家们认为，既然学校不重视科学研究，而科学院又需要人，就产生了"人心向院"。我的意见是学校的教授也应该做科学研究，科学院的研究人员在需要时也应当教学。我国过去学术上的一些成绩，好多是在学校教学中搞出来的。金岳霖先生留学回国后一直当教授，他的"逻辑"就是他的教本。华罗庚先生这次得了科学奖金一等奖，表明他在科学研究上有很大的成绩，但他也是多年在学校里任教的，现在有不少后进的科学家是经过他们培养的。科学院想把我们的一些专家都请去，其实，如果明确肯定教师必须做科学研究，那又何必叫他们放弃教学呢？我也觉得科学院的做法是错误的。他们想拉北大的人，我们就对科学院有了不应有的戒心。这样关系就搞不好。我认为大学必须进行科学研究，至于科学研究工作可以由科学院来统一规划，统一领导，但不必把人才都请到科学院去。

最后，我还想谈谈高等学校中党的领导问题。……教授治校之类的意见是可以从长讨论的，但是我们不要忘了在这方面我们过去也有过经验，教授治校并不一定就很民主。我也不喜欢听"民主治校"的名词，我觉得这名词不妥。说现在"民主治校"就好像过去是不怎么民主似的。据我了解八大以后才明确学校的党委领导下的校长负责制。党员干部作风有缺点，党和非党之间有墙，这是事实。但不能因此认为党不民主。我们的党本来就是人民的党，民主的党，所以只能说某些党员干部的作风不民主，而不能说党不民主。当然，也可能提"民主治校"的人原来不是这样的意思，不过容易引起误会，应该说清。……有人觉得现在缺乏知心朋友，我自己也常有这感觉。我想这种寂寞之感，固然和党员同志的宗派主义作风有关，但我们自己是否也有些问题（如自高自大之类）？我赞成墙是要从两边来拆的。

傅鹰先生提到党不应该只喜欢听歌功颂德的话。这意思是很好的，是叫党员提起警惕。有些党内领导同志是爱听好话，不爱听批评，而下面有些干部也习惯于报喜不报忧，这是不好的。不过我觉得也还可以分析一下：现在的"歌功颂德"和过去那种奴才对反动统治阶级的"歌功颂德"，在本质上是根本不同的。我们喊"共产党万岁"，这不是要恭维谁——毛主席就不喜欢别人恭维。①

1957 年 5 月 27 日，汤用彤向中国科学院学部委员会第二次全体会议递呈书面发言，此发言稿由助手汤一介先生笔录而成。次日，《人民日报》头版发布新闻介绍科学院学部委员会全体会议大会发言情况说："在下午的会议上，发言的有农学家陈凤桐等九人，哲学家汤用彤、动物学家秉志、农学家丁颖、微生物学家方心芳、土木工程学家茅以升等作了书面发言。"② 汤用彤的书面发言稿摘要分别登载于 5 月 28 日的《人民日报》和《光明日报》。

《光明日报》刊出的汤用彤发言以《改善科学院和高等学校的关系——学部委员汤用彤的书面发言摘要》为题，文中批评了科学院、高

---

① 汤用彤：《实事求是，分清是非》，《人民日报》1957 年 5 月 26 日第 7 版。
② 《科学院学部委员会全体会议开始大会发言》，《人民日报》1957 年 5 月 28 日第 1 版。

等院校及生产部门相互隔离的现象，认为这"实质上是宗派主义"，并提出具体意见；发言中对"十二年科学规划"提议说："在旧社会有力量印出《四部丛刊》《四部备要》等成套丛书，我想我们也应该能印出比那些更有用的丛书来。"因而特别提出应整理出版比日本所出《大正藏》"更好的大藏经来供全世界的学者应用"，还呼吁"像《道藏》《太平御览》等数量大的书也应逐步印出来"。发言还反对学术界对外闭关，主张恢复教授休假制度，派他们出去考察研究，加强与国际文化、学术界的交流和联系。

这份书面发言提出的主要问题是"应纠正科学研究和教学分家的想法"。对此问题，汤一介先生回忆当时情况说："用彤先生曾对科学院挖走北大的教授有些看法。例如，他认为科学院不应把张政烺先生挖走，这使北大的中国上古史无人教，而在此之前院系调整时把郑天挺先生调出北大，使历史系清史的教学与研究成为空白，以至于北大历史系的中国史不能形成自上古至近代的教学与研究队伍。他也觉得哲学所从北大挖走的人太多，削弱了北大哲学系的力量。而中文系则因院系调整，致使元气大伤，例如把杨振声、冯文炳等的调出都非明智之举。特别值得注意的是，他对1952年的院系调整有不同的看法，认为这样做使教学与科研分开来了，影响学校的发展。在这里用彤先生也许考虑北大文科建设太多，或仍然存在着希望维持北大之传统地位的'本位主义'。但我想，如果当时把一批有真才实学的专家集中有一个学校，而且给以适当的教学与研究条件，也许我国早就有了世界第一流大学了。"[1] 汤用彤的意见至今仍然有其重要参考价值。汤一介先生晚年一直在查询这一书面发言的全文。他曾托胡孚琛教授在中国社会科学院的档案中找，但没找到；又写信给中国科学院办公厅，亦未果。2001年，汤一介先生让笔者去查找出了刊登在《光明日报》的这篇"书面发言摘要"，写成《1957年用彤先生在中国科学院学部会议上的书面

---

[1] 汤一介：《我们三代人》，北京：中国大百科全书出版社2016年版，第156—157页。

发言》一文，连同此发言摘要，一并收入《我们三代人》一书。①

《人民日报》以《科学研究和教学不能分家——汤用彤批评科学院的本位主义思想》为题发表的汤用彤书面发言摘要，近年笔者整理新编汤用彤全集时才重新发现。此篇与《光明日报》的摘要相比，内容详略互有不同，合而观之，可窥汤用彤书面发言全稿的梗概。抄录如下：

> 汤用彤委员在他的书面意见中批评了科学院存在的本位主义思想。他说：科学院、高等学校和生产部门的关系上有着很大的隔阂，造成这种隔阂的主要原因就是本位主义（实质上是宗派主义）的思想。科学院成立以后，在人们（包括高教部方面在内）的思想中有着这样一种错误的想法：科学院是搞科学研究的地方，而高等学校是教学的机构。因此，就形成了教学与科学研究分家和脱节的现象，近一两年这样的观点虽有些纠正，但并未从思想上根本解决。这种情况使双方的工作都受到损失。我认为今后首先应在思想中纠正这种科学研究与教学分家的想法。他说，我并不反对科学院应集中一批人力，来建立一些科学据点，但科学院过多地迷恋于建立新所和分院，无限制地扩大机构，这样就不能不陷入行政事务工作、人事工作等等方面，而不能认真地考虑如何组织各方面的力量来进行科学研究工作，是不合适的。如果把一些科学据点放在高等学校和生产部门，我想这并不是削弱科学研究的力量。例如，应该把哲学史的研究据点放在北京大学。因为过去北大有研究哲学史的传统，而现在事实上人力也较多地集中在北大，这都是作为据点的条件。应该把辩证唯物主义和历史唯物主义这门科学研究的据点放在高级党校，因为那里有这方面的第一流专家。这样，哲学所就不必集中过多的人，不需要另设机构，哲学所主要作一些组织工作，把各方面的研究力量组织领导起来，这样并非把科学院的力量

---

① 汤一介：《我们三代人》，北京：中国大百科全书出版社 2016 年版，第 156—165 页。

削弱，而实际上是加强了科学院的研究力量，使工作的完成更有保证。我认为科学院主要的应该去研究如何把科学研究的任务分配下去，并保证它完成，帮助在高等学校的科学据点巩固和发展，这样将会有利于工作。

他对于科学院如何协助规划委员会，认真地组织各方面的力量来保证十二年科学规划的完成，也提出了几点建议：（一）迅速了解每门科学可以进行研究的人才和他们的特长。例如……钟泰先生是我国最早作哲学史的老专家之一。听说现在在教中学。我还听说有一个人对佛教三论宗很有研究，但在一个纱厂工作。应对这些老学者进行一次普遍深入的了解，根据他们的特长分配一些任务。再如，道教史的研究是迫切需要的，它对研究我国农民革命、自然科学史、哲学史等等方面都将能起推动作用，应尽快地去发掘这方面的人才。目前在北京大学图书馆系任教的刘国钧教授曾在这方面作过一些研究，似乎应请他花一部分的力量和时间来参加这一工作。（二）有计划地编印供科学研究的书籍文献等。（三）帮助专家了解国外科学研究的情况，并且帮助专家到国外直接了解情况。（四）迅速解决专家助手问题。①

汤用彤的意见引发了学界的普遍共鸣。随后，《人民日报》发表洪谦的文章《应该重视西方哲学史的研究》，在汤用彤以上书面发言基础上提出四点具体建议："最近北京大学中国哲学史教研室，科学院哲学研究所与人民大学哲学史教研室为了推进今后关于中国哲学史的研究工作，召集了全国性的'中国哲学史的工作会议'。这种会议对于中国哲学史的前途发展来说，是具有积极意义的。……西方哲学史这门科学已经面临着危机，如果我们不让它在中国死亡下去，那末必须迅速地克服这种危机。我们怎样才能克服这种危机呢？第一，我认为领导这方面

---

① 《科学研究和教学不能分家——汤用彤批评科学院的本位主义思想》，《人民日报》1957 年 5 月 28 日第 7 版。

工作的同志们必须放弃重'中'轻'外'的思想，必须将这门科学在中国今后的发展前途作全面的考虑，并且征求这方面中国专家的意见，共同拟定切实可行的计划。第二，我同意汤用彤先生在科学院的发言，将哲学史的研究据点放在北京大学哲学系；如果哲学研究所要想分担这方面的研究任务，那末请它设法去发掘潜力，不要企图用所谓'兼任研究员'的办法在大学范围内釜底抽薪。第三，我认为高教部或其他领导机关应努力设法解决购买图书和期刊的问题。一方面将过去十年来应购的图书和期刊补充起来，另一方面保证今后有一定的外汇继续购买西方的图书和刊物。第四，我认为我们必须罗致全国从事西方哲学研究的同志们，在此之外，我们还须较多地从研究生或助教中培养这方面的新生力量。我向高教部建议，增设综合大学以内的哲学系不要冒进，要适可而止；中国现有关于研究西方哲学史方面的人才有限，过于分散，对于发展这门科学的事业来说，是无益而有害的。"①

　　中华人民共和国成立后汤用彤在哲学界身居高位，依然不忘昔日故旧。汤用彤在1957年中国科学院哲学社会科学学部会议书面发言中说："现在南开大学图书馆长冯文潜先生不仅是一个最好的西洋哲学史专家，而且也是一个多年研究美学的专家。"他批评当时社会科学界领导对冯文潜、蒙文通、钟泰、景昌极等老专家不了解、不重用的官僚主义现象，主张量才重用之；建议中国科学院应迅速协助"十二年科学规划委员会"向这些老专家们请教，以了解各门学科的情况，保证科学规划的顺利完成。② 汤用彤这番话的有关背景是，南开哲学教育系在全国院系调整中被撤并后，冯文潜虽为哲学界一流学者却无用武之地。随后，南开大学开始恢复建立哲学系的工作，并于1958年设哲学班招生，为重新振兴南开哲学系做了师资准备。③

----

① 洪谦：《应该重视西方哲学史的研究》，《人民日报》1957年6月7日第7版。
② 汤用彤：《改善科学院和高等学校的关系》，《光明日报》1957年5月28日第2版。
③ 1959年，温公颐来南开大学主持哲学系工作。他早期代表作《道德学》一书，经汤用彤审阅后，1937年由商务印书馆出版，并于台湾等地多次再版。

汤用彤以上意见是在反右派斗争扩大化前的鸣放时期难得的真心吐露，虽不太长却道破教育和科研体制的症结。随后反右派斗争运动开始，汤用彤从报纸上又看到对"右派言论"的批判，很是吃惊。他常问家人和来看望他的人说："他们为什么要反党呢？"并认为不应该"反党"。汤一介先生对此回忆说："1957年反右，还用他的名义发表过反右派的文章，这虽然是我们这些年轻的共产党员代他写的，但也是经过他同意的。他的学生向达被划为右派，他本可推托生病不参加批判，但领导找他，也就答应了，他命我根据发给他的有关向达右派言论的材料写批判稿，我写了并代他在批判会上发了言。"① "这点我父亲一直没有清醒的认识。这除与他长期与世隔绝、受着当时官方的舆论影响外，我认为和他所具有的'明哲保身'作风不无关系，也和他病中受到党和政府的照顾和关怀有关，致使他说了一些不应该说的话。也说明中国知识分子中相当多的人的软弱性。"② "反右"之后，卧病的汤用彤惊愕之余，无力应付外界风雨侵扰，只能顺势封闭心扉，明哲保身。

第二节　暮年忧患

一、发病经过

1954年，批判胡适思想的运动声势浩大地展开，汤用彤和胡适有长期非同寻常的友谊，深感自己难逃干系。因为此前就有人指责他与胡适关系密切，两人"引为知己"，治学一直沿用胡适考据那一套。时任北大哲学系副教授的任继愈悄悄地来问："对考证怎么看？"汤用彤不知如何应对，只好反问道："苏联对考证怎样看？"③ 自从《人民日报》刊登展开批判胡适思想的社论，汤用彤看后，连续数日到哲学系资料室，

---

① 汤一介：《我们三代人》，北京：中国大百科全书出版社2016年版，第159页。
② 同上书，第159—160页。
③ 转引自陈徒手《汤用彤：五十年代的思想病》，《读书》2012年第5期。

忧心忡忡地翻看《胡适文存》，并参加中文系讨论《红楼梦》的座谈会，仔细地记下他人发言，还不断催促哲学系也召开座谈会。汤用彤找到思想追求进步的任继愈，提议合作写批判胡适的文章。但考虑再三，几天后汤用彤改变了主意，对他说："看来这是一次比'三反'思想改造更深刻的思想改造运动，我们还是应当各人搞各人的。"任继愈向前来了解情况的北大党委人员，反映汤用彤的焦虑，担心地表示："批判政治问题对这些老教授还没什么，但一搞学术问题，这是旧知识分子的本钱，就紧张了，这当中思想情绪的变化也会比较大的，希望领导派人下来，就像搞总路线时派干部到农村一样。"①

1954年11月13日下午，汤用彤与冯友兰等人出席由人民日报社组织的批判胡适思想座谈会。当天下午，北大举行苏联文化部赠送洛蒙诺索夫大理石像授礼大会。这两场活动本来可供汤用彤选择，哲学系主任郑昕劝他不要去报社，但他说："不去要受批评的。"批判胡适对他的打击很大，心理压力也很大，内心很矛盾，也很不安。会上他首先发言，激烈地批判考据方法是"毫无用处"，一反常态。马特教授借机批评北大哲学系教授参与审稿的《光明日报》"哲学研究"版，让有关人员感到慌乱。金岳霖事后说："马特发言时我的心直跳。"任继愈则说在会上不停地自我安慰："我与胡适的思想不一样就是不一样，也没什么的。"一向康健沉稳的金岳霖、任继愈尚且如此，汤用彤当时的忐忑不安可想而知。主持会议的《人民日报》总编辑邓拓在做总结时说"考据还是有作用的"，意在安慰汤用彤的情绪。批判胡适对汤用彤的打击很大，他的心理压力骤增，内心矛盾，焦虑不安。

晚餐时，汤用彤仍激动难抑，以致失手把桌上的酒杯也给打翻了。会后汤用彤、郑昕、张岱年等人同车返校，一路上，平素寡言少语的汤用彤话仍很多。② 当车到家门，他忽然说"这是到了哪里"。找不到自己

---

① 转引自陈徒手《汤用彤：五十年代的思想病》，《读书》2012年第5期。
② 张岱年：《深切怀念汤锡予先生》，《汤用彤学记》，北京：三联书店2011年版，第18页。

的家，这已是中风先兆了。① 郑昕感觉其师情况不对，说可能是病了。

回到家里，汤用彤就表情木然，嘴角也有些歪了，对家人说："你们都有胡适的思想，都应该拿出来批判。你们都是大胆地假设我有高血压症，就小心地求证我有高血压。"② 汤用彤用胡适"大胆假设，小心求证"的句式反复提及高血压。家人都以为他是累了，休息一夜就会好起来，没想到第二天发现他竟昏睡不醒。③ 他长期积劳成疾，血压本就较高，虽一直无大碍，但在会上颇受刺激，因而突患中风。

14 日一早家人送汤用彤到协和医院，检查为血管阻塞，15 日做脊椎穿刺，发现大面积脑溢血。马寅初请卫生部长组织在北京医院工作的苏联专家赶来会诊，他们都表示病况危急，唯有名中医施今墨诊断后，认为尚可挽救。北大江隆基、马寅初、史梦兰、程贤策、向达、郑昕、汪子嵩等人赶来探视昏迷中的汤用彤。北大对他十分关照，委派校长办公室秘书高望之及护士一人住院看护。市委统战部也派人看望，并特别关照协和医院党委多加照顾。汤用彤昏迷近一月，经全力抢救，特护治疗数月，方得以脱险。④

二、生病影响

1954 年初冬，批判胡适思想运动全面铺开，汤用彤却忽然中风病倒。这构成当年教育界一件影响颇大、议论较多的焦点事件，稍稍搅乱了政治运动行进的走向和速度。哲学系主任郑昕曾鼓励汤用彤在运动初期起一个带头的作用，但事后他颇为自责地说"搞学术问题从'三

---

① 宗璞：《霞落燕园》，《中国作家》1986 年第 4 期。

② 《北京大学副校长汤用彤患病情况》，《高等学校动态简报》第 19 期（1954 年 11 月 16 日）。

③ 张岱年：《深切怀念汤锡予先生》，《汤用彤学记》，北京：三联书店 2011 年版，第 18 页。

④ 笔者近来在北京大学档案馆的校长办公室专档中发现有北大感谢苏联文化部赠送汤用彤、金岳霖、冯友兰礼物的函件 3 页（1954 年 11 月 17 日），另有一档案题目为"冯友兰为汤用彤给苏联文化部长的信致负责同志"，系冯友兰替刚发病的汤用彤代写的说明函。

反'时就紧张，对汤老照顾不够"，还叮嘱系里年轻党员汪子嵩"对外不要说汤是因思想生病"。汪子嵩内疚地表示："前几天汤用彤就比较紧张，是我们没照顾到。"①

围绕汤用彤突患重病，议论四起，多有埋怨和不理解之意。11月16日到12月中旬，《高等学校动态简报》编写组持续选登一些教授对批胡运动的意见，同时也表达了对汤用彤病情的关注。北大邵循正教授对王宪钧教授说："汤老的病大概是批判胡适搞出来的吧。"中文系章廷谦教授认为："汤老头子的病还不是这个（指批胡适）搞的。"贺麟说："汤老血压高已很久了，开人代会时受了累，回来还听专家的课，这一周就在闹头疼。他这次犯病不是什么偶然的事。"了解内情的校长办公室副主任尹企卓向校党委反映说："汤老生病固然与开人民代表大会受了累有关系，但主要是因为开展学术批判，所以个别交代政策很必要。"金岳霖对汤用彤的重病表示惊奇，感伤地说道："不是老之将至，而是老之已至。"汤用彤的病倒使北大党内对思想运动的开展一时畏首畏尾，不知如何组织下一步的斗争。如，哲学系教师支部提出："党内感觉在学术斗争中没有力量，开展起来问题复杂，目前如何搞法还不明确。除批判胡适思想外，冯友兰也有许多问题，搞不搞？"当时，汤用彤的儿媳乐黛云入党不久，思想上进，见他昏迷不醒，百感交集，诚恳地对组织表示："思想斗争对这些老头如何掌握是个问题。"②经历此番折腾之后，她的表态体现了家属的真情实感和由衷期待。

吴宓在1955年2月25日从贺麟的来信中得知，汤用彤于年前11月间从批判胡适座谈会归来忽患脑溢血不省人事，一直住在医院。吴宓深惧老友多年来操劳过度，从此溘逝，故颇感悲凉，恐怕自己辞世之期不远，却苦于"奉命完成之工作日重，自晨至晚，不获须臾休息，尚苦堆积填委，不能如期完缴"，难以抽空实现完成著作、传之后世的凤愿，

---

① ②　参见陈徒手《汤用彤：五十年代的思想病》，《读书》2012年第5期。

积聚已久的苦生乐死之心猛然喷发出来，在日记里大发感慨。①

对于汤用彤大病后的心态和康复经过，时任北大马列主义基础教研室讲师的杨祖陶晚年在《哲人的"常态"——〈汤用彤学记〉读后》一文中记述：

> 1954 年底一个晚上，我才抽出时间，抱着深深的歉意和自责，向中风后卧床养息的先生问安。先生虽然重病在身，被迫卧床，但仍是那样平静豁达，和颜悦色，没有丝毫愁容不展、忧心忡忡的影子。先生和往常一样，静静地听我讲话，有时也插上一两句。先生处病不惊的平常心态给我留下了深刻的印象。……我几乎目睹了先生在师母的搀扶下下床站站，慢慢移动一两步，后来走到走廊、后凉台、直到走进客厅，在那儿坐一坐、听晚辈后生们谈话……这样康复起来的全过程。令我暗中惊异的是，先生罹病时毫无忧色，在逐渐康复中也未见喜色，总是那样从容、淡定，一如常态。当时我只是将此归结为哲人大师的涵养和风范而已矣。
>
> 现在，从《汤用彤学记》中我才进一步领悟到先生这种非同寻常的"常态"是来之于先生对人生意义的定位。何兆武先生忆及在联大求学期间曾请教先生人生的意义是否在于追求"光荣"的问题："汤先生说，人生追求的不是光荣，而是 peace of mind（心灵的平静，心安理得）。"我体会，在这里"心安理得"既是人生追求的一种心灵境界，也是一种行为的准则或规范。那么，怎样才能达到和做到"心安理得"呢？我以为，在用彤先生看来，作为一个"学者"，那就是要追求真理，因为正如先生所主张的"文化之研究乃真理之讨论"。……在用彤先生心目中，要追求真理，首先就是要有为真理献身的精神，其次就是要淡泊名利，自甘寂寞，安于默默无闻地做别人看不见，甚至看不起的所谓"第二等的工作"，实

---

① 吴宓：《吴宓日记续编》第 2 册，北京：三联书店 2006 年版，第 131—132 页。

即探究真理的工作。这两个方面是互为条件、互相促进的：坚持为真理献身才能淡泊名利，反之淡泊名利才能坚持为真理献身。只有将这两方面高度统一起来永不停息地追求真理的人才能达到和做到用彤先生所说的"心安理得"。①

现在学界对胡适的功过是非已能作客观评价了，而我们对当年知识分子换脑筋的困难境地，应有"了解之同情"。正如孙尚扬教授所论：那时批胡的一些知识分子大概心情不会很简单，汤用彤尤其如此，批胡后突患脑溢血，大概也就仅此一例了。他与胡适之不同可谓深矣大矣，但他们有过畅谈学问、共理北大、和乐相处的交谊，而且与其他学者如陈寅恪一样，对胡适未始没有敬佩之情。让汤用彤去批判胡适，其心境岂一个"苦"字了得。当然，如果他是一位"斩钉截铁"的革命家，也就不会因批胡而患脑溢血了。②

第三节　病后新篇

汤用彤经多方治疗，直到 1956 年才逐渐有所康复。但从此之后，他手不好写，腿也难以走路，基本依靠轮椅行动。他撰写文章多由汤一介夫妇、任继愈等人协助，帮他找书，听他口述，然后笔录下来。他经常真诚地对人说："若不是解放了，若不是党和人民的关怀，我这个病是不可能治好的。我感谢党的改造、培养、关怀和照顾。"汤用彤因病得以从行政工作脱身，也因此有幸较好地躲开了各种运动的干扰。他虽长期卧病，但仍手不释卷，谆谆教导后学，耕耘不辍，辛勤培养提携年轻科研人才，在运动频仍的岁月里依旧保持对学术的执着追求。

---

① 杨祖陶：《哲人的"常态"——〈汤用彤学记〉读后》，《读书》2011 年第 8 期。
② 孙尚扬：《和而不同一例》，《读书》1995 年第 3 期。

一、康复札记

1956年1月，党中央关于知识分子问题会议召开后，为落实重视知识分子的政策，应汤用彤等老专家的要求，北大相继为他们配备了助手，以传承其学说。是年10月，汤一介、杨辛①调到北京大学哲学系，作为助手帮助整理汤用彤的著述。从此汤用彤又开始抱病为北大哲学系部分师生讲授印度佛教哲学。

汤用彤中风后通过中西医结合的治疗体验，改变了以往对中医的误解。他说："对于针灸的问题，因为我原来以为是一种迷信，就是偶然听见它的疗效，也以为是谣传，所以我对针灸毫不留心。但是在解放以后，由于亲身的经历及耳闻目见，我从对中医的极端反对变成极端的推崇，使我常常在书本中留心关于针灸的记载。"② 这在近代名人对中医的认识与态度的转变方面颇具代表性。在1961年他发表于《新建设》7月号的《针灸·印度古医书》一文中，针对国外流行的针灸起源于印度之说，利用中国古籍、汉译佛经和英译巴利文材料，证明针灸并非由印度传入，而是中国原本固有的。汤用彤晚年欲治道教史，搜集整理了不少相关研究材料，并留下了多种关于道藏、佛藏及中外史书里医学资料的札记，颇具学术价值。③

这场大病并没有阻断汤用彤研究道教的热情，反而促进了他对生死问题和养生问题的感悟。在身体条件许可的情况下，他研读道教经史不辍，为后世留下了一笔丰厚的精神遗产。汤用彤对道教史的奠基性研究及其对《道藏》的整理，逐步改变了道教研究在我国前辈学者那里往

---

① 在联大末期，杨辛曾寄住汤家，帮汤用彤抄写文稿，当时已表现出他的书法天赋。1956年调入北大做汤用彤的专职助手。杨辛后来成为著名美学家和书画家。

② 汤用彤：《针灸·印度古医书》，《汤用彤全集》第7卷，石家庄：河北人民出版社2000年版，第13页。

③ 赵建永：《跨文化对话视野下汤用彤对医学哲学史的开掘——以从佛道比较研究看针灸起源为例》，《中国哲学史》2014年第1期。

往至多处于附属地位的局面，并为后来学者的道教研究起了积极的示范作用。

中风病愈后的十年中，汤用彤身体一直不好，但仍坚持带研究生和指导青年教师学习。同时他继续从事佛道教史研究，孜孜不倦。这期间，他积累了数十本读书札记，并写出9篇极有价值的学术论文，其中有关于佛教史的，有关于印度哲学史的，还有一部分是翻阅《道藏》的摘录。他把这些成果统称为《康复札记》。汤用彤晚年的治学重点转向道教，并涉及医学哲学史问题。在大病初愈后，他就构思《从〈吕氏春秋〉看中国哲学史中的养生问题》一文。他的读《道藏》札记中现存3份关于《吕氏春秋》中养生哲学的未完稿，皆由其口述，助手汤一介先生笔录而成。汤用彤该文首次把养生问题作为中国哲学史上的一个根本问题揭示出来，并从修身、齐家、治国、平天下的方法论视角加以开创性研究。①

1956年11月28日，汤用彤刚能勉强执笔，便投入道经的研究中。汤用彤读《道藏》札记中有一份《养性延命录》校勘手稿，首页是该书之序，开篇以毛笔楷书颤抖的笔迹自题："钢笔改错、毛笔校勘，以《七签》（简称《云》）三二引文为主。五六·十一·二八，开笔大吉！""开笔大吉"指一年中开始写字，或写作某一著述前，举行"开笔"仪式以期盼好的兆头，在旧时对读书人别有一番意味。这表明汤用彤满怀热忱地欲在《道藏》整理上大干一场。他认为，魏晋时，书之大旨往往皆备于序文，故此他先从序言入手来研究《养性延命录》，进而推展至其他相关问题。

杨辛担任汤用彤的助手后，汤用彤提出与他合写一篇关于道家"养生论"的短文，并指导他到图书馆查阅《道藏》中的资料，以写成文

---

① 汤用彤著，赵建永整理校注：《从〈吕氏春秋〉看中国哲学史中的养生问题》，《中国哲学史》2014年第1期。

章。① 杨辛对笔者谈过，汤用彤曾对患病中的他讲，养生要在勿过劳损耗，否则就像失修而松垮的河堤，水来一冲便会崩塌。笔者随后发现这一比喻的原始出处，就在汤用彤校勘的《养性延命录》中紧接张湛《养生集叙》的一句话里，即陶弘景引《仙经》曰："我命在我不在天。但愚人不能知此道为生命之要，所以致百病风邪者，皆由恣意极情，不知自惜，故虚损生也。譬如枯朽之木，遇风即折；将崩之岸，值水先颓。今若不能服药，但知爱精节情，亦得一二百年寿也。"②

1956 年冬，时在北京大学哲学系进修的萧萐父先生向汤用彤请教如何读王充之书，他蔼然指点应注意王充与秦汉道家的关系，王充书中累称黄老，值得注意。为此应考查王充晚年所著《养性之书》存于今本《论衡》究竟是哪些篇，"养性"即"养生"乃道家思想的重要一环，由贵己养生推到天道自然。汤用彤因而论及蒙文通的先秦道家分为南北两派之说甚精。至于秦汉之际道家更有新的发展，或衍为黄老之学，或衍为神仙家和医家，如《楚辞·远游》《黄帝内经》所述。③ 这些论断可与后来马王堆出土帛书《黄帝四经》相互参照印证，足见汤用彤治学的睿识。

根据汤用彤的指引，萧萐父在经过二十多年的积淀后发挥师说，于 1982 年写成《秦汉之际学术思潮简论》一文，论证了秦汉之际黄老学作为新道家的渊源及演变过程，并补充以马王堆新出土的文献，因而"深感汤、蒙诸前辈硕学所论，常中肯綮，是以启迪来学。……兹篇所述，苟能'继其声'而'新其故'于万一，盖汤先生当时娓娓数语实有

---

① 杨辛：《谁言寸草心，报得三春晖》，汤用彤著，汤一介、赵建永选编《会通中印西》附录，上海：东方出版中心 2012 年版，第 470 页。

② 汤用彤著，赵建永整理校注：《〈养性延命录序〉校勘札记》，《中国哲学史》2014 年第 1 期。

③ 萧萐父：《秦汉之际学术思潮简论》，《燕园论学集》，北京：北京大学出版社 1983 年版，第 107 页。

以启之。"① 萧萐父还把所受汤用彤启发而写成的黄老新道家的研究成果编入与李锦全合著的《中国哲学史》，影响颇广。在萧萐父关心支持下，熊铁基教授出版了《秦汉新道家略论稿》。萧萐父认为此书"持论有据，颇与所闻相契合"，遂把为纪念汤用彤而写成的《秦汉之际学术思潮简论》，作为该书序言，以旁证其说，且附记以上学问因缘，足证薪尽火传。熊铁基教授在其书《后记》中亦言："我这里请萧萐父教授写了一篇代序的文章，则是本书所必不可少的。有了这篇代序，不仅是这十数篇文章有了依靠，我想论说的一些问题也就更清楚些。"② 20 年后，该书又全面增益再版，更名为《秦汉新道家》。③ 秦汉之际的黄老新道家研究，自汤用彤首倡以来，至今已成为道家和道教研究的重要领域和重大突破口。可见，汤用彤对于从黄老之学到黄老道术变迁之迹的厘清工作，对于道家道教学术史的进一步组织、整理，确有相当的贡献。

1956 年，汤用彤病情好转时，打算完成《隋唐佛教史稿》诸书的写作，于是购买了一套 20 世纪 20 年代起由商务印书馆陆续编校出版的百衲本《二十四史》。但在"文革"中，家人三餐不继，遂变卖了这套书。

1962 年 3 月初，汤用彤到医院做了一次身体检查，情况还好。他遂改杜甫《野望》颈联"惟将迟暮供多病，未有涓埃答圣朝"为"虽将迟暮供多病，还必涓埃答圣民"，以表达他的暮年心愿。稍早前，汤用彤在《康复札记四则》前言中也说："现应《新建设》杂志之约，将近年读书所得写成札记，以供参考，这也是我对人民所尽涓埃之力。"④汤一介先生暮年撰文回忆当年情况说：

---

① 萧萐父：《秦汉之际学术思潮简论》，《燕园论学集》，北京：北京大学出版社1983 年版，第 107—108 页。

② 熊铁基：《秦汉新道家略论稿》，上海：上海人民出版社 1982 年版，第 102 页。

③ 熊铁基：《秦汉新道家》，上海：上海人民出版社 2001 年版。

④ 汤用彤：《康复札记四则》，《新建设》1961 年第 6 期。

北京的春天很短，夏天却很长。1962 年北京的春天也是很短，匆匆而过，就到了夏初。自父亲汤用彤生病后，他很少外出，"政协会议"和"人大会议"他都请假，一次也没参加。但这年初夏，他忽然提出想去香山小休息一下。我记得上个世纪 30 年代，他在初夏也常去香山住一两周，有时住在钱穆先生租的房子里，有时住在香山红叶山庄。因为钱穆先生早已不在北京，就只能去住红叶山庄了。我推想，他之所以想去香山小住，很可能有两个原因：一是他写完了《论中国佛教无"十宗"》松了口气，觉得对研究中国佛教隋唐宗派问题有了点底，可以休息一下，静静地思考如何继续下去；二是他对香山旧情难忘，因为他的《汉魏两晋南北朝佛教史》最后就是在香山定稿的。

……在香山时，他比较多的是和孙女汤丹（9 岁）、孙子汤双（5 岁）同乐。父亲常和汤丹、汤双到红叶山庄的"九曲回肠"（将山泉引入弯弯曲曲象征九曲黄河的小水槽），看着两个孩子把手帕放在"九曲回肠"的上端漂流，然后孩子跟着手帕顺水往下流处跑着、叫着、笑着，父亲很开心，孩子们更开心。夜晚两个孩子到山坡的草地去捉萤火虫，他们把萤火虫放在南瓜叶的空茎里，萤火虫一亮一亮很好看，两个孩子就争着跑去给爷爷看。汤双对爷爷说："爷爷，你看它像不像灯笼？"汤丹说："我看它更像霓虹灯。"

离红叶山庄不远处有个小游戏场，这是孩子们最爱去的地方。我们将一把轮椅带到山上，父亲坐着，我和乐黛云推着，孩子们走着、跑着。……香山半山腰处有个"玉华山庄"，可以喝茶、吃零食。零食包括瓜子、花生、小糖块，有时还可以买到包子吃。这是父亲喜欢去的地方，也是孩子们喜欢去的地方，坐在那儿可以看见香山的远景，天气好时还可以看到北京城。父亲因中风，留下后遗症，走路有点困难，我们用轮椅合力把他推上去。玉华山庄很大，有各种花树草木，任由孩子们跑来跑去。

在红叶山庄，每天早上八点以前，我们吃过早饭，父亲和母亲就坐在朝南的走廊上晒太阳，我和乐黛云和孩子们去游览香山的景点：双清、眼镜湖、碧沙帐、枫林村……父亲和母亲坐在廊子上，好像在说着什么，我们都没过去，怕打扰他们。我想，他们也许在谈着往事，回忆着自己的"幸"与"不幸"。我母亲生了6个孩子，早逝了4个，这是她一生的"隐痛"，这可能是她"不幸"，但嫁了一个"言听计从"的父亲，也就是她的"大幸"。父亲的"不幸"也许是各种"运动"耽误了一些时间，使他没有能完成写整部"中国佛教史"的愿望。他的"幸福"也许是他能及早中风，而免去各种"运动"的苦恼和免于回答各种不能不回答的"说不清道不明"的问题。早饭后，父亲要在床上小息，我觉得他在想什么，但也不好问他。我们大概在红叶山庄住了十多天，山间的清风明月相伴，一切平静而自然。①

如此半个月后，汤用彤对家人说："该回家了吧！"这样全家就下山。回到家里第二天，汤用彤就把秘书招来说："我们开始工作吧！"于是他开始写作长文《中国佛教宗派问题补论》。同时，应《新建设》杂志约稿开始写《康复札记》。香山两周的休息，他实际上是思考着一些平时关注的学术问题。他晚年一直想着的就是"虽将迟暮供多病，还必涓埃答圣民"，这也正是中国真正有良心的学人的心声！

二、临终心愿

新中国成立后，汤用彤更加注重历史文献的整理工作，积极倡导佛藏等大型古籍的校刊，以实现其盛世修典的宏愿。为使我国佛学研究后继有人，他决定招收中国佛学史专业研究生。1963年，许抗生、武维琴考上汤用彤的研究生时，他尽管重病缠身，却一心想尽快把毕生所学倾囊相传，以便让他们接好老一辈的班，所以他总是不辞劳苦地为学生

---

① 汤一介：《与父亲在香山红叶山庄小住》，《文汇报》2014年5月16日第11版。

的学业操心着，坚持讲解佛经，辅导学习《出三藏记集经序》《弘明集》等书。汤夫人为爱护他的身体，常要求每次讲课不超过 40 分钟，学生们也出于同样的担心劝他少讲些，但他每堂课总大大超过这个时间。他常说："中国佛学的知识那样丰富，佛经又是那样难懂，不多讲些，你们青年人怎么能学好呢？"任继愈用朱熹晚年的境遇来形容汤老："'虽疾病支离，至诸生问辨，则若沉疴之去体。一日不讲学则惕然常以为忧。'汤先生只要谈起学问来，什么医生的嘱咐、家人的劝告全都忘了。"①

张岱年回忆说："约在 1963 年，汤先生身体康复，有一天在汤先生家召开了一次教研室的讨论会，汤先生作了长时间的发言。当时朱谦之先生对教研室工作有些意见。汤先生发言，充分赞扬了朱先生的学术成就，又对朱先生说了一些劝勉的话，朱先生听了非常高兴。我感到汤先生真是善于作团结工作，同时为汤先生康复而高兴。"② 笔者在汤用彤的藏书中发现一本朱谦之手稿《桓谭新论》，当为他请汤用彤提意见而呈阅的。

1963 年劳动节晚上，汤用彤夫妇由汤一介夫妇一家陪同，应邀上天安门城楼参加观赏焰火等联欢活动，由周恩来总理导见毛泽东主席。毛泽东关心地问起其身体状况，嘱咐他量力而行写些短文，说自己阅读过他所撰全部文章③，并与全家人握手。那天回来，汤用彤十分兴奋，表示要更好地把他的知识贡献给人民。此后他每天更加努力地尽心读书、学习，接待哲学系来请教问题的青年师生，直到他逝世。④ 乐黛云

---

① 任继愈：《汤用彤先生治学的态度和方法》，《燕园论学集》，北京：北京大学出版社 1984 年版，第 31 页。

② 张岱年：《深切怀念汤锡予先生》，汤一介编《国故新知：中国传统文化的再诠释》，北京：北京大学出版社 1993 年版，第 41 页。

③ 孙尚扬：《汤用彤年谱简编》，《汤用彤全集》第 7 卷，石家庄：河北人民出版社 2000 年版，第 682—683 页。

④ 任继愈：《汤用彤先生治学的态度和方法》，《燕园论学集》，北京：北京大学出版社 1984 年版，第 34 页。

教授对此回忆说：

> 1962 年回到家里，每天给汤老先生拿药送水就成了我的第一要务。这个阶段有件事，我终身难忘。那是 1963 年的五一节，天安门广场举办了盛大的游园联欢活动，集体舞跳得非常热闹。这是个复苏的年代，"大跃进"的负面影响逐渐成为过去，农村开始包产到户，反右斗争好像也过去了，国家比较稳定，理当要大大地庆祝一下。毛主席很高兴，请一些知识分子在五一节晚上到天安门上去观赏焰火、参加联欢。汤老先生也收到了观礼的请帖。请帖上注明，可以带夫人和子女。汤老先生就考虑，是带我们一家呢，还是带汤一介弟弟的一家？当时我们都住在一起，带谁去都是可以的。汤老先生是一个非常细心的人，他当时可能会想，如果带了弟弟一家，我一定会特别难过，因为那时候我还是个"摘帽右派"。老先生深知成为"极右派"这件事是怎样深深地伤了我的心。在日常生活中，甚至微小的细节，他也尽量避免让我感到受歧视。两老对此，真是体贴入微。我想，正是出于同样的考虑，也许还有儒家的"长幼有序"罢。最后，他决定还是带我们一家去。于是，两位老人，加上我们夫妇和两个孩子，一起上了天安门。那天晚上，毛主席过来跟汤老先生握手，说他读过老先生的文章，希望他继续写下去。毛主席也跟我们和孩子们握了握手。我想，对于带我上天安门可能产生的后果，汤老先生不是完全没有预计，但他愿意冒这个风险，为了给我一点内心的安慰和平衡！回来后，果然有人写匿名信，指责汤老先生竟然把一个右派分子带上了天安门！带到了毛主席身边！万一她说了什么反动话，或是做了什么反动事，老先生能负得起这个责任吗？这封信，我们也知道，就是住在对面的邻居所写，其他人不可能反应如此之快！老先生沉默不语，处之泰然。好

像一切早在预料之中。①

同年国庆节，汤用彤由汤一玄夫妇陪同，又上天安门观礼。入冬后，由于过度劳累，汤用彤身体日衰，但他仍然不肯停止工作，躺在病榻上继续坚持讲解佛典难懂之处。为了弥补讲课时间的不足，当他精神稍好时，就在指定学生阅读的书上，吃力地写上文字注解，包括名相解释、年代考证、人物考证和文字校勘等。许抗生说所有这些，"对于帮助我读懂佛教典籍都有着很大的作用。汤老如此认真、负责，不惜自己带病的身体坚持指导我学习的精神，是我一生难以忘却的。……每当我回忆起在汤老身边学习的那些日子，汤老和蔼可亲的面容，就会浮现在我的面前。他那严肃认真的教导，一丝不苟的治学态度，总给我以极大的鼓舞与力量。我只有加倍地努力学习，才不致辜负汤老对我的期望与栽培"②。汤用彤诞辰 90 周年之际，许抗生特作一文以表对先师怀念与崇敬之情，并将汤老指导他阅读《出三藏记集经序》一书上所写的一些注解，抄录出来以为纪念。

汤用彤所开的最后课程是 1963 年为他的研究生讲授中国佛教，辅导如何阅读佛经；还兼授数论哲学，他亲笔所出的此课试卷至今仍存，其特点是在每题下注明考核要求：如"略述僧佉学说之变迁发展"一题

---

① 乐黛云：《我心中的汤用彤先生》，《四院·沙滩·未名湖：60 年北大生活（1948—2008）》，北京：北京大学出版社 2008 年版，第 141—143 页。

② 许抗生：《忆在汤老身边学习的岁月》，《燕园论学集》，北京：北京大学出版社 1984 年版，第 74 页。2015 年 9 月 8 日至 11 日，笔者陪同许抗生先生在黄梅参加"汤用彤纪念馆开馆周年庆典暨一介讲坛开坛仪式"。许先生虽然年且八旬，视力欠佳，但是只要稍有空暇，就拿出放大镜对笔者的文稿仔细审阅，写上评改意见，并与笔者探讨写作架构和改进方向，甚至帮着一起推敲文中的字词，还对笔者勉励有加。这令笔者感慨不已，不禁想到，半世纪前汤用彤先生不正是以这种鞠躬尽瘁的崇高精神来培育后学的吗？许先生获得这次会上颁发的首届"汤用彤学术奖"，诚为实至名归，是后辈景仰和学习的典范。而本书中纪念汤师父子的有关章节能在其故乡写成、宣讲和定稿，倍感荣幸！

下注云"此题考我们的理解和综合能力（说理功夫），答案宜简明"等。①

1964年3月7日，汤用彤在回复中华书局"64（编）字266号"来函中，表示将考虑出版社对《高僧传》校勘所提意见，还预计："如工作顺利，本年底或可脱稿，否则至迟明年上半年即可完成。"②当月，汤用彤因劳累过度心脏病发而住北京医院治疗。

4月2日，汤用彤在医院病笃时口述，由秘书李长霖笔录的《高僧传》校注计划，是现知他最后的学术工作。这份计划称："本学期作高僧传的初步校注工作。至学期末可以完成译经、义解两科共8卷（全书14卷，前8卷较为繁难）。只是初步的校注，以后还需要进一步整理。"③

5月1日上午，在庆祝劳动节的群众欢呼口号声中，汤用彤因心脏病发作去世。他临终前念念不忘的遗憾，一是研究计划还没完成，二是他的两个研究生还没培养到毕业。汤用彤忙忙碌碌地度过了生命中的最后一段时期。他所拟雄心勃勃的教研计划，也只能被视为未遂的宏愿，让后学扼腕呼叹不已了。任继愈当时的悼念文章写道："两周以前，曾去医院看过汤用彤先生。他在病榻上还对我说，'我的病不要紧，我有信心会好的，我还能工作……'。长期卧病，人是消瘦多了，看来精神还好，我劝他安心养病，过几天再来看他。没有想到，这次见面竟成永诀！"④任继愈晚年曾作一假设，如果汤先生活到"文革"期间，以他那样的身体，恐怕也难渡过难关。因此，在痛惜他去世过早之余，又不无另一番滋味。

《人民日报》5月3日发布了新华社关于汤用彤教授病逝的通讯："全国人民代表大会代表、中国人民政治协商会议全国委员会常务委员、

---

① ③　据汤一介先生家藏原件整理，时存北京大学燕南园。

②　汤用彤：《致中华书局哲学组》，《汤用彤全集》第7卷，石家庄：河北人民出版社2000年版，第661页。

④　任继愈：《悼念汤用彤先生》，《历史研究》1964年第3期。

中国科学院哲学社会科学部委员、北京大学副校长汤用彤教授，因病于一九六四年五月一日十时十五分在北京逝世，享年七十一岁。汤用彤先生是湖北黄梅县人，终身从事教育事业，是研究中国佛教史的著名专家。"① 先生清华时期的老同学王正基闻讯，不胜感伤，遂作挽诗一首，写完最后一字时，即突发中风，倒地而逝。《人民日报》随即刊出了全国政协委员王正基逝世的消息。

文学家宗璞照顾父亲冯友兰生活数十年，她 1986 年 5 月写成的散文《霞落燕园》也记述了燕南园最早离去的汤用彤逝世后的情况："记得曾见一介兄从后角门进来，臂上挂着一根手杖。我当时想，汤先生再也用不着它了。以后在院中散步，眼前常浮现老人矮胖的身材，团团的笑脸。那时觉得死亡真是不可思议的事。"②

汤用彤追悼会由陈毅元帅主持，葬于八宝山公墓一墓区"月字组"（由东边数第 2 位）。冯友兰赠送的挽联是"锡予兄灵右：病榻犹呼口号，劳动节显平生志；儒林同感痛惜，佛教史有未完篇。冯友兰敬挽"③。"冯友兰现象"就其普遍性可与"汤用彤现象"联系起来考察，中华人民共和国成立后他们都有相似的遭遇：都是同时代的中国一流大学者，民国年间都在学术上获得很高成就，都主张走中西文化融合的道路。1949 年后，都感佩共产党使中国赢得民族独立，把中国希望寄托在实行社会主义上，接受了马克思主义。

1983 年 9 月，"纪念汤用彤先生诞辰 90 周年学术讨论会"在北京大学召开，冯友兰出席并发表讲话，回顾了他与汤用彤的交谊，并高度评价了汤用彤的学术思想。会议论文由《汤用彤先生纪念论文集》编辑委员会编成《燕园论学集》一书，次年由北京大学出版社出版。该书收

---

① 《全国人大代表汤用彤教授病逝》，《人民日报》1964 年 5 月 3 日第 2 版。
② 宗璞：《霞落燕园》，《中国作家》1986 年第 4 期。
③ 汤一介先生家藏未刊稿，没有收入冯友兰《三松堂全集》及其著述目录。

录有冯友兰撰写的文章《佛教和佛学的主题——神不灭论》①，这是汤用彤生前与冯友兰共同感兴趣而常谈的话题，也是对他们五十年君子之交的深切怀念。

汤用彤的教学生涯主要在北大度过，几部传世之作皆发表于在北大任教期间，至今仍是哲学系和宗教学系的基本参考教材。由于他成就卓著、高风亮节，因而深得北大师生的敬重与爱戴，"长期担任北大重要职务，起着文科教学和学术研究的主要组织者和带头人的作用。因此，他的治学态度、方法和办学方针对北大文科的学术传统的形成与发展，对北大之特殊精神的弘扬，都产生了深远的影响"②。从 1946 年北大复校至 1964 年病逝，他在北大培养的学生有汤一介、张岂之、杨祖陶、黄心川、萧萐父、武维琴、许抗生等。③

汤用彤病逝后，为照顾汤夫人的生活，国家按月给她发放生活费，但"文革"开始后被取消，汤一介先生又受到冲击，老人生活陷入困境。周恩来在日理万机中仍过问此事。在总理的关怀下，有关部门又恢复了她的生活费，直到她去世为止。在北大档案馆校长办公室的专档里，仍保藏着有关部门给汤夫人发放生活费用的记录。

①　冯友兰《佛教和佛学的主题——神不灭论》初载《汤用彤先生纪念论文集》编辑委员会编《燕园论学集》，北京：北京大学出版社 1984 年版，第 142—176 页。后收入《三松堂全集》第 13 卷，郑州：河南人民出版社 2001 年版，第 370—399 页。

②　汤一介、孙尚扬：《不激不随　至博至大——汤用彤与北大》，萧超然主编《巍巍上庠　百年星辰——名人与北大》，北京：北京大学出版社 1998 年版，第 115 页。

③　参看赵建永《汤用彤学术历程考论——基于生活史与学术史相交融的审察》，《天府新论》2012 年第 2 期。

第九章 薪火相传——继往开来

作为百年树人的大学教授，汤用彤深知人才对学术传承与流播的深远意义与作用。同时，作为以文续命的国学家，他也深知教育人才，其实是将前人和自己的学术思想与人生理想延伸与光大。这种一片冰心洒落无尘的朗落襟怀，使得他赢得同辈及后人发自内心深处的钦佩与颂扬。《易传》云"继之者善也"，《礼记·学记》云"善歌者使人继其声，善教者使人继其志"，此正汤用彤之谓也。

第一节 教泽广布培英才

中华人民共和国成立后，"北大哲学系重视中外哲学史和佛教史的风气仍然得以延续，这一传统及其所达到的水平可以说是该系的'家底'。受过相关训练的学生往往功底扎实，视野开阔，见解不俗，其研究成果多能在严谨中透出较恢宏的文化历史感。此种学术特色或传统之影响面则不仅限于北大，还向全国辐射"①。汤用彤学为师表，行为世范，教泽广布，40多年诲人不倦地辛勤耕耘，为我国各高校及研究机构培养了一大批科研和教学骨干。在中国哲学（包括道教、佛教领域）有唐君毅、任继愈、石峻、冯契、汤一介、杨辛、韩裕文、萧萐父、许抗生、王维诚、王明、王叔岷、王森、常任侠、韩镜清、季羡林、黄公伟、黄心川、武维琴等；西方哲学领域有陈康、郑昕、熊伟、胡世华、汪子嵩、张世英、齐良骥、杨祖陶、庞景仁等；史学领域有向达、张岂之、王利器、

---

① 汤一介、孙尚扬：《不激不随　至博至大——汤用彤与北大》，萧超然主编《巍巍上庠　百年星辰——名人与北大》，北京：北京大学出版社1998年版，第116页。

邓子琴、宿白等；还有严济慈、牟宗三①、胡绳、陈修斋、邓艾民、欧阳中石、叶朗、郑敏、方立天、牟钟鉴②诸贤都曾受教于汤用彤。

汤用彤对学术严谨、求实、创新的态度，深深地影响了他的这一批弟子，他笃实谨严的学风使后进之士深受教益，而更多的学界后人则是从其论著中获益。楼宇烈教授称："我虽未能忝列汤老门下，然对汤老之为人学问，私淑久矣，获益宏矣。"③中国学坛名家荟萃，大家辈出。大家之所以成名成家，除自身天资和努力之外，站在背后鼎力支撑的大师功不可没。

汤用彤望重学林，弟子成材众多，殆非偶然。他是当时读书最多且最博学的学者之一，遍览大藏，兼通四部，成为一代文化研究的宗师。他的学问有如大海，难测底蕴。只可惜他过世太早而未及充分阐述自己的文化理念，这不能不说是历史留给我们的一个遗憾。后人只能从其大量考据论著和未刊手稿中费心搜寻探究，与此密切相关的是其现存数千册的中外文藏书。这不仅是因为在汤用彤所读之书上有其眉批、注释、校勘、圈点，甚至写作提纲，而且是因为藏书反映了他的知识结构、兴趣爱好和研究意向所在。如在《隋唐佛教史》讲义中文人奉佛问题处眉批有"李翱之参禅"，并列举信佛文士多人。

汤用彤留下的三千余册线装古书，笔者初步整理发现其中有不少他的校勘、按语和研究纲要，极富学术价值，现版《汤用彤全集》尚未及收入。而汉易部分，浓圈密点，并以"国朝"纪年，应是汤霖（汤用

---

①　牟宗三称汤用彤为"业师"，《牟宗三先生全集》第 25 卷，台北：联经出版事业股份有限公司 2003 年版，第 539 页。

②　牟钟鉴曾受教于汤用彤，后因汤老病重而中辍。他说："汤用彤先生是我生平最敬重的少数老一辈学者之一，他的为人为学为师皆足以为世之楷模。"牟钟鉴认为，在佛教史和魏晋玄学方面，汤用彤的论著对自己影响都很大。他于汤用彤一百周年诞辰之际，就《汉魏两晋南北朝佛教史》跋中蕴含的宗教学研究方法详加阐发。参见牟钟鉴《研究宗教应持何种态度——重新认识汤用彤先生的一篇书跋》，汤一介编《国故新知：中国传统文化的再诠释》，北京：北京大学出版社 1993 年版，第 66—72 页。

③　楼宇烈：《"文化之研究乃真理之讨论"——读汤老两篇旧文》，《燕园论学集》，北京：北京大学出版社 1984 年版，第 79 页。

彤之父，素喜汉易）的手笔。其间时见汤用彬（汤用彤之兄）、陈寅恪、熊十力、钱穆、梁漱溟、贺麟、洪谦、顾颉刚、容肇祖、王明、王维诚、王利器、罗常培、朱谦之、唐兰等前辈们的亲笔题记、信札、书稿。藏书中还夹着有待整理的零散手稿数百纸，等等。这批文献具有珍贵的文物价值，对于研究中国近现代学术史和教育史很有意义。①

汤用彤注重将科研成果转化为教学内容，授课领域横跨中、西、印三大文化系统，其教学特色是注重启发式教学和善用比较法，并与研究紧密结合，相辅相成。人文教育内容和方法的改进，主要系于教师的研究功力和研究心得，汤用彤在这方面做出了表率。② 其业绩正如北京大学副校长何芳川教授代表北大在"《汤用彤全集》出版座谈会"上所说："汤用彤先生是我国著名的学术大师，他的名字是和 20 世纪中国学术的发展分不开的，是和中国 20 世纪教育的发展分不开的，是同北大的百年辉煌分不开的。"

第二节　授之以业传以道

汤用彤门下石峻教授说，汤先生是一位经验丰富的导师和教育家。他对教学认真负责，充分准备，讲得条理清晰，深入浅出。凡是由他开设的课程，从头到尾，全盘计划，先后层次，异常分明。他指导学生，

---

① 以上内容拟在《汤用彤全集》续编或年谱中补上。《汤用彤全集》不论如何齐全，终究以其作品的最终成果为主，很难反映他的写作过程。而从其反复修改的墨迹中可体会到他对文章精益求精的态度。手稿作为一种更为鲜活的文本，见证了一位杰出学者的思想轨迹。汤一介先生认为，把汤用彤等名家们的藏书收藏并利用起来，不仅是了解他们学术成就甚为重要的材料，而且是了解文科学术建设和发展历史的重要材料，甚至还可以说是研究中国文化史、学术史的重要材料。在收藏他们的藏书的同时应将其手稿、通信、日记、笔记等都一起收藏（汤一介：《北大有三个"宝"》，《博览群书》2008年第 4 期）。他倡议通过发起这项"名家藏书工程"，以便学人了解历史而展望将来。

② 详见张岂之《听汤用彤先生讲课》，《春鸟集》，北京：中国社会科学出版社1997年版；《谈大学的人文教育》，《华夏文化》2000 年第 1 期。

通常并不先将自己的心得作为结论强加于人，一定待学生研究遇到困难，提出问题时，再及时指点，所以给人印象特别深刻，收效非常显著。①

汤用彤讲课时不轻易下论断，而是适时引导学生思考问题，鼓励学生从第一手材料出发来准确理解前贤往哲的思想，并在此基础上剖析解答问题。他十分注意因材施教，循循善诱，使听课者无不觉得引人入胜，受益无穷，因此他们对汤用彤的教诲终生感怀至深。

邓艾民回忆说：汤用彤联大时已满头白发，"常常因为讲课劳累而斜倚在黑板边，低着头，边思考，边讲授，层层深入，将同学逐步引导到所讲的内容中去。他讲印度哲学史就把我们带到印度历史上的哲学家思想中，讲欧洲大陆理性主义就将我们带到笛卡儿、斯宾诺莎、莱布尼兹的思想体系中，讲魏晋玄学又将我们带到王弼、嵇康、阮籍、郭象、僧肇等人的思想体系中。他给我们全面地忠实地介绍这些哲学家的思想，材料丰富而又不显得烦琐，分析清晰而又不流于空疏，即使自由主义习气很浓的同学，也舍不得缺课。……全面地、忠实地介绍历史上哲学家的思想是为进行实事求是的分析打下基础。……汤先生讲授哲学史课程时，不引烦琐的考据，分析清晰而又意境玄远，极高明而道中庸；发表他的研究著作时却材料丰富，考证周详而又论述深刻，致广大而尽精微，赢得了国内外学术界的高度推重"②。

杨祖陶教授总结汤用彤教学的重要特点是引导学生去读第一手资料。首先，汤用彤对所讲述的哲学思想都要求有事实的根据，即哲学家们的原著。他一般决不按照别人（哪怕是西方名家）的转述来安排教学内容，而是严格地按照哲学家本人的主要著作进行教学，以致他的讲课在某种意义上几乎可以看作是哲学原著的导读。同时，在讲到哲学家某

---

① 石峻：《回忆汤用彤先生的治学精神及其两篇逸稿》，《燕园论学集》，北京：北京大学出版社1984年版，第51页。

② 邓艾民：《汤用彤先生散忆》，《燕园论学集》，北京：北京大学出版社1984年版，第61—63页。

个观点或问题时，他都要指明其具体的原始出处。他的讲授显示出有根有据、客观真实、可靠可信的鲜明风格，同时他也仿佛是在要求听众亲自去看看原著，验证一下他所讲的是否真实可信。汤用彤很注意培养学生阅读哲学史原始材料的能力，并给我们做出了生动、具体的榜样。他讲的欧洲大陆理性主义和英国经验主义课程，不傍依他人的哲学史教科书和通论之类的著作，而是直接从原始资料中提炼出一些重要问题进行分析；既有资料，又有观点。他布置作业，不要求背诵课堂笔记，而是让学生直接阅读英文原著，从中发现问题，并通过研究来自主解决问题，写成读书笔记和习作，交他审阅。他的课堂教学，没有华丽的辞藻和过多的动作表情，然而每堂课都很充实，每个论断都有充足的根据，学生们每听一堂课都有所得，并且是从书本上得不到的。其次，汤用彤的讲授虽然是严格按照原著，但绝不是"照本宣科"，而是在通盘把握哲学家的思想和各方面（如有关时代思潮、科学发展、同时和先后的哲人等）关系的基础上，以西方哲学传统固有的通过分析和推论以求知求真的精神和方法，再现原著的本质内容和逻辑线索。①

对以上方面，张岂之先生也详细地谈了自己的感受。他上本科时，印象最深、受益最多的，是听汤用彤的讲课。张岂之在 1946 年至 1950 年在北京大学哲学系上学时选修了汤用彤的"英国经验主义""大陆理性主义""魏晋玄学"等课，做了详细的课堂笔记。在汤用彤指导下，他还写过不少读书笔记，并都经过汤先生过目，甚至里面的错字也被其改正。至今张先生还保存着一册，作为对自己老师的纪念。他说，"收益极大"确实是自己真正的感受，潜藏心底数十年都没有变。汤用彤擅长启发式教学，注意用提问的方式引导学生去读书。汤用彤讲"英国经验主义"，凡选此课的学生必须读洛克和休谟的书。他讲"欧洲大陆理性主义"，凡是听者必须读笛卡尔、斯宾诺莎和莱布尼兹，特别是斯氏著作要下工夫研究。汤先生不是硬性指定，而是通过讲课做出示范。他

---

① 杨祖陶：《西哲东渐的宗师——汤用彤先生追忆》，《学术月刊》2001 年第 4 期。

讲课的体系和层次从任何一本现成的哲学史教科书中都是找不到的，因为那是他从原著的解析中提炼而出的，而汤先生讲课的每一论点都有第一手资料作为依据。有的同学在刚听汤先生讲课时，觉得吃力，只要坚持下去，不久会感受到汤先生讲课的严密性和科学性，从而产生浓厚的兴趣。他讲课时经常提出一些问题，让学生思考，并通过对所提问题的解析，使学生受到如何分析问题的训练。① 一般情况下，他很少直接回答问题，以防止养成学生的依赖心理，而是指点如何处理材料，让学生自己思考，这样获得的问题答案才能牢固。有时一个问题解决了，就接着提出与此相关的其他问题，要学生进一步思考，由此及彼，加深对问题的理解。在大家的记忆中，汤用彤与学生的接触，总是那样平易近人，从来没有疾言厉色的时候。学生学习中有缺点，他不但具体明确地指出，而且告诉克服缺点的途径。学生一旦有了进步，哪怕是很微小的进步，他总是予以鼓励。汤用彤很注意培养学生的归纳和分析能力。他每次布置学生读原著，都有明确的目的性，都是着眼于提高学生的逻辑分析能力。这种教育方法不同于死记硬背；这种教学生如何正确思考的教育会在学生的一生中起到良好的作用。同学们共同感到汤先生指导学生不包办代替，也不放任自流，指导得法，能提起学生的兴趣，又能帮助学生解决疑难问题，发挥学习的主动性。总之，汤先生谨严的学风，高度负责的精神，生动活泼的教学方法，说明他既是学者又是教育家。我们纪念汤先生，除了学习他的学术遗产外，还要继承其"师道"，学习他怎样作为教师，当好青年学生们心灵的工程师。② 汤用彤开出的"魏晋玄学""印度哲学史""大陆理性主义""英国经验主义"等课程，是他直接从原始资料中勾勒、提炼出来，加以分析归纳的结果。由此，张岂之提出大学的人文教育应建立在研究的基础上。

---

① 张岂之：《汤先生教我们如何思考》，《北京大学学报（哲学社会科学版）》1993年第 6 期。

② 张岂之：《严师——汤用彤先生》，《燕园论学集》，北京：北京大学出版社1984 年版，第 67—72 页。

韩镜清在北京大学哲学系本科（1932—1936）毕业后，接着读汤用彤的研究生（1936—1939）。他晚年撰文《汤用彤先生的一些微言大义》回顾了汤用彤对自己的深刻影响。他入学初就听过汤用彤的"哲学概论"，读研究生时又听了"阿毗达摩杂心论""英国经验主义"等课。在"印度哲学"课中，汤用彤还专讲过汉译本的《金七十论》及《胜宗十句义论》。在"汉魏两晋南北朝佛教史"及"隋唐佛教史"课中，他既讲历史考据，更深入结合佛学理论，开拓了研究哲学史必须兼顾哲学理论的作风。汤用彤多方面的富有开创意义的哲学比较工作，不仅进一步充实了梁漱溟《东西方文化及其哲学》一书中的比较内容，而且能在各种思想案例中曲尽幽微，深入抉择，使孰优孰劣尽在冷静的清算之中，令人心领神会，并从中展现出他颇富创意的研究方法和教学方法。汤用彤在讲"阿毗达摩杂心论"时做出"佛学是无元的"的论断，画龙点睛，分量很重。韩镜清所说汤先生的"微言大义"，是想揭示他无声的学行中蕴含着的真正意向。韩镜清毕业论文《阿赖耶识学说的由来》是汤用彤给拟定的题目。韩镜清当时对小乘佛教的"心如工画师，画种种五阴"等说颇有心得，认为人类的自我主观认识中有主观臆造的重大成分，而这不是康德所说的先验范畴。汤用彤启示他追究阿赖耶识学说的由来，以探索人类共同的主观主义。他还给韩镜清出了《隋净影慧远八识义述》等题目，让其考察原来阐明宇宙论的唯识学如何转化为中国式本体唯心论的变迁之迹，以探明华化佛教改变本来面目的原因。[①]

第三节　启迪智慧育冯契

冯契（1915—1995）立足于中国哲学的理论成就，积极吸收马克思主义实践论和回应现代西方哲学，在其师汤用彤的启发、鼓励下，通过

[①] 韩镜清：《汤用彤先生的一些微言大义》，北京大学哲学系八十周年系庆筹备委员会编《北京大学哲学系简史》，第 192—195 页。

对"转识成智"辩证思维的细致考察，创造性地发展了"言意之辨"，由此整合了金岳霖先生二分的"名言世界"与"非名言世界"，以及与此相应的两种理论形态——知识论和形而上学，提出了作为其哲学思想核心的"智慧说"，从而成为当代中国哲学史上最有原创性的哲学家之一。学界对冯契"智慧说"的学术地位、内在机制等方面作了不少探讨，但对其理论来源关注有所不足，今试为之探源如下。

一、汤用彤的"言意论"——不可说者如何能说

"言意之辨"是中国哲学史上的基本论题之一。如果从现代语言哲学的角度来审视，这个问题会更富有新意。"言意之辨"中的"言不尽意论"点明了语言的相对性、局限性，与世界上一些哲学大家的思想相契合。如，维特根斯坦《逻辑哲学论》就提出要思考不能"思考"之事，并对语言划定界限："凡是能够说的事情，都能够说清楚，而凡是不能说的事情，就应该沉默。"[①] 他所言第一类事情与"言尽意论"相应，第二类事情则与"言不尽意论"相应。

哲学探索总会进入一种"说不出"的阶段，即超名言之域的问题，这正是"言意之辨"中"言不尽意论"所指向的终极问题。金岳霖在西南联大时，打算在写完《知识论》后，研究名言世界和非名言世界的问题，即康德提出的"形而上学"（金岳霖称为"元学"）作为科学如何可能的问题。约在1942—1943年间，金岳霖就此话题在西南联大作了一场题为"名言世界与非名言世界"的讲演。冯契听完后回到司家营，次日即向汤用彤复述演讲大意。汤用彤高度评价说："金先生的思想真深刻!"[②] 金岳霖把这次演讲整理成一篇文稿，但未发表，后来佚失。冯契晚年在纪念文章《忆金岳霖先生以及他对超名言之域问题的探讨》

---

① ［奥］维特根斯坦：《逻辑哲学论》，郭英译，北京：商务印书馆1962年版，第20页。海德格尔也认为语言往往会造成对"存在"的遮蔽。

② 《金岳霖的回忆与回忆金岳霖》，成都：四川教育出版社1995年版，第133—135页。

中，凭记忆概括出这次讲演和这篇文稿的一些基本思想：不仅哲学，文学也会涉及"不可说"的问题。尽管不可言传，但是还是要用语言来传达。问题是，以语言为媒介来进行创作的哲学和文学，如何言说不可说的东西？这种传达借助于人的什么能力和工具才能实现？

同一时期，汤用彤在西南联大作了题为"魏晋玄学和文学理论"的演讲，从思想史角度回应并解答了金岳霖的这类问题。这篇演讲的主题是魏晋玄学"言意之辨"和文艺理论之间的关系。汤用彤指出，魏晋时人致力于探求生存奥秘，以求脱离尘世之苦海，其所向往为精神之境界，其所追求为玄远之绝对。他说："既曰精神，则恍兮惚兮；既曰超世，则非耳目之所能达；既曰玄远，则非形象之域……既为绝对则绝言超象，非相对知识所能通达。人之向往玄远其始意在得道、证实相，揭开人生宇宙之秘密，其得果则须与道合一，以大化为体，与天地合其德也。夫如是则不须言，亦直无言，故孔子曰：'余欲无言'，'天何言哉'，而性道之本固其弟子之所不得闻也。"[1] 汤用彤用此说明无论是作为万物之宗极的道，还是体道通玄的精神境界，都是超乎名言之域的。

汤用彤比西方哲学家更深刻地认识到，形上本体智慧的超越名言，是指它无法用严格的语言哲学命题描述，但其不可说并非绝对地无法表达，关键是要找到一种不同于普通语言的合适媒介。他对此作了深入论证："宇宙之本体（道），吾人能否用语言表达出来，又如何表达出来？此问题初视似不可能，但实非不可能。"[2] "道"虽绝言超象，但言象究竟出于本体之"道"。作为媒介的具体言语在把握和传达无限的宇宙本体上自有局限性。但是，如能视其为无限之天道的体现，忘其有限，就不会为形器所限，而自能通于超越形器之道域。以水喻之，即滴水非海，但滴水亦是海中之水，当具海水之本质。一瓢之水固非三千弱水，但自是三千弱水之一，可显弱水之特性。同理，具体言语固然非道，但也具备道之特性，故也可折射出道之全体。因此，汤用彤得出结

---

① 汤用彤：《汤用彤全集》第 4 卷，石家庄：河北人民出版社 2000 年版，第 381 页。
② 同上书，第 384 页。

论："表达宇宙本体之语言（媒介）有充足的、适当的及不充足的、不适当的，如能找到充足的、适当的语言（媒介），得宇宙本体亦非不可能。"①

这篇讲辞实质上是对"不可说者如何能说"问题的探讨，其灵感来源于魏晋玄学的"言意之辨"。汤用彤在阐释王弼"得意忘言"论中"言"之局限性的基础上，进而提出应努力寻找一种充分而适当的语言以把握本体之道。在魏晋文学、音乐、绘画等具体文艺形式中，汤用彤发现了这种媒介的存在。此媒介是能够生发出大于言语表面意义的一种语言。由此，与道（宇宙本体）合一的玄远境界也是可以通过特定媒介达致的。

汤用彤做完"魏晋玄学和文学理论"的演讲后，一直想整理成文，因生活颠沛未能完成。现已收入《汤用彤全集》的《魏晋玄学和文学理论》是汤一介先生根据汤用彤所撰未完稿和两份写作提纲整理成文的，最初发表于《中国哲学史研究》1980 年第 1 期。该文阐述了汤用彤的文学艺术美学观和文学史观，这与 20 世纪 80 年代后才明确提出的大文学史观颇为一致，而当年这还不是一种普遍自觉的思想。冯契对这篇超越时代的演讲稿和写作提纲非常重视，并推荐给自己的学生。郁振华教授告知笔者，冯先生指导他写学位论文时，就让他注意参考汤老的这些研究成果。②

对于不可说者如何能说的问题，汤用彤通过对魏晋玄学和文学艺术的研究，在除了"思辨地说"之外，他更主要解析了"诗意地说"这种语言媒介。冯契则受其思路启发，在发挥"诗意地说"基础上更注重以"思辨地说"，复加之以"实践地说"，并较好地整合了这三种言说方式。

---

① 汤用彤：《汤用彤全集》第 4 卷，石家庄：河北人民出版社 2000 年版，第 384 页。
② 郁振华教授对汤用彤的《魏晋玄学和文学理论》进行了精深的解析，详见郁振华《形上智慧如何可能——中国现代哲学沉思》，上海：华东师范大学出版社 2000 年版。

二、冯契的"智慧说"——从"言意之辨"到"转识成智"

在西南联大读研究生之初，冯契就已对上述问题颇感兴趣，他认为中国哲学史上长期存在的有名与无名、为学与为道、知识与智慧关系等论辩都与"言意之辨"有关。此间，金岳霖对冯契说，涉及中国哲学的问题可以请教汤用彤先生和冯友兰先生。冯契请示汤用彤如何写毕业论文时，汤用彤让他系统研究中国哲学史上的"言意之辨"。这是冯契选《智慧》为题做研究生论文的缘起。该文继承了汤用彤研究"言意"关系的思路和方法，从对"言意之辨"的研究，发展到了对"转识成智"机制的探讨。

在汤用彤指导下，冯契着重阅读了老庄一派的书。他读《庄子·齐物论》时，忽然闪现出"思想火花"。这就是他在《智慧》一文中对"转识成智"机制的探讨，其灵感主要得自道家哲学。冯契读完郭象《庄子注》后，认为郭象在王弼"贵无"、裴𬱟"崇有"之后，试图综合二说，其学说主旨在"独化于玄冥之境"，亦即"有而无之"，并写了一篇读书笔记给汤用彤看。汤用彤喜欢学生提出新见解，看后连声赞叹"很好，很好"，并鼓励他循此思路作进一步的探索。

在与汤用彤诸师深入探讨言意问题后，冯契写出名作《智慧》，通过对《庄子》的创造性的阐释，重构了以消融矛盾对抗为旨归的道家直觉法。《庄子·齐物论》说：

> 古之人，其知有所至矣。恶乎至？有以为未始有物者，至矣尽矣，不可以加矣。（郭注：此忘天地，遗万物，外不察乎宇宙，内不觉其一身，故能旷然无累，与物俱往，而无所不应也。）其次以为有物矣，而未始有封也。（郭注：虽未都忘，犹能忘其彼此。）其次以为有封焉，而未始有是非也。（郭注：虽未能忘彼此，犹能忘彼此之是非也。）

《庄子·庚桑楚》也有类似话语，郭象注云："或有而无之，或有而一之，或分而齐之，故谓之三也。此三者虽有尽有不尽，然俱能无是非于胸中。"这描述了人类从"与道俱生""万物一体"的"真人"境界，堕落到囿于偏执而封闭的自私个体（即"我执"）的过程。冯契将认识上的这三个层次颠倒过来，视为实现"理性的直觉"辩证发展过程：

首先，破是非观念：超越相对的是非，而达到绝对的"是"，可称为"分而齐之"。其次，破彼我分别：由超越器界，扬弃元学，而达天道，可称"多而一之"。最后，破能所对待：超越自身，无限不复见，主体亦不立，能所双泯，可谓"有而无之"。

冯契借用佛教唯识宗"转识成智"的术语来概括这一由知识领域转入智慧境界、由"以物观之"进入到"以道观之"的"理性直觉"的飞跃。"转识成智"新说为人们在生活实践中，破除狭隘而虚妄的"我执"，逐步进入返璞归真、与道同体的"大我"智慧境界，提供了可供操作的哲理路径。

冯契一生的哲学探索，以此为起点，他晚年整理智慧说三篇又在向这个出发点复归。《智慧》中的哲学术语采纳了金岳霖的用法。该文受汤用彤的影响也很明显，其中提及智慧说与《庄子》郭注有着"血缘"上的联系，正是与汤用彤讨论"言意之辨"的收获。

经冯契毕生研究写成的《中国古代哲学的逻辑发展》也以"言意之辨"作为重要线索。冯契在汤用彤所总结的魏晋儒道释诸家"言意之辨"的基础上，继续追溯其历史渊源，并梳理了它在魏晋以后的演变轨迹，从而形成了自己的一套中国哲学史的研究系统。冯契对魏晋玄学的看法稍异于汤用彤，但是以"有无、动静之辨"为主线来考察魏晋南北朝时期哲学的发展，基本上是循着汤用彤开拓的道路前进的。不同于现代新儒家主要发掘儒家直觉方法，冯契是在汤用彤、金岳霖的影响下发扬了学界鲜有关注的道家直觉法。他们的以上研究表现出了与世界哲学同步前进，乃至领先国际的哲学理念。

汤一介先生认为，冯契"智慧说"中"理性的直觉"观念，是在逻辑分析基础上的"思辨的综合"而形成的一种飞跃。因而，它不是混沌状态的"悟道"，而是清楚明白的"得道"。① 冯契整合了金岳霖划分为两截的元学和知识论架构，注重把知识化为德性，论证知识和人生境界密不可分，提出"化理论为方法，化理论为德性"的观点，指明了由"知识"转化为"智慧"的机制。他试图把马克思主义辩证法、西方分析哲学和东方哲学的"转识成智"结合起来，这种尝试具有可贵的创造性，是探讨中国乃至世界哲学今后发展的一条新路。在东西方哲学交流互鉴的广阔背景下，冯契"智慧说"的深刻哲学意蕴和对中外哲学对话以及指导文艺实践的深远意义已日益彰显出来。

三、哲学思辨和实践——汤用彤与冯契的师生情谊

冯契在与汤用彤哲学思想的交流互动中，形成了深厚的师生情谊，并贯穿于冯契哲学思想生发的全过程，成为他哲学研究的动力和泉源。冯契原是清华哲学系学生，1937 年全面抗战爆发后，就离校到抗日前线和延安，转战于晋察冀、冀中等敌后根据地，直到 1939 年秋他回西南联大哲学系复学。在西南联大期间，冯契受到时任系主任的汤用彤的亲切关怀和春风化雨般的教诲，令其铭记终生。冯契自 1939 年起先后选修了汤用彤"印度哲学史""魏晋玄学""欧洲大陆理性主义"等课程。冯契晚年在回忆这段难忘的岁月时记忆犹新："他一个人能开设世界三大哲学传统（中、印和西方）的课程，并且都是高质量的，学识如此渊博，真令人敬佩！我因为要参加联大地下党领导的'群社'的许多活动，如办壁报、组织同学学习革命理论和时事政策等，所以有些课程常常缺课。但汤先生的课我却总是认真学习的，除非生病，决不缺席，因为他的课确实吸引人。正如高屋建瓴，他讲课时视野宽广，从容不迫；资料翔实而不烦琐，理论上又能融会贯通，时而作中外哲学的比较，毫无痕迹；在层层深入的讲解中，新颖的独到见解自然而然地提出

---

① 汤一介：《读冯契同志〈智慧说三篇〉导论》，《学术月刊》1995 年第 6 期。

来了，并得到了论证，于是使你欣赏到了理论的美，尝到了思辨的乐趣。所以，听他的课真是一种享受。"①

1941年1月，皖南事变发生，国共关系十分紧张。后方白色恐怖日趋严重，盛传国民党特务已开出黑名单，即将派武装到西南联大进行大搜捕。一时风声鹤唳，人心惶惶，于是地下党决定停止"群社"的公开活动，并把许多骨干分子疏散到乡下。这时冯契便到昆明郊区龙泉镇龙头村北大文科研究所暂住，当时正师从汤用彤读研究生的王明为他在数百函《道藏》的包围中，安了个书桌，搭了个帆布床。考虑到受国共摩擦影响，联大哲学系学生已散去数人，汤用彤遂去慰留冯契。有一天，汤用彤来了，悄悄问他："哲学系有几个学生不见了，你知道他们到哪里去了吗？"冯契说："不知道。""不会是被捕了吧？""没听说。""你不会走吧？"冯契踌躇了一会儿说："暂时不会走。"他叹了口气，深情地盯着冯契说："希望你能留下来！"冯契晚年回忆说："这一次简短的谈话给了我深刻印象。我原来以为汤先生是个不问政治的学者，他洁身自好，抱狷者有所不为的生活态度，想不到在这严峻的时刻，他对进步同学竟如此爱护，如此关心。而且他这种关心是完全真诚的，这就使得我在感情上跟他更接近了些。"②

1941年夏，冯契本科毕业，考入清华大学研究院，搬到在昆明郊区司家营的清华文科研究所去住。当时中共地下党实行"长期埋伏，积蓄力量，以待时机"的方针，停止公开活动，冯契便专心埋头读书。读书每有心得和疑问，他便迫切想找老师请教、讨论。他通常遇到西方哲学问题去问金岳霖，而有关中国哲学的问题，就去问汤用彤和冯友兰。冯契回忆说："到冯先生家路稍远些，汤先生家路最近，晚饭后在田间散步，一会儿就走到麦地村了。汤先生也欢迎我去谈天，我提出问题，他总是有问必答，或者给我指点，叫我去查什么书；我提出自己的见

①②　冯契：《忆在昆明从汤先生受教的日子》，汤一介编《国故新知：中国传统文化的再诠释》，北京：北京大学出版社1993年版，第37页。

解，他总是耐心跟我讨论，使我感到无拘无束。所以每次去，我都觉得有所得。渐渐地，去的次数多了，交谈的范围扩大了，跟他家里的人也都熟悉了。那时一介和他的妹妹都还小，在上小学和中学。家务是由师母一人承担的。有时我去，汤先生去学校还没回来（从城里回麦地村，步行至少一个半小时），师母便跟我拉家常，诉说生活的清苦，关心汤先生的健康状况等等。"① 那时联大师生吃的都是掺杂无数沙石的发霉大米，一不小心就会崩断牙齿，鱼肉则是极为难得的奢侈品，但汤用彤是"箪食瓢饮，不改其乐"的哲人，"不戚戚于贫贱，不汲汲于富贵"，因为他有超脱世俗的玄远之境足以安身立命。

冯契和汤用彤有一次谈得很高兴，不知不觉间天已黑了，汤夫人走进门来说："你们也不点个灯，黑洞洞的，谈得那么起劲。"汤用彤说："我们谈玄论道，在黑暗里谈更好。"冯契说："我们在黑屋子里抓黑猫。"于是两人都哈哈大笑。有时兴致来了，一直聊到夜阑人静，冯契踏着月色从田间小路归来，确实体会到了儒家"吟风弄月以归""吾与点也"之意。不过冯契并不赞同那种以为哲学的宗旨就是"寻孔颜乐处"，达到"吾与点也"境界的说法。他认为哲学要面对现实，干预人生。和汤用彤接触久了，冯契才知道他其实也并不是那么"超脱"——他关心国事，对当时的贪官污吏、发国难财者深恶痛绝。冯契在他面前可以毫不掩饰地批评国民党反动派。有时闲谈，他也会问冯契延安和抗战前线的情况。冯契介绍敌后根据地军民如何艰苦奋斗、打击日军的英勇事迹时，他便"唷唷"地称赞不绝。②

汤用彤虽"蔼然仁者，即之也温"，然在西南联大一次哲学系大会上，他和金岳霖痛斥以学问为晋身之阶的文人。汤用彤立足纯然的学术立场，深信文化具有超越于政治制度的相对独立性，主张学术和政治应保持一定距离，认为学术研究虽然可以用来引导国家政策制定，但不是

---

①② 冯契：《忆在昆明从汤先生受教的日子》，汤一介编《国故新知：中国传统文化的再诠释》，北京：北京大学出版社 1993 年版，第 38 页。

用来直接服务于阐释和宣传政治的。他多次对冯契说："一种哲学被统治者赏识了，可以风行一时，可就没有学术价值了。还是那些自甘寂寞的人做出了贡献，对后世有影响。至少，看中国史，历代都是如此。"①此话是针对当时趋炎附势的文人而说的，冯契也深以为然。这也充分表明他们主张学术独立自由的立场相当自觉和鲜明。尽管冯契认同汤用彤的观点，但他当时也以为："汤先生未免消极了一点。鲁迅在《出关》中说，同是一双鞋子，老子的是走流沙的，孔子的是上朝廷的。汤先生有点像老子。而我以为，除了上朝廷和走流沙之外，还有另一条路，那就是到民众中间去。"②

　　冯契和汤用彤谈得最多的是他读书中所遇到的问题。这时冯契想系统地钻研各种哲学名著，又觉难度很大：文献浩如烟海，哲学史上的大家都是当时的一流天才，只有刻苦钻研才能把握他们深刻的思想，但把握了则又易被其魅力紧紧吸引住，难以钻出来，故"能入"难，"能出"更难。当冯契提起这种顾虑，汤用彤说："慢慢来，你行的！"在学大乘空宗著作时，汤用彤指点冯契学"三论"、《大般若经》第十六分，接着又重读《肇论》。他问冯契有什么体会，冯契说："僧肇把般若经的精华都概括出来了。"汤用彤说："中国人天分高。印度人说那么多，也就是《肇论》那些思想。"由此冯契忽然对如何"能入能出"的问题有了感悟："僧肇就是一个能入又能出的典型。汤先生治哲学史，既注意全面把握资料，进行严密的考证，又注意融会贯通，揭示其发展的线索。所以他的著作也正是能入又能出的典型。"③

　　在司家营期间，冯契重点就魏晋玄学和中国佛学跟汤用彤讨论了大量问题。汤用彤首先提出魏晋玄学是以"自然名教"之争、"言意"之辨、"有无、本末"之辨来概括魏晋时期的哲学论争，由此出发，历史地考察各派思想的演变，从而揭示出发展的线索。冯契向汤用彤谈了

---

　　①②③　冯契：《忆在昆明从汤先生受教的日子》，汤一介编《国故新知：中国传统文化的再诠释》，北京：北京大学出版社1993年版，第38页。

心得体会，认为："这种从把握主要论争来揭示思想的矛盾发展的方法，实质上就是运用辩证法来治哲学史，这不仅对魏晋玄学，而且对整个中国哲学史的研究，都是适用的。虽然汤先生当时还缺乏唯物史观，他的方法论还有待改进，但他用来对魏晋时期作典型解剖，已取得了卓越的成就。他从'有无、本末'之辨来说明：从王弼'贵无'到向、郭'崇有'、再到僧肇'非有非无'，是玄学发展的主线，同时在佛学般若学中，由道安（本无）、支遁（即色）到僧肇，也经历了类似过程。这一个理论线索，显得干净利落，对学者很有说服力，并能给人以思辨的美感。"① 以上讨论奠定了冯契选择以《智慧》为题做研究生论文的基本思路。

1946 年，冯契到上海工作后，和汤用彤见面的机会虽然少了，但冯契每次到北京，总争取时间前去拜望。他还是一如既往地关心冯契的哲学研究。中华人民共和国成立后，冯契颇为惊奇地发现汤用彤已完全没有了"狷者"气息，谈起祖国前途和社会主义事业来是那么意气风发，信心十足，连对学校行政事务都态度积极。有一次汤用彤跟冯契谈起毛泽东，说："毛主席是伟大的思想家，又是最富有常识的人，他能用常识的语言，讲最深刻的哲理，真了不起！"这是汤用彤发自内心的赞叹，又像是在跟冯契继续讨论"言意之辨"。1957 年，冯契又到北京看望汤用彤。冯契说自己正在探索中国传统哲学的发展逻辑，但颇觉有局限性，已不可能像汤先生那样把握世界三大哲学系统来进行比较研究。汤用彤还是用那句老话来鼓励冯契："慢慢来，你行的！"冯契说："等我写出来，请汤先生提意见。"② 冯契没有料到后来的岁月竟如此艰难，等他把《中国古代哲学的逻辑发展》著成时，汤用彤却早已去世。

冯契晚年论及"智慧说"的形成时说，每当"回顾这个'起点'，

---

① 冯契：《忆在昆明从汤先生受教的日子》，汤一介编《国故新知：中国传统文化的再诠释》，北京：北京大学出版社 1993 年版，第 38—39 页。

② 同上书，第 40 页。

便使我想起在清华文科研究所读书的情况，对当时金先生和汤先生给我的亲切教诲满怀感激之情。两位老师治学各具特色：金先生重视对理论作逻辑分析，他通过示范给我严格的思维训练，要求我提出的每个论点都经过严密论证；汤先生注意依据翔实的资料来获得贯通的理论，他善于启发，鼓励我自由思考，去探求那玄远的哲理境界。金先生严密而精深，汤先生通达而高明，我在司家营期间能同时得到两位老师的指导，从他们那里学到了一点严密分析和自由思考的习惯，这真是难得的机遇"①。20 世纪末笔者协助汤一介先生，根据冯契 1942 年到 1943 年间听汤用彤魏晋玄学课程的记录，整理出了一份《魏晋玄学听课笔记》，收入《汤用彤全集》卷四。冯契听课笔记丰富了汤著《魏晋玄学论稿》的内容，是一份珍贵的思想史料。由此再对照他相关回忆和研究论著探隐溯源，我们可以更好地理解冯契的"智慧说"的来源和旨归。②

第四节 破格提拔季羡林

现今已出版的季羡林先生的各种文集，收录他的作品颇丰，然而仍有遗珠之憾。笔者在汤一介先生的家藏珍品中见到一副装帧精美的季羡林亲笔题跋，鲜为外界所知。全文如下：

> 锡予先生，学坛祭酒，佛学士师。神州蜚声，域外誉驰。羡林缘悭，未能立雪汤门，为毕生憾事。但窃自附私淑弟子之列，聊以自慰也。日前，先生哲嗣一介兄将先生学术著作装裱成轴，皆先生手书者。邀羡林于卷首题示辞，不获已，谨缀俚辞，为先生颂：

① 冯契：《忆在昆明从汤先生受教的日子》，汤一介编《国故新知：中国传统文化的再诠释》，北京：北京大学出版社 1993 年版，第 39—40 页。
② 赵建永：《从"言意之辨"到"转识成智"——冯契"智慧说"探源》，《中国社会科学报》2015 年 8 月 4 日哲学版。

学贯中西，融通华梵。先生之风，立德立言。渊懿淳厚，冰心
玉盘。山高水长，永世垂范。

后学季羡林 辛巳荷月

"辛巳荷月"系指 2001 年农历六月。该题跋扼要略述了季羡林对汤
用彤会通东西的学术成就的认识，及其师承的渊源。季羡林是在新中国
成长起来的最为德高望重的国学大师之一。通过该题跋并结合他的相
关回忆，有助于我们了解一代宗师的成长道路和师道传承风范，促进社
会探索培养大师的机制。

季羡林从学的名师很多，而他对汤用彤的道德文章最为服膺，并执
弟子之礼。1946 年夏，季羡林从德国留学归来，汤用彤慧眼识人才，
将他聘请到北京大学，予以格外关照和培养。季羡林说："从上大学起，
他的著作就哺育了我，终生受用不尽。来北大工作，又有知遇之感。"
汤用彤先聘季羡林为北大的副教授，一周后又破格提拔他为教授，兼新
成立的东方语言文学系系主任和文科研究所导师。季羡林到晚年对此
依然感慨万千："前两者我已经不敢当，后一者人数极少，皆为饱学宿
儒，我一个三十多岁的名不见经传的毛头小伙子，竟也滥竽其间，我既
感光荣，又感惶恐不安。我心里最清楚：背后这都出于汤用彤的垂青与
提携，说既感且愧，实不足以表达我的心情。我做副教授任期之短，恐
怕是前无古人的，这无疑是北大的新纪录，后来也恐怕没有人打破
的。"① 如此破格擢升，非同寻常，因为它不符合高校的一般用人习惯。
其背景虽然与陈寅恪的推荐和胡适、傅斯年的认可有关，但起决定作用
的，还是汤用彤的慧识。他根据季羡林的学术经历和成果及其为人处世
的能力，断定其为人中龙凤，是足以担当起东方学建设栋梁的可造之
才。日后的事实证明，他没有看错。

季羡林来北大后，当年下学期一开始即以"学生教授"或"教授学

---

① 季羡林：《回忆汤用彤先生》，《光明日报》1997 年 5 月 28 日第 7 版。

生"的身份，听汤用彤讲授的"魏晋玄学"课程。他说"我觉得每一堂课都是一次特殊的享受，至今记忆犹新，终生难忘"①。还说自己是汤先生"班上的最忠诚的学生之一，一整年没有缺过一次课，而且每堂课都工整地做听课的笔记，巨细不遗。这一大本笔记，我至今尚保存着"。季老将其珍藏于自己的书库中，并坚信它"有朝一日总会重见天日的"。由是因缘，季羡林自认为"是锡予先生的私淑弟子，了了一个宿愿"②。现存汤用彤当年的《魏晋玄学讲课大纲》比较简略，还缺失了六章。季老听此课的翔实记录，将有助于世人了解"魏晋玄学"一课的全貌。

汤用彤在北大图书馆专门为季羡林安排了一间教授研究室，所有要用的资料都从书库中便捷提取，又派一位研究生做他的学术助手。由此发端，该研究室后来扩展成为沿袭至今的"季老工作室"。季羡林出于数十年如一日在此室辛勤劳作的深厚感情，向北大图书馆捐赠了一批个人藏品。北大为此正式成立工作室，作为收藏、保存、管理季羡林藏书和赠品的特藏室，以供读者学习和参阅。

每当季羡林写出新作，都先送给汤用彤请求指正。他说："我之所以能写出几篇颇有点新见解的文章，不能不说是出于锡予先生之赐。……他的意见，哪怕是片言只语，对我总都是大有帮助的。""古人说：人生得一知己足矣。我不敢谬托自己是锡予先生的知己。我只能说锡予先生是我的知己。……尽管我对我这一生并不完全满意，但是有了这样的师友，我可以说是不虚此生了。"③这种亦师亦友的恩情和真情对于季羡林在北大 60 多年的工作，一直起着激励的作用。汤用彤奖掖后进的师道风范深刻影响着他的学生们。

改革开放后，季羡林任北京大学副校长时，也以汤用彤当年的方式破格提拔人才。粉碎"四人帮"后，邓广铭出任北京大学历史系主任，

---

① 季羡林：《〈文化的冲突与融合〉序》，张岱年、汤一介等《文化的冲突与融合——张申府、梁漱溟、汤用彤百年诞辰纪念文集》，北京：北京大学出版社 1997 年版，第 1 页。

②③ 季羡林：《回忆汤用彤先生》，《光明日报》1997 年 5 月 28 日第 7 版。

也是像汤用彤那样十分注意发现人才。邓先生因病住院期间，听说北大正在进行一年一度的职称评审，马上想到一些人又将因年轻、资历不够而被忽略了真实水平，以致延误晋升。于是，他叫女儿邓可蕴给季羡林打电话，代表他说："请你像当年汤用彤先生擢识季羡林那样，去支持帮助这些年轻的学者。"当他得知季先生会尽力去做时，不禁流下了欣慰的泪水。[①]

季羡林虽然坚辞"国学大师"桂冠，但总认为自己之所以能够有现在的一些成就，是与汤用彤的提携分不开的，因而视汤师为他学术生命中最显耀的灯塔，不断指引着人生前进的道路。正是由于名师背后的大师爱才、惜才和护才，才使学界星汉灿烂，亦使师道美德薪火相传。汤用彤领导创建东语系及其对季羡林的重用，奠定了北大乃至我国东方学学科发展的基础。在这一过程中，汤用彤和季羡林相继成为我国东方学研究的领军人物。

第五节　教子有方传家学

汤家乃书香门第，汤霖给孙辈所取的名中都有"一"字，汤用彤希望儿子一生读书做学问，遂取"一介书生"之义而命名"一介"，传承汤氏家族视读书为本分的家风。汤一介先生的一生，也正是在读书、教书、写书、编书中度过的。

汤一介先生 1948 年至 1949 年听过汤用彤的"欧洲大陆理性主义"和"英国经验主义"课程。他说："从 20 年代起他教这两门课已经不知道多少次了，但他每次上课前都要认真准备，重新写一讲课提纲，把一些有关的英文著作拿出来再看看。当时他担任北大的行政领导工作，白天要坐在办公室，只能晚上备课到深夜。他讲课，对于那些哲学家（如洛克、笛卡尔等）全是根据原书；他讲的内容，几乎每句话都可以在原

---

① 李蕾：《邓广铭先生二三事》，《光明日报》2007 年 3 月 28 日第 12 版。

著中找到根据。用彤先生也要求学生认真读这些哲学家的英文原著，并常常把原著中的疑难处一句一句解释给我们听，这对我们帮助很大。用彤先生这种扎实的学风，对同学们有很大影响，现在我们可以发现，40年代北大哲学系毕业的学生做学问都比较认真，基本功比较扎实。"①汤用彤父子 1962 年在香山红叶山庄有几次谈话，汤一介先生回忆说：

> 有一次他谈到我的祖父。他说：祖父虽中进士，但没做过什么大官，而大多时间在甘肃，只是最后几年在北京。祖父喜欢"汉易"。祖父在甘肃时参与了办新式学堂，所以到北京后就把我父亲送入顺天学堂。这是我父亲和我谈到祖父的唯一一次谈话。只是后来我看到《颐园老人生日宴游图》才对祖父有了进一步了解。……父亲还说：做学问主要是认真读书，勤于思考。读书要真读懂，要会利用各种工具书。遇到问题不要轻易放过，可以找相关的书相互对比，以求得解决。父亲批评我说：我看你读书很快，是不是都弄清楚了，我有点怀疑。你选修过我教的课"英国经验主义"，我让你读洛克、休谟的书，但你很少提问题，这说明你没有下工夫读书，也没有动脑筋思考问题。今天我回想当时的情况，感到我和我的同学们可以说都没有认真读书，我们当时一门心思只是想着了解那些教授的思想，以供批判用。父亲和我的谈话是"有心"还是"无意"？在当时我并未仔细想过。这说明我的无知。②

在治学上，汤一介先生还说父亲对他影响最大的有两点：一是绝对不说没有根据的话；二是注意思想本身发展的线索，后面的思想家揭示前面思想家的矛盾，解决矛盾加以发展，思想的发展就是在不断揭示前

---

① 汤一介：《昌明国粹，融化新知——纪念汤用彤先生诞生 100 周年》，《中国文化》1994 年第 1 期。

② 汤一介：《与父亲在香山红叶山庄小住》，《文汇报》2014 年 5 月 16 日第 11 版。

人思想中的矛盾发展起来的。① 汤一介先生的各种学术思想基本上都能在汤用彤那里找到渊源。

汤用彤与汤一介先生父子的思想之间的关系，仅从汤用彤对汤一介先生影响或者汤一介先生对汤用彤的继承方面来说，汤一介先生首先继承了汤用彤对中西文化交流的跨文化比较学的视野，更多地尝试从对古代文化交流的例子中反观目前现实中的文化交流，而且比汤用彤的研究更加具体，结论也更加明确。比如汤一介先生认为中国文化对西方文化的吸收必定也是一个长期的过程，我们对西方文化不能排斥，要有自信，大胆地吸收，在不失去文化的主体地位的前提下，必定会形成一种中西文化相结合的新型文化。在具体的研究上，他一方面继承并深化了汤用彤开拓的学术领域，如魏晋玄学、早期道教史、儒学的现代性、三教关系等，另一方面还立足中国哲学探索了中国哲学相比西方哲学的独特研究方法，比如范畴的方法、解释学方法等。汤一介先生在佛学方面的研究主要是在汤用彤的内容与框架下进行的，更加明确地注重佛道儒思想的比较研究。

汤一介先生认为父亲在为学方面给自己影响最深的是"身教"。这样的家庭氛围对乐黛云的治学道路也影响很深。1957 年春，汤用彤有一次口述文章提到《诗经》中一句诗："谁生厉阶，至今为梗。"当时乐黛云做笔录，对此一无所知，既不知道出自哪里，也不知道是哪几个字，更不知道是什么意思。汤用彤很惊讶地说："你《诗经》都没看过一遍，连《诗经》里面这两句最普通的话都不知道，还算是中文系毕业的？"后汤用彤得知她读现代文学专业时政治运动频繁而没有机会读《诗经》，于是耐心解释了这句诗的含义。这件事令乐黛云深以为耻，从此开始发奋背诵《诗经》，并利用各种机会阅读了很多中国古典文学书籍。那时，她在北大中文系做秘书和教师，经常开会，就一边为会议做记录，一边在纸

---

① 杨鸥：《汤一介：君子自强不息》（名人专访），《人民日报（海外版）》2005 年 2 月 18 日第 2 版。

页边角上默写《诗经》。直到现在，她还保留着当时的笔记本，周边写满了诗句。直到后来她做比较文学研究，中国古典文学的底子就发挥作用了。正是从汤老的教育开始，她认识到"作为一个中国学者，做什么学问都要有中国文化的根基"①。

宗师虽逝，风范犹存。1993 年，海内外近百名学者在北京隆重举行"纪念汤用彤先生诞辰百周年学术座谈会"。季羡林、任继愈、张岂之等与会者怀着崇敬的心情追述了汤老在学问、道德上对他们的深刻影响，来自海外的学者就其亲身体会探讨了汤老在国际学术界的崇高地位。现代中国能超出国界，对异国学者产生重大影响的学者，并不多见。而汤用彤却以其渊博的学识、严谨的治学、极多的创见，赢得海内外的赞誉。会上宣布拟筹建汤用彤学术基金，以奖励研究佛教、魏晋玄学和汤用彤学术思想卓有建树的青年学者。2014 年，汤用彤纪念馆在黄梅建成，北京大学与黄梅县政府共同举办了开馆仪式及纪念汤用彤逝世 50 周年学术研讨会。次年又在黄梅由"汤用彤书院"院长雷原教授主持召开了"汤用彤纪念馆开馆周年庆典暨一介讲坛开坛仪式"，并颁发了首届"汤用彤学术奖"，许抗生先生获得了该奖。

自 1997 年起，"汤用彤学术讲座"在北大已连续举办了 20 届，该讲座每年均由北京大学校长签发邀请函，邀请海内外有代表性的知名学者就其所关心的学术文化问题主讲，每次讲座旨在引介哲学与宗教等人文学科中一新兴的研究方向，以纪念和传承汤老求实创新的治学精神。自创办至今，汤用彤学术讲座与同期举办的蔡元培学术讲座，在北京大学校内外已产生广泛影响，并成为北京大学人文学科的一项传统学术文化活动。汤用彤一生鞠躬尽瘁，为弘扬东方文化建设呕心沥血，培养了一批优秀的后继人才，为当代学人树立了崇高典范，是学界的一份珍贵精神遗产。缅怀汤老，不仅是为了纪念一位值得尊敬的学

---

① 乐黛云：《我心中的汤用彤先生》，《四院·沙滩·未名湖：60 年北大生活(1948—2008)》，北京：北京大学出版社 2008 年版，第 140—141 页。

者，更是为了引发我们思考如何继承和弘扬东方文化，如何进一步完成汤老未竟的事业，推动文化的发展与长久的昌盛。重温汤用彤的学术历程，对于继承发扬他的治学精神和汲取总结中外哲学文化建设的宝贵经验，是十分有益的。

结　　语

　　20 世纪初，西方列强侵略下的中国积贫积弱，使时人恨不能将中华文化全盘颠覆，毁灭重来。然于此时，幼承庭训的汤用彤，不随波逐流，本着"昌明国粹，融化新知"的精神重构中华文化。他先人一步提出"取他国之淳粹，炉铸于本国之精神"的观点。他有痛于古罗马因道德放纵而失国，慨叹道德之"一往而不复返"，疾呼"道德为立国之本"，倡扬主体性道德人格。他丰富和深化了道德内涵，把道德理解和扩展为一种理性的能力，从传统文化中提炼出了生生不息之民族精神与力量。他在《理学谵言》中，辨朱王之异同，广征博引，穷理尽性，从对古代典籍的现代诠释中，具体论证如何将道德落实于现实救国层面。其逆流俗之勇气，究真理之精神，使其国学研究时有新见。如对周礼"寓礼于教""寓政于教"等特质的阐发，用现代学术方法创造性转化中国文化等等。"天下兴亡，匹夫有责"的精神和美国白璧德对道德规训的疾呼，都在汤氏学说中得到了圆融统一。他毕生的学术事业和管理工作都在诠释着"事不避难，义不逃责"的精神。

　　1911 年，清朝覆亡前夕，18 岁的汤用彤亲睹父亲疾书"事不避难，义不逃责，素位而行，随适而安"之家训。7 年后，他在上海登上了去美国的客轮。作为弱国学子漂洋过海，回首风雨如晦中的中华文化，他希望此行终点，能获得新知，以兴我中华。从迈出国门起，汤用彤以"昌明国粹，融化新知"为己任，东西方文化精神在汤用彤的精思深研中，撞击出无数思想的火花——这些都成了当代中国学术思想的火种。

　　赴美之前，汤用彤先后求学、执教于清华。此间他就已遍览群书，表现出对社会、哲学、宗教学乃至现代科学的关注。他对人生的深切关怀，在美国的多元文化中，又得到了新的滋养。

留学之初，汤用彤以短短 9 个月时间的学习就成了汉姆林大学的优秀毕业生，崭露头角。他随即入学哈佛，师从新人文主义创始人白璧德。白璧德精通西学，兼通梵文与佛教，也熟悉东方文化。经其引导，汤用彤又受教于梵学大师兰曼门下，掌握了梵文、巴利文。有赖于此，在后来的研究中，他对宗教文本擘肌分理，自如庖丁。在哈佛，他和同道知友吴宓、梅光迪、陈寅恪切磋共进。这些风华意气的青年才俊，成为奠定未来学衡派的基础力量。然此间最为引人注意者，莫如白璧德给予汤氏的精神财富，这不仅是他的"术器"，更是"道法"。白璧德热爱中国文化，尤其看重孔子的"克己复礼"，他特别提倡人类的负责精神。对于"事不避难，义不逃责"的汤用彤来说，白璧德学说使他更加坚定了融会新知、报效国家的理想。

正是在此崇高理想的感召下，汤用彤放弃了在哈佛攻读博士的机会，提前回到祖国——此时，《学衡》正在迫切期待新力量的加入。1922 年夏，汤用彤到东南大学，协助吴宓办理《学衡》杂志，讲授多门课程，撰写佛教论文，着手撰著佛教史，开始了初步的学术体系建构。随后，他到南开大学、中央大学任教。长久的积淀使他在北京大学、西南联大任教时，迎来了学术创作的厚积薄发期。唯惜当时国家战乱动荡，覆巢之下，他痛失长子幼女。1947 年，他赴美教学，本可留下，但他赶在解放前夕毅然回国。在新旧交替的多事之秋，他勇担北大校长之责，而待一切趋于稳定后，他则坚辞职位，把更多时间用于学术研究。其后，尽管运动频仍，他依然竭力使自己的工作重心回归学术，抓紧一切时间进行研究和教学，将毕生精力更多地化为学术土壤，滋养后学。

作为承上启下的一代宗师，汤用彤的一生是 20 世纪中国学术现代化进程的一个缩影。他是中国学术史上以现代学术研究方法对中、西、印三大文化系统进行比较和会通的第一人。他一生抱定"昌明国粹，融化新知"的治学宗旨，通过对民族文化自身演进及中外文化交流史的客观研究，总结其中规律以解决中国文化如何发展的问题。他研究的学术重点虽几经变迁，但核心指向始终不离外来文化的中国化问题。因而，汤用彤的学术研究及其对外来文化中国化规律的探索是同一问题的两个方面。他的思路是先深入研究不同文化体系在接触之前的本来特性，再探讨其冲突与融合的过程。在对这些具体问题的研究中，他开辟了哲学、宗教学中多项新的学科领域，包括中国佛教史、道教史和现代宗教学等学科，还有玄学研究、理学缘起脉络的梳理、西方哲学通史的传介以及比较文化学的开拓诸多方面。他的以上研究在不少方面都具有建立学术典范的意义，长期影响着这些学科的发展和走向。

汤用彤的一生，徜徉于世界丰富多彩的多元文化之中，形成了他对文化交流互鉴的独到认识，他的研究成果和研究方法为多个学科领域内的文化研究奠基，成为其文化传承的思想基础。他中外求索，教学南北四十多年，薪火相传，成就了一大批这些领域内可堪继业的人才。在上述不同领域内，汤用彤都以其特出之处，发时人所未发，鼎立当时，泽被后辈。他的治学态度、研究方法和教育办学理念对中国学术传统的形成与发展，以及我国人文学科建设，皆有深远的影响。

附录一 汤用彤年谱简编

1893 年（癸巳），一岁

8 月 2 日（旧历光绪十九年六月二十一日）　汤用彤先生出生于甘肃省渭源县。先生字锡予，原籍湖北省黄梅县孔垅镇汤大墩村，家学渊源深厚。父亲汤霖（1850—1912），字雨三，号崇道，晚年号颐园老人，历任平番、渭源、碾伯、宁翔等地知县，加同知衔；母亲梁氏（1852—1940）亦出同乡大族。先生排行最幼，上有一兄（用彬）四姐。

1894 年（甲午），二岁

本年　汤霖回故乡黄梅为父守孝三年，先生跟随父亲同行。《汤氏宗谱》所收汤霖《覆湖北巡抚曾中丞书》中提道："庚寅通籍来甘候铨，甲午丁艰回籍守制，在家授徒课子。"该信祝贺曾铄担任湖北巡抚，并对湖北水利等建设提出中肯建议。

1895 年（乙未），三岁

本年　汤霖仍在黄梅守孝，授徒教子。汤霖素喜汉易，兼通佛学，亦深具国学修养，有诗文传世。平时最爱读具有浓郁忧国忧民意蕴的《桃花扇》之《哀江南》和庚信的《哀江南赋》，常终日吟诵，以寄其伤时之情。

先生幼时罕言语，貌似愚钝，但耳濡目染，三岁时一日忽模仿其父口吻，用湖北乡音一字不差地背出《哀江南》套曲，父母甚为惊异。由此，他三岁便在父亲的书馆中受教。

1896 年（丙申），四岁

本年　汤霖带母亲和先生由黄梅返回甘肃，仍任渭源知县。《渭源风土调查录》载，汤霖"名士风流，政尚平恕"，"民感其化，尽除险诈之风"，"善政甚多，邑人以汤青天呼之"。

1897 年（丁酉），五岁

本年　汤霖出任甘肃乡试考官。

1898 年（戊戌），六岁

本年　汤霖母亲去世，汤霖扶榇并带子女从甘肃回黄梅守孝三年，在家教育儿女和后生。

1902 年（壬寅），十岁

本年　汤霖再次出任甘肃乡试考官。他先后设教馆于兰州等地，先生学于父亲所设之教馆。汤用彬参加顺天乡试，录取为京师大学堂首批学生。

1903 年（癸卯），十一岁

本年 汤霖继续任甘肃乡试考官。京师大学堂译学馆开学，汤用彬于此主修俄语，毕业后奖举人出身。汤霖看到时世迁流之趋势，对"新学"持开放态度，因此先后送先生兄弟进入新式学堂。

1906 年（丙午），十四岁

3 月 在陕甘总督支持下，汤霖与陈曾佑等人于甘肃最大的一所书院兰山书院基础上，创办甘肃省立优级师范学堂（即高等师范学校）。该校学制分为预科和本科，学生选录全省（今甘肃、宁夏、青海）的廪生、监生等堪造之材，汤霖任庶务长。先生随父亲在兰州。

本年 章太炎发表《建立宗教论》，主张以佛教为基础建立无神无我的新宗教。先生对章氏著述相当关注，在吸取其合理内核的同时，常与好友就其理论缺陷提出质疑，展开讨论。

1908 年（戊申），十六岁

本年 汤用彬出任兵部车驾司主事。先生随父亲到北京，全家人住在汤霖购置的南池子缎库胡同 3 号。先生 1915 年发表《谈助》于《清华周刊》，提到初来京城时的见闻。

本年 先生就学于北京顺天高等学堂，接受新式教育，除了上国文课外，还学习英文和数、理、化各科，一个年级为一班。先生在戊班，梁漱溟（时名梁焕鼎）在丙班，张申府在丁班，李继侗、郑天挺在庚班。他常与梁漱溟共读印度哲学和佛教典籍。梁漱溟在回忆录中多次提及先生等昔日同学。

1911 年（辛亥），十九岁

1 月　游美肄业馆改名为清华学堂。

2 月　清华学堂通过考试录取学生 141 人，其中正取 116 人，备取 25 人，先生属于正取生。

3 月 19 日　先生与吴宓分别从北京顺天学堂、西安宏道学堂入学刚成立的清华学堂中等科。

6 月 13 日　先生家人与父亲弟子 20 余人于北京万牲园为汤霖庆贺 61 岁寿辰。汤霖门人、固原书画家吴本钧绘《颐园老人生日宴游图》纪此盛况。汤霖在题跋中，总结其"立身行己之大要"，即"事不避难，义不逃责，素位而行，随适而安"，这成为汤氏家风庭训。先生兄弟后来请人把《颐园老人生日宴游图》制成卷轴，又请樊增祥、柳诒徵、王正基等师友题诗，书法、辞意俱佳。该图由汤一介保藏下来，以寄追远之思，并请启功、欧阳中石、范曾、杨辛等名家续题其上。

本年始　先生进入清华国文特别班研习国学典籍，教员有姚茫父、饶麓樵等名家，同学有何传骢、刘朴、吴宓、闻一多等人。

1912 年（壬子），二十岁

5 月　清华学堂重新开学，11 月改名清华学校。此顷，先生已立志于学术研究，虽终日接受西化教育，然"彤稍长，寄心于玄远之学，居恒爱读内典。顾亦颇喜疏寻往古思想之脉络、宗派之变迁"。

暑假　先生与吴宓为阐发其人生道德理想，合著长篇章回体小说《峋嵝片羽录》。全书拟撰 30 回，只完成缘起回及前 3 回（3 万余字）。楔子为吴宓撰作，略仿韩愈《毛颖传》来说明著作小说之原理方法。以下则由二人共拟大纲，然后由先生著笔，吴宓润色。全书大旨在写二人经历，及其人生感悟。

本年　先生回故乡黄梅探亲。他于《清华周刊》第 53 期发表的《谈助》一文曾提到这次回乡观感。

1913 年（癸丑），二十一岁

本年　吴宓作七言律诗《示锡予》云："风霜廿载感时迁，憔悴潘郎发白先。心冷不为尘世热，泪多思向古人涟。茫茫苦海尝忧乐，滚滚横流笑蚁膻。醉舞哀歌咸底事，沧桑砥柱励他年。"由此可见先生伤今吊古、忧国忧民的拳拳爱国情，虽年方弱冠已华发早生。他追踪先贤，力图唤醒醉生梦死的民众，并与吴宓立志以延续文化命脉共勉。

本年　先生于清华学校学完中等科，接着就读高等科。他所修课程除国文与英文贯穿始终外，还包括法语、德语、拉丁文、化学、物理、数学、高等几何、心理学、历史、体育、音乐、国际法等课程。

1914 年（甲寅），二十二岁

春　先生发表《惜庐笔记》于《益智》杂志第 2 卷第 3 期。

3 月 13 日　吴宓对先生谈志向："拟联络同志诸人，开一学社，造成一种学说，专以提倡道德、扶持社会为旨呼号。有济则为日本之福泽谕吉、美之佛兰克林；即不济者，使国亡种衰之后，世界史上尚得留一纪念，谓神州古国当其末季、风雨如晦之中，尚有此三数人者，期期于道义文章，则尚为不幸中之小幸耳。"

4 月 6 日　先生与吴宓讨论国亡时"吾辈将何作"，吴宓说："上则杀身成仁，轰轰烈烈为节义死，下则削发空门遁迹山林，以诗味禅理了此余生。如是而已。"先生谓："国亡之后不必死，而有二事可为：其小者，则以武力图恢复；其大者，则肆力学问，以绝大之魄力，用我国五千年之精神文明，创出一种极有势力之新宗教或新学说，使中国之形式虽亡，而中国之精神、之灵魂永久长存宇宙，则中国不幸后之大幸也。"

6月 《益智》第2卷第4期发表《道德为立国之本议》，这是现知先生最早的学术论文，在其思想发展中具有创作始基的作用。在如何确立"道德人格"的主调下，他从外来文化中国化视角论述新旧关系、家族与国家主义的关系、自由在中国传播过程中的异化、道德还是宗教立国等时代关键问题，提出其熔铸古今中西文化之优长的学思理路。

9月至次年1月 先生在《清华周刊》第13—29期连载《理学谵言》（2.3万字），力图融汇古今中西道德文明，弘发中国文化真精神，认为引介西方文化应当注意中国国情，尤其是国民心理的特点。

9月至10月 先生于《清华周刊》第13、15、16期连载短篇实事《孤嫠泣》。

10月 先生发表《理论之功用》于《清华周刊》第15期。

11月 先生在《清华周刊》第20期发表《新不朽论》，认为："如能发明药品，能去人身自发之毒，则人必可不死，是身体不朽，亦非不可见之事实，惟在此药品之发明耳。……古之所谓长生药者，无乃指药能去此毒者而言耶。"该文结合当时科学前沿成果，重新诠释和转化了道家"长生"的现代意义，表达了他对借助发展科学而使生命不朽的无限向往。

12月至次年1月 先生连载《植物之心理》于《清华周刊》第27—29期。他引证现代科学发现，对亚里士多德"动植物俱有灵魂，惟植物无感觉"之说做出新诠释。

本年 先生担任清华学校达德学会刊物《益智》杂志的总编辑。《达德》《益智》两杂志被称为"清华最早的出版物"，开清华出版物之先声。

1915年（乙卯），二十三岁

2月16日 先生与吴宓谈到献身中国文化要从办杂志入手，"而后造成一是学说，发挥国有文明，沟通东西事理，以熔铸风俗、改进道德、引导社会,虽成功不敢期,窃愿常自勉也"。这是后来《学衡》杂志标举"昌明国粹,融化新知"的最早提法,可见创办《学衡》的理想早有酝酿。

2月 先生于《清华周刊》第30、31期发表《快乐与痛苦》。

9月17日 《吴宓日记》评论先生:"喜愠不轻触发,德量汪汪,风概类黄叔度。而于事之本原,理之秘奥,独得深窥。交久益醇,令人心醉,故最能投机。"

9月22日 先生所撰《谈助》发表于《清华周刊》第47期,提到勺园、清华园及其周边环境典故。

10月26日 先生所撰《说今日》发表于《清华周刊》第52期。

冬 《二十一条》签订后,先生愤于国耻,联合吴宓、黄华诸友,在清华学校组织起"天人学会"。会名是先生所定,吴宓具体解释为:"天者天理,人者人情。此四字,实为古今学术、政教之本,亦吾人之方针所向。至以人力挽回天运,以天道启悟人生,乃会众之责任也。"他们联合志同道合之友,共同推行其理想事业。会员选择很严格,有吴芳吉、冯友兰、汪缉斋、曾昭抡、张广舆、曹理卿等30余人。

本年 吴宓赠先生《偶成示锡予》诗两首。

1916年(丙辰),二十四岁

本年初 在先生回黄梅探母前夕,吴宓赠诗《送锡予归省》三首。

春 洪深(后成为戏剧大师)创作我国现代戏剧史上第一部比较完善的话剧《贫民惨剧》,演出轰动戏剧界,并受到社会好评。先生与闻一多、李济、陈达、刘崇铉、程树仁等同学参与该剧义演工作,以募捐筹建贫民职业小学。

2月至3月 先生发表《谈助》于《清华周刊》第65、66、68、70期。其中第65期《谈助》,阐述他的文学观:"无道德者不能工文章,无道德之文章,或可期于典雅,而终为靡靡之音;无卓识者不能工文章，无识力之文章，或可眩其华丽，而难免堆砌之讥；无怀抱郁积者（即真实性情）不能工文章，无怀抱郁积之文章，虽可敷衍成篇，然乏缠绵悱恻之致。"

4月26日　《清华周刊》第74期首次开设"含英咀华"栏目，发表先生的书评《护民官之末运》。

5月　先生于《清华周刊》第75期发表书评两篇。第一篇认为："中国现处精神物质过渡时代，外洋科学之法则，机械之势力均渐输入。吾人或将为此新潮流中之重要人物，自不可不明其利害也。"先生全部思想即在这一过渡时代背景下展开，以解决如何实现新旧顺利过渡的问题为核心，推动了中国现代学术发展的新陈代谢。第二篇书评所述美国日益发达的汽车业从身体到心灵对人类的摧残，大概是国人最早对环境污染和现代化弊端的关注。

同月　先生所写雨果等人著作的书评两篇，发表于《清华周刊》第76期。

同月　先生两篇书评《托尔斯泰传》、《侠隐记》（"The Three Musketeers"）发表于《清华周刊》第78期。同一期，还发表先生短文《说衣食》，论及清华校风。

夏　《欢迎新同学》发表于《清华周刊》第80期。先生从"他者镜像"和新旧相成的辩证角度来谈校风建设问题，他后来提出不同文化之间应双向交流、平等互鉴的理念，于此已肇其端。

秋　由不满基督教青年会的学生领先在全国学校中发起清华孔教会，成为康有为、陈焕章、梁启超等倡导的孔教会分会之一，陈烈勋为首任会长。会章以昌明孔教、救济社会为职志。先生、吴宓、梁实秋都参与了孔教会在清华学校设立分会的发起活动，并成为该会重要成员。

本年　先生与黄冈张敬平结婚，妻兄张大昕，与汤用彬同为国会议员，交谊甚笃。

本年至次年　先生担任《清华周刊》总编辑，随后任该刊顾问。

1917 年（丁巳），二十五岁

6 月 由于先生在清华工作出色，荣获金奖。这枚金质奖章现存北京大学校史馆。

同月 先生在《清华周刊》第三次临时增刊发表《论成周学礼》。当时，先生、吴宓、刘朴在清华被称为"三老"，其缘由当与该文有关。文中反复强调了周礼的尊老传统，如"三老在学""食三老、五更于大学，所以教诸侯之弟""听诸国老之论道"等。近代社会时俗以西方文化为先进，中国文化为落后。先生极力推崇礼教和理学，自然会被误视为遗老遗少。

夏 先生在清华毕业，吴宓入美国弗吉尼亚大学学习文学。他们同一批入校的学生，经连番考试淘汰最终只剩下 57 人。先生考取官费留学美国，因治疗沙眼和体育课游泳成绩未过关而缓行一年，留校任国文和中国历史课教员。钱穆评论："其时校中缺一国文课教师，即命锡予以学生身份充任，其时锡予之国学基础亦可想见。"

年底 先生文章《小大之辨》发表于《清华周刊》第 94 期。文中"今时而言君主则狂"，当指其时张勋等复辟现象而言。综观先生清华时期著述可知，在师从白璧德以前，其文化取向已有所倾，为后来追随新人文主义埋下了伏笔。

本年 先生长子汤一雄出生。

本年 先生担任清华学校 1917 届学生年级手册编辑。

1918 年（戊午），二十六岁

8 月 14 日 先生随同清华戊午级毕业生从上海启程前往美国，经过 21 天的航海生活，先生所乘"南京号"抵达旧金山。

9 月 15 日 吴芳吉收到先生在出国前夕来函。先生赞成他到东京留学的计划，但极力反对他去学艺术，力劝其改习新闻专业。

9 月 先生在汉姆林大学注册入学，英文名用"Yung-Tung Tang"。2004 年笔者整理先生汉姆林大学文稿时，杜维明教授（时在北京大学讲学）告知，该校当时的哲学系主任与先生来美前的清华学校早有渊源。

9 月 20 日 《吴宓日记》曰："迭接汤、曹诸人来函，知先后抵校。"

9 月 29 日 吴宓再记："锡予近来函甚多，足见关切公私之意，甚为欣幸。"吴宓和吴芳吉日记中多次提到与先生的信件往来。

10 月 《汉姆林大学校友季刊》出版，其中有一则消息提及先生与清华同学程其保，皆由格雷戈里・沃尔科特（Gregory D. Walcott）教授的引荐而进入汉姆林大学。

在汉姆林大学，先生读书甚勤，系统学习了西方哲学史和最前沿的心理学、生理学，并结合自己研究心得，写成十篇课业论文。每篇论文均由指导教师仔细审阅和批改，成绩均在 95 分到 99 分之间。指导教师发还论文后，先生将之精装成 16 开本一大厚册，题名"1918—1919 年写于汉姆林大学的论文集"［*Theses Written in Hamline University (1918—1919)*］。其中前四篇是哲学论文，其余六篇涉及普通心理学和发生心理学，评述了新兴的心理学与哲学、科学之间关系诸问题。

12 月 3 日 先生写作《前苏格拉底时期的存在概念》（"The Concept of Being of the Pre-Socratic Period"）。这是现知先生留学所作的首篇文章。文中阐述从泰勒斯到智者学派关于"存在"学说的演进轨迹，及其成就对苏格拉底、柏拉图和亚里士多德学说形成的历史意义。该文写道："赫拉克利特的火是理性之源，而在中国经典里火有时也类似理性（akin to reason）。""恩培多克勒的四根说，极像《书经・洪范篇》中的五行说。其实，几乎所有古希腊学说皆可与中国学说相比较。如：赫拉克利特之逻各斯与老子之道；某些宇宙论者与列子的存在观；毕达哥拉斯学派的数论在中国古书中亦有相应之表现，等等。"学衡派对古希腊文明的关注和跨文化比较的研究方法，在该文已初露端倪。

1919 年（己未），二十七岁

1 月 25 日　先生写作《汉姆林大学的论文集》的第二篇论文《中世纪神秘主义》（"Mysticism in the Middle Ages"），共 58 页，得 99 分。手稿以发生学的方法（genetic treatment），详细考察西方神秘主义的起源和发展演变的过程，及其对近代文化转型的影响。他还将西方神秘主义与道家、道教和儒家加以比较，对中国为什么没能发展出现代科学的根源有所揭示。这一问题后来在李约瑟那里成为著名的"李约瑟难题"，而先生于此早已有了自己独到的解答方式。

4 月 8 日　先生写作汉姆林大学的第三篇论文《斯宾诺莎、洛克和康德之知识论》（"Epistemology of Spinoza，Locke and Kant"），共 62 页，得 99 分。知识论是哲学的重要分支，向为中国哲学所缺。先生这篇文章是迄今发现的最早由中国学者专门研讨知识论的文章。

先生还写有一篇谈论中国哲学的《中国思想之主流》（"Main Currents of Chinese Thought"），没有收入其文稿集，只在首页目录下方注曰"藏汉姆林大学图书馆，供学生参考"。先生此时研究西方哲学，十分热心探寻与中国哲学相契合的部分。他后来的中印哲学成果多借鉴了西方哲学的研究方法。

5 月 4 日　五四爱国运动爆发。先生与留美学生发表声援国内运动的宣言，藏中国国家博物馆。

先生在汉姆林大学期间学习了七门课程：英文写作、初级德文、心理学导论、哲学史、发生心理学、经济学和社会学。他的英文写作得到 B，其余均为 A。如此优异的成绩使先生成为该校优等生协会（Taalam Society）的会员，仅一学年（9 个月多）就获得文学士学位（B. A.）。因其学绩出类拔萃，被荐入哈佛大学继续深造。

6 月　先生在汉姆林大学毕业后即前往哈佛大学，由吴宓接入哈佛，先借住在梅光迪的寓所。

6 月 29 日 先生与吴宓、顾泰来、李达在暑期学校开学前，搬至斯坦迪使堂（Standish Hall）的 B41 号房间同住。

暑假，先生入读哈佛暑期学校（Summer School），与留校读书的梅光迪、陈寅恪、俞大维、汪懋祖（典存）等，暇时常一起散步游谈。在麻省理工学院学习的王正基，因进哈佛暑期学校上经济学课程，也时常来宿舍看望。

7 月 14 日 《吴宓日记》载："午饭时，赴白（璧德）师 Prof. Babbitt 宅，约定会晤时间。晚八时，偕陈寅恪君及锡予同往。白师及其夫人陪坐，谈至十一时半始归。白师述其往日为学之阅历，又与陈君究论佛理。夫人则以葡萄露及糕点进，以助清谈云。"

9 月 15 日 先生和吴宓入住维尔德堂 51 号。在这栋楼里住过的学生成名者颇众，如前总统肯尼迪和联储主席伯南克。这里离赭山街上的陈寅恪住处仅数百米。

9 月 16 日 先生正式在哈佛大学文理学院哲学系注册入学读研究生。一开学就选修了白璧德开设的"19 世纪的浪漫主义运动"一课。

10 月 4 日 晚，先生与吴宓等知友在陈寅恪宿舍，欢送梅光迪归国赴即将成立的南开大学任英语系教员。次日晨，先生与吴宓为梅光迪搬运行李，中午又约施济元在汉口楼为梅光迪饯行，下午送至火车站，握手而别。

10 月 16 日 先生提交了硕士学位申请材料，包括申请表、清华学校和汉姆林大学的成绩单及沃尔科特教授 9 月 28 日为他写的推荐信。

12 月 10 日 《吴宓日记》载："锡予近读佛学之书，殊多进益。宓未遑涉猎也。偶见其中载佛语一则云：'学道之人，如牛负重车，行深泥中，只宜俯首前进，若一徘徊四顾，则陷溺邃深，而不可拯拔矣。'宓近来体验所得，确信此言之切要也。"

12 月 29 日 《吴宓日记》载："留美同人，大多志趣卑近，但求功名与温饱。而其治学，亦漫无宗旨，杂取浮摭。乃高明出群之士，如陈君寅恪之梵文，汤君锡予之佛学，张君鑫海之西洋文学，俞君大维之名学，洪君深之戏，则皆各有所专注。"

先生在哈佛第一学年的选课导师是佩瑞（Ralph B. Perry）。先生哈佛手稿《当前哲学的趋势》当为奉佩瑞之命所写长篇研究报告，残存76页。该文与1919－1920学年他选修佩瑞开设的"当代哲学趋势"（Present Philosophy Tendencies）课程对应，成绩为"A"。先生在哈佛大学选课以西方哲学为主，辅以一些趋近东方思想的课程。先生第二、第三学年则由兰曼指导选课。吴宓对此记述道："哈佛大学本有梵文、印度哲学及佛学一系，且有卓出之教授Lanman先生等，然众多不知，中国留学生自俞大维君始探寻、发见，而往受学焉。其后陈寅恪与汤用彤继之。"

此倾，先生开始写作《逻辑学专辑》，现存两册手稿概述从布尔（Boole）到数理逻辑的三位主要创始人皮亚诺（Peano）、弗雷格（G. Frege）、罗素（B. Russell）的发展历程，并探讨数学理论和各种逻辑学说。这是迄今发现最早的由中国人详尽而系统讨论逻辑理论的手稿原件。从《逻辑学专辑》中可以看出先生所受的严密逻辑思维训练，也反映出他逻辑推理的天赋、对数理逻辑、符号逻辑、形式逻辑、数学哲学、语言哲学的精熟及文理兼通的素养。先生能学到当时数理哲学中最先进的数理逻辑，是因为哈佛有杰出的数理逻辑学家谢佛和路易斯。哈佛大学哲学系"黄金时代"师生兼治数理逻辑、梵文、印度哲学和佛学的学术因缘，在先生和俞大维等人身上得到了充分体现。

据李赋宁先生所讲，当时哈佛中国留学生中有"哈佛三杰"的说法，即陈寅恪、汤用彤和吴宓。此外，"哈佛三杰"另两说：梅光迪、吴宓、汤用彤；俞大维、陈寅恪、汤用彤，皆有先生在列。

1920年（庚申），二十八岁

1月30日　楼光来转学至哈佛，从白璧德习文学。先生、吴宓、张鑫海（后改名歆海）赴火车站迎接，他们都为来习文史哲理者渐多而很高兴。

2 月　陈烈勋致函先生，请他开导吴宓勿取消与陈心一的婚约。

4 月 6 日　美国东方学会在倚色佳（Ithaca）开年会，兰曼在会上特别提到近两年内在哈佛随他学梵文的两个中国学生，其中一位"前途尤其不可限量"（one of extraordinary promise）。这两个中国学生即指先生和陈寅恪，而"尤其不可限量"者，很可能是就先生而言。从兰曼对二人学习成绩的评判及其日记中，我们可以看到他对先生在印度语言学方面的赞赏已超过了陈寅恪。

8 月 17 日　先生、陈寅恪自纽约归哈佛，与张鑫海、楼光来、顾泰来、俞大维和吴宓再次相聚。《吴宓日记》称之为"七星聚会"。

9 月　先生正式开始跟随兰曼学习梵文和巴利文，其进修过程与先入兰曼门下的陈寅恪相似。

9 月 29 日　兰曼在日记中记录先生与陈寅恪在新学期选修课程的情况。

本年下学期　先生开始写作《哲学专辑》第一册，现存三篇课外论文（一百多页），成绩皆为"A"。其间多有哈佛教授的中肯评价和悉心修改，包括文章架构、字词等。先生回国教学也用同样认真负责的态度批改学生们的作业。

该册第一篇《作为道德衡量标准的"功利"——从休谟到约翰·穆勒的英国功利主义批判研究》，认为英国伦理学自卡德沃斯、霍布斯以后，道德的来源和评判标准成为两大焦点问题，系统考察了霍彻森、休谟、斯密、塔科、边沁、穆勒等人的功利主义思想及其关于道德评判标准问题解答的困境。为挽救道德之沦丧，先生主张在适当保存外在上帝权威的同时，应更注重发扬内在良知直觉的作用。文末进而指出功利主义发展到穆勒产生分化，并将继续探究此后斯宾塞、贝恩、西季威克等人对功利主义的推进。这些研究成果在其归国后的《19 世纪哲学》等授课讲义中时有体现。

1921 年（辛酉），二十九岁

1 月 17 日　先生写作课业论文《叔本华天才哲学述评》（"Schopenhauer's Philosophy of Genius"）。此文详尽分析了叔本华天才哲学的理论来源，准确阐述了叔本华天才哲学的内涵及其特征，更以敏锐的眼光和哲人的洞察，指出叔本华天才哲学内在的、深刻的矛盾。

《哲学专辑》第一册第三篇是《康德和费希特的普遍历史》，内容与1920—1921 学年先生选修马松（Mason）开设的"康德哲学"（The Kantian Philosophy）相应，当是该课程的课业论文。

现存先生活页本长文《康德后之唯心论》与 1920—1921 学年先生选修刘易斯（Lewis）开设的"后康德理念论"（Post-Kantian Idealism，成绩为"A"）相应，应为该课程的课业论文。文章考察了黑格尔主义的演变，以为"英国黑格尔主义的复兴，不仅是复兴黑格尔，也是向贝克莱唯心论的回归"。在 20 世纪 20 年代中国学术界几乎很少有人知道黑格尔，正如贺麟所说，当时"只知有康不知有黑"。先生之开创性学术贡献由此可见一斑。

2 月 1 日　《吴宓日记》载："巴师（白璧德）谓于中国事，至切关心。东西各国之儒者（humanist）应联为一气，协力行事，则淑世易俗之功或可冀成。故渠于中国学生在此者，如张（鑫海）、汤（锡予）、楼（光来）、陈（寅恪）及宓等，期望至殷云云。"

2 月 8 日　《兰曼日记》载，先生的考试表现最佳。

2 月 17 日　兰曼致函哈佛大学校长罗威尔（Abbott Lawrence Lowell，1856—1943），表达了他对培养中国学生的期待："我目前有两名格外优秀的学生，分别是来自上海的陈寅恪和来自'北都'（或众所周知的北京）的汤用彤。他们对我确实富有启迪，我衷心祈盼能有更多这般精神高尚而且抱负不凡的人士来潜移默化的影响我们本国的学生们。我深信，他们二人将会引导众生之发展，并对中国局势的前途产生影响。"

2月18日 罗威尔复函兰曼充分肯定了他为助力中国文化发展的事业所付出的卓越努力。

2月28日 先生获哈佛大学哲学硕士学位。

6月5日 兰曼给留美学生监督严恩槱（U. Y. Yen）的信中，对陈寅恪和先生依然赞赏有加："陈寅恪与其同学汤用彤一样，有着高超的智慧，这将为他的祖国——中国赢得荣誉。"他还殷切期望自己培养的中国学生能够利用所学外文知识，承继当年求法高僧不辞艰辛的取经事业，以现代学术文化造福于中国之未来。

9月 留美中国学生年会在波士顿召开，白璧德发表演讲《中西人文教育谈》，提及先生。他说："本来之佛教，比之中国通行之大乘佛教，实较合于近日精确之批评精神。中国学生亟宜学习巴利文，以求知中国佛教之往史，且可望发明佛教中尚有何精义，可为今日社会之纲维。"此言昭示了先生研究印度哲学与佛教史的初衷。

10月 梁漱溟的名著《东西文化及其哲学》出版，书中以中医和民间信仰的玄理为例，论证中国"有玄学而无科学"而未走上科学道路的原因。先生认为该书谓阴阳神鬼之说深于玄学之精神，立义太狭，难成公理。

12月 先生的英语论文"Oriental Elements in Schopenhauer"（《叔本华哲学中东方思想成分考原》），发表在《留美学生月报》（*The Chinese Students' Monthly*）。这与《叔本华天才哲学述评》专门分析叔本华思想中西方思想因素正相呼应，合而观之可得其全。

1921－1922学年先生的课程选修，重心逐渐从哲学转移到宗教学。

1922年（壬戌），三十岁

本年上半年先生在哈佛写成《宗教学专辑》（212页）专门研讨各种宗教学理论，征引相关文献多逾百种。其中翔实的史料可使我们回溯早期宗教学研讨的重点，从而有助于把握当时刚出现的一些学术转向。当时宗教学家摩尔在哈佛主讲宗教史，《宗教学专辑》对摩尔之说多有评述。

该辑第一篇是《宗教史纲要》（"Outline of History of Religions"），注意从情感理论的角度来研究宗教产生的心理学基础。此篇为研究总纲，其余各篇多就其中有关问题展开具体研讨。第二篇《宗教的起源与发展》（"Origin and Development of Religions"），共 77 页。第三篇《西方世界对外来宗教认识的历史》（"History of Knowledge of Foreign Religions in the Western World"）对西人认知外国宗教过程的各类文献广搜精求。这为他后来研究佛教中国化问题、总结中外文化接触移植规律打开了思路。此时先生已十分注重比较宗教学方法的学习和运用。

《宗教学专辑》后半部分探讨社会学、心理学、伦理学、形上学等与宗教学相关的交叉学科，关注宗教对社会文化、伦理道德、终极关怀和精神家园建设的价值资源，显示出学衡派成员宗教观渐趋成熟。

1 月 梅光迪、刘伯明、吴宓、胡先骕、柳诒徵等人于南京东南大学创办《学衡》杂志。先生回国前，吴宓邮寄《学衡》各期至哈佛寓所。

4 月 28 日 兰曼在《日记》提到他审阅先生的梵文文章。

6 月 2 日 先生参加兰曼主持的巴利文考试。

6 月 16 日 先生与其他两位学生去兰曼家拜访。

6 月 17 日 《兰曼日记》载，他到储藏室查找先生所需要的图书。兰曼对先生的学习和生活多有照料，令其感念不已。

此顷，由梅光迪、吴宓推荐，先生应东南大学副校长刘伯明之聘，准备回国出任哲学系教授、系主任。先生在哈佛所受科学训练奠定了他治学的基础和方向。此间他的未刊英文手稿，现存哲学、宗教学、逻辑学三辑共五册，16 开。这五册厚重的文集满载着他从哈佛学到的学术精神和方法，被带回并通过他教学南北，扎根于国内学术界，丰富并深化了当时的文化研究，颇具思想启蒙和为现代中国学术奠基的历史作用。

7 月初　先生乘火车离开波士顿，前往加拿大西部海港城市温哥华，再乘船返回上海。先生起程不久，就寄了一张明信片给兰曼告知其回国的消息。

7 月 27 日　刚从欧洲回到家的兰曼在晚上开始读信，并在日记中记录下先生和陈寅恪来信之事。

8 月 17 日　先生返家一周后，从庐山牯岭镇写信给兰曼，告知一个月后他将前往南京任教一年，还希望自己能筹集到一笔资金，以前往印度进行一年左右的考察学习。

9 月 5 日　吴宓致函吴芳吉，谈及他与先生别后一年来的情况。

9 月 17 日　白璧德复函吴宓，为《学衡》出谋划策，并推荐先生所撰叔本华哲学及佛教方面的文章，还称先生是他所遇最通达中国哲学之人。

10 月初　先生抵达东南大学 10 天后，写长信向兰曼汇报近况。

12 月　先生论文《评近人之文化研究》发表于《学衡》第 12 期，批评了各派大而无当的比附和肤浅的价值评判，力图重建学术规范。该文既看到了中国传统文化的缺陷，也看到了其长处，避免了激进派与保守派的偏颇，臻于平和而又公允的圆融境界。在当时各类学说的纷争中，表现出更为健全、开放、成熟的文化心态。他努力将文化研究引入科学的堂奥，为此提出了"文化之研究乃真理之讨论"的名言。其意蕴包括：必须对于中外文化材料"广搜精求"，"精考事实，平情立言"，才能全面准确地理解作为民族精神结合体的文化。这是先生毕生文化研究的根本立场和一贯态度，也是他的著作能做到言必有据，精深独到，历世不失其学术价值的根源所在。他正是本着这一治学精神，从事中西方哲学的研究与传授，其东南大学时期的各种著述也说明了这一点。这既是对哈佛校训"与真理为友"的发扬，也是对东南大学校训"止于至善"的具体充实。

在东南大学期间，先生的各项学术活动围绕落实学衡派的理念来展开，主要体现在协助吴宓办理《学衡》杂志，讲授东西方哲学史、宗教史，译介西方哲学、印度哲学，以及在此基础上的撰著三方面。因此这一阶段在他的思想分期上可称为学衡时期。

先生讲授过旧大学哲学系的大多数课程，在东南大学开设的课程有：哲学史、唯心论、反理智主义、伦理学、印度学说史等。这一时期（1922—1925），他培养的学生有向达、陈康、范存忠、严济慈等人。

1923 年（癸亥），三十一岁

3 月 先生所讲《叔本华之天才主义》之概要，由学生张廷休整理成文，发表于《文哲学报》第 3 期。

5 月 先生译文《亚里士多德哲学大纲》上篇发表于《学衡》第 17 期。

7 月 译文《亚里士多德哲学大纲》下篇发表于《学衡》第 19 期。汪子嵩指出，这是五四运动后介绍亚氏哲学之最早者。

夏 庐山新大林寺讲堂正式开办暑期佛学演讲会，由太虚、王林甫、史一如等主办，并邀请先生、黄侃、张纯一等学者来演讲。由此次讲会发展而有次年"世界佛教联合会"的产生。

9 月 内学院研究部分设的正班和试学班开学，先生参与主持其事。

12 月 先生翻译英国剑桥大学神学教授尹吉（W. R. Inge, 1860—1954）所撰《希腊之宗教》发表于《学衡》第 24 期。该文介绍基督教与古希腊哲学、神话、秘密宗教的渊源，及希腊化之犹太教。先生首先选出希腊宗教部分译介到国内，反映出他对宗教处于文明中心地位的重视。

本年 蒙文通来内学院与先生同听欧阳竟无讲学。

本年 由欧阳竟无主编的内学院院刊《内学》在南京创刊，该专辑次年又重新编辑再版，该刊是中国最早的纯佛学学术刊物。先生首篇印度哲学专文《释迦时代之外道》、蒙文通论文《中国禅学考》发表于

《内学》第 1 辑，深得欧阳赞赏。

1924 年（甲子），三十二岁

2 月 先生最早的佛学论文《佛教上座部九心轮略释》发表于《学衡》第 26 期。

3 月 24 日 张歆海致函胡适推荐先生任北京大学教授："东南大学有风潮，听说文学、哲学两系因与生活实际无关，将删去。哲学系内有汤君用彤，中国两梵文专家之一，前哈佛 Lanman（兰曼）得意门生，Baron Stael-Holstein（钢和泰）亦与之相识……"

6 月 先生论文《印度哲学之起源》发表于《学衡》第 30 期。文末在分析历史上印度哲学之所以能够得以繁荣发展的根本原因时总结道："印土哲理之能大昌至二千年者，言论自由之功固不可没也。"① 这充分表现出他作为文化守成主义者的自由主义关怀。

夏 先生与熊十力、柳诒徵于南京聚会，并合影留念。

本年 先生任内学院巴利文导师。1 月至 6 月，他指导"《长阿含游行经》演习"一课。9 月至 12 月，开讲"金七十论解说"及"释迦时代之外道"两课程，并撰有讲义。

本年 白璧德的新书《民治与领袖》（*Democracy and Leadership*）首版，并寄赠先生。先生在回国后并未与白璧德失去联系，仍有书信往来。先生归国后的各种讲义多次讲到白氏思想，如：他在白璧德所授"19 世纪的浪漫主义运动"课程基础上加以扩展，开设了"19 世纪哲学"课程，把 19 世纪浪漫主义运动放在当时哲学文化变迁的整体大背景下加以深化。

---

① 汤用彤：《印度哲学之起源》，《汤用彤全集》第 3 卷，石家庄：河北人民出版社 2000 年版，第 223 页。该文初载《学衡》第 30 期，1924 年 6 月。重点符为原文所有。

1925 年（乙丑），三十三岁

本年上学期 因国民党与院系之间的势力斗争，引发东南大学"易长"风潮，先生受到牵连。吴宓举荐先生任清华大学国学院哲学教授，未能如愿。

3 月 《释迦时代之外道》转载于《学衡》第 39 期。

7 月 内学院试学班圆满结束，共有蒙尔达、韩孟钧、刘定权、谢质诚、李艺、邱仲、释存厚、释蓁觉、黄通、曹天任、陈经、黄金文、刘志远、阎毅、樊毅远、释碧纯 16 名学员顺利毕业。

8 月 先生在张伯苓的感召下，受聘转任南开大学哲学系教授、系主任。

先生毕生所开 40 多种课程中，南开大学时期的现知有 12 门，即西洋哲学史、现今哲学、实用主义、实用主义与教育、康德哲学、逻辑学、社会学纲要、伦理学、印度学说史、印度哲学、宗教哲学、佛学史等。

学生会主办的《南大周刊》特邀先生、范文澜、蒋廷黻、黄钰生等教授做顾问，成为师生沟通、合作的重要桥梁。该刊主编开篇语中讲，所请的九位顾问"除指导一切外，并须自己做文章"。

南开大学常邀名家来校讲演，哲学界翘楚胡适、李大钊、贺麟、梁漱溟皆欣赴讲席，先生亦做过《气候与社会之影响》等讲演。

1926 年（丙寅），三十四岁

5 月 29 日 先生应邀所撰《佛典举要》发表于《南大周刊》两周年纪念号。《佛典举要》是先生所发表涉及中国佛教史领域的现存最早文章，总结了他研读佛典 20 多年来的积淀和思考。在因明学方面，《佛典举要》选出的是玄奘传人窥基的《因明入正理论疏》。该书是因明学重要典籍，为窥基晚年集大成之作，故又被尊为《大疏》，但初学者不易理解。于是先生向大家推荐熊十力在 1925 年底完稿、行将出版的《因明大疏删注》作为入手之书。

7 月 熊十力著《因明大疏删注》由上海商务印书馆出版。该书对窥基《大疏》删繁就简，加以注释，熊十力的因明思想主要体现于其中，对因明研习起到积极的推动作用。《佛典举要》大概是现知学术界最早关注熊十力这一重要著作的文章。

冬 先生在南开大学完稿讲义《中国佛教史略》，其中前半部分就是他在中国佛教史方面划时代的传世名著《汉魏两晋南北朝佛教史》的初稿。

本年 熊十力《唯识学概论》讲义第二稿付梓，始自立新说，"借鉴易之变易与不易来讲佛学的体用关系"。熊十力把该讲义赠送先生一册。

1927 年（丁卯），三十五岁

2 月 16 日（农历正月十五日） 先生次子汤一介出生，其早年生活深受他父亲教书环境变化的影响。

4 月 熊十力 1927 年来南开大学讲学时赠给先生一本明版《魏书·释老志》，上有其遒劲狂放的毛笔所书"熊十力购于天津 十六年四月八日题于天津南开大学"。先生在南开期间与熊十力、吴宓、柳诒徵诸友时相过从，切磋学问。

5 月 先生回南京前，南开师生为他在秀山堂举行欢送会，依依惜别。

在南开哲学系期间，他培养的学生，如郑昕后成为我国最杰出的康德研究专家，江泽涵则成为著名数学家、学部委员。

9 月 先生入南京第四中山大学（后改为中央大学）任哲学院长。

11 月 14 日 胡先骕至清华晤吴宓，主张由先生、柳诒徵和王易担任主编，重办因北伐战争停刊一年的《学衡》。

11月17日 先生致函吴宓，谓："暑中南京同人本以文学院院长推宓，而宓不惟不来，且又函景昌极云云。该函为同人传观，致深怪宓之不情云云。"对此事，吴宓在日记中写道："怨哉，宓实不知。"此盖为《学衡》社员内隙之始。

11月21日 中华书局致函吴宓，决定续办《学衡》（改为年出六期），吴宓急函奉天景昌极及南京先生、柳诒徵诸社员，报告立约续办，并索文稿。

本年 熊十力因病应先生之邀，来中央大学休养和讲学，与先生、李石岑及内院师友相游处，次年先生又请熊十力来校讲学。这段时间是熊十力由佛转儒的关键时期，在追索这一转变踪迹的过程中，有两条极其关键的线索都与先生有关：一是关于此次转变的核心问题，即"轮回"说的放弃；二是关于熊十力思想转变时间的确认。

1928年（戊辰），三十六岁

7月16日 先生在《现代评论》增刊中看完胡适新作《菩提达摩考》后，致函胡适，并附寄南开时期的相关讲义。

7月21日 胡适回复先生一长信，详细列述其拟撰《禅宗史》的基本观点和研究框架。胡适对开启他们交往的这两封通信相当重视，将其题名为"论禅宗史的纲领"，收入《胡适文存》三集。胡适在先生所寄讲义上用毛笔加以校改增补，连同这两封信都附在日记中。胡适卸任驻美大使后，请美国国会图书馆将其拍成缩微胶卷备份。

7月27日 先生复函胡适后，又于8月9日收到胡适来函。次日先生回复胡适，虽婉言谢绝到他任校长的中国公学教书的邀请，但表示拟赶赴上海会面，应邀参观胡适新发现的敦煌禅宗文献。

10月 先生从巴利文佛教经典中译出《南传念安般经》，并加以注解，发表于《内学》第4辑。先生译成汉文的该经，后收入《中国汉文大藏经补编》（龙藏补编）第 7 册 No. 0019，由文物出版社 2013 年 9 月出版。先生的南传佛教研究在中国佛教学术史上可谓有拓荒之功。

本年 女汤一平出生。

1929 年（己巳），三十七岁

8 月 在南开讲义基础上，先生于中央大学编成汉文油印讲义《印度学说史》，在绪论之外分十四章。绪论文末云："惟念国方多难，学殖荒芜。向者玄奘入印，摧破外道邪见，虽不可望。世多高谈佛学，而于其学说之背景，弃而不讲，亦甚怪矣！……今复整理删益成十四章，名曰《印度学说史》，或可为初学之一助欤。中华民国十八年八月十日黄梅汤用彤识于匡山五老峰上。"

9 月 3 日 《吴宓日记》载："再函汤用彤君，催请来平，助宓及心一解决离婚事，并伴送心一南下。"吴宓决意与陈心一离婚，先生与《学衡》诸友力阻之，屡劝吴宓三思。先生谓吴宓离婚之事"万不可行，且必痛苦"，旨在维护《学衡》社员在道德方面之呼吁，以俾为人与为学不相隔裂。

本年 《印度哲学史——绪论》发表于《国立中央大学半月刊》第一期，现版《汤用彤全集》未收。

本年 编成油印讲义《隋唐佛教史稿》第二稿。开篇指出：以朝代对佛教史进行分期，是特为方便之假设，学者不可胶执。这是因为"政治制度之变迁，与学术思想之发展，虽有形影声响之关系，但断代为史，记朝代之兴废，固可明政治史之段落，而于宗教时期之分划，不必即能契合"。所以学者区分佛教史时代，"当先明了一时一地宗风之变革及其由致，进而自各时各地各宗之全体，观其会通，分划时代，乃臻完善，固非可依皇祚之转移，贸然断定"。

约在本年 东南印刷公司代印中央大学讲义《汉魏六朝佛教史》（1927—1931 年间讲授）是先生拟撰《汉魏两晋南北朝佛教史》的第二

稿。钱穆《忆锡予》所述先生于中央大学所撰之讲义，当指此稿。

1930 年（庚午），三十八岁

1 月 17 日　先生于《中央大学日刊》发表一篇讲演，论述熊十力《新唯识论》及其思想的关键性转变："熊十力先生昔著《新唯识论》，初稿主众生多元，至最近四稿，易为同源。"学界往往依据这篇讲词断定熊十力唯识论稿本应有四种。

1 月 29 日　蔡元培致函杨铨等人谓熊十力将于春节携眷来南京。此前，熊十力曾托先生转交书信给蔡元培，请蔡元培为他觅房暂居。

春　先生请陈时隽、柳诒徵、欧阳竟无为《颐园老人生日宴游图》题辞。欧阳竟无题诗两首，开篇写道："吾岂昔人吾犹昔，此心息息画工师。何妨幻住重留幻，楼阁如今尽孝思"，题署"宜黄欧阳渐。"

9 月　先生第一篇中国佛教史专文《读慧皎〈高僧传〉札记》，发表于《史学杂志》第 2 卷第 3、4 期合刊，考辨出《高僧传》所据 80 余种史料来源，还对书中记述的可靠程度条分缕析，并比照各种史书而对其误记做出令人信服的订正，初步向世人展示了他探本究源、考证与比较相结合的治学特色。

此顷，熊十力《唯识论》由公孚印刷所印行，赠予先生一册。该本主旨较初稿大异，基本完成其由佛归儒之转变。熊十力所赠先生两种唯识学讲义，现已成海内孤本。汤一介将其献出，作为底本收入《熊十力全集》，成为研究熊十力新唯识论思想演变的重要文献。正是通过先生的以上演讲稿及其保存的熊十力讲义，学界才得以了解熊十力逐步扬弃旧论师说并形成新唯识论体系的过程。

1931 年（辛未），三十九岁

3 月　先生论文《唐太宗与佛教》发表于《学衡》第 75 期。该文认为唐太宗并不信佛，虽很敬重玄奘，却劝其还俗从政，足见太宗对佛教的态度。

4 月　先生书评《唐贤首国师墨宝跋》《矢吹庆辉〈三阶教之研究〉跋》《摄山之三论宗史略考》，发表于《史学杂志》第 2 卷第 5、6 期合刊。《矢吹庆辉〈三阶教之研究〉跋》对矢氏采用材料失当、考订史实失察等问题详加辩驳。

先生中央大学时期开设的课程有：19 世纪哲学、近代哲学、洛克贝克莱休谟著作选读、梵文、《金七十论》、印度学说史、印度佛教初期理论、汉魏六朝佛教史等。当时唐君毅得列门墙，常与先生讨论唯心论问题。先生此时期（1927－1931）培养的学生还有程石泉、邓子琴、常任侠等人。

夏　先生应胡适聘请至北京大学哲学系任研究教授，此后先生每学期两门课程，中外并授，或中国佛教史、印度哲学，或欧洲哲学（大陆理性主义、英国经验主义）、哲学概论。

先生回北京住在缎库胡同 3 号的祖宅，这是一座有 50 多间房屋的大宅院，后院门的门牌是缎库胡同 6 号。抗战期间汤用彬辞职后，靠变卖家产度日，卖掉此宅，购买了小石作胡同 2 号（标准四合院）居住。

先生与钱穆同时到北大任教，相互引作知己。先生考虑到钱穆一人生活不便，便让他住在汤宅前院一书斋，并介绍老友熊十力、蒙文通、陈寅恪、吴宓、梁漱溟给钱穆认识。钱穆的"中国通史"全部课程纲要，在他寓居汤家期间开始逐年添写五六厚本而完稿，成为日后著《国史大纲》的唯一祖本。

9 月　考上清华大学的钱伟长，在其四叔钱穆的安排下入住汤宅，成为他在北京的第一个落脚点。先生一家热情款待了他，给了这位外乡学子最初的温暖，由此开始了他与北京的半世情缘。

九一八事变后，日本飞机在北平上空盘旋时，先生依然在红楼教室里给学生讲佛教史，并蔑视地说"我的声音压过飞机的声音"。

本年　先生修改讲义《隋唐佛教史稿》第三稿，并由北京大学出版组铅印。

自本年至抗战前，他在北大培养的学生有任继愈、石峻、韩裕文、王维诚、王森、韩镜清、熊伟、胡世华、齐良骥、庞景仁、逯钦立等。

1932 年（壬申），四十岁

2 月　先生重撰的中国佛教史讲义汉魏两晋南北朝部分的第三稿写成。他于讲义前自注云："民国二十一年二月十六日三稿草竣。"继此稿完成后，先生讲义《隋唐佛教史稿》铅印本也印出。

3 月　先生论文《竺道生与涅槃学》发表于《国学季刊》3 卷 1 号。近年笔者在北京大学图书馆胡适文库中，发现一份先生签赠胡适的该文抽印本，封页右上写有"敬求教正　彤"五字。

暑期　先生南下庐山，住在佛教圣地大林寺附近的别墅。他于此所撰批评日人佛教研究的评论，集为《大林书评》。序言中自责道："时当丧乱，犹孜孜于自学。结庐仙境，缅怀往哲，真自愧无地也。"《大林书评》共 6 篇，其中 5 篇是批驳日本权威学者足立喜六、矢吹庆辉、常盘大定、高井观海、塚本善隆在中国佛教史研究中的谬误，实事求是地指出他们在对中国古籍断句、校勘、考证和论断等方面的错误，及其治学方法和态度的问题，借以抒发抗日爱国之情。此前，国人所著中国佛教史多承袭日人。先生《大林书评》和佛教史论著的问世，则表明我国现代佛教学术研究逐步走上独立发展的道路。

11 月 24 日　《〈四十二章经〉跋》发表于《国风》第 1 卷第 9 期"刘伯明先生纪念号"。此文后经先生增补成为《〈四十二章经〉之版本》，其主体内容收入《汉魏两晋南北朝佛教史》第三章。

本年　先生已开始研究玄学。他的《壬申（1932）读书札记》（第一册缺失）第二册在汉代佛教研究之后，即是《魏之玄学》《晋代儒道释》《章安玄义》《顿渐三说》《佛性》《性理无二》等篇。其中《魏之玄学》认为，何晏、王弼、阮籍、嵇康等玄学家的"无为论"是讲

"Knowing Being"（体会形而上之存在）。这说明他此时已注意到玄学的本体论特点，并将其放在儒道释关系发展史的整体链条中来研究，而本体论的发现正是现代学术意义上的魏晋玄学研究创始的主要标志。

本年 熊十力出版《新唯识论》（文言本），融会道家、禅宗，改造旧唯识学，发挥儒家大易"生生"精神。此书标志着现代新儒学哲学体系的正式诞生，为熊十力赢得世界性荣誉。先生亲睹了《新唯识论》数易其稿的历程，深知其问世的重要意义，遂特意询问牟宗三对此书的观感。牟宗三回答说：熊十力与柏格森在解析现象一端颇为相似，但柏氏对现象的解析是消极的，算不得什么，而《新唯识论》却不得了，是划时代开新纪元的作品。先生表示"亦有同感"。

1933 年（癸酉），四十一岁

1 月 陈寅恪《支愍度学说考》初载《庆祝蔡元培先生六十五岁论文集》。陈寅恪赠送先生的该文单印本，保存至今，封页上题写"敬求教正 寅恪"。

3 月 22 日 蒙文通在南京致函先生，谈到先生佛教研究对他奉欧阳竟无之命撰写《中国哲学史》的影响，以及不同地域文化之渗透与中国文化发展的关系。信末还表达了自己身体"湿重"，适宜迁居北方的愿望。

4 月 胡适写成《〈四十二章经〉考》，大幅引评先生《中国佛教史讲义》。他率先关注到先生后来对该稿的修订。

5 月 先生所撰《释道安时代之般若学述略》刊于《哲学论丛》。该文与陈寅恪《支愍度学说考》同年面世，皆论格义，观点基本一致。盖因陈、汤二老过从甚密，常交流心得，立论自然相近，惟陈寅恪对"格义"外延的界定稍宽泛。

夏 经先生推荐，蒙文通离开河南大学，任北京大学史学系教授，主讲周秦民族史、魏晋南北朝史和隋唐史。当时学林流传一种说法：汤用彤沉潜、钱穆高明、蒙文通汪洋恣肆，是"岁寒三友"。

秋 接熊十力来书一通："看《大智度论》，镇日不起坐。思维空义，豁然廓然，如有所失（如拨云雾），如有所得（如见青天）。起坐，觉身轻如游仙。"

12 月 25 日 吴宓发表《悼白璧德先生》一文，列出白璧德的八位中国的"及门弟子"，其中有先生。先生把白璧德师训和《学衡》座右铭"论究学术，阐求真知，昌明国粹，融化新知"贯穿于毕生的学术探索和实践，成为学衡派的中坚力量。

1934 年（甲戌），四十二岁

3 月 17 日 先生在《大公报》发表《评〈唐中期净土教〉》，后收入《大林书评》。

4 月 陈寅恪自清华西院来明信片，语及《高僧传》之法和与《太平经》传承中的帛和、白和是否为一人，并嘱托先生代抄《太平经》后序。

4 月 14 日 先生复函陈寅恪，论及《太平经》成书年代和传授记载等。陈寅恪接到先生的回信后，立即复书。

4 月 18 日 先生又复函陈寅恪，讨论白和的真伪及其与琅琊于吉的关系，并认定帛（通"白"）和与僧人法和无关。陈寅恪接到此信后曾再复书。

5 月 3 日 熊十力致信柯莘麓医生说："汤先生医检为血管硬化，有脑冲血与中风之可能……但如赶早习运动，当无碍云。渠作佛史，亦太用功故也。"这既表明熊十力对先生研究进展和健康状况的关切，也说明先生为完成其佛教史学术事业而呕心沥血。

5 月至 6 月 日本禅学宗师铃木大拙教授远赴重洋来中国，拜访先生、胡适、鲁迅等人。

本年上学期 先生指导王维诚完成研究生学位论文《老子化胡说

考证》。7月1日，先生《王维诚〈老子化胡说考证〉审查书》发表于《国学季刊》4卷2号。

本年 任继愈考上北大哲学系，先生为其所在一年级讲授《哲学概论》。任继愈评价："这门课讲得生动深入。如果能把这类听课笔记整理出来，很有出版价值。据我所知，汤先生教学的讲义，学生听课的笔记，如果把其中一部分搜集起来，数量相当可观。"

本年起，先生任北大哲学系主任（至1950年），聘郑昕讲授一年级形式逻辑。

1935 年（乙亥），四十三岁

3 月 先生在《国学季刊》5卷1号发表长文《读〈太平经〉书所见》，成为国内学术界对《太平经》创始性的系统研究。文中考订该经为汉代作品，解决了《太平经》的成书年代问题，并梳理出早期道教的概貌和这一时期佛道关系的基本框架。

4 月 13—15 日 先生与冯友兰、金岳霖、胡适等哲学界同仁发起成立的中国哲学会首届年会在北京大学召开。会议推举冯友兰、先生、黄建中、方东美、宗白华、张君劢、范寿康、林志钧、胡适、金岳霖、祝百英等12人组成中国哲学会第一届理事会。先生等人在会上宣读了自己的研究成果，标志着中国哲学家各自创立学术研究系统的时机业已成熟。

5 月 上海中华书局印行《吴宓诗集》，集中收有吴宓赠先生诗文多篇和先生《谈助》一文之局部。

本年 《释法瑶》发表于《国学季刊》5卷4号。

本年 陈寅恪在《中央研究院历史语言研究所集刊》第5本第2分册发表《武曌与佛教》一文。他在赠送先生的该文抽印本上写有一段个性鲜明的题记，从中可知陈寅恪对国外学术前沿非常关注。他发觉矢吹庆辉借鉴了先生和他的很多研究成果，却一字不提。对此他颇感愤慨，故陈文借机提出矢氏的相关研究，并援引曾对矢氏之书痛下针砭的汤文予以责难。

此顷，先生所主持之北大哲学系已形成重视哲学史与佛教思想史之系风，迥异于清华哲学系重逻辑学之风气。

1936年（丙子），四十四岁

4月4日 中国哲学会年会第二届年会在北平举行，先生出席会议，并宣读论文《关于〈肇论〉》。

4月 由美国学者 J. R. Ware 翻译的先生论文《〈四十二章经〉之版本》（"The Editions of the Ssŭ-Shin-Erh-Chang-Chin"），发表于哈佛燕京学社主办的《哈佛亚洲研究学报》（*Harvard Journal of Asiatic Studies*）1卷1号。

9月 北平佛教会《佛学半月刊》，由董事会议决改组，定名为《微妙声》，公推汤用彤、汤芗铭、周叔迦、何子培、高观如五人组成编辑委员会。《微妙声》在全国各省市及香港、仰光、新加坡等地设立流通代订处百余家，有较大社会影响，代表了中国北方佛学最高水平，与南方的《内学》遥相呼应。

本年 《哲学评论》第7卷第1期发表先生第一届中国哲学年会报告《汉魏佛学的两大系统》的内容摘要，提道："中国佛学和印度佛学不同，从一般说来，我们以汉代佛学为'方仙道式'的佛学，六朝佛学是'玄学'。本论文的目的在研究汉末至晋代中过渡时期的佛学之理论。"

本年 《哲学评论》第7卷第2期发表先生在第二届中国哲学年会报告《关于〈肇论〉》的摘要，提道："僧肇的主张，是即体即用，不二不偏。他采取大乘理论，融合老庄玄谈，而认识得极清楚，用极优美有力的文字写出来，所以成为中国理论之文中最有价值的一篇。"

本年起 先生在以往研究的基础上，开设"魏晋玄学"课程。这是现知最早正式使用"魏晋玄学"名称的课程，也是其玄学史研究逐渐为学界所知的开始。当时学界虽感到这一阶段的思想形态有其特色，但还没有形成固定的名称，有人称之为"清谈""玄谈""五朝学"等。先生首先用"魏晋玄学"来概括魏晋时期的思想，这一名称今已为学界所普遍采用。

1937 年（丁丑），四十五岁

1 月　先生书评《评〈考证法显传〉》《唐贤首国师墨宝跋》《矢吹庆辉〈三阶教之研究〉跋》转载于《微妙声》第 3 期。

5 月　《评日译〈梁高僧传〉》《评〈小乘佛教概论〉》发表于《微妙声》第 8 期。先生把这些文章辑成《大林书评》，现已收入《汤用彤全集》第 2 卷。

6 月 10 日（农历五月初二）　幼子一玄生。先生为了纪念这一学年讲授"魏晋玄学"课程，而为其幼子命名为"一玄"，可见他对玄学的重视和对后代的期望。

夏　先生陪母亲消暑于牯岭，并与钱穆同游庐山佳胜，读书著文。

七七事变前夕　欧阳竟无召集门人于南京支那内学院设《涅槃》讲会，提无余涅槃三德相应之义，讲演对于孔佛二家学说究竟会通的看法。先生、蒙文通赴南京支那内学院主持会议。

日军入北平后，先生协助郑天挺共同支撑北大残局。

10 月　先生与贺麟、钱穆等人同行，在天津小住数日，取海道从天津去香港，再辗转于 11 月到长沙临时大学。因文学院设在衡阳衡山上的圣经学校，先生遂赴南岳。他除了讲授佛教史等课程之外，夜以继日地全力赶写《汉魏两晋南北朝佛教史》第四稿。冯友兰所著《中国哲学简史》对汤用彤等同仁在此际遇有生动的记述。

12 月　先生在《燕京学报》第 22 期发表论文《中国佛史零篇》，是其佛教中国化研究具体而微的缩影。他在该文的英文解说中，又提纲挈领地点出此文所未明言的研究佛教中国化发展变迁的思路，坦陈自己对中国文化融化外来之教能力的看法，格外关注竺道生融会中印传统的历史作用，并阐明其"理为佛性"思想之演进轨迹。

本年 熊十力著《佛家名相通释》由北京大学出版，书中记述先生劝熊十力说："佛学无门径书，不可无作。"熊然之，遂写成此书。熊十力所赠先生该书初版，由汤一介完好保存下来，并捐赠北京大学。

本年 温公颐《道德学》一书由上海商务印书馆出版，出版前由先生和汪三辅审阅，贺麟校阅并作序。

1938年（戊寅），四十六岁

元旦 先生于南岳掷钵峰下作《汉魏两晋南北朝佛教史》跋文，提及著书动机："惟今值国变，戎马生郊。乃以其一部勉付梓人。非谓考证之学可济时艰。然敝帚自珍，愿以多年研究所得作一结束。惟冀他日国势昌隆，海内乂安，学者由读此编，而于中国佛教史继续述作。俾古圣先贤伟大之人格思想，终得光辉于世……"

2月 长沙临时大学师生迁往云南，先生与冯友兰、贺麟、朱自清、陈岱孙等11位教师同路，从长沙坐汽车出发，经过广西，借道越南，于4月方至昆明。

4月19日 西南联大常委会于昆明办公处召开第56次会议，决议准予冯友兰来信请辞哲学心理教育系主席，请先生担任该职。先生任西南联大哲学心理教育系主席（后改称系主任）期间，还兼北大文科研究所所长。冯友兰回乡探亲期间，曾由先生任代理文学院院长。

4月 先生赴蒙自联大文学院，与贺麟、吴宓、浦江清、汤一雄同住校外西式二层小楼合住一室。

此间，北大校长蒋梦麟自昆明来蒙自，北大师生集会欢迎。诸教授连续登台言联大种种不公平，乃有推举先生为联大文学院长之动议。

6月9日 先生致王维诚信中说："《汉魏两晋南北朝佛教史》已由

商务排版，闻已排竣待印，但未悉确否？此书本不惬私意，现于魏晋学问，又有所知，更觉前作之不足。但世事悠悠，今日如不出版，恐永无出版之日，故亦不求改削也。"

《汉魏两晋南北朝佛教史》由商务印书馆在长沙印行（四六版 878 页，50 万字）。《汉魏两晋南北朝佛教史》在国际学术界产生巨大影响，并被当时世界上最权威的佛学辞书日本《望月佛教大辞典》多次引用。该书优点在于大处能系统全面，而小处又细致周密。它既是考据精审、开拓性的佛教史专著，为民族文化建设做出了卓越贡献，又借古鉴今，深寓抗日救国之情意，增强了抗战时期的民族自信心。

8 月底 蒙自联大文、法学院迁至昆明，先生与钱穆、姚从吾、容肇祖、沈有鼎、贺麟、吴宓仍留蒙自读书。

10 月 29 日 先生被推举为赴昆明旅行团团长。

本年至次年 先生在西南联大哲学系开设"佛典选读"一课，石峻负责解答同学们的课外提问。石峻请先生开列一个必读书目，先生为之开列了《"佛典选读"叙目》。

1939 年（己卯），四十七岁

夏 先生由昆明经上海至天津，欲上北平接家人，但到天津因发大水，不能上岸，只得返回昆明。

6 月 12 日 钱穆在《国史大纲》的《书成自记》中写道："书成仓促，相知惟汤君锡予，时时读其一二篇，有所商讨。"先生常与钱穆研讨，贯穿着他创作《国史大纲》的前前后后。

6 月 21 日 汤一雄为筹备宣传抗战的话剧演出辛勤奔忙时，阑尾炎病发，在手术中因麻醉过量而病故，年仅 23 岁。

8 月 12 日、13 日 太虚法师《己卯日记》专门对《汉魏两晋南北朝佛教史》写下读后感。

本年底 邓以蛰教授把子女邓仲先和邓稼先姐弟俩托付给先生的

夫人张敬平，由汤夫人带着邓仲先、邓稼先、汤一介、汤一平、汤一玄从北平经过天津、上海、香港，再转到越南的海防、河内，最后到内地。在转移过程中，为避免关卡盘问，邓稼先化名汤一雄。这次转移很辛苦，先生亲自到海防去接他们。

本年 北京大学文科研究所恢复招收研究生制度，任继愈考取先生的研究生。

本年 先生第一篇魏晋玄学专文《读〈人物志〉》发表于昆明《益世报》读书双周刊第 119—121 期，旨在探讨魏晋玄学思想的渊源。

本年 先生在西南联大开设印度哲学史，为三、四年级学生必修课，此后隔年讲授一次。

1940 年（庚辰），四十八岁

年初 先生带家人由越南经滇越路到昆明，为躲日机袭炸，不久就搬到离昆明不远的宜良县。

1 月 20 日 《国立北京大学四十周年纪念论文集》在昆明出版。先生发表《魏晋玄学研究两篇》，即《魏晋玄学流别略论》《向郭义之庄周与孔子》。前文是其魏晋玄学研究的总纲，扼要评述玄学思想发展史。后文论析向秀、郭象《庄子注》以"儒道为一"的思想。

4 月 陈寅恪新著《〈秦妇吟〉校笺》在昆明刊印，赠送先生一部。

12 月 17 日 先生致函胡适，除庆贺其五十大寿，更主要是从学科建设出发，阐述北大在战时应采取的办学方针和具体措施。

本年 先生对魏晋玄学的研究颇有进展。先生为《魏晋玄学》一书草拟写作纲目 12 章，从中可见他研究玄学的初衷和规划。

本年 《读〈人物志〉》一文经修订后，定名为《读刘劭〈人物志〉》发表于《图书季刊》新 2 卷 1 期。

本年 中国哲学会在昆明开年会，选举第三届理事会，冯友兰、金岳霖、贺麟为常务理事，先生、宗白华、胡适、张君劢、张东荪、方东美等为理事。

此顷，先生指导王明研究道教。后来王明写成《太平经合校》，成为研究道教的必读资料。

1941 年（辛巳），四十九岁

1 月 7 日 先生在儒学会作演讲，充分表明他对儒学的尊奉由来已久。

1 月 皖南事变发生，国共关系十分紧张。受此影响，联大哲学系学生散去数人，先生慰留冯契等人。

6 月 国民政府教育部颁行《部聘教授办法》，实行"部聘教授"制度。由教育部直接聘任的部聘教授是当时中国教育界的最高荣誉。最终确定 30 人为首批部聘教授，哲学学科中仅先生和冯友兰二人入选。

夏 老舍应邀到西南联大讲学，其间遇先生，于是"偷偷地读"他的《汉魏两晋南北朝佛教史》，获益匪浅。不久，老舍在《大地龙蛇》的创作中，塑造出一位虔诚的佛教徒形象。

夏 先生一家人由宜良搬到离昆明城约十里的麦地村中一座尼姑庵里，并让汤一介入学西南联大附中。

夏 任继愈研究生毕业，留校任教。冯契本科毕业，考入清华大学研究院。此间，金岳霖对冯契说，涉及中国哲学的问题可以向先生、冯友兰请教。冯契与先生的讨论，成为冯契选择以《智慧》为题作研究生论文的缘起。

本年 师从先生读研究生的杨志玖于《永乐大典》中，考证出马可波罗确实到过中国。先生甚为赞赏，建议把题目改为《新发现的记载和马可波罗的离华年代》，以把发现和考证都突出来，醒目动人。他还特意给《文史杂志》主编顾颉刚写信赞扬，并建议顾颉刚不要因为是年轻人的文章而不给较高稿酬。

1941—1944 年 先生指导王利器在北京大学文科研究所读研究生，

为他选定作《吕氏春秋》研究。

1942 年（壬午），五十岁

3 月 冯友兰写成《新原人》的自序，其中说："此书属稿时，与金龙荪先生岳霖同疏散于昆明郊外龙泉镇。汤锡予先生用彤亦时来。承阅全稿，并予批评指正，谨此致谢。"

10 月 20 日 朱自清应先生、罗常培诸教授宴邀，席间商定"文史学十四讲"之题目与次序。

11 月 27 日 傅斯年为北大文科研究所事致函先生。

本年 先生所写《言意之辨》，由北京大学文科研究所油印散发，当时未正式发表。该文综论魏晋玄学方法论，并以此视角比较了汉代经学与魏晋玄学的根本不同。

本年 先生撰《王弼大衍义略释》发表于《清华学报》第 13 卷第 2 期。

本年 先生发表《印度哲学的精神》一文于《读书通讯》第 41 期。

本年 陈国符在先生主持的北京大学文科研究所里始得阅读《道藏》，其传世名著《道藏源流考》酝酿于斯。此书"历代道书目及道藏之纂修与镂板"一章提道："承汤用彤先生告知道宣《续高僧传》载佛寺亦藏道书，谨录于此。"

约 1942—1943 年间 金岳霖在西南联大作了一场题为"名言世界与非名言世界"的讲演。冯契听完后回到司家营，次日向先生复述演讲大意。先生高度评价说："金先生的思想真深刻！"同一时期，先生在西南联大做了题为"魏晋玄学与文学理论"的演讲，主题是玄学"言意之辨"和文艺理论之间的关系，从思想史角度解答了金岳霖的上述问题。

此顷，先生常就玄学问题与冯友兰讨论。冯友兰说，等先生的魏晋玄学讲义出版了，要据之修订他的《中国哲学史》。

1943 年（癸未），五十一岁

1月　先生论文《文化思想之冲突与调和》发表于《学术季刊》第 1 卷第 2 期。他基于对中外文化交流史的深入研究，从文化发展一般规律的高度探讨不同文化接触后所发生的种种问题，并对文化建设路向问题做了解答。在以古证今的同时，他又以今释古，引进文化人类学最前沿的文化移植理论，阐明了如何接受外来文化，即原有文化如何融化外来文化获得新知的问题。他把外来文化的输入，看作一个与本土文化相互吸收磨合的整体过程，并往往要经历三个阶段："（一）因为看见表面的相同而调和。（二）因为看见不同而冲突。（三）因再发现真实的相合而调和。"总体上，这是一种由表及里，由分到合的文化发展模式。文中总结的文化冲突与融合的规律，与黑格尔所谓正反合的哲学史发展过程不谋而合。

1 月 17 日　郑天挺的日记写道："锡予来，示以觉明敦煌来书，随与之长谈文科研究所发展事。"

1 月 19 日　先生致函胡适，力陈学术建树为大学立足之本，并以开辟敦煌调研为重点来加以具体阐释。信中报告敦煌文物调查已迫在眉睫，陈述向达在敦煌考察成就及其困难，为此敦请胡适为敦煌文物调查筹款。先生对敦煌研究的倡导，为北大文科研究开出新路，并使中国敦煌学研究走上历史文献和考古资料相结合之规道。

夏　王玉哲毕业于北大文科研究所。他回忆联大期间先生对研究生讲："严格地说，只有资料，哪怕是丰富的资料，而没有从中研究出创新的说法，这还不能算论文。"

10 月 14 日　先生最疼爱的女儿一平患肾脏炎，最终因肾衰竭去世，年仅 15 岁。

本年　先生论文《王弼圣人有情义》发表于《学术季刊》第 1 卷第 3 期；《王弼之〈周易〉〈论语〉新义》发表于《图书季刊》新 4 卷 1、2

期合刊。先生关于王弼的论文以王弼作为个案研究来"以分释全",阐明了宇宙构成论到本体论在汉魏之际的转变。

本年 先生论文《向郭义之庄周与孔子》发表于《哲学评论》第 8 卷第 4 期。

本年 汤一介在西南联大附中读完初二,就直接到重庆南开中学读高中。南开求学经历对汤一介一生影响深远。自此,他对人生问题感兴趣,这成为他后来报考北大哲学系的主要原因。先生一生给汤一介写过三封家书,都是在南开中学期间。

1944 年(甲申),五十二岁

2 月 2 日 柳诒徵写成《〈汉魏两晋南北朝佛教史〉审查报告》。

3 月 31 日 吕澂完成《〈汉魏两晋南北朝佛教史〉审查报告》。虽吕澂将《汉魏两晋南北朝佛教史》评为三等,但教育部学术审议委员会还是认同柳诒徵的意见,而把汤著评为哲学类一等奖。陈寅恪著《唐代政治史述论稿》获社会科学类一等奖。

3 月 中山大学文科研究所聘请先生与冯友兰、冯沅君、陈寅恪、胡适等为名誉导师。

8 月 9 日 西南联大于昆明龙翔街校总办公处召开常委会第 112 次会议,决议公布冯文潜辞去哲学心理学系主任,改由先生担任。

本年 《汉魏两晋南北朝佛教史》编入"佛学丛书"于重庆再版。

本年 先生在西南联大的讲演稿《隋唐佛教之特点》发表于《图书月刊》第 3 卷第 34 期。该文认为,隋唐佛教之所以能发展到巅峰,是因其具备四种特性:统一性、国际性、独立性、系统性。隋唐佛教相互联系着的四种特性,是其区别于隋朝前和唐朝后佛教的标志,而且对中国文化的适应性的强弱决定了各宗的盛衰。

本年 王达津毕业于西南联大的北大文科研究所。他在文科研究所"受古文字学家唐兰和哲学史家汤用彤的影响攻金文、甲骨、《尚书》

与诸子"。此间在先生指导下，他整理研究了《老子王弼注》。

1945 年（乙酉），五十三岁

5 月 24 日　先生与冯友兰、贺麟为中国哲学会西洋哲学名著编译委员会事致信胡适。大意为向胡适汇报该会编译书籍、训练译员方面初见成效，并已筹款设立基金以利译业。"西洋哲学名著编译委员会"编译了一批西方哲学名著，如陈康的《巴曼尼德斯篇》等。该会集中了不少青年学者，其中汪子嵩（希腊哲学）、陈修斋（法国哲学）、王太庆（西方哲学翻译）、杨祖陶（德国古典哲学）等人，后皆成为西方哲学领域的杰出专家。

8 月中旬　先生与北大同人周炳琳（法学院长）、张景钺（理学院代理院长）、毛子水（图书馆长），发电报劝胡适不要继续在美国逗留，而应尽早回国。

9 月 3 日　蒋梦麟校长来到昆明，于才盛巷召集北大教授开会。当天会后，江泽涵写信把会议情况向胡适通告说："他曾要锡予师代理校长，锡予师坚决地拒绝了……现在可以负责的人只有枚荪兄与锡予师在昆明。"蒋梦麟离校长职位后，北大教授会推举先生为北大代理校长，他一再推辞谢绝。

9 月 6 日　先生致函胡适，力劝胡适早日从美国返校主掌北大，还请胡适在海外招致人才，为北大注入新生力量。

10 月 1 日　张奚若和周炳琳一同起草，并与先生、朱自清、李继侗、吴之椿、陈序经、陈岱孙、闻一多、钱端升共 10 位西南联大教授，联名致电正在重庆进行和平谈判的蒋介石、毛泽东，希望国共谈判取得成功，新中国建设早获开始；主张举行国民大会代表选举以制定宪法，要求立即召开政治会议成立联合政府等。电文内审舆情，外察大势，率直陈辞国人最为关切的民主政治实施问题，表达出人民心声，国内外竞相转载评论，起了引导社会舆论的作用。

10 月 28 日　北大秘书章廷谦邀宴，欢迎傅斯年到校。席上有先生、傅斯年、周炳琳等北大同人，饭后谈及时局及学校未来问题。

在胡适到任前，由傅斯年做代理校长。傅斯年常赴渝开会，他在离校时委托先生主管北大并代理联大常委职责。11 月 5 日，江泽涵致胡适函谓：傅斯年 10 月 23 日召集教授会提出"他离校时，请锡予师代表他"。

"一二·一"运动期间，联大最为活跃的当属教授会。每次会议均有决议，且态度明确、措施得力。如，第二次会议"推派周炳琳、汤用彤、霍秉权三先生参加死难学生入殓仪式，代表本会同人致吊"。

12 月　"一二·一"运动后，梁漱溟来联大演讲，随后拜访先生，邀他参加民盟，但被拒绝了。这代表了解放前先生一贯的政治态度。

同月　《印度哲学史略》由独立出版社在重庆印行，收入"现代学术丛书"，次年 11 月再版。先生此书是我国首部用现代科学方法研究印度哲学史的重要著作，并且在相当长的时期内是"我国唯一一部研究印度哲学史的著作"，起到引领我国印度哲学学科发展的重要作用。该书总括 8 世纪前的印度宗教哲学发展史，以思想演进为中心，系统讲述印度上古吠陀、梵书、奥义书，以至佛教起源、演变，并与各种"外道"对照，终于商羯罗（约 788—820）的吠檀多论，印度佛教至此已衰。这为治中国佛教史提供了必要而丰富的印度学知识背景，至今仍是海内外公认的学术经典。

1946 年（丙戌），五十四岁

抗战胜利后，北大在昆明复校事多由先生主持，主要在两个方面：一是约回散在各地的北大旧人，并聘请新教授；二是负责把留在昆明的北大教职员和家属及学生迁回北平。

4 月 2 日　先生为北京大学复校所写教师聘用计划报告获得傅斯年批复。

4月5日 傅斯年致先生函最可说明复校是事关北大生死存亡的历史抉择，他在信末还请先生把此信交梅贻琦一看。

4月29日 梅贻琦就复校诸事致函先生。

5月4日 上午，国立西南联合大学在新校舍图书馆举行结业典礼，由梅贻琦常委主持大会。先生、叶企孙、蔡维藩代表三校相继致辞，赞颂三校在战时联合时期合作无间的关系，宣告西南联合大学在完成其战时的历史使命后结束。大会主持人梅贻琦特别强调，他们三人所言相当于"写了一篇文章，正代表了联大精神"。在他们心里，"联大精神"也是五四精神。

西南联大由清华大学校长梅贻琦、北京大学校长蒋梦麟（后为傅斯年）和南开大学校长张伯苓组成常务委员会，作为最高行政领导机构共同管理校务。因蒋梦麟、张伯苓均在重庆任职，故一直由留于昆明的梅贻琦任主席，主导校务。梅贻琦离校期间，先生曾担任联大常委会代理主席。先生时常出席联大常委会、校务会议、教授会，与清华、南开各级领导精诚合作，延续着中国教育的命脉，形成了西南联大的新风格，创造出世界一流大学的成功办学模式。

西南联大时期（1937—1946）先生培养的学生有石峻、任继愈、冯契、王叔岷、张世英、汪子嵩、杨祖陶、陈修斋、王明、王利器、周法高、郑敏、宿白、杨辛、许鲁嘉等，徐复观、杨柳桥等人也曾前来向先生问学。

7月9日 周炳琳致函胡适说："校中内部维持与在联大中的清华、南开保持接触，数月来汤锡予兄实负其责。锡予兄身体原不大好，为爱北大，竟肯挺身而出，至足钦敬。锡予兄处事稳妥持平，深知各方面情形，数月来局面之维系，孟真实深得其助。"

7月15日 得知闻一多被害的消息后，正在重庆候机北上的先生、冯友兰、金岳霖、周炳琳等33位教授，联合上书教育部朱家骅部长转国民政府，严正抗议特务的卑劣行径，请求严格追查凶犯及其主使人，从速处理，以平公愤。

7 月下旬 先生由重庆乘飞机重返辞别了九年的北平，住进小石作胡同 2 号。

本年 胡适、傅斯年和先生筹建东方语文学系（后来改称东方语言文学系），经向达和白寿彝教授推荐，先生代表北大聘请马坚到该系任教，并聘请刚从德国留学归来的季羡林担任系主任。

季羡林来北大后，当年下学期一开始即以"学生教授"或"教授学生"的身份，听先生讲授"魏晋玄学"课程。他说自己是汤先生"班上的最忠诚的学生之一，一整年没有缺过一次课，而且每堂课都工整地做听课的笔记，巨细不遗。这一大本笔记，我至今尚保存着"。

9 月 20 日 胡适为傅斯年卸任"代理"校长举办茶话会后，正式接任北大校长，同时聘任先生为文学院长兼哲学系主任。胡适热衷于政治活动，常在南京开会，北大校务多由先生协理。

10 月 23 日 先生所撰《谢灵运〈辨宗论〉书后》发表于天津《大公报》的《文史周刊》第 2 期，论述道生顿悟说在中国哲学史上的意义。

11 月 4 日 为工作方便，先生应傅斯年邀请由小石作 2 号搬入东厂胡同 1 号这所景色优美的中式花园住宅，与傅斯年、胡适比邻而居。

11 月 在西南联大 9 周年纪念会上，胡适以自己和梅贻琦、先生等人为例来说明，三校原本是"通家"，患难与共，休戚相关，合作精神应继续发扬下去。

12 月 21 日 先生与北大、清华、南开等校教授联合致函国民政府主席蒋介石，要求合理调整教师待遇。

年底 先生应邀为北大同学做了两次演讲，一为"佛经翻译"，二为"玄奘法师"。

本年 "青年文库"丛书由中国文化服务社印行，主编是朱云影、程希孟、赵纪彬，编审委员会有：先生、方东美、冯友兰、洪谦、陈大齐、宗白华、黄建中、范寿康、梁漱溟、贺麟。

自本年北大复校至 1964 年病逝，先生在北大培养的学生有汤一介、张岂之、杨祖陶、黄心川、萧萐父、武维琴、许抗生等。

1947 年（丁亥），五十五岁

1 月 22 日 沈崇一案宣判，胡适获知此案胜诉后，立即去先生家，未遇，遂留一便笺告知。

春 在北大先生讲完魏晋玄学一课后，随即讲授英国经验主义。

2 月 22 日 先生与许德珩、朱自清、向达、金岳霖、俞平伯、陈寅恪、张奚若、钱端升、吴之椿、徐炳昶、杨人楩等 13 位教授联名发表《保障人权宣言》，义正词严地谴责军警非法搜捕进步人士和爱国学生的践踏人权行径，呼吁尽速释放无辜被捕的人民。时人把这次抗议行动称之为"一个新人权运动的开始"。

3 月 胡适为了不担任国民政府委员，委托先生、饶毓泰、郑天挺三人联名致电教育部长朱家骅并请其转告蒋介石："顷闻中央拟推适之先生为国府委员，逖听之余，深感惶惑。窃意北大方始复员，适之先生万不能中途离校。国府委员会为国家最高决策机关，更不宜由国立大学校长兼任委员。此事倘经实现，不惟妨碍北大前途，又与北大组织法不合。今日大局不安，适之先生在北大对整个教育界之安定力量异常重大。同人爱护政府，爱护学校，并深知适之先生之立场。用敢冒昧陈辞，务祈婉为上达，力为挽回，不胜迫切待命之至。"由于先生等人联合极力陈请，蒋介石终于不再强求，但其心中仍"殊为耿耿"。

4 月 中国哲学会北平分会邀请美国康奈尔大学哲学教授柏特（E. A. Burt）来华交流，并举办欢迎会，先生、熊十力、胡适、林宰平、金岳霖、梅贻宝、贺麟、朱光潜等学者出席。

5 月 7 日 傅斯年致函胡适，以给先生加薪为由，希望在不影响其北大工作的前提下，把他调到中央研究院历史语言研究所。由于胡适需要倚重先生在北大协理诸多事务，因而调动之事未获批准。但傅斯年仍聘请先生兼任史语所驻北平办事处主任。先生尽管接受了主任一职，可当发薪时，他却如数将薪金退回，说："我已在北大拿钱，不能再另拿一份。"

7月 《魏晋思想的发展》发表于《学原》第1卷第3期。该文原为先生在西南联大的演讲，由石峻记录并整理成文。现存该文底稿由石峻正楷手书，先生于其上略加增删。

7月9日 先生致函胡适校长说，因应美国加利福尼亚大学之聘，特请假一年。

8月 先生由上海乘船赴美讲学，其文学院长职务由朱光潜代理。

9月 先生开始在美国加州大学柏克莱讲授"中国汉隋思想史"一课，现存讲义首次用欧洲语言将魏晋玄学（Wei-Tsin Metaphysics）系统介绍到西方，还宣讲了中国传统的自由和正义的价值观，成为东学西渐史上的重要篇章。

本年 先生论文《王弼之〈周易〉〈论语〉新义》由奥地利汉学家李华德译成英文，刊于美国《哈佛亚洲研究学报》第10卷，引起了西方学术界的重视。

1948年（戊子），五十六岁

夏 先生在加州大学柏克莱讲学满一年后，又收到哥伦比亚大学的聘请，治学条件和生活待遇远非国内大学可及。但因他对故土的眷恋，加之与胡适有一年之约，故决定谢绝邀请，如期返回了行将解放的祖国。

9月21日 先生到南京出席中央研究院第一届院士会议，在会上与冯友兰等人共同入选评议员（即常务委员，属人文组哲学门）。

9月 先生在南京参加中研院首届院士会议期间，逯钦立前往拜望。先生告诉他，陈世骧对《文赋》撰年也有考证，并建议逯钦立将其新作《〈文赋〉撰出年代考》寄陈世骧一份。陈世骧收到逯钦立之文后即回信。虽然二人见解大体相同，但在细节上仍有分歧，遂就各自结论

"微有出入处"继续"往复辩论"。《学原》原拟发表逯钦立、陈世骧及先生的通信，但由于杂志停刊而作罢。这些信 1958 年在香港一家杂志刊出，题为《关于〈文赋〉疑年的四封讨论信》，并注明系"民国三十八年春《学原》存稿"。《文赋》究竟是陆机何年所作，以往众说纷纭，他们的讨论基本解决了这一问题。

11 月 24 日　胡适与先生主持北大教授会，讨论并正式通过不迁校的决议。

12 月 14 日　蒋介石连发电报敦促胡适南飞，胡适仓皇间来不及向同事告别，行前只给先生和郑天挺留下便函，委托他们两人共同维持北大，这成为他的诀别之言。

12 月 16 日　北京大学召开第 74 次行政会议，决议推举先生、郑天挺和周炳琳三人为行政会常务委员。

12 月　梅贻琦南下前夕致函先生、郑天挺和周炳琳，请他们照料留在城内的清华师生。此后，先生继续负责组织人员南飞，并收到政府派人送他的两张机票。经地下党竭力挽留，加之师生们的信任，先生决定留下来，履行校长职责，与北大师生共济时艰。

1949 年（己丑），五十七岁

2 月 3 日　解放军举行盛大入城式，先生代表北大，接受新政权管理。解放军入城后，北平市军事管制委员会文化接管委员会召集各校代表开会，北京大学由先生和郑天挺参加。

2 月 28 日　文管会主任钱俊瑞等 10 人到北大，与先生及师生员工代表在孑民纪念堂开会，商谈接管和建设新民主主义的北京大学等问题。

5 月 4 日　为加强集体领导，更加有效地推行和改进校务，北京大学成立了校务委员会，由先生任常务委员会委员兼主席。

5 月 9 日　周恩来在北大孑民堂与先生诸教授座谈，并由周恩来主谈新民主主义教育和外国文化中国化等问题。周恩来的为人、气度和见识让先生深感敬佩。

5 月 13 日　北平市军事管制委员会主任兼北平市长叶剑英正式任命先生为北京大学校务委员会主席兼文学院院长。当时北大不设校长，亦未实行后来的党委负责制，校务委员会遂成为北大最高领导机构。这种情况一直延续到 1951 年马寅初来接任校长后为止。因此，在北大校史上，先生排在胡适之后、马寅初之前，成为北京大学第 22 任校长。

6 月 1 日　华北人民政府主席董必武任命先生、黄炎培、郭沫若、徐特立等人为华北高等教育委员会委员。

7 月 8 日　由"新哲学研究会"和"中国哲学会"筹备组建全国性的中国哲学研究会。张岱年回忆：该会由汤先生和胡绳领导，每周座谈一次。在一次座谈会上"汤先生建议在北大、清华等校开设'近代思想史'课程，内容不分中西，既讲中国的，又讲西方的"。

7 月 17 日　《人民日报》第 2 版刊登《中苏友好协会发起人名单》名单中有：宋庆龄、刘少奇、周恩来、郭沫若、丁玲、胡绳、贺龙、傅作义、彭德怀、焦菊隐、汤用彤、邓颖超、邓宝珊等共 698 人。

7 月 28 日　《人民日报》刊出报道：先生与丁西林、马叙伦、黄炎培、董必武、楚图南、潘梓年、钱俊瑞等中华全国第一次教育工作者代表会议筹委会常委向毛主席、朱总司令发致敬电，并致新政协筹备会贺电。

9 月 21 日　中国人民政治协商会议第一届全体会议在中南海怀仁堂开幕，先生作为中华全国教育工作者代表会议筹备委员会的代表出席大会。

12 月　在筹备新北大首次校庆之际，经先生和郑天挺商定，以北大全体师生的名义给毛泽东写信，请他回来参加校庆，并给北大校徽题字。毛泽东从苏联回京见信后，即把亲笔书写的北京大学校徽题字函件，经中央办公厅秘书室送到了先生的校长办公室。

12 月 16 日　《北大周刊》第 21 期刊出先生纪念校庆 51 周年的文

章，批评老北大"为学术而学术"脱离现实的弊端，同时力图重新阐释"兼容并包"口号。针对当时与老北大传统彻底决裂的激进主张，先生总是维护和发扬蔡元培"兼容并包"的思想，力图阐明在尊重历史连续性的前提下，寻求新机制在旧体制内的渐进成熟的规律，以实现新旧思想的平稳过渡。

本年　先生在北京大学开设的"欧洲大陆理性主义"和"魏晋玄学"课程，对比斯宾诺莎的"自然"观和郭象《庄子注》中的自然主义，以此展开中西文化异同的比较。他认为中西文化异中有同，同中有异；不能因为两种文化的表面相同而强求一致，也不能因为存在差异而加以排斥，而应不囿于名相，寻求相通之处和一致性。他的著作、授课及治校办学方针都体现着上述精神。

1950 年（庚寅），五十八岁

3 月 14 日　中国新哲学研究会筹备会常务委员会致函先生。他把该信夹在本年上学期所开课程"笛卡儿《沉思集》"讲义中，并在信后写道"与报告结合起来"。这当是中华人民共和国成立后以苏联日丹诺夫关于唯物与唯心主义对立的方式，来理解哲学史并引入教材的最早尝试之一。

5 月 4 日　先生文章《五四与北大》发表于《文汇报》第 8 版。

此顷，陈铭枢写有不少宗教政策和佛教教义方面的文章，并上呈与毛泽东论佛学书，倡导"佛学治国"，信中提及先生。6 月 12 日，毛泽东复信陈铭枢，表示便时再一起商讨。

6 月　先生出席中央人民政府教育部召开的首届全国高等教育会议，毛泽东、周恩来参会。教育部长马叙伦总结说：这次会议高度发挥了民主协商精神，巩固了教育工作者的团结局面，并把新中国高等教育的方向明确地确定下来。

10 月 12 日　先生被聘请为中国科学院专门委员。郭沫若院长颁发的"院人字 3096 号"聘书今存。

秋 杨祖陶从北京大学哲学系毕业留校任助教,先生派他采购一些中国近代思想家文集。杨祖陶看到《汤用彤学记》中张岱年文章后,追忆道:"原来用彤先生当年派我到隆福寺街买那些书是为开设《近代思想史》课程作准备。……先生正是从中国近代文化学术和马克思主义哲学相接触双方都必然变化——中国文化学术因接触马克思主义哲学而现代化和马克思主义哲学因接触中国文化学术而中国化——这样一点出发提出上述那个建议的。"

1951 年(辛卯),五十九岁

1 月 1 日 先生的《新年笔谈》发表于《新建设》。

1 月 28 日 先生、艾思奇、冯友兰、郑昕、金岳霖、贺麟等数十人参加"新哲学研究会"座谈会,主题是讨论毛泽东的《实践论》。1 月 30 日《人民日报》第 3 版对此座谈会作了报道。

2 月 21 日 在新哲学研究会的座谈会上,冯友兰从发展马克思主义解决中国问题的视角,作了《〈实践论〉——马列主义底发展与中国哲学传统问题底解决》的报告。先生、金岳霖、沈有鼎等与会代表展开热烈讨论,他们带领新哲学研究会有力地推动了理论界对马克思主义哲学的学习及其中国化的探索。

6 月 16 日 先生文章《"有益士林"的武训》发表于《学习》。

在新北大的运行基本步入常规后,先生多次提出辞职,并推荐李四光接任北京大学校长,后有关方面因其就任中国科学院副院长等职而改成马寅初。

9 月 3 日 经中央人民政府委员会第 12 次会议通过,毛泽东主席亲笔签发"府字第 3984 号"令,正式任命先生为北京大学副校长(当时只有一位副校长),至此北大圆满实现了领导体制的新旧更替。此后,先生负责主管基建和财政,助手为张龙翔。他同时继续兼任文学院长,并在钱端升外出参加土改期间曾任代理法学院长。

9月3日 周恩来听取马寅初介绍先生等北大教授响应思想改造的号召，发起北大教师政治学习运动的情况。29 日，周恩来在中南海怀仁堂作《关于知识分子的改造问题》的报告，并以自己思想改造的切身体会现身说法，思想改造运动由此在全国范围内展开。先生有一本笔记，记录内容从周恩来这场动员报告开始至 11 月 18 日总结"三反""五反"、思想改造运动为止，这是了解当时知识分子思想状况具有典型意义的史料。

12 月 由于新北大的校务委员会成立于五四运动 30 周年纪念日，又鉴于原校庆日 12 月 17 日，天气太冷、期末较忙等原因，经先生提议并最终确定以每年 5 月 4 日为北大校庆日。这样既能发扬五四精神，又利于校友返校。先生自早年留学时即积极支援国内的五四运动。他晚年一篇读书札记末尾，将日期记为"5. 4 前一天"而不写当日的日期。这都从一定意义上说明了他对五四精神的契赏。

12 月 26 日 先生文章《改良主义的思想与所谓"清高"》发表于《进步日报》。

本年 《论格义——最早一种融合印度佛教和中国思想的方法》，由美国加利福尼亚大学洛吉斯（M. C. Rogers）译成英文，发表于印度前总统、国际著名哲学家拉达克里希南教授（Radhakrishnan，1888—1975）六十诞辰纪念论文集《哲学比较研究》（*Comparative Studies in Philosophy*），英国伦敦 Georg Allen and Unwin Ltd 公司出版。该文是先生 1948 年在美国讲学期间写成，对国外学术界颇有影响。因中文原稿不存，1990 年 1 月由石峻教授根据英文翻译成汉文。

本年 北大课程改革，先生的课程全部停开，开始认真学习研究马列主义。同时，他忙于处理校务，无暇将隋唐佛教、魏晋玄学等讲稿扩充整理成书。

1952 年（壬辰），六十岁

1月3日 北京大学成立"北京大学节约检查委员会"，领导本校的"三反"运动。委员会成员有马寅初、先生、钱端升、张景钺、王鸿祯、马大猷、王学珍、胡启立、闻家驷等。运动中，先生带头检讨了自己因循敷衍等错误。

中央办公厅机要室印发的《关于知识分子问题的会议参考资料》中说到先生有如下一段："汤用彤'三反'前仍保持明哲保身的黄老之术，在三反和思想改造运动中，通过大量贪污浪费事实的揭发，认识了自己旧思想的危害，同时由于党对他采取了'保护过关'的政策，使他体会到党政策的正确和对自己的器重，于是一反过去的态度，积极靠拢党，工作中力求进步。"

9月13日 汤一介与乐黛云结婚典礼在小石作胡同汤家举行。乐黛云教授晚年回忆当时情景说："我至今还记得大概的意思是说，我很愿意进入这个和谐的家庭，父母都非常慈祥，但是我并不是进入一个无产阶级家庭，因此还要注意划清同资产阶级的界限。那时的人真是非常革命！简直是'左派幼稚病'！两位老人非常好脾气，丝毫不动声色，还高高兴兴地鼓掌，表示认同。第二天，汤老先生和老夫人在旧东单市场森隆大饭店请了两桌至亲好友，宣布我们结婚……结婚后第一要抵制的就是这种旧风俗习惯。我和汤一介商量后，决定两个人都不去。这种行为现在看来确实很过分。一定很伤了两个老人的心。但汤老先生还是完全不动声色，连一句责备的话也没有。"

秋 全国高校实行院系调整。北京大学自城内沙滩搬到西郊燕园，融入清华大学、燕京大学等校的文理科，组成一个新型综合性大学。马寅初任北大校长，原清华校务委员会副主任、物理学家周培源任北大教务长。江隆基任党委书记、副校长，主持学校日常工作，并主管教学改革及思想政治教育。先生作为唯一的专职副校长也兼管教学和科研。

10 月 先生从小石作 2 号搬家住进北大燕南园 58 号院,与原住于此的燕京大学社会系主任赵承信教授对换住宅。

本年 全国的哲学专家皆调集到北京大学,先生作为校领导尽力做好团结、协调工作。张岱年回忆说:"汤先生以博大的胸怀、诚挚的态度,使哲学界同仁都感到温暖。汤先生的高尚的情操,令人至今感念不忘。"

本年 中国政法大学前身的北京政法学院在北京市东城区沙滩原北京大学礼堂举行成立典礼,谢觉哉、马叙伦、张奚若、彭泽民、钱端升、吴玉章、先生分别致辞,祝贺学院成立,并对学院的建设与发展提出了殷切期望。

1953 年(癸巳),六十一岁

7 月 22 日 先生的长孙女、汤一介长女汤丹出生。先生在孙辈出生之前,似已预见到这一代应有五个,就都给取好了富有特色的名字:丹,与单谐音,就是一;双,是二;珊(如是男孩则用山),与三谐音;方,四方为四;正,一共五划,字形也像五。

8 月 中共中央批准历史问题研究委员会成员名单。随后该委员会决定在中国科学院设立三个历史研究所,由先生兼任中国科学院历史考古委员会委员。

10 月 25 日 熊十力为定居南方而致函马寅初、江隆基、先生,并附录他致林伯渠、董必武函。全信以身体状况与治学成效的关系为主线,反映了作者的独特观察视角和学术成长道路,可视作他的一篇"自传",对于研究其生平和思想颇具关键意义,甚至可以说是揭示其性情和学问秘密的一把钥匙。信中各项要求都得以批复和落实后,熊十力于本年秋起程,先生、冯友兰诸友前往送行。

11 月 18 日 先生所撰《加强锻炼,进一步搞好体育活动》发表于《北京大学校刊》第 4 期。

11 月　先生在教育部综合大学会议上，提到师资调整存在的弊端："北大哲学系集中了全国六个系的教师，但并没有考虑如何发挥那些人的作用，只是把他们放在一个地方就算了。"他的发言直接面对院系调整的众多主事者，并涉及教育体制层面。

同月　汪篯南下广州，拟请陈寅恪出任中国科学院历史研究所二所所长。汪篯回去后，陈寅恪随即致函先生，表明自己对此事的态度，还恳请汤用彤转告北京大学校方，今后不要再为此类事情批准任何人员来找他。

年底　先生在北京大学演说《迎 1954 年新年讲话》，手稿残存两纸。

1954 年（甲午），六十二岁

经过知识分子思想改造、全国院系调整和"三反""五反"等运动，到本年学校教学秩序初步稳定。先生遂提出大学虽以教学为主，但也要大力开展科学研究的主张。为此他筹备创办《北京大学学报》，开展学术自由论辩以推动科学研究工作，并亲自积极组稿。侯仁之告诉笔者，他发表在《北京大学学报》创刊号关于北京水资源研究的论文，就是先生向他约稿而写成的。文中首次提出的问题至今还是北京城市发展的首要制约因素。

2 月　《历史研究》创刊号出版。第一届编辑委员会成员有郭沫若、尹达、白寿彝、向达、吕振羽、杜国庠、吴晗、季羡林、侯外庐、胡绳、范文澜、陈垣、陈寅恪、夏鼐、嵇文甫、先生、刘大年、翦伯赞，体现了新中国史学家强大的合力。

6 月　先生与任继愈联合署名的论文《魏晋玄学中的社会政治思想和它的政治背景》，发表于《历史研究》1954 年第 3 期。任继愈在写作时，曾参考过先生西南联大演讲提纲《魏晋玄学与政治思想》。

9 月 23 日　《认清我们的职责，迎接祖国第一个宪法》发表于《光明日报》。

10月　印度总理尼赫鲁访华，签赠先生图书。《人民日报》10月20日第1版刊登新华社19日讯《周总理招待尼赫鲁总理》载："出席酒会的，有国务院副总理陈云、邓小平、邓子恢、贺龙、乌兰夫、李富春、李先念、秘书长习仲勋……教育界人士胡锡奎、聂真、蒋南翔、江隆基、汤用彤……酒会在热烈友好的空气中进行。"

先生晚年的治学重点逐步转向了道教。他的高足王明教授说："汤先生在1954年大病以前，似乎酝酿着一个研究佛教和道教的宏伟计划，兴致勃勃。"这从先生现存的大批读书札记可以得到证实，他的第一份读《道藏》札记是从本年4月起开始动笔，至迟在11月13日病倒前停笔。

11月13日　先生与冯友兰等人出席在人民日报社召开的胡适批判会议，在长期积劳成疾之下患脑溢血，入住协和医院，昏迷近一月。马寅初请卫生部长李德全组织抢救，予以特护治疗。批判胡适思想运动全面铺开后，先生忽然中风病倒，成为当年教育界一件影响颇大、议论较多的焦点事件，改变了这场运动行进的走向和速度。

11月17日　北京大学发公函感谢苏联文化部赠送先生、金岳霖、冯友兰礼物。该函件3页，现存北京大学档案馆的校长办公室专档。另有一档案题目为"冯友兰为汤用彤给苏联文化部长的信致负责同志"，系冯友兰替刚发病的先生代写的说明函。

先生大病之后，撰写文章多由任继愈、汤一介先生协助，但先生仍谆谆教导后学，耕耘不辍，辛勤培养提携年轻科研人才，在运动频仍的岁月里依旧保持对学术的执着追求。

1955年（乙未），六十三岁

3月　《哲学研究》创刊，由中国科学院哲学研究所编辑发行，先生、冯友兰等人任编委。

先生与任继愈联合署名的论文《南朝晋宋间"般若""涅槃"佛教

学说的发展和他的反动的政治作用》，发表于《哲学研究》1955年第3期。

6月 中国科学院学部委员会成立，先生被选为哲学社会科学部学部委员。

9月 《汉魏两晋南北朝佛教史》由中华书局在任继愈对初版所作修订的基础上，重新编辑出版。日本佛教史家镰田茂雄晚年说："记得当年在东京大学研究所就读时，得获汤用彤教授的《汉魏两晋南北朝佛教史》上、下二册（中华书局1955年9月初版），如饥似渴拜读的情景，恍如昨日。装订不甚完好的初版书上画满了红绿相间的线条，封面也残破不堪，但就在这样反复熟读之下，奠定了我对中国佛教史学术研究方法的基础。现在，手捧着这本书的最初版，往事历历，令人感怀不已。在倾慕汤用彤教授的学识之余，我决心投注一生的时间来研究中国佛教史，因此才完成六册《中国佛教史》的出刊（全八册，尚有二册排印中）。"

12月2日 先生与任继愈联署的《纪念释迦牟尼涅槃三千五百年》发表于《人民日报》。

1956年（丙申），六十四岁

1月 党中央关于知识分子问题会议召开后，为落实重视知识分子的政策，应先生等老专家的要求，北大相继为他们配备了助手，以传承其学说。在周恩来总理亲自关怀下，汤一介、杨辛调到北京大学哲学系，作为助手整理先生的著述。从此先生开始抱病为北大哲学系部分师生讲授印度佛教哲学。

2月 先生与任继愈的长文《魏晋玄学中的社会政治思想和它的政治背景》，题目改为《魏晋玄学中的社会政治思想略论》，由上海人民出版社出版单行本。

8月12日 先生发表《"百家争鸣"是学术上的群众路线》于《人

民日报》第 7 版。

11 月 先生刚能勉强执笔，便投入道经研究中。先生读《道藏》札记中有《〈养性延命录序〉校勘札记》等手稿，经整理校注后，发表于《中国哲学史》2014 年第 1 期。1954 年先生中风时，苏联专家们来诊断后都认为没希望了，但经过施今墨等名医会诊和半年针灸治疗，终于转危为安。由于亲身经历，先生改变了以往对中医的误解，从此他读书时非常注意医学和养生的记载，留下了多种关于道藏、佛藏及中外史书里医学资料的札记。这在近代名人对中医的认识与态度的转变方面颇具代表性。

冬 在北京大学哲学系进修的萧萐父向先生请教如何读王充书，先生蔼然指点王充书中累称黄老，应注意其与秦汉道家的关系。

本年 先生病情好转时，打算完成《隋唐佛教史稿》诸书的写作，于是购买了一套 20 世纪 20 年代起由商务印书馆陆续编校出版的百衲本《二十四史》。这套书由于在"文革"中家人三餐不继而变卖了。

本年 先生的学生郑昕接任北大哲学系主任（1956—1966）时说："汤先生任系主任时行无为而治，我希望能做到有为而不乱。"

1957 年（丁酉），六十五岁

1 月 22 日至 26 日 在北京大学哲学系举行"中国哲学史座谈会"。先生发言说："我以前认为空宗和有宗是不同的。有宗里面有唯物主义的因素，一想到他是宗教，就不敢提出来。现在苏联提出了，我才敢说。"

3 月 15 日 先生所撰《高校应重视科研 目前北大的科研潜在力量尚未充分发挥》发表于《光明日报》。

3 月 25 日 先生在汤一介协助下写成《魏晋玄学论稿·小引》，从多方面对其魏晋玄学研究工作加以解说。这对于进一步揭示玄学发展的线索，以及了解他的治学理路及其当时的思想状况都颇有价值，可以作为阅读《魏晋玄学论稿》的一种向导或序言。

5月26日 先生为给整风运动提意见而撰写的《实事求是，分清是非》发表于《人民日报》第7版。

5月27日 先生向中国科学院学部委员会第二次全体会议递呈书面发言。发言批评了科学院、高等院校及生产部门相互隔离的现象，并对"十二年科学规划"提议："在旧社会有力量印出《四部丛刊》《四部备要》等成套丛书，我想我们也应该能印出比那些更有用的丛书来。"因而建议整理出版比日本《大正藏》"更好的大藏经来供全世界的学者应用"，还呼吁"像《道藏》《太平御览》等数量大的书也应逐步印出来"。发言还反对学术界对外闭关，主张恢复教授休假制度，派他们出国考察研究，加强与国际学术文化界的交流和联系。他批评当时社会科学界领导对冯文潜、蒙文通等老专家不了解、不重视的官僚主义现象，主张量才重用之。

5月28日 先生在科学院学部会议上的书面发言摘要《改善科学院和高等学校的关系》发表于《光明日报》。

5月28日 《科学研究和教学不能分家——汤用彤批评科学院的本位主义思想》发表于《人民日报》第7版。

6月7日 《人民日报》第7版发表洪谦的文章《应该重视西方哲学史的研究》，在先生科学院学部会议发言基础上提出四点具体建议。

6月 先生在新中国成立前发表的9篇魏晋玄学论文汇集成《魏晋玄学论稿》由人民出版社印行。此版虽然仅有7万余字，但是内涵丰富、考订细密、行文古朴厚重，长期受到学界的关注，是该领域的经典传世之作。该书刚刊行，蒙文通就致函先生评论道："（《魏晋玄学论稿》）体大思精，分析入微，实魏晋以后之奇书。论诸家异同，如辨缁渑，于古人思想体系和造诣，论之极深，于各家学术问题范围，所论亦广……每造一句、每下一字皆有来历。此唯精熟古书而后能之。"

12月24日 先生长孙、汤一介先生之子汤双出生。

本年 冯契到北京看望先生。冯契回忆说："我告诉他我正在探索中国传统哲学的发展逻辑，但觉得自己有局限性，已不可能像汤先生那样把握世界三大哲学系统来进行比较研究。他还是用那句老话来鼓励我："慢慢来，你行的！"我说："等我写出来，请汤先生提意见。"

1958 年（戊戌），六十六岁

2 月 乐黛云被划为极右派，这对先生的打击也很大。乐黛云回忆说："我被划为极右派，老先生非常困惑，根本不理解为什么会这样。在他眼里，我这个年轻小孩一向那么革命，勤勤恳恳工作，还要跟资产阶级家庭划清界限，怎么会是右派……他一向洁身自好，最不愿意求人，也很少求过什么人！这次，为了他的长房长孙——我的刚满月的儿子，他非常违心地找了当时的学校副校长江隆基，说孩子的母亲正在喂奶，为了下一代，能不能缓期去接受监督劳动。江隆基是 1927 年入党的，曾经留学德国，是一个很正派的人。他同意让我留下来喂奶 8个月。"

3 月 《发扬革命干劲，促进文字改革》发表于《语文建设》第 3期，先生文中以吴宓为例谈文字改革遇到的问题。

5 月 8 日 在党的八大二次会议上，毛泽东发表《破除迷信》的重要讲话。北京大学哲学系中国哲学史教研室响应号召，同年编出《破除迷信》一书，由中华书局出版。其中"荀子""王充"两章为先生所写。

5 月 18 日 先生复函中华书局，提出他准备整理《高僧传》的具体办法，并征询编辑部意见。但由于同年先生患心脏病住院治疗等原因，直到一年后此项工作才得以展开。

1959 年（己亥），六十七岁

3 月 12 日 《人民日报》第 2 版公布"中华人民共和国第二届全国人民代表大会代表名单"，先生列为湖北省代表。除当选为第二届全国人大代表外，本年先生还兼任第三届全国政协常委。

3月17日 社会学家朱亦松写长函回复先生，反映了当时两位著名学者面对社会变革的不同态度与应对方式。

9月5日 中华书局编辑部致函先生、郭沫若、侯外庐、刘国钧、陈国符等，就出版王明编校的《太平经合校》征求意见。

秋 杨祖陶在告别北京大学赴武汉大学任教前夕，专程去向先生辞行。他回忆说："令我没有想到的是，先生这时主动地把他珍藏而我每次都'爱不释手'的 Erich Adicks 校注本《康德〈纯粹理性批判〉》（1891年柏林出版）夹上一张亲笔写的'此书借给杨祖陶'的纸条交到我手里。先生当时慈祥和蔼的面容和对后学寄予殷切希望和鼓励的眼神，至今还鲜明地印在我的心底。"

11月25日 先生复函捷克斯洛伐克汉学家鲍格洛。

12月 先生写成《印度哲学史略·重印后记》，提道："现在为着促进对印度哲学方面的研究，我正在编一汉文中的印度哲学资料汇编——在大藏经中广泛抄集，无论经论或章疏中的有关资料长篇或零片均行编入。目的为今后研究印度哲学者之用，只于资料注明出处及原作或译者人名等。"他抱病组织人员抄录，并亲自分类，以颤抖的手迹一一标明选篇的内容、出处、作者、译者、年代等。他虽曾说"不作任何加工"，但还是总想尽量多做些必要的注释和说明，以便于读者理解。

本年 陈撄宁入主中国道教协会，第三次研读《太平经》，并参考先生等学者相关研究成果。

本年 汉学家许里和《佛教征服中国》一书出版，他屡屡称引先生的著述，盛赞其"大师风范"（masterly fashion），并奉汤著为"价值至高之工具和导引"。

本年 先生把拟写的《魏晋玄学》一书的纲目增订为21章。此稿涵括了玄学的各类重要问题，对了解先生的玄学研究体系意义重大。先生晚年打算对研究了30余年的玄学进行系统总结，去世前不久还由汤一介等助手协助准备整理出版《魏晋玄学讲义》，我们从《魏晋玄学》

提纲的章目中亦可以略窥其梗概。先生的学术成果主要集中在中国佛教史、魏晋玄学史和印度哲学史方面。学术界公认他在这三个领域的研究皆是世界一流，其中在佛教和魏晋玄学方面的成就尤为突出，先生以此在学术界确立了崇高的地位。

1960 年（庚子），六十八岁

1 月 10 日 先生致函蒙文通论学时提道："近年颇思研究道教史，记得《图书集刊》中，有刘咸炘老前辈关于道教史研究一文，不知兄处尚存有《图书集刊》否？如有，望寄弟一份。《图书集刊》中，似尚有其他与道教史有关论文，望一并寄弟。"先生率先关注到槐轩学派传人兼浙东学派大家刘咸炘的道教研究。

2 月 在先生和郭沫若等人的积极支持下，《太平经合校》由中华书局出版，有力推动了学界对《太平经》的研讨。王明在《太平经合校》"前言"中声明"这书是旧稿重编。前蒙北京大学教授汤用彤先生帮助最多"。《太平经合校》以扎实的功底和独创的体例而成为国内外公认的最权威最详备的版本。

3 月 21 日 林宰平病逝于北京医院，他曾任中国佛教协会第一、二届理事会理事，国务院参事。先生、赵朴初、陈叔通、吕澂、熊十力等 18 人组成治丧委员会，办理相关事务。

4 月 19 日 《人民日报》发布中国科学院副院长陶孟和逝世讣告，刊载治丧委员会名单如下："郭沫若、尹赞勋、陆定一、李维汉、李四光、吴有训、严济慈、杜润生……汤用彤、杨石先、裴丽生、潘梓年、钱三强、钱昌照、聂荣臻。"

8 月 《印度哲学史略》经先生的助手王森校改文字错落百余处，由中华书局重印。

本年 先生重读家藏已久的杨文会所撰《十宗略说》，作了摘抄，并加按语。

本年　中华书局影印出版了《太平御览》，先生 1957 年在科学院学部会议上关于"《太平御览》等数量大的书也应逐步印出来"的倡议得以初步落实。

1961 年（辛丑），六十九岁

6 月　先生所撰《康复札记四则》：《"妖贼"李弘》《云中音诵新科之诫》《何谓"俗讲"》《佛与菩萨》发表于《新建设》。前言中说："现应《新建设》杂志之约，将近年读书所得写成札记，以供参考，这也是我对人民所尽涓埃之力。"他曾改杜甫《野望》颈联"惟将迟暮供多病，未有涓埃答圣朝"为"虽将迟暮供多病，还必涓埃答圣民"，以表达他的暮年心愿。

7 月　先生论文《针灸·印度古医书》发表于《新建设》。针对国外流行的针灸起源于印度之说，先生利用中国古籍、汉译佛经和英译巴利文材料，证明针灸并非由印度传入，而是中国原本固有，并由此揭示中外文化交流中应注意的一些关键问题。

8 月 5 日　章正续、詹铭新对先生的采访报道《燕园访汤老》，发表于《光明日报》第 2 版，先生谈及治学方法。

8 月 19 日　先生与宗白华的访谈录《漫话中国美学》发表于《光明日报》。

9 月 4 日　吴宓拜别陈寅恪，赴京遍访诸友。11 日，由钱学熙陪同，吴宓访冯至、叶企孙，将近中午来到燕南园汤宅。《吴宓日记》载："钱学熙独导访副校长汤用彤兄嫂，相见执手并坐甚亲，貌似古僧，短发尽白，不留须……"

10 月 19 日　先生撰文《谈一点佛书的"音义"》发表于《光明日报》。

10 月　先生与汤一介合写的论文《寇谦之的著作与思想》发表于《历史研究》第 5 期。该文基本同意陈寅恪《崔浩与寇谦之》一文的看法，并参引陈文的主要观点，就其未尽之处展开证论，还涉及寇谦之新道教与魏晋玄学的关系。

本年　先生再次恢复《高僧传》的整理工作，并由黄枬森的夫人刘苏协助誊录校对，共作了三卷。

此顷，先生已难以撰写长文，每天遵医嘱只能工作一两小时，仍坚持治学，撰写短文。他的这些研究成果，至今仍被作为权威结论而为学界所称引。

1962 年（壬寅），七十岁

1 月 13 日　《人民日报》理论部回函先生。

春　《高僧传》校注的工作改由李长霖协助。

5 月 4 日　《人民日报》第 1 版刊发一则《北大许多知名学者关怀后一代师资的成长》的新华社消息，提到先生教研近况："汤用彤教授虽然因病长期休养，但仍然热心地尽力培养青年教师。最近青年教师汤一介就在他的指导下，学习魏晋玄学，同时正在有计划地编写有关资料。"

5 月 28 日　先生复函吴宓。

6 月　先生论文《论中国佛教无"十宗"》发表于《哲学研究》第 3 期。汤文指出，日人所谓中国佛教旧有"十宗""十三宗"的说法，系出于传闻，并非真相。他运用比较方法对佛教各宗进行考证解析，界定了"宗"的两层含义：一是学派，二是教派。隋唐以前"宗"是学派的含义，到隋唐才具有教派的含义。前者属佛学史，后者属佛教史。二者互有关联，且因时变迁。若以经论之讲习为宗，则数目亦不定是十宗或十三宗，这其实是把学派之"宗"和教派之"宗"混同为一。

6 月 7 日　先生就《论中国佛教无"十宗"》中的校勘问题致函《哲学研究》编辑部。

夏　先生、陈垣、吕澂、周叔迦、向达等学者开会讨论编纂《中华大藏经》事宜。此事先生 1957 年在科学院学部会议书面发言中就已提议，后来他还为编纂《中华大藏经》写过一份"意见书"，时任文化部副部长的齐燕铭回信表示支持，并委托潘梓年负责这项工作。

7 月 30 日　《哲学研究》编辑部寄来黄心川的《印度十九世纪爱国哲学家和社会活动家辨喜的思想》一文，请先生审稿。

8 月 4 日　先生就黄心川《印度十九世纪爱国哲学家和社会活动家辨喜的思想》审稿事，复函《哲学研究》编辑部。

8 月　陈撄宁所撰长文《太平经的前因与后果》，发表在《道协会刊》创刊号上。陈撄宁把《道协会刊》杂志逐期赠送给先生、梁漱溟等学者交流。

9 月 18 日　吴宓复函先生，将其所作《汉魏两晋南北朝佛教史》校勘，逐页抄录，随函奉上，以供中华书局改版之用。

9 月 20 日　列宁格勒大学东方系教员庞英致函先生。

9 月　《魏晋玄学论稿》由中华书局再版，印两千册。

10 月 4 日　《光明日报》学术部致函先生并附巨赞的文稿。10 月 12 日，复函《光明日报》学术部。

10 月 15 日　《历史研究》第 5 期刊发一篇题为《陈垣、陈寅恪、汤用彤、顾颉刚著述情况》的学术资讯，介绍了汤著的重印，新编中的《往日杂稿》和《魏晋玄学讲义》，还特别关注他古籍整理的进展。

10 月 14 日　先生文章《关于慧深》发表于《文汇报》。

10 月 15 日　《北京大学学报》编辑部送来罗荣渠《评朱谦之先生新编的〈慧深年谱〉》一文，请先生评审。

10 月 17 日　先生复函《北京大学学报》编辑部说：《评朱谦之先生新编的〈慧深年谱〉》"陈述的理由，同我在本年十月十四日《文汇报》所发表的《关于慧深》那篇文章大致相同"，并提出两点具体意见。

11 月 21 日　先生在《光明日报》的《史学》栏目发表《从〈一切道经〉说到武则天》，以其发现的武则天所撰《一切道经》序文为契机，指出武则天在敬佛的同时，亦与道教有密切关系。这一结论是先生在结合敦煌史料梳理道教发展史的过程中揭示的，并由此修正了学术界对武则天宗教信仰的片面认识。

11 月 22 日　先生与中华书局总编金灿然签署"高僧传校点"约稿合同。

11 月 29 日　先生复函哲学研究编辑部。

12 月　先生的论文集《往日杂稿》由中华书局出版。他在《前言》中说："这本杂稿，多半是有关宗教史的论文书评。前面三篇是关于隋唐佛教史的论文；第二组为书评，这些书评多半写在九一八前后；后三篇是关于道教及早期印度佛教；附录二篇是我在解放前对文化思想的一些看法，编入本文集，便于读者在读本书和作者其他著作时，于我的思想有所认识。"附录是指《评近人之文化研究》《文化思想之冲突与调和》两文。

巨赞在《现代佛学》1962 年第 6 期发表《汤著〈佛教史〉关于"〈太平经〉与佛教"的商兑》，质疑《太平经》所谓"四毁之行"是针对佛教而发，认为"四毁之行"是驳斥当时流行的其他一些道术。

1963 年（癸卯），七十一岁

年初　吕澂编出中华大藏经目录，并油印成册分送各位专家征求意见。先生所写建议函《关于中华大藏经目录的意见致哲学社会科学部并转潘老》，对吕澂和周叔迦在目录分类问题上的争论提出了自己的看法。

1 月 15 日　先生致函巨赞，对其质疑的"四毁之行"予以答复。巨赞接到先生来信后，在春节期间到先生家中拜访，并讨论相关的问题。2 月 15 日，巨赞复函先生继续加以探讨。

1 月底　先生由夫人陪同，赴政协礼堂参加春节招待会，与陈毅晤谈。

3 月 23 日　为使《高僧传》的出版体例一致，先生复函中华书局哲学组就整理《宋高僧传》计划提出详细意见。他的建议对整理僧传和今天的古籍整理都有借鉴作用。

5 月 1 日晚 汤一介夫妇带两个儿女，陪同先生夫妇上天安门城楼参加劳动节观赏焰火等联欢活动，他们由周恩来总理导见毛泽东主席。毛泽东询问先生身体状况，嘱咐他量力而行写短文，并言其阅读过先生所撰全部文章。

夏 许抗生、武维琴考上先生的研究生。先生尽管重病缠身，却一心想尽快把毕生所学倾囊传授给后学，以接好老一辈的班，因此总是不辞劳苦地为学生的学业操心着，坚持讲解佛经，辅导《出三藏记集经序》《弘明集》等书。

6 月 14 日 先生写成《中国佛教宗派补论》，随后发表于《北京大学学报》本年第 5 期。该文充分利用正反方面的材料，溯源中日佛教交流史实，以全面了解宗派的形成及其性质，彻底推翻了中国近七十年来承袭日本的旧说，从而使学界对宗派佛教的研究进入一更高层次。由于考辨精详，其说已成为学术界的主流观念。石峻认为这表明："汤先生真正能做到摆脱国外专家所制定的框架，从而建立了我国学者独到的体系。这是千真万确的。"

9 月 《高僧传》整理工作全面铺开。

10 月 1 日 先生再次受邀上天安门，由汤一玄夫妇陪同出席国庆观礼。

11 月 《汉魏两晋南北朝佛教史》上下册由中华书局再版。该版由先生、吴宓和李长霖等人做了认真的校勘，并参考巨赞商榷文章的意见做了修改，成为其最终的定稿。

12 月 13 日 先生将卷首部分已基本定稿的六个僧人传记（现存五纸）和三个附录《关于高僧传》《关于慧皎》《高僧传分科分卷人数对照表》，作为样张油印出来征求意见。

本年 先生完成读书札记《道藏资料杂抄》，注重从三教融合背景下来研究佛道之间的冲突与融会。

本年 先生当选第三届全国人民代表大会代表。

1964年（甲辰），七十二岁

张德钧《读汤用彤先生〈汉魏两晋南北朝佛教史〉记》一文，连载于《现代佛学》1964年第1、2、3期，与先生商榷的问题共13条，内容未刊毕。该文刊出时，先生已经病重，未知其意见。张文中说，汤著言《庄子·天下篇》举儒、墨、阴阳、名、法诸学，但是《庄子·天下篇》中没有"举"到"阴阳家"。笔者认为，先生据《天下篇》"易以道阴阳"而言"阴阳"诸学，在广义上使用这一指称亦未尝不可。

3月7日 先生在回复中华书局函中，表示将考虑出版社对《高僧传》校勘所提意见，还预计："如工作顺利，本年底或可脱稿，否则至迟明年上半年即可完成。"当月，先生因劳累过度心脏病发，入住北京医院治疗。

4月2日 先生在医院病笃时口述，由秘书李长霖笔录的《高僧传》校注计划，是现知他最后的学术工作。

5月1日 上午，先生因心脏病发作去世。他临终前有两个念念不忘的遗憾：一是研究计划还没完成，二是他的两个研究生还没培养到毕业。中央统战部部长李维汉和统战部副部长金城立即赶来，深表哀悼并慰问家属。新华社发出先生逝世的通讯稿。

5月3日 《人民日报》《光明日报》《北京日报》同时刊出先生逝世的讣告。

5月5日 先生追悼会由陈毅副总理主持，周培源致悼词，彭真、邓拓等领导和亲友到场吊唁，会后土葬于八宝山公墓。当时收到冯友兰、唐兰、李达、唐钺、邓以蛰、褚圣麟、潘菽、吕澂、蒙文通、蒙思明、王维诚、王明、王玉哲、王达津、邓子琴、黄扶先、吴晗、越南驻华大使陈子平等国内外名流贤达的唁电、慰问信、挽联和挽诗，现存约40篇。

6 月 15 日　汤一介从先生遗稿中先整理出的一组文章，以《读〈道藏〉札记》为题，发表于《历史研究》第 3 期。先生遗稿的整理编纂在学术史上具有里程碑式的意义，也经历了长期而复杂的过程。这项工作在他去世后，即由汤一介着手进行。

6 月　汤一介写成长函《郑昕主任请转陆平校长》，专就先生遗稿的搜集整理，提出规划意见，如：《高僧传校释》（现名《校点高僧传》）"由李长霖继续进行，由向达、任继愈指导"；《汉文印度哲学史资料选编》"由王森负责，武维琴协助"；"《魏晋玄学讲义》1966—1967 年进行这项工作，由汤一介负责，李长霖协助"；黄心川、许抗生等弟子也都有分工。

中印文化交汇产生了中国化的佛教，并促成魏晋玄学到隋唐道教重玄学再到内丹心性学及宋明理学的发展。先生相关札记文稿和资料汇编就是对这一文化发展路径开创性探索的梳理总结。他费尽毕生心血的治学成果，为后世学术研究奠定了坚实基础，并开辟出广阔道路。为此，汤一介生前一直在主持搜集整理近千万字的大全本的《汤用彤全集》续编，其中多为未刊稿。发掘这座文化宝藏，不仅有助于人们更为全面地认识先生在学术史上的地位和作用，还可以为重审中国文化史上很多重要问题提供原始文献依据，更将惠泽学人在相关领域里的传承和推进。

附录二　汤用彤未刊稿简目

现版《汤用彤全集》未及收录的汤用彤各类著述，多为未刊手稿，拟分类整理收入《汤用彤全集》之续编。

西方哲学

汤用彤西方哲学遗稿有以下六类，基本未刊：一、1918－1919 年写于汉姆林大学的论文 10 篇；二、哈佛大学时期文稿（三辑共五册，16 开，32 篇）；三、东南大学时期讲义 8 种；四、南开大学时期讲义 5 种；五、中央大学时期讲义 2 种；六、北京大学时期讲义 11 种。

一、1918－1919 年写于汉姆林大学的论文

（一）哲学论文四篇：1. "The Concept of Being of the Pre-Socratic Period"（《前苏格拉底时期的"存在"概念》）。2. "Mysticism in the Middle Ages"（《中世纪的神秘主义》）。3. "Epistemology of Spinoza, Locke and Kant"（《斯宾诺莎、洛克和康德的知识论》）。4. "Main Currents of Chinese Thought"（《中国思想的主流》）存汉姆林大学图书馆。

（二）普通心理学四篇。①

（三）发生心理学两篇。

---

① 汤用彤注重哲学与心理学的教育作用。现存他 1938 年任西南联大哲学心理教育学系主任时对该系课程设置的安排计划："普通心理学、比较心理学、教育心理学、（心理生物学）保三门……"

二、哈佛大学时期文稿

（一）哲学专辑

手稿第一册是 3 篇论文："'Utility'" as the Moral Criterion：A Critical Study of the English Utilitarianism from Hume to G. S. Mill"（《论作为道德标准的"功利"：从休谟到穆勒的英国功利主义批判研究》）、"Kantian and Fichtean Ideas of Universal History"（《康德和费希特的普遍历史观念》）、"Schopenhauer's Philosophy of Genius"（《叔本华的天才哲学》）。

第二册中有："Post-Kantian Idealism"（《康德之后的唯心论》）、"Present Philosophical Tendencies"（《当前哲学的趋势》）。

汤用彤 1919 年在哈佛曾单独为吴宓讲授《欧洲哲学大纲》，对此吴宓评价"简明精要，宓受益最多"。1920 年 8 月又为吴宓讲授《印度哲学及佛教》。吴宓"文革"中自编年谱时还保存着汤用彤的这些讲稿。若能找到，亦可收入此辑。

（二）宗教学专辑

本辑中有："Outline of History of Religions"（《宗教史概论》）、"Origin and Development of Religions"（《宗教的起源与发展》）、"History of knowledge of Foreign Religions in the Western World"（《西方世界对外来宗教认识的历史》）、"Spinoza and Mediaeval Jewish Philosophy"（《斯宾诺莎与中世纪犹太教哲学》）、"Elements of Folk Psychology"（《民俗心理学原理》读书笔记）、"Mediaeval Metaphysics"（《中世纪的形上学》），附：斯宾诺莎《伦理学》（*Ethics*）笔记，等等。

（三）逻辑学专辑

第一册中有笔记多篇："Definition of Cardinals"（《基数解说》）、"Theory of Types"（《类型理论》）、"Problem of the Subject-Matter of Deductive Logic"（《演绎逻辑主题的问题》）、"Ordered Types"（《有序

类型》）、"Assertion"（《命题》）、"Copernican-Newton Astronomy"
（《哥白尼-牛顿天文学》）、"Problem of Boolean Algebra"（《布尔代数
体系问题》）、　"Consistency of Postulates"　（《公设的一致性》）、
"Huntington's Essay"（《亨顿的论文》）、"Equivalence of Postulate
Sets"（《等价集公设》）、"Meaning of Equivalent Sets"（《等价集意
义》）、　"Resume of Mathematical Logic"　（《数理逻辑概略》）、
"Symbolism"（《符号论》）等。

第二册是 Fundamental Concepts of Mathematics（《数学的基础概
念》）和 Logical Theory（《逻辑理论》）的读书笔记。

三、东南大学时期讲义

Ethics（《伦理学》，8 册。以下英文讲义多为 32 开本，厚薄不等）；
《伦理历史》（2 册，原题有 *Ethics Addenda*）；*An Outline of Ethics*
（《伦理学大纲》，打印稿）；*Historical Sketch of the Important Ethical
Theories*（《重要伦理学说史纲》）；*A Selected List of Books on Ancient
Greek Philosophy*（《古希腊哲学书目选》，1 册）；*Idealism*（《唯心主
义》，13 册）；*Activism*（《行动主义》，8 册）；*History of Philosophy*
（《西方哲学史》，1 册）。

四、南开大学时期讲义

History of Philosophy（《西方哲学史》，3 册，1925 年写）；
Contemporary Philosophy（《现今哲学》，2 册）；*Pragmatism*（《实用
主义》，1 册）附记有对选课学生作业的评判；*Pragmatism and
Education*（《实用主义与教育》，1 册）。*The Philosophy of Kant*（《康
德哲学》，2 册）。

《南开大学课程纲要》载汤用彤还开设过"形式论理学"（逻辑）、
"社会学纲要"等课程，但其讲义尚未发现。

五、中央大学时期讲义

19th *Century Philosophy*（《19 世纪哲学》，8 册）；*History of Modern Philosophy*（《近代哲学史》，2 册）。

六、北京大学时期讲义

在北大时他的西方哲学史教学选择大陆理性主义、英国经验主义作重点讲授。这两门课程讲义稿现存有 *Continental Rationalism*（《大陆理性主义》，5 册），*Descartes*（《笛卡儿》，3 册）；英国经验主义讲义手稿 4 册，附有 *Human's Moral Theory*（《休谟的道德论》，短文 3 纸）。另有 1931 年开设课程 *Descartes and English Empiricism*（《笛卡儿与英国经验主义》）讲义打印稿百余纸。另有《哲学概论》的英文纲要一册。①

此外还有西南联大时笔记 *Spinoza*（《斯宾诺莎》，1 册）；*Spinoza's Ethics*（《斯宾诺莎的伦理学》）；1950 年上学期所写笛卡尔《沉思集》教材纲要，及授课形式和进度；"斯宾诺莎"课程纲要。另有零散西哲笔记数十纸，夹有对张岂之、杨宪邦等听课学生的评语。

中印哲学

中国和印度宗教和哲学类未刊稿有：一、资料汇编 20 多种；二、读书札记约 30 种；三、讲义及课堂笔记 15 种；四、文章及写作提纲

---

① 《汤用彤全集》第 5 卷中的《大陆理性主义》（仅有导言、笛卡尔和斯宾诺莎部分内容）、《英国经验主义》是根据部分听课笔记整理；《哲学概论》据北大出版部印本整理，而这些新找到的讲义手稿更能体现课程的原貌，较学生课堂笔记条理清晰，不仅可供校补使用，也可使我们了解汤用彤对大陆理性主义、英国经验主义系统而深入的研究。其中大多数内容，像理性主义与莱布尼兹、理性主义与经验主义之比较、集大成于康德等章节，尚待整理。

（约计百余种）；五、往来书信（约五百封）；六、佚稿存目。

一、资料汇编

《经钞》1 册（稿本印有"清华学校"字样）、《〈全唐文〉中的排佛思想》1 册、《〈册府元龟〉杂抄》1 册、《书目与杂志》、《关于三阶教、净土宗的材料》1 册、《佛教史料杂钞》（全应 23 册，第 1 册尚未发现）、西南联大"佛典选读"课程资料。

《印度哲学》1 册，封页原题"从日本书里记录下来的汉文资料索引参考"；《印度哲学史资料》一袋，有卡片、信封、提纲、笔记等手稿，另有影印资料等。汤用彤晚年病间曾为北大哲学系部分师生讲《印度佛教哲学》，并编有《印度佛教汉文资料选编》。

《〈道德真经取善集〉所引河上公注考察》、《〈黄帝内经〉笔记》、《〈养性延命录〉校勘记》、《〈云笈七签〉读后记》、《〈千金翼方〉养性篇札记》、《〈孙真人千金要方〉养性问题札记》、《〈册府元龟〉养生篇笔记》、《一九五六年零星笔记》、《〈太平御览〉笔记》、《敦煌资料》、《敦煌杂录稿底》、《道教经史资料》、《有关寇谦之、陆修静、陶弘景的资料》、《〈道德真经取善集〉所引河上公注考察》、《〈神灭论〉校释》、佛藏中的道教和医学史料等札记及资料汇编等。

二、读书札记

清华学校《读书札记》第 1 册中有《宗史》《印度佛教初期理论》等篇，第 2 册有《印度六宗哲学》（绪论中有：真正之印度人、亚利安人之来源、印度与中国、研究之方法等节）》、《五季佛化年表》等。

在东大时所写"Yoga"《瑜伽》1 册、《涅槃》1 册。

印度哲学提纲笔记 50 余页，内有"唯识家"等。

《戊辰（1928）读书札记》第 1 册是《读阿含杂记》、第 2 册是《读般若杂记》。

《己巳（1929）读书札记》第 1 册有《高僧传笔记》《南齐佛教》

《罗什以前人物之年代比较》等，第 2 册有《汉魏六朝佛经目录笔记》《鸠摩罗什法师大义及其弟子义》等，第 3 册有《三论宗史》等。

《庚午（1930）读书札记》第 1 册有《天台宗史》《会昌法难》等，第 2 册有《华严宗史》《高丽与佛教》《哀江南赋》"关河"问题等札记。

《辛未（1931）读书札记》第 1 册中有《晋初人物》、《晋初中印学之融合》（讲支遁之庄子、远公易学等）、《汉晋间之儒道释》、《三教融合论》，第 2 册《三国晋南北朝佛教撰述》，第 3 册《三国晋南北朝佛教撰述（续）》《朝臣反佛之言论》《反佛言论及答》，第 4 册《罗什统系》《道生之学说》《谢永嘉辨宗论》《读中论疏记》《支道林顿悟义》《顿悟之四说》《道生出家之年》《道生到匡庐之年》。

《壬申（1932）读书札记》第 1 册，待发现；第 2 册中有《四十二章经之取材、教理》《牟子研究》《魏之玄学》《晋代儒道释》《章安玄义》《顿渐三说》《佛性》《性理无二》等。

《癸酉（1933）读书札记》第 1 册中有《求法之传说》《竺佛图澄弟子之学问》《晋代洛阳寺》《道安在河北》《道安译经与毗昙佛教》《玄风之南渡》《理字原起》《北魏造像统计》《真谛传》《颜延之与佛教（有目无文）》《判教》等，最后是《汉上易传》《周易要义》《周易正义》《郭氏传家易说》《易原》《周易集解》《周易集解纂疏》等笔记。第 2 册是以"理为佛性"主线所写关于佛性问题的资料摘抄和札记。

《甲戌（1934）读书札记》卷 1 中《汉代之佛教》列有 14 章，如印度佛教背景之叙述、中国学术（又分述道家言、阴阳家言、神仙家等）、道教之酝酿、汉代佛教史迹、佛教名称、鬼道与神道、佛与道等；卷 2 有《前期般若》《玄风与佛理之初合》《关于太平道》等内容。

《乙亥（1935）读书札记》第 1 册有《古旧道经》《夷夏论》等内容，第 2 册有《三论宗》《法瑶》《道生》《佛性》《顿悟》。

1936 年札记尚未发现。

《丁丑（1937）读书札记》。

《校点僧传初集总目》《僧传校勘随记》《僧传校勘札记》《（僧传）

校勘记》《续僧传》《高僧传分科分卷编制的次序》《校勘用本》《参考书目（附按语）》各一册，以及《赵城藏》（南宋本）、《思溪藏》（南宋本）、《径山藏》（明本）中关于《高僧传》的校勘笔记各一册。

三、讲义及课堂笔记

东南大学时英文讲义《印度学说史》7 册。

南开大学时讲义 *Indian Philosophy*（《印度哲学》）2 册。

中央大学期间《印度学术史》油印本讲义。

1929 年写成毛笔手抄和油印合订本汉文讲义《印度学说史》14 章，封面原注"初次稿底本"。

北京大学铅印《印度哲学讲义》。

西南联大时期《印度哲学》讲义（现存尼泊尔一家图书馆）。

东南印刷公司代印中央大学讲义《汉魏六朝佛教史》。以上讲义罕有存世，可能已经是孤本。

北京大学出版组印《中国佛教史》全应 3 册，只找到 2 册。胡适曾收藏并引用该讲义，在他的藏书中或许还能找到。

现存听课笔记有他的研究生武维琴所记《印度佛教哲学》听课笔记。

《印度哲学与佛学》1 册（笔记本印有"国立清华大学"字样）；*note in class* 一信封装；*Misallacceaccs* 一信封装；16 开大笔记本一册，封面缺失，中有：《印度佛教汉文资料参考提纲》（10 页）、《佛教的名词如何了解》（2 页）、《关于"人性"问题（佛教）》（4 页）、《吠檀多》（2 页）、《瑜伽》（"Yoga"）（2 页）、巴利文《沙门果经》（7 页）、《关于报应》（13 页）；1964 年 1 月 10 日所写"数论哲学考试题"（1 页）。

西南联大时期《佛典选读课程资料》。石峻曾藏有汤用彤手稿：《"佛典选读"叙目》《中国哲学（从第三到第十世纪）》英文手稿，修改《僧肇学述》手稿、抄录《续藏经》的慧达《肇论疏》《读慧达肇论疏述所见》修改批语，以及陈寅恪"赠锡予诗"（夹在一本藏书中）等手稿。

季羡林、张岂之等先生保存有听汤老课的课堂笔记（季羡林记录的魏晋玄学课一大本笔记最全）。

四、文章及写作提纲

玄学方面未刊稿有：《何邵玄理略释》《魏晋玄学》一书写作提纲 2 份；联大时期玄学读书笔记 1 册，内有魏初事、刘表、魏晋思想与文学、言意、儒道等；关于章太炎《读郭象论嵇绍文》的笔记、《杨雄的〈法言〉》《名理家言》《向郭与支道林》《列子与向郭》，等等。

提纲《佛教对中国影响与现在中西文化关系之比较》中讲："中、印同：自然、Anthropocentric、心——人心之所同然、价值；中、西异：hylocentric、自然、Kn. for sake，价值无有、心——known, conscences。"

有关《俱舍论》的英文稿，附黄心川教授整理翻译说明；《寺院与教育》；《佛法之性质》；佛性本有始有（唐初—唐末的争论）、扫相、悟入实相、"大空与小空之比较"等问题写作提纲 24 页；《魏晋南北朝隋唐哲学文选选目》；《科学研究与教材建设》，等等。

汤用彤任各级领导时的书面发言，如开学典礼上的讲话稿；他工作过的各高校档案馆的相关资料。

1957 年，在科学院学部委员会全体会议上，汤用彤的长篇书面发言。

散见的语录、学术观点，已搜集到数百条。这些语录凝聚着汤用彤的治学心得，虽属点滴片断，却多点睛之笔，闪耀着他为人为学的夺目光彩，足资启发。

此外尚有：《我的决心书》《1963 年国庆感言》《思想检查自述稿》，此类文章甚多，现存约 30 万字；批注的作业；所读之书上的校注、眉批；1949 年"新政治协商会议筹备委员会便笺"数张；有待整理的零散手稿数百纸，等等。

五、往来书信集

拟收汤用彤往来通信，如毛泽东、蒋介石、胡适、吴宓、吴芳吉、陈烈勋、陈寅恪、熊十力、蒙文通、冯友兰、梅贻琦、傅斯年、李济、陈铭枢、朱光潜、沈从文、郑天挺、孙楷第、向达、余又荪、金毓黻、俞大绂、程毓淮、李小缘、伍非百、钱端升、王铁崖、朱亦松、马寅初、郭沫若、曾昭抡、张宗麟、季羡林、逯钦立、王维诚、陈国符、周光倬、汤一雄、兰曼、笈多、宓含瑞、金玄峰、塚本善隆、贝塚茂树，以及致西南联大、教育部、北平公安局、中华全国教育工作者代表会议筹备委员会、中国新哲学研究会筹备会常务委员会、全国人大、全国政协、中苏友好协会总会、商务印书馆、中华书局、科学院图书馆、《人民日报》理论部、《光明日报》等。

尚存片段的书信及佚信存目数百种，如 1945 年 6 月致函挽留蒋梦麟、任继愈曾保存汤用彤所写关于宋明理学的信、关于中华大藏经的意见书等。藏书上陈寅恪、熊十力、梁漱溟、张颐、李济、饶毓泰、顾颉刚、容肇祖、罗常培、洪谦、唐兰、王明、王维诚、王利器、杨志玖等赠书题记上百种。

六、佚稿存目

与吴宓合著长篇章回体小说《崆峒片羽录》，原 3 万余言，拟撰 30 回，仅存汤用彤所作部分回目；《清华周报》第 1 号之佚文；在南开大学时的演讲《气候与社会之影响》，等等。

附录三 汤用彤研究参考文献

本目录是本书的参考文献，其中尽可能收入了文献的不同版本信息，以便读者查阅。

一、著作专集

[1]《汤用彤全集》7 卷本（312 万字），石家庄：河北人民出版社 2000 年版。《汤用彤全集》8 卷本，台北：佛光文化事业有限公司 2001 年版。

[2] 麻天祥：《汤用彤评传》，南昌：百花洲文艺出版社 1993 年版，收于"国学大师丛书"；2007 年武汉大学出版社再版，收于"三宝斋学术著作四种"。

[3] 孙尚扬：《汤用彤》，台北：东大图书公司 1996 年版。

[4] 赵建永：《论汤用彤的中国哲学研究》，南开大学哲学系 2009 年博士学位论文。

[5] 汤一介、赵建永编：《汤用彤学记》，北京：生活·读书·新知三联书店 2011 年版。

[6] 汤用彤著，汤一介、赵建永选编：《会通中印西》，上海：东方出版中心 2012 年版。

[7] 赵建永：《汤用彤学术思想研究》，北京大学博士后研究工作报告。

[8] 杨浩：《汤用彤佛学与佛教史研究探微》，北京大学博士后研究工作报告。

[9] 汤一介、乐黛云、汤丹、汤双：《燕南园往事》，南京：江苏文艺出版社 2014 年版。

［10］赵建永：《汤用彤与现代中国学术》，北京：人民出版社 2015 年版。书评有杨年保：《〈汤用彤与现代中国学术〉简介》，《云梦学刊》2015 年第 2 期；郑牧野：《论究学术 阐求真知——读〈汤用彤与现代中国学术〉》，《光明日报》2015 年 5 月 5 日第 10 版；郭齐勇：《昌明国故 融会新知——〈汤用彤与现代中国学术〉评介》，《人民日报》2015 年 7 月 6 日第 16 版。中国社会科学网"读书"栏目、中国作家网、新华网、人民网"时政新闻"栏目等转载。

［11］汤一介、赵建永主编：《中国近代思想家文库：汤用彤卷》，北京：中国人民大学出版社 2015 年版。

［12］汤一介：《我们三代人》，北京：中国大百科全书出版社 2016 年版。

［13］赵建永：《汤用彤评传》，湖北人民出版社 2019 年版。

［14］赵建永：《汤用彤先生编年事辑》，中华书局 2019 年版。书评报道有：《中国文化报》2019 年 4 月 12 日第 6 版"好书速递"图文报道；《中国出版传媒商报》2019 年 4 月 16 日头版《中版好书榜（2019 年第 2 期）》图文推荐；《中国出版传媒商报》2019 年 4 月 19 日第 21 版《中华书局新书推荐》图文介绍；《中国出版传媒商报》2019 年 4 月 23 日第 42 版张聪《春和景明日 读书正当时（2019 年第 2 期中版好书推荐）》图文报道；《读书》2019 年第 5 期封底彩页图文推介。

二、专门文章

［1］邱仲：《立秋日呈柳翼谋汤锡予并怀川中向仙桥陶闿士诸先生》，《学衡》第 45 期，1925 年。

［2］《胡适答汤用彤教授书》，《胡适文存三集》，上海：亚东图书馆 1930 年版。

［3］容媛：《国内学术消息·汉魏两晋南北朝佛教史》，《燕京学报》第 24 期，1938 年 12 月。

［4］中共北京市高等学校委员会办公室编印：《北京大学副校长汤

用彤患病情况》，《高等学校动态简报》第 19 期，1954 年 11 月 16 日。

[5] 章正续、詹铭新：《燕园访汤老》，《光明日报》1961 年 8 月 5 日第 2 版。

[6]《汤用彤著文〈论中国佛教无"十宗"〉》，《人民日报》1962 年 6 月 26 日第 5 版。

[7]《陈垣、陈寅恪、汤用彤、顾颉刚著述情况》，《古籍整理出版情况简报》第 7 号，1962 年 7 月 30 日。另载《历史研究》1962 年第 5 期。

[8] 万均（巨赞）：《汤著〈佛教史〉关于〈太平经与佛教〉的商兑》，《现代佛学》1962 年第 6 期。另载张曼涛主编《现代佛教学术丛刊》第 5 册《汉魏两晋南北朝篇　中国佛教史专集之一》（影印本），北京：北京图书馆出版社 2005 年版。

[9] 张德钧：《读汤用彤先生〈汉魏两晋南北朝佛教史〉记》，《现代佛学》1964 年第 1、2、3 期连载。另载张曼涛主编《现代佛教学术丛刊》第 5 册《汉魏两晋南北朝篇　中国佛教史专集之一》（影印本），北京：北京图书馆出版社 2005 年版。

[10]《全国人大代表汤用彤教授病逝》，《人民日报》1964 年 5 月 3 日第 2 版。另以《全国人大代表汤用彤教授病逝》为题，载《北京日报》1964 年 5 月 3 日第 3 版；以《人大代表汤用彤逝世》为题，载《光明日报》1964 年 5 月 3 日；以《汤用彤逝世》为题，载龚育之主编《中国二十世纪通鉴》第 4 册，北京：线装书局 2002 年版。

[11]《全校同志沉痛悼念汤用彤副校长》，《北京大学校刊》1964 年 5 月 18 日第 1 版（第 469 期）。

[12] 任继愈：《悼念汤用彤先生》，《历史研究》1964 年第 3 期。

[13] 汤一介：《汤用彤传略》，《中国现代社会科学家传略》第 1 辑，太原：山西人民出版社 1982 年版。另载《中国哲学年鉴》，北京：中国大百科全书出版社 1985 年版。

[14] 蓝吉富：《汤用彤及其汉魏两晋南北朝佛教史》，《现代佛学大

系》第 27 册，台北：弥勒出版社 1982 年版。

［15］国祯：《〈汉魏两晋南北朝佛教史〉重排出版》，《人民日报》1983 年 8 月 22 日第 5 版。

［16］李中华：《北京大学举行汤用彤先生诞辰九十周年纪念会》，《哲学研究》1983 年第 6 期。

［17］《汤用彤先生诞辰九十周年纪念会在北京大学举行》，《北京大学学报（哲学社会科学版）》1984 年第 2 期。

［18］《汤用彤先生诞辰 90 周年纪念会在北京大学举行》，《中国哲学年鉴》1984 年版。

［19］钱穆：《忆锡予》，《汤用彤先生纪念论文集》编辑委员会编《燕园论学集》，北京：北京大学出版社 1984 年版。另以《忆汤锡予先生》为题，载《钱宾四先生全集·甲编》第 23 册《中国学术思想史论丛（六）》，台北：联经出版事业股份有限公司 1998 年版。

［20］石峻：《回忆汤用彤先生的治学精神及其两篇逸稿》，《燕园论学集》，北京：北京大学出版社 1984 年版。另载《石峻文存》，北京：华夏出版社 2006 年版。

［21］任继愈：《汤用彤先生治学的态度和方法》，《燕园论学集》，北京：北京大学出版社 1984 年版。

［22］张岂之：《严师——汤用彤先生》，《燕园论学集》，北京：北京大学出版社 1984 年版。

［23］邓艾民：《汤用彤先生散忆》，《燕园论学集》，北京：北京大学出版社 1984 年版。节选为《汤用彤先生的一次议论》，刊于《纵横》2006 年第 6 期。

［24］楼宇烈：《"文化之研究乃真理之讨论"——读汤老两篇旧文》，《燕园论学集》，北京：北京大学出版社 1984 年版。

［25］许抗生：《忆在汤老身边学习的岁月》，《燕园论学集》，北京：北京大学出版社 1984 年版。

［26］许抗生：《读汤用彤先生的中国佛教史学术论著》，《北京大学

学报（哲学社会科学版）》1984 年第 6 期。

[27] 韩镜清：《汤用彤先生的一些微言大义》，北京大学哲学系八十周年系庆筹备委员会编《北京大学哲学系简史》。

[28]《汤用彤与北大哲学系》，北京大学哲学系八十周年系庆筹备委员会编《北京大学哲学系简史》。

[29] 钱穆：《忆蒙文通与汤用彤》，《文史杂志》1985 年第 1 期。

[30] 宫静：《谈汉文佛经中的印度哲学史料——兼谈印度哲学对中国思想的影响》，《南亚研究》1985 年第 4 期。

[31] 孙尚扬：《“言意之辩”在魏晋玄学中的方法论意义》，《北京大学研究生学刊》1987 年第 2 期。转载于中国人民大学复印资料中心《中国哲学史》1987 年第 7 期。

[32] 孙尚扬：《文化研究乃真理之探求——汤用彤教授对中国文化之探讨》，汤一介编《北大校长与中国文化》，北京：三联书店1988 年版；北京：北京大学出版社 1999 年再版（增订本）。

[33] 汤一介：《兼通中外，以学术闻名于世——纪念汤用彤先生》，《北京大学校友通讯》1988 年 5 月 4 日。

[34] 张书城：《与汤用彤先生认同乡》，《兰州晚报》1989 年4 月16 日。

[35]《汤用彤写过什么佛教著作？》，中国社会科学院世界宗教研究所佛教研究室编《佛教文化面面观》，济南：齐鲁书社 1989 年版。

[36] 钱穆：《忆十力、锡予诸友》，《玄圃论学集——熊十力生平与学术》，北京：三联书店 1990 年版。

[37] 王守常、钱文忠：《国故与新知的称星》，《读书》1991 年第7 期。

[38] 高振农：《汤用彤及其〈汉魏两晋南北朝佛教史〉》，《佛教文化与近代中国》，上海：上海社会科学院出版社 1992 年版。

[39] 麻天祥：《汤用彤的佛教史和比较宗教学研究》，《西北大学学报（哲学社会科学版）》1992 年第 2 期。

［40］汤一介：《也谈用彤先生》，《文汇读书周报》1992 年 9 月 26 日。

［41］麻天祥：《汤用彤文化观念的形成及对其学术思想的导引》，《哲学杂志》1993 年第 1 期。

［42］乐黛云：《"昌明国粹，融化新知"——汤用彤与〈学衡〉杂志》，《社会科学》1993 年第 5 期。

［43］季羡林：《序》，《国故新知：中国文化的再诠释——汤用彤先生诞辰百周年纪念论文集》，北京：北京大学出版社 1993 年版。另载《读书》1993 年第 3 期。又以《汤用彤先生的为人与为学》为题，载《出版参考：新阅读》2007 年 2 期、季羡林《真话能走多远》（新星出版社 2008 年版）。

［44］张岱年：《深切怀念汤锡予先生》，汤一介编《国故新知：中国文化的再诠释——汤用彤先生诞辰百周年纪念论文集》，北京：北京大学出版社 1993 年版。

［45］冯契：《忆在昆明从汤先生受教的日子》，汤一介编《国故新知：中国文化的再诠释》，北京：北京大学出版社 1993 年版。另载《学术月刊》1993 年第 8 期。

［46］黄心川、宫静：《汤用彤对印度哲学研究的贡献》，汤一介编《国故新知：中国文化的再诠释》，北京：北京大学出版社1993 年版。

［47］吴学昭：《吴宓与汤用彤》，汤一介编《国故新知：中国文化的再诠释》，北京：北京大学出版社 1993 年版。

［48］孔繁：《本体论玄学之发现》，汤一介编《国故新知：中国文化的再诠释》，北京：北京大学出版社 1993 年版。

［49］颜尚文：《汤用彤先生的汉唐佛教史研究》，汤一介编《国故新知：中国文化的再诠释》，北京：北京大学出版社 1993 年版。另载《中西哲学与文化》第 2 辑。

［50］牟钟鉴：《研究宗教应持何种态度——重新认识汤用彤先生的一篇书跋》，汤一介编《国故新知：中国文化的再诠释》，北京：北京大

学出版社 1993 年版。另载《佛教文化》1996 年第 5 期。

[51] 孙尚扬：《汤用彤先生年谱简编》，汤一介编《国故新知：中国文化的再诠释》，北京：北京大学出版社 1993 年版。

[52] 张黎明：《"哈佛三杰"》，《国际人才交流》1993 年第 3 期。

[53] 杨自伍：《汤用彤先生的文学观》，《文汇读书周报》1993 年 8 月 28 日第 3 版。

[54] 尚文：《纪念汤用彤先生诞辰百周年学术座谈会在北大召开》，《中国哲学史》1993 年第 3 期。

[55] 尚易：《忆往谈旧话宗师——纪念汤用彤先生诞辰百周年学术座谈会侧记》，《北京大学学报（哲学社会科学版）》1993 年第 6 期。删节后以《北大举行纪念汤用彤先生诞辰百周年学术讨论会》为题，另载《北京大学校友通讯》第 13 期（1994 年 2 月）。

[56] 尚易：《"纪念汤用彤先生诞辰百周年学术座谈会"侧记》，《哲学研究》1993 年第 10 期。

[57] 汤一介：《再谈用彤先生》，《文汇读书周报》1993 年 5 月 1 日第 6 版。

[58] 汤一介：《熔铸古今，会通中西——序麻天祥同志所作〈国学大师汤用彤评传〉》，《中国哲学史》1993 年第 2 期。

[59] 汤一介：《昌明国粹，融化新知——纪念汤用彤先生诞生 100 周年》，《中国文化》1994 年第 1、2 期。

[60] 汤一介：《我的父亲汤用彤》（上、中、下），《大公报》1993 年 10 月 24、25、26 日。

[61] 张岂之：《汤用彤先生的思想》（"中西印文化的融合及其发展前景国际学术研讨会"发言），《中国文化书院简报》1993 年 12 月 10 日第 3 期。

[62] 张岂之：《汤先生教我们如何思考》，《北京大学学报（哲学社会科学版）》1993 年第 6 期。

[63] 陈俊民：《中国近世"三教融合"与"中西会通"——汤用

彤、冯友兰、陈寅恪文化思想合论》,《北京社会科学》1994 年第 1 期。

　　［64］孙尚扬:《汤用彤文化思想探析》(上、下),《中国文化研究》1994 年第 2、3 期。

　　［65］麻天祥:《汉魏两晋南北朝佛教史》;麻天祥、张运华:《魏晋玄学论稿》,方克立、王其水主编《二十世纪中国哲学》第 3 卷(论著述评),北京:华夏出版社 1994 年版,第 222—232、376—383 页。

　　［66］刘文英:《哲学家汤用彤》,王文俊主编《南开人物志》第 1 辑,天津:南开大学出版社 1994 年版。

　　［67］许抗生:《汤用彤先生与〈魏晋玄学论稿〉》,《传统文化与现代化》1994 年第 3 期。

　　［68］孙尚扬:《和而不同一例》,《读书》1995 年第 3 期。

　　［69］孙尚扬:《汤用彤宗教思想探析》,《孔子研究》1995 年第 4 期。

　　［70］王煜:《实践无为而治的佛学家扫描——评介麻天祥〈汤用彤评传〉》,《甘肃社会科学》1996 年第 1 期。

　　［71］张三夕:《一位有意于致中和之中国学人——读麻天祥博士著〈汤用彤评传〉》,《郑州大学学报(哲学社会科学版)》1996 年第 2 期。

　　［72］陈士强:《〈汉魏两晋南北朝佛教史〉讲解》,《法音》1996 年第 6 期。

　　［73］季羡林:《回忆汤用彤先生》,《光明日报》1997 年 5 月 28 日第 7 版。以《怀念汤用彤先生》为题载《谈恩师》,北京:大众文艺出版社 2000 年版;《季羡林回忆文集:此情犹思》(第 3 卷),哈尔滨:哈尔滨出版社 2008 年版。

　　［74］季羡林:《序》,张岱年、汤一介等《文化的冲突与融合——张申府、梁漱溟、汤用彤百年诞辰纪念文集》,北京:北京大学出版社 1997 年版。

　　［75］张岂之:《汤用彤关于中外文化比较的观点和方法》,张岱年、汤一介等《文化的冲突与融合——张申府、梁漱溟、汤用彤百年诞辰纪

念文集》，北京：北京大学出版社 1997 年版。

[76] 张岂之：《听汤用彤先生讲课》，《春鸟集》，北京：中国社会科学出版社 1997 年版。

[77] 武维琴：《汤用彤先生对印度佛教思想的研究》，张岱年、汤一介等《文化的冲突与融合——张申府、梁漱溟、汤用彤百年诞辰纪念文集》，北京：北京大学出版社 1997 年版。

[78] 许抗生：《汤用彤先生对魏晋玄学研究的贡献》，张岱年、汤一介等《文化的冲突与融合——张申府、梁漱溟、汤用彤百年诞辰纪念文集》，北京：北京大学出版社 1997 年版。

[79] 麻天祥：《汤用彤学术思想概说》，张岱年、汤一介等《文化的冲突与融合——张申府、梁漱溟、汤用彤百年诞辰纪念文集》，北京：北京大学出版社 1997 年版。

[80] ［日］镰田茂雄：《汤用彤先生在中国佛教研究史上的业绩》，张岱年、汤一介等《文化的冲突与融合——张申府、梁漱溟、汤用彤百年诞辰纪念文集》，北京：北京大学出版社 1997 年版。

[81] 王元化：《谈汤用彤》，《清园夜读》，北京：中国社会科学出版社 1997 年版，第 90—92 页。另载王元化《人物·书话·纪事》，北京：人民文学出版社 2006 年版。

[82] 杨立华：《高山仰止——第一届汤用彤学术讲座侧记》（附会场照片、高中理摄），《北京大学校刊》1997 年 4 月 15 日第 3 版。

[83] 《第一届汤用彤学术讲座在我校举行》，《北京大学研究生学刊》1997 年第 3 期（总第 50 期）。

[84] 谢泳：《汤用彤写序》，《学人今昔》，长春：吉林人民出版社 1997 年版。

[85] 谢泳：《汤用彤的顾虑》，《学人今昔》，长春：吉林人民出版社 1997 年版。

[86] 汪维辉：《〈高僧传〉标点商兑》，《古籍整理研究学刊》1997 年第 3 期。

［87］汤一介、孙尚扬：《不激不随　至博至大——汤用彤与北大》，萧超然主编《巍巍上庠　百年星辰——名人与北大》，北京：北京大学出版社 1998 年版。

［88］孙尚扬：《汤用彤学术方法论述略》，《北京大学学报（哲学社会科学版）》1998 年第 2 期。

［89］孙尚扬：《汤用彤学述》，《中国哲学史》1998 年第 4 期。

［90］袁学敏：《汤用彤：智者·学者·圣者》，《成都教育学院学报》1999 年第 3 期。

［91］吴家栾：《宏通平正，融化新知——汤用彤的学术贡献》，《历史教学问题》1999 年第 4 期。

［92］董志翘：《〈高僧传〉校点献疑》，《文史》1999 年第 4 辑。

［93］董志翘：《〈高僧传〉校点商榷（续）》，《古籍整理研究学刊》2000 年第 1 期。收入《中古文献语言论集》，成都：巴蜀书社 2000 年版。

［94］赵捷民：《北大教授剪影·冯至教授、汤用彤教授、许德珩教授》，《文史资料选辑　合订本　第 37 卷　第 108 辑》，北京：中国文史出版社 2000 年版。

［95］王苏凤：《学坛之盛事　艺林之佳话——〈汤用彤全集〉出版座谈会在京举行》，《出版参考》2000 年第 22 期。

［96］高志顺：《〈汤用彤全集〉出版座谈会在京举行》，《河北日报》2000 年 10 月 10 日第 2 版。

［97］赵彤宇：《〈汤用彤全集〉出版》，《中华读书报》2000 年 10 月 25 日第 11 版。

［98］李文：《细读大师经典》，《人民日报》2000 年 11 月 17 日第 8 版。

［99］《汤用彤全集出版暨学术座谈会》，《北京大学学报（哲学社会科学版）》2000 年第 6 期。

［100］王书华：《汤用彤其人其学》，《中国图书评论》2000 年第

11 期。

[101] 马嘶：《红楼二将留学出洋　哈佛三杰欧游归国》，《学人往事》，北京：时事出版社 2000 年版。

[102] 季羡林：《〈汤用彤全集〉序一》，《北京大学学报（哲学社会科学版）》2000 年第 6 期。后改标题，常被转载，如《学术大师能不能超越》，载《光明日报》2000 年 11 月 23 日第 2 版和《北京日报》2003 年 3 月 10 日；《学术大师能不能超越——由〈汤用彤全集〉出版引发的思考》，《神州学人》2003 年第 3 期；《不可超越的一座丰碑——记汤用彤先生》，季羡林著、邓九平编《季羡林散文全编》，北京：中国广播电视出版社 2003 年版。

[103] 任继愈：《〈汤用彤全集〉序二》，《北京大学学报（哲学社会科学版）》2000 年第 6 期。另载《中国哲学史》2001 年第 2 期。

[104] 汤一介：《〈汤用彤全集〉出版》，《文汇读书周报》2000 年 12 月 30 日第 9 版。

[105] 汤一介：《〈汤用彤全集〉评介》，《中华读书报》2001 年 1 月 3 日第 6 版。

[106] 汤一介：《国学大师——汤用彤》，《光明日报》2001 年 1 月 16 日。

[107] 汤一介：《记胡适给我父亲的一封信》，《群言》2001 年第 3 期。

[108] 汤一介、孙尚扬：《〈魏晋玄学论稿〉导读》，汤一介《魏晋玄学论稿》，上海：上海古籍出版社 2001 年版。

[109] 汤一介：《我的祖父汤霖——读〈颐园老人生日燕游图自序〉》，《书摘》2001 年第 6 期。

[110] 王书华：《〈汤用彤全集〉编辑札记》，《编辑之友》2001 年第 1 期。

[111] 王书华：《走近大师——〈汤用彤全集〉评介》，《中国出版》2001 年第 2 期。

[112]《在〈汤用彤全集〉出版座谈会上的讲话》,《河北出版年鉴》,石家庄:河北出版年鉴编辑部 2001 年版。

[113] 李世琦:《中国现代学术的一座丰碑》,《中国文化报》2001年 3 月 14 日。另以《中国现代学术的一座丰碑——评〈汤用彤全集〉》为题,载李世琦《倾听灵魂》,郑州:大象出版社 2006 年版。

[114] 汪子嵩:《魏晋玄学中的"有""无"之辩——读〈汤用彤全集〉》,《北京大学学报(哲学社会科学版)》2001 年第 2 期。

[115] 牟小东:《同情之默应,心性之体会》,《中国宗教》2001 年第 4 期。

[116] 杨祖陶:《西哲东渐的宗师——汤用彤先生追忆》,《学术月刊》2001 年第 4 期。

[117] 张岂之:《人文学术研究的丰碑——简介〈汤用彤全集〉》,《中国哲学史》2001 年第 2 期。

[118] 蒙培元:《大师风范,学者胸怀——写在〈汤用彤全集〉出版后》,《中国哲学史》2001 年第 2 期。

[119] 钱文忠:《〈汤用彤全集〉第七卷〈读书札记〉与"〈隋唐佛教史〉"》,《中国哲学史》2001 年第 2 期。

[120] 孙尚扬:《汤用彤对汉魏两晋南北朝佛教思想脉络的疏寻》,《中国哲学史》2001 年第 2 期。

[121] [日] 镰田茂雄:《〈汤用彤全集〉序》,《汤用彤全集》,台北:佛光文化事业有限公司 2001 年版。

[122] 麻天祥:《汤用彤的佛教史和比较宗教学研究》,《中国近代学术史》,长沙:湖南师范大学出版社 2001 年版。

[123] 孙尚扬:《汤用彤与东方哲学研究》,汝信主编《中国当代社科精华》,哈尔滨:黑龙江教育出版社 2001 年版。

[124] 汤一介:《汤用彤先生与东南大学》,《光明日报》2002 年 5 月 31 日第 3 版。

[125] 汤一介:《汤用彤先生与东南大学》,《光明日报》2002 年 6

月 14 日第 3 版。另载闵卓《东南大学文科百年纪行》，南京：东南大学出版社 2003 年版。

[126] 汤一介：《汤用彤与胡适》，《中国哲学史》2002 年第 4 期。《宗教》（人大复印）2003 年第 2 期转载。

[127] 许抗生：《论隋唐佛教的特点——读〈汤用彤全集〉第二卷》，《普门学报》总第 8 期，2002 年 3 月。

[128] 陶忠辉、陈瞿王：《学问人品两相高——行思于汤用彤与黄梅之间》，《湖北日报》2002 年 6 月 6 日第 B04 版。

[129] 屈大成：《汤用彤有关印度佛教的研究》，《中国哲学史》2002 年第 4 期。另载《21 世纪世界与中国：当代中国发展热点问题》，北京：清华大学出版社 2003 年版。

[130] 丰绍棠：《"纯儒之典型"汤用彤》（附图片 1 张、王小玉绘像），《人民日报》（海外版）2003 年 2 月 21 日第 7 版。

[131] 李兰芬：《评汤用彤在现代玄学研究中的作用》，《中山大学学报（社会科学版）》2003 年第 2 期。

[132] 李兰芬：《论汤用彤对魏晋玄学的理解》，《中国哲学史》2003 年第 2 期。

[133] 李江涛：《汤用彤与魏晋玄学研究》，《历史教学问题》2003 年第 4 期。

[134] 李剑锋：《从接受史的角度蠡测陶渊明与慧远之关系——汤用彤先生〈十八高贤传〉伪作说补正》，《九江师专学报》2003 年第 4 期。

[135] 李振东：《汤用彤——孜孜治学明国粹》，李振东《北大的校长们》，北京：中国经济出版社 2003 年版。

[136] 张岂之：《忆从汤先生学习西方哲学史》，《苦乐年华》，北京：北京大学出版社 2004 年版。

[137] 肖东发、陈光中：《燕南园 58 号的汤用彤先生》，《北京大学报（哲学社会科学版）》2004 年 3 月 25 日。

[138] 汤一介：《汤用彤学术交往三则》，《中国文化》2004 年第 1 期。

[139] 汤一介口述：《汤用彤：后半生的恐慌》，《新京报》2004 年 5 月 18 日。另以《汤用彤的晚年》为题，转载于《文摘报》2004 年 6 月 2 日。

[140] ［日］镰田茂雄：《汤用彤先生在中国佛教研究史上的贡献》，《华林》第 3 卷，北京：中华书局 2004 年版。

[141] 董志翘：《〈高僧传〉的史料、语料价值及重新校理与研究》，《东南大学学报（哲学社会科学版）》2004 年第 4 期。

[142] 赵建永：《汤用彤汉魏两晋南北朝道教研究阐微》，北京大学哲学系 2004 年硕士学位论文。

[143] 赵建永：《汤用彤先生对〈太平经〉与早期道教关系的研究》，《哲学研究》2004 年第 8 期。

[144] 赵建永：《汤用彤对〈太平经〉的考证研究》，《中国道教》2004 年第 5 期。

[145] 赵建永：《汤用彤先生所开课程及其教学特色》，《北京大学学报（哲学社会科学版）》2004 年第 6 期。

[146] 赵建永：《汤用彤先生与我国哲学、宗教学的学科建设》，《学园》2004 年总第 15 期。

[147] 赵建永：《汤用彤未刊稿的学术意义》，《哲学门》2004 年第 2 册，武汉：湖北人民出版社 2005 年版。

[148] 赵建永：《汤用彤对〈道藏〉的整理与研究》，《中国道教》2005 年第 2 期。转载于中国人民大学复印资料《宗教》2005 年第 4 期。

[149] 赵建永：《汤用彤宗教学手稿初探》，《北京大学研究生学志》2005 年第 2 期。

[150] 孙尚扬：《从真理到价值——综论汤用彤的文化思想和学术成就》，《新视野》2005 年第 1 期。

[151] 许卫东：《〈高僧传〉标点校勘补录》，《唐都学刊》2005 年

第 3 期。

[152] 董志翘：《中华书局版〈高僧传〉校点商补》，《四川师范大学学报（社会科学版）》2005 年第 6 期。

[153] 范玉女：《汤用彤及其印度佛教的研究》，台湾华梵大学东方人文思想研究所 2005 年硕士论文。

[154] 黄国伟：《学贯中、西、印的人文学术大师——汤用彤》，《南京审计学院学报》2005 年第 3 期。

[155]《汤用彤学案》，张岂之主编《民国学案》第 5 卷，长沙：湖南教育出版社 2005 年版。

[156]《昌明国粹　融化新知——国学大师汤用彤》，张宪文主编《民国南京学术人物传》，南京：南京大学出版社 2005 年版。

[157] 蒙文通：《致汤锡予书》，《蒙文通先生诞辰 110 周年纪念文集》，北京：线装书局 2005 年版。

[158] 王欣瑞：《汤用彤中国佛教史研究方法探析》，《西安电子科技大学学报（社会科学版）》2006 年第 1 期。

[159] 乐黛云：《探求真理精考事实的汤用彤》，《中国知识分子的形与神》，北京：昆仑出版社 2006 年版。

[160] 赵建永：《汤用彤哈佛大学时期哲学文稿辨析》，《哲学动态》2006 年第 4 期。

[161] 许抗生：《汤用彤先生的菩提达磨禅宗思想研究》，"菩提达摩与禅宗文化"国际研讨会（2006 年 6 月 28—30 日）论文。

[162] 麻天祥、姚彬彬：《从〈洛阳伽蓝记〉到〈续高僧传〉——汤用彤先生对菩提达磨的研究》，"菩提达摩与禅宗文化"国际研讨会（2006 年 6 月 28—30 日）论文。

[163] 王连儒：《汤用彤学术思想述评》，《聊城大学学报（社会科学版）》2006 年第 3 期。

[164] 小云：《〈昌明国故，融化新知——汤用彤与魏晋玄学研究〉出版》，《五邑大学学报（社会科学版）》2006 年第 3 期。

［165］刘克敌：《陈寅恪与"哈佛三杰"》，《陈寅恪和他的同时代人》，北京：文化艺术出版社 2006 年版。

［166］刘超：《汤用彤在西南联大》，《书屋》2006 年第 11 期。

［167］郝虹：《试论汉末名家思想的兴起与魏晋"名教"一词的出现——兼谈与汤用彤先生名教观点之异同》，《中国哲学史》2006 年第 4 期。

［168］王东：《〈高僧传〉校点札记》，《江海学刊》2006 年第 4 期。

［169］王东：《〈高僧传〉校点商榷》，《江海学刊》2006 年第 5 期。

［170］王东：《〈高僧传〉校点拾零》，《江海学刊》2006 年第 6 期。

［171］王东：《〈高僧传〉校点献疑》，《江海学刊》2007 年第 1 期。

［172］鲍金华：《〈高僧传〉校点商议》，《古籍整理研究学刊》2007 年第 4 期。

［173］张淼：《论汤用彤佛学研究的特色》，《宗教学研究》2007 年第 1 期。

［174］高峰：《汤用彤先生的佛学研究》，《湖南科技学院学报》2007 年第 1 期。

［175］鹿璐：《汤用彤和他在北京的故居》，《北京档案》2007 年第 5 期。

［176］徐思源：《孙尚扬编：〈汤用彤选集〉》（书评），《哲学门》2007 年第 2 册，北京：北京大学出版社 2007 年版。

［177］《汤用彤（1893—1964)》，方宁编著《风雅颂》，北京：新世界出版社 2007 年版。

［178］《汤用彤先生英文课业论文手稿图片》，《世界哲学》2007 年第 4 期。

［179］赵建永：《汤用彤留学汉姆林大学时期哲学文集探微》，《世界哲学》2008 年第 3 期。

［180］《汤用彤留美时期所写的数理逻辑笔记（照片两帧)》，《世界哲学》2008 年第 3 期。

[181] 郭东阳：《〈高僧传〉校点零拾》，《语文知识》2008 年第 2 期。

[182] 刘骧：《汤注〈高僧传〉校点商榷总汇》，《古籍整理研究学刊》2008 年第 5 期。

[183] 林齐模：《关于汤用彤生平几点史实的考证》，《中国哲学史》2008 年第 2 期。

[184] 高冬琴：《一代国学大师——汤用彤先生》，南开大学觉悟网（http：//jw. nankai. edu. cn）2008 年 4 月 11 日发布。

[185] 吴红毓然、龚婉雯整理：《精神灯塔的掌灯人：北大校长历史纪实·汤用彤——中西取长一大师》，《北大青年》总第 156 期第 2 版，2008 年 5 月 4 日校庆特刊。

[186] 向珂：《汤用彤先生藏书的珞珈因缘记》，《武汉大学校报》第 1125 期第 4 版，2008 年 6 月 6 日。

[187] 杨会：《汤用彤对魏晋南北朝隋唐史研究的贡献》，《新学术》2008 年第 6 期。

[188] 汪恩乐：《历史与信仰之间——重提汤用彤先生"同情之默应，心性之体会"的研究方法》，《湖南科技学院学报》2008 年第 7 期。

[189] 乐黛云：《我心中的汤用彤先生》，乐黛云著《四院·沙滩·未名湖：60 年北大生活（1948－1998)》，北京：北京大学出版社 2008 年版。另载《嫁入"学术豪门"的女学者》（名家讲谈之六），金羊网 2007 年 12 月 20 日；《北京大学校报》2009 年 11 月 25 日第 3 版。

[190] 朱寿桐：《"哈佛三杰"与新人文主义意念理性》，《现代中国文化与文学》2009 年第 1 期。

[191] 赵建永：《汤用彤哈佛大学时期宗教学文稿探赜》，《世界宗教研究》2009 年第 1 期。转载于汤用彤编、李建欣等点校《印度佛教汉文资料选编》，北京：北京大学出版社 2010 年版（收入"博雅英华·汤用彤学术精选集"丛书)。

[192] 赵建永：《从〈高僧传〉研究看汤用彤治中国佛教史的门

径》，《哲学研究》2009 年第 5 期。

[193] 汤一介：《汤用彤先生的治学态度》，《万象》第 11 卷第 8 期（总 120 期），2009 年 8 月。

[194]《南开学术名家志·著名哲学史家、佛教史家、教育家——汤用彤》，《南开学报（哲学社会科学版）》2009 年第 3 期。

[195] 张洪：《大师的超越》，《群言》2009 年第 12 期。

[196] 杨绍军：《汤用彤先生在西南联大》，《学术探索》2010 年第 4 期。

[197] 汤一介：《用彤先生有关"中国佛教史"的若干资料》，汤用彤《汉魏两晋南北朝佛教史》（增订本），北京：北京大学出版社 2010 年版，第 491—559 页。

[198] 汤一介：《关于用彤先生编选〈印度佛教汉文资料选编〉的说明》，汤用彤编、李建欣等点校《印度佛教汉文资料选编》，北京：北京大学出版社 2010 年版。

[199] 黄心川：《〈印度佛教汉文资料选编〉整理说明》，汤用彤编、李建欣等点校《印度佛教汉文资料选编》，北京：北京大学出版社 2010 年版。

[200] 李建欣：《汤用彤先生〈印度佛教汉文资料选编〉序》，汤用彤编、李建欣等点校《印度佛教汉文资料选编》，北京：北京大学出版社 2010 年版。

[201] 赵建华、赵建永：《外来文化中国化规律的先期探索——从汤用彤的文化双向交流理论看文明的冲突与融合》，《东岳论丛》2010 年第 6 期。

[202] 赵建永：《道通为一：汤用彤与熊十力的学术交往及思想旨归》，《湖北社会科学》2010 年第 10 期。

[203] 赵建永：《从〈道德为立国之本议〉看汤用彤的为学宗旨》，《中国哲学史》2010 年第 4 期。

[204] 赵建永：《由〈论成周学礼〉看汤用彤与儒学的现代转化》，

《中国哲学史》2010 年第 4 期。

[205] 眉睫：《汤用彤与〈青灯泪〉传奇》，《中国社会科学报》2011 年 2 月 15 日第 19 版。

[206] 马鹏翔：《"辨名析理"与"得意忘言"——冯友兰、汤用彤先生魏晋玄学方法论研究论析》，《中州学刊》2011 年第 2 期。

[207] 梁萧：《水归沧海意皆深》，《襄阳日报》2011 年 4 月 13 日第 B3 版。

[208]《三联书店推出〈汤用彤学记〉》，《光明日报》2011 年 4 月 25 日第 15 版。

[209]《好书速递·汤用彤学记》，《中国文化报》2011 年 4 月 29 日第 8 版。

[210] 杨祖陶：《哲人的"常态"——〈汤用彤学记〉读后》，《读书》2011 年第 8 期。

[211] 赵建永：《汤用彤东南大学时期的文化观》，《东南大学学报（哲学社会科学版）》2011 年第 1 期。

[212] 赵建永：《昌明国故 融会新知——汤用彤对中国路径的求索》，《光明日报》2011 年 3 月 28 日第 15 版。

[213]《埋头汤学十五载 学术成果受瞩目》，《天津社科院半月报》2011 年 5 月 27 日第 1 版。

[214] 赵建永：《汤用彤、吴宓与天人学会》（上、下），《中国社会科学报》2011 年 9 月 22 日、29 日学林版。

[215] 赵建永：《从汤用彤的首篇论文看学衡派的思想渊源》，《哲学研究》2011 年第 11 期。又转载于中国人民大学复印资料 2012 年第 2 期。

[216] 赵建永：《〈汤用彤全集〉的编纂和学术意义》，《出版发行研究》2011 年第 12 期。

[217] 赵建永：《汤用彤学术历程考论——基于生活史与学术史相交融的审察》，《天府新论》2012 年第 2 期。

［218］赵建永：《学衡派与新文化派共生关系新证》，《哲学动态》2012 年第 4 期。

［219］赵建永：《"汤用彤学术精选集"述评——以印度哲学与佛教类论著为中心》，《哲学门》2012 年第 1 册，北京：北京大学出版社 2012 年版。

［220］赵建永：《汤用彤致胡适关于学科建设的信》，《中国社会科学报》2012 年 7 月 30 日、8 月 13 日、8 月 20 日学林版连载。

［221］赵建永：《从汤用彤论玄学"反本"问题看三教会通——以理学发生史为中心》，《中国哲学史》2012 年第 3 期。节录转载于谢地坤主编《2013 年中国哲学年鉴》，北京：中国社会科学出版社 2013 年版。

［222］汤用彤著，赵建永整理校注：《编辑汉文印度哲学史资料计划》，《中国哲学史》2012 年第 4 期。

［223］汤用彤著，赵建永整理校注：《翻译英文印度哲学史资料的计划》，《中国哲学史》2012 年第 4 期。

［224］赵建永：《汤用彤南开时期讲义手稿》；《中国社会科学报》2012 年 8 月 27 日、9 月 3 日、9 月 10 日、9 月 17 日，2013 年 1 月 9 日学林版连载。

［225］余佐赞：《一本有思想厚度的书——评汤用彤〈会通中印西〉》，《文汇读书周报》2012 年 7 月 20 日第 9 版。

［226］石峻：《汤用彤先生的治学与为人》，《石峻文脉》，北京：华夏出版社 2012 年版。

［227］陈勇：《汤用彤与钱穆交谊述略》，《湖南科技学院学报》2012 年第 2 期。

［228］杨明：《关于魏晋哲学与文论关系的一些思考——读汤用彤先生〈魏晋玄学与文学理论〉志疑》，《复旦学报（社会科学版）》2012 年第 5 期。

［229］蔡振翔：《关于汤用彤〈康复札记〉出版情况的一些资料》，

《文化学刊》2012 年第 5 期。另载《文教资料》2012 年第 22 期。

［230］陈徒手：《汤用彤：五十年代的思想病》，《读书》2012 年第 5 期。

［231］来新夏：《汤用彤先生整理〈高僧传〉的五项建议》，《文汇读书周报》2012 年 9 月 7 日第 8 版。另载《书品》2012 年第 5 辑。

［232］李兰芬：《理学的另类解读——析汤用彤〈理学谵言〉》，《中山大学学报（社会科学版）》2013 年第 1 期。

［233］眉睫：《"哈佛三杰"辨》，《文学史上的失踪者》，北京：金城出版社 2013 年版。

［234］《汤用彤致中华书局函》，赵胥编著《朴庐藏珍：近现代文人学者墨迹选》，北京：中华书局 2013 年版。

［235］汤一介：《1945—1948 年汤用彤先生与北大复校——汤用彤与胡适、傅斯年》，《北京大学学报（哲学社会科学版）》2013 年第 3 期。

［236］吕澂、柳诒徵著，姚治华整理：《汤用彤〈汉魏两晋南北朝佛教史〉审查书》，《汉语佛学评论》第 3 辑，上海：上海古籍出版社 2013 年版。

［237］赖岳山：《考论："民国教育部'著作发明及美术奖励'（1941—1949）"与"吕澂柳诒徵〈汤用彤《汉魏两晋南北朝佛教史》审查书〉"》，《汉语佛学评论》第 3 辑，上海：上海古籍出版社 2013 年 8 月版。

［238］陈林、乐爱国：《民国时期汤用彤〈理学谵言〉对朱子学的阐释与推崇——兼论汤用彤早期的文化观》，《江汉学术》2013 年第 5 期。

［239］《领略大师学术风采 学习大师治学之道 中国近现代学术大师系列——汤用彤》，《黑龙江教育学院学报》2013 年第 7 期。

［240］赵建永：《陈寅恪赠汤用彤文题记》，《光明日报》2013 年 2 月 4 日第 15 版。

［241］赵建永：《胡适南下时致汤用彤函考述》，《北京大学学报（哲学社会科学版）》2013 年第 3 期。又转载于中国人民大学复印资料《中国现代史》2013 年第 9 期。

［242］赵建永：《汤用彤与陈寅恪在初唐皇室信仰问题上的学术思想互动》，《哲学研究》2013 年第 7 期。

［243］赵建永：《汤用彤的道家品格》，《中国道教》2013 年第 3 期。

［244］赵建永：《汤用彤著述整理出版历程述评》，《中国文化》2013 年 10 月秋季号第 38 期。

［245］赵建永：《汤用彤先生的南开缘》，《天津文史资料选辑》第 117 辑，天津人民出版社 2013 年版，第 220—230 页。

［246］赵建永：《季羡林的两篇未刊手札》，《中国社会科学报》2013 年 11 月 4 日学林版。

［247］赵建永：《汤用彤：〈魏晋玄学论稿及其他〉》，《哲学门》2013 年第 2 册，北京：北京大学出版社 2013 年版，第 369—381 页。

［248］赵建永：《汤用彤与中国现代佛教史研究》，《历史研究》2014 年第 1 期。

［249］赵建永：《哈佛大学兰曼档案中的名家信札——兰曼与汤用彤相关信函》，《中国社会科学报》2014 年 3 月 10 日学林版。又转载于《新华月报》2014 年第 12 期；《美中文化评论》（*U. S. -China Cultural Comment*，No. 1，Jan 2015，The U. S. -China News Agency，based in Boston，U. S. A.）。

［250］汤用彤著，赵建永整理校注：《从〈吕氏春秋〉看中国哲学史中的养生问题》，《中国哲学史》2014 年第 1 期。

［251］汤用彤著，赵建永整理校注：《〈养性延命录序〉校勘札记》，《中国哲学史》2014 年第 1 期。

［252］赵建永：《跨文化对话视野下汤用彤对医学哲学史的开掘——以从佛道比较研究看针灸起源为例》，《中国哲学史》2014 年第

1 期。

[253] 赵建永：《〈汉魏两晋南北朝佛教史〉校读记——兼谈〈汤用彤全集〉的编校经过》，《法音》2014 年第 3 期。

[254] 赵建永：《新发现的熊十力两通手札》，《中国社会科学报》2014 年 5 月 26 日学林版。

[255] 赵建永：《汤用彤与新人文主义关系新证——兼论汤用彤与学衡派的关系》，《河南社会科学》2014 年第 6 期。又转载于《中国社会科学文摘》2014 年第 9 期，以《汤用彤与新人文主义》为题摘编。

[256] 赵建永：《傅斯年两封遗札笺释》（之一、之二），《中国社会科学报》2014 年 8 月 20 日、9 月 22 日学林版。

[257] 彭辉：《汤用彤研究者说汤一介先生与天津的渊源：对"南开校友"的身份 汤老很看重》，《每日新报》2014 年 9 月 13 日第 B05 版。

[258] 赵建永：《一篇读罢头飞雪：协助汤一介先生编书校书的难忘岁月》，《中国文化》2014 年 10 月秋季号第 40 期。

[259] 赵建永：《从本体论角度解释玄学》，《中国社会科学报》2014 年 10 月 13 日哲学版。

[260] 赵建永：《"哈佛三杰"考辨》，《光明日报》2014 年 12 月 2 日第 16 版。

[261] 赵建永：《从主体性到主体间性——汤用彤对中国文化主体间性的探索》，杨华、梁枢编《文明进程中的"中国路径"学术研讨会论文集》，武汉：湖北人民出版社 2014 年版，第 204—222 页。

[262] 赵建永：《整理汤用彤师友信札背后的故事——汤一介先生与"学林"版"名人手札"栏目》，《中国社会科学报》2014 年 12 月 22 日学林版。

[263] 赖岳山：《补正与简评：汤著所参与民国教育部"著作发明与美术奖励"的审查资料及其他》，《汉语佛学评论》第 4 辑，上海：上海古籍出版社 2014 年版。

［264］张建安：《汤用彤：纯儒之典型，学问之大家》，《江淮文史》2014 年第 1 期。

［265］汤一介：《父亲汤用彤的矛盾心态》，《炎黄春秋》2014 年第 5 期。

［266］汤一介：《与父亲在香山红叶山庄小住》，《文汇报》2014 年 5 月 16 日第 11 版。

［267］宋寒：《汤用彤与胡适佛学思想之比较研究》，延安大学 2014 年硕士学位论文。

［268］乐爱国：《民国学人的理学救国论——以汤用彤、唐文治、贺麟为中心》，《广西社会科学》2014 年第 10 期。

［269］牟钟鉴：《不忘汤门两代师长的教诲》，雷原、赵建永主编《汤一介学记》，北京：新华出版社 2015 年版。

［270］张树生：《拜望汤用彤先生》，雷原、赵建永主编《汤一介学记》，北京：新华出版社 2015 年版。

［271］许抗生：《在汤用彤先生纪念馆开馆庆典上的发言》，雷原、赵建永主编《汤一介学记》，北京：新华出版社 2015 年版。

［272］刘永明、周建强：《汤霖在甘肃》，雷原、赵建永主编《汤一介学记》，北京：新华出版社 2015 年版。

［273］邵毅：《汤氏父子两代大师 84 载南开情缘》，《每日新报》2015 年 12 月 12 日第 9—11 版。

［274］赵建永：《传统儒学现代转化的早期尝试——以汤用彤的理学救国论为例》，《孔子研究》2015 年第 1 期。收录于《新华文摘》2015 年第 12 期"论点摘编"栏目。

［275］赵建永：《言意之辨：魏晋时期儒道释会通的方法论》，《中国社会科学报》2015 年 3 月 4 日宗教学版。

［276］赵建永：《"虽将迟暮供多病，还必涓埃答圣民"——侍学汤一介师十八年略记》，《中国社会科学报》2015 年 3 月 9 日学林版。

［277］赵建永：《汤用彤有关〈高僧传〉通信解读》，《中国社会科

学报》2015 年 5 月 25 日宗教学版。

[278] 赵建永：《光前裕后 薪尽火传——从〈汤用彤学记〉到〈汤一介学记〉》，《光明日报》2015 年 5 月 26 日第 11 版。

[279] 赵建永：《教界与学界〈太平经〉研究之比较：以陈撄宁与汤用彤、陈寅恪为中心》，《宗教学研究》2015 年第 2 期。

[280] 赵建永：《从"言意之辨"到"转识成智"——冯契"智慧说"探源》，《中国社会科学报》2015 年 8 月 4 日哲学版。

[281] 赵建永：《"事不避难，义不逃责"——从汤霖家训看汤用彤、汤一介的家风传承》，《人民日报》（海外版）2015 年 9 月 18 日第 7 版。

[282] 赵建永：《百年中国学人的心路缩影——〈我们三代人〉述评》，《光明日报》2015 年 12 月 15 日第 11 版。

[283] 赵建永：《钱穆〈国史大纲〉写作前后的学术交往》，《中国社会科学报》2015 年 12 月 17 日学林版。

[284] 赵建永：《汤用彤先生学术年表》，汤用彤《汉魏两晋南北朝佛教史》，北京：商务印书馆 2015 年版。

[285] 赵建永：《〈汉魏两晋南北朝佛教史〉与中国佛教史学科的创立》，汤用彤《汉魏两晋南北朝佛教史》，北京：商务印书馆 2015 年版。

[286] 眉睫：《我与汤一介、乐黛云老师的三次交往》，《中华读书报》2016 年 2 月 17 日第 7 版。

[287] 赵建永：《中国哲学学科创建视域下冯友兰与汤用彤的学术交往》，《云梦学刊》2016 年第 1 期。

[288] 赵建永整理：《熊十力致北大校长诸公函》，《云梦学刊》2016 年第 4 期。

[289] 赵建永：《"一本真正的忏悔录"》，《社会科学报》2016 年 9 月 29 日第 8 版。

[290] 赵建永：《冯契"智慧说"对汤用彤思想的继承和发展——兼论"道"的文学艺术媒介》，《上海文化》（艺术特刊）2016 年 12 月。

［291］赵建永：《尊严来自于实力——〈汉魏两晋南北朝佛教史〉读后》，《中国社会科学报》2017 年 4 月 7 日书品版。

［292］赵建永：《汤用彤著佛教史在国际学术界的地位和影响》，《法音》2017 年第 4 期。

［293］赵建永：《从黄老学到黄老道、太平道——以汤用彤、蒙文通为中心的道教发生学考察》，《道家文化研究》第 30 辑，三联书店 2016 年版。

［294］赵建永：《汤用彤与胡适论学函开启禅宗史研究》，《中国社会科学报》2017 年 10 月 31 日宗教学版。

［295］赵建永：《饶宗颐与北大诸师——从首届"汤用彤学术讲座"谈起》，《文汇报》2018 年 3 月 30 日第 14—15 版。全文转载于深圳大学饶宗颐文化研究院编辑、刘洪一主编《饶宗颐纪念文集》，深圳：海天出版社 2018 年版，第 128—132 页。

［296］赵建永：《我协助汤一介先生编〈汤用彤学记〉》，《南方周末》2018 年 4 月 12 日。

［297］赵建永：《前言》，《汤用彤集》，武汉大学出版社 2019 年版。

［298］赵建永：《〈汤用彤先生编年事辑〉撰著纪要》，《中华读书报》2019 年 9 月 4 日第 10 版。

［299］赵建永：《汤用彤南开时期讲义初探》，《南开学报（哲学社会科学版）》2019 年第 5 期。

［300］赵建永：《中国佛教宗派研究的现代建构——以汤用彤为中心的考察》，王颂主编《宗门教下：东亚佛教宗派研究》，宗教文化出版社 2019 年版。

［301］赵建永：《佛教中国化的三阶段阐论——以汤用彤中国佛教史三期划分为中心》，《世界宗教文化》2020 年第 2 期。

［302］赵建永：《尚待发掘的宝藏：汤用彤遗稿现状及其文化价值》，《贵州大学学报（社会科学版）》2020 年第 3 期。

［303］赵建永：《事不避难 心系天下——汤氏家学门风中的家国情

怀》,《光明日报》2020 年 10 月 17 日第 11 版。

[304] 赵建永:《黄老易学与道教关系研究的肇基——以汤用彤陈寅恪论历数为中心》,《四川大学学报(哲学社会科学版)》2020 年第 6 期。

[305] 赵建永:《珠辉玉映 薪火相传——汤用彤对冯契的学术影响》,《中国社会科学报》2021 年 7 月 7 日学林版。

三、有关文章

[1] 宗璞:《霞落燕园》,《中国作家》1986 年第 4 期。

[2] 常任侠:《往日的回忆》,《人民日报》1987 年 3 月 19 日第 8 版。

[3] 杜维明:《中国文化的认同及其创新》,《中外文化比较研究》,北京:三联书店 1988 年版。

[4] 于良华:《第一个中国哲学会》,《哲学研究》1989 年第 3 期。

[5] 刘成有:《关于〈涅槃无名论〉作者问题的讨论——〈涅槃无名论〉的著作权应归僧肇》,《文史哲》1990 年第 4 期。

[6]《熊十力长女忆乃父》,《大地》1994 年第 10 期。

[7] 林同华:《哲人永恒,"散步"常新——忆宗师白华的教诲》,《学术月刊》1994 年第 3 期。

[8] 郑涌:《从"言意之辨"说开去》,《读书》1994 年第 6 期。

[9] 杨立华:《回到常见——解读历史的另一种提示》,《北京大学学报(哲学社会科学版)》1996 年第 4 期。

[10] 王晓毅:《魏晋玄学研究的回顾与瞻望》,《哲学研究》2000 年第 2 期。

[11] 周一良:《哈佛大学中国留学生的"三杰"》,《郊叟曝言》,北京:新世界出版社 2001 年版。

[12] 乐黛云:《世界文化对话中的现代保守主义》,《跨文化之桥》,北京:北京大学出版社 2002 年版。

[13] 赵建永：《关于中国文化贞元之际的求索》，《北京大学研究生学志》2002 年第 1－2 期。

[14] 王晴佳：《白璧德与"学衡派"——一个学术文化史的比较研究》，台北《"中央研究院"近代史研究所集刊》第 37 期，2002 年 6 月。

[15] 季羡林：《一个真正的中国人，一个真正的知识分子》，《辽宁大学学报（哲学社会科学版）》2003 年第 1 期。

[16] 李翔海：《"境界形上学"的初步形态——论魏晋玄学的基本理论形态》，《哲学研究》2003 年第 3 期。

[17] 赵建永：《〈周易·复卦〉初爻的诠释进路》，《周易研究》2004 年第 2 期。

[18] 张志强：《中国"现代性"视野中的近现代佛教》，《博览群书》2004 年第 3 期。

[19] Xuezhao Wu，The Birth of a Chinese Cultural Movement：Letters Between Babbitt and Wu Mi，*Humanitas* 17. 1-2（Spring-Fall 2004）．

[20] 汤一介、胡仲平：《西方学术背景下的魏晋玄学研究》，《中国哲学史》2004 年第 1 期。

[21]《南开学人自述》第 1 卷，天津：南开大学出版社2004 年版。

[22] 乐黛云：《世界文化语境中的学衡派》，《中国现代文学研究丛刊》2005 年第 3 期。

[23] 杨扬：《哈佛所见白璧德文档》，《文汇报·笔会》2006 年 9 月 26 日。

[24] 麻天祥：《〈三宝斋学术著作四种〉总序》，《云梦学刊》2006 年第 6 期。

[25] 刘克敌：《陈寅恪与"哈佛三杰"》，《陈寅恪和他的同时代人》，北京：文化艺术出版社 2006 年版。

[26] 高山杉：《支那内学院和西洋哲学研究》，《世界哲学》

2006 年第 3 期。

[27] 高山杉：《谢佛和沈有乾》，《世界哲学》2008 年第 2 期。

[28] 汤一介：《北大有三个"宝"》，《博览群书》2008 年第 4 期。

[29] 高山杉：《陈寅恪传记新史料评议》，《东方早报》2010 年 6 月 27 日第 B07 版。

[30] 肖东发、陈光中：《"有龙则灵"燕南园》，《中国文化报》2011 年 6 月 16 日第 7 版。

[31] 林伟：《陈寅恪的哈佛经历与研习印度语文学的缘起》，《世界哲学》2012 年第 1 期。

[32] 陈怀宇：《陈寅恪留学哈佛史事钩沉及其相关问题》，《清华大学学报（哲学社会科学版）》2012 年第 5 期。

[33] 赵建永：《北魏太武帝时期的儒道释关系》（上、下），《中国社会科学报》2013 年 5 月 15 日、29 日宗教学版。

[34] 赵建永：《道教的道家哲学基础》，《中国社会科学报》2014 年 3 月 19 日宗教学版。

[35] 赵建永：《明师引路——深切缅怀恩师汤一介先生》，《光明日报》2014 年 10 月 31 日第 4 版。

[36] 赵建永：《从形神关系看佛道二教异同》，《中国社会科学报》2015 年 7 月 21 日宗教学版。

[37] 赵建永：《中国新哲学研究会创建始末》，《中国社会科学报》2015 年 8 月 24 日学林版。

[38] 赵建永：《承负说由本土文化发展而成》，《中国社会科学报》2016 年 2 月 23 日宗教学版。

[39] 赵建永：《哈佛大学藏吴宓致白璧德函释》，《中国社会科学报》2016 年 4 月 18 日学林版。

[40] 赵建永：《"中国哲学会"的历史影响》，《中国社会科学报》2016 年 6 月 7 日哲学版。

[41] 赵建永：《道法自然的智慧》，《光明日报》2016 年 12 月 14 日

第 14 版。

　　［42］赵建永：《追忆恩师汤一介先生》，《教育家》2018 年第 10 期。

　　［43］赵建永：《一张珍贵的合影——饶宗颐、季羡林、周一良、任继愈往事点滴》，《团结报》2020 年 3 月 5 日第 5 版。

　　［44］赵建永：《汤一介先生学术年表》，《云梦学刊》2020 年第 4 期。

　　［45］赵建永、耿静波：《中国话语表达与跨文化对话——"国学与跨文化研究中心"成立典礼暨"新时代国学传承和发展研讨会"述要》，《跨文化对话》第 43 辑，北京：商务印书馆 2020 年版。

四、有关著述

　　［1］梁锡华编：《胡适秘藏书信选》，台北：远景出版事业公司 1982 年版。

　　［2］吴宓：《吴宓自编年谱》，北京：三联书店 1995 年版。

　　［3］《金岳霖的回忆与回忆金岳霖》，成都：四川教育出版社 1995 年版。

　　［4］钱穆：《国史大纲（修订本）》，北京：商务印书馆 1996 年版。

　　［5］王兴国：《毛泽东与佛教》，北京：中国书籍出版社 1996 年版。

　　［6］钱穆：《八十忆双亲　师友杂忆》，北京：三联书店 1998 年版。

　　［7］吴宓：《吴宓日记》，北京：三联书店 1998 年版。

　　［8］《国立西南联合大学史料》，昆明：云南教育出版社 1998 年版。

　　［9］王学珍等主编：《北京大学纪事（1898—1997）》，北京：北京大学出版社 1998 年版。

　　［10］《三松堂全集》，郑州：河南人民出版社 2001 年版。

　　［11］《熊十力全集》，武汉：湖北教育出版社 2001 年版。

　　［12］贺麟：《五十年来的中国哲学》，北京：商务印书馆 2002 年版。

［13］陈锦涌：《魏晋玄学存有论之当代诠释与反省重建》，台湾师范大学 2003 年博士论文。

［14］《胡适全集》，合肥：安徽教育出版社 2003 年版。

［15］《牟宗三先生全集》第 25 卷，台北：联经出版事业股份有限公司 2003 年版。

［16］南开大学校史研究室编：《联大岁月与边疆人文》，天津：南开大学出版社 2004 年版。

［17］周霞：《中国近代佛教史学名家评述》第 6 章，上海：上海社会科学院出版社 2006 年版。

［18］黄见德：《西方哲学的传入与研究》，福州：福建人民出版社 2007 年版，第 154—158 页。

［19］麻天祥：《20 世纪中国佛学问题》，武汉：武汉大学出版社 2007 年版，第 152—198 页。

［20］马勇：《蒋梦麟传》，北京：红旗出版社 2009 年版。

［21］陈流求、陈小彭、陈美延：《也同欢乐，也同愁——忆父亲陈寅恪母亲唐筼》，北京：三联书店 2010 年版。

［22］中国社会科学院近代史研究所中华民国史研究室编：《胡适来往书信选》，北京：社会科学文献出版社 2013 年版。

［23］汤双：《三汤对话》，北京：三联书店 2016 年版。

后　记

　　我对汤用彤先生道德文章的景仰，源于我自幼所受家教和对历史文化的热爱。新中国成立初，家严入山东师范大学，受业于安作璋先生和陈寅恪弟子李旭教授，随后入华东师范大学读研究生，师从陈旭麓先生，陈先生请其知友冯契先生教家严哲学课程。而冯先生正是汤用彤先生的得意门生，也是汤一介师最为契赏的当代哲人。由是因缘，我早读前贤之书，慕其道。20 年前我立雪汤门，在 60 年前似已注定。

　　1996 年我负笈北大，先潜心研读了汤用彤的各类已刊著述，随即协助汤一介先生整理汤用彤遗稿。随着了解的加深，愈感汤学精深博厚，遂萌生系统梳理汤用彤生平学术之念，一直留意搜集相关材料，并与师友反复讨论，20 年来朝夕于斯。经汤一介、乐黛云、李中华、乔清举诸师精心指导，以汤用彤的生平和思想为切入点，遂成此书。此间，我在《中国哲学史》《北京大学学报》《云梦学刊》《人民日报》《光明日报》《中国社会科学报》等报刊发表文章多篇，经修订后汇入本书。实际上，全书从选题到写作乃至主要观点，基本都是在汤先生诸师的精心指导、反复讨论和审订下提出的，这为本书的完成打下了坚实基础，因此说成是师生的合著也不为过。

　　我在北京大学做博士后时，此书已草成初稿，汤先生审订后，催我出版，并表示愿为拙著撰序，还为我联系出书事宜。当年我本应及时出版，但因忙于续编《汤用彤全集》等而未及定稿。没能让汤先生亲见本书出版，怅憾不已！汤先生对此书之写作时时关心。如，为便利我查找珍稀文本，汤先生 2011 年郑重地给武汉大学国学院院长郭齐勇教授修书一封，托我带去。汤先生去世后第五天，郭齐勇教授在《人民政协报》上发表了纪念文章及该信的影印件。信文如下："齐勇教授：你好！兹有一事拜托，请予以帮助。我有一博士后赵建永，他的博士论文就是研究用彤先生的。现在，他正在撰写汤用彤传。为了更全面地了解用彤先生，他将在近期去武汉大学查看收藏在贵校的那一批用彤先生的藏书。另，又请帮助他，给他提供一些有关用彤先生与熊十力先生的材料。此事多多麻烦，先此致谢。敬祝教安！请代向吴根友教授致意。汤一介 二〇一一年四月十一日。"① 因萧萐父教授与汤用彤先生父子学脉渊源深厚，汤一介先生遂把父亲的所有外文遗书全部捐赠给武汉大学哲学系，使该系数代学人从这批图书中获益。我的武汉之行，得到郭教授的大力帮助。在郭教授的关照下，本书有幸列入"湖北国学大师评传丛书"出版。

拙著《汤用彤与现代中国学术》（人民出版社 2015 年版）是我研究汤学的总纲，着眼于汤用彤与中国学术现代转型的关系。本书则重点在对汤用彤的生平活动及其思想的述评。自入汤门 20 年来，我协助汤一介先生编成了 7 卷本《汤用彤全集》、11 卷本《汤用彤全集新编》、《汤用彤学记》、《会通中印西》、《中国近代思想家文库·汤用彤卷》、《汤一介集》等书，并经汤先生诸师指导初步写成《汤用彤与 20 世纪宗教学研究》《汤用彤编年事辑》《汤用彤年谱长编》《学衡派重估》等系列著作，以透视从汤霖、汤用彤到汤一介先生三代学人在近现代中国学术史上的成就、地位与影响。愿此项工作能为民族文化返本开新，实现伟大复兴略尽绵薄。

在本书写作中，孙尚扬、杨立华、高中理、胡仲平、雷原、杨浩、李畅然、李若晖、高山杉、张志强、林伟、钱文忠、梅杰、梁萧、杜运辉、吕伟、胡晓平、向珂、杨柳岸、陈伟、冯小龙、李元、张永路、罗

---

① 该信影印件及解读，详见郭齐勇：《尽伦尽职 问心无愧——怀念汤一介先生》，《人民政协报》2014 年 9 月 15 日第 12 版。

海燕、史运刚、李善彬、陈志远、蔡觉敏、孟祥君等学友，在资料查寻、内容修订和思路启发等方面给予了大量帮助，统此申谢！

本书再版又据新史料增订，疏误之处，方家赐正，皆我之师。

赵建永
甲辰夏于津门观复斋